Researches on Family Law
VOL.2020

中国法学会婚姻家庭法学研究会会刊

2020年卷　总第16卷

家事法研究

Researches on Family Law

VOL.2020

主　　编　夏吟兰　龙翼飞

执行主编　薛宁兰

社会科学文献出版社

SOCIAL SCIENCES ACADEMIC PRESS (CHINA)

卷首语

　　《家事法研究》自 2011 年第 7 卷始，成为中国法学会婚姻家庭法学研究会会刊。至 2020 年卷（总第 16 卷），已走过十年历程。其间承蒙学会各位副会长轮流担纲主编、会长及常务副会长一贯督导定夺，《家事法研究》羽翼日渐丰满，引领国内家事法研究。目前，本刊编辑风格基本定型，主要栏目持续稳定，选题紧贴法治建设需求，搭建起国内学术界及实务界交流观点、展示论说的平台。

　　2019 年，几代民法学人期盼已久的民法典分则各编编纂进入倒计时。由全国人大法工委负责起草的婚姻家庭编（草案），继室内稿（2017 年 9 月）、征求意见稿（2018 年 4 月）、一审稿（2018 年 9 月）后，于 2019 年 6 月、10 月，由全国人大常委会进行第二次、第三次审议，并于当年 12 月与民法典总则及分则其他各编汇总形成《中华人民共和国民法典（草案）》。对民法典婚姻家庭编、继承编的立法研究自然成为本年度的学术热点，亦为 2019 年中国法学会婚姻家庭法学研究会年会的核心议题。本次年会于 10 月 26～27 日在福建省福州市召开，来自全国立法机关、高等院校、科研机构及法律实务部门的 220 余位代表与会，提交论文共 84 篇，会议规模空前。

　　2020 年 5 月 28 日，《中华人民共和国民法典》终获通过，将于 2021 年 1 月 1 日起施行。编纂具有中国特色的民法典，是几代中国人的夙愿。我们深信：民法典对于坚持和完善中国特色社会主义制度，推进全面依法治国、推进国家治理体系和治理能力现代化具有重大意义。民法典的颁行对于包括家事法学研究在内的民法学研究，同样意义深远。为立法提供理论支持和对策建议，是新中国家事法学研究的突出特色，本卷《家事法研究》就是明证。进入民法典时代的家事法学研究将继续秉持这一学术传统，以立法为蓝本，不断拓展研究的宽度，深化研究的高度，继续为国家法制建设贡献智识。

《家事法研究》2020 年卷收录论文、立法建议、译文及综述等共 24 篇。稿件来源以年会论文为主，同时接受论文投稿，并根据栏目需要约稿。本卷设九个栏目，其中，专题研究、理论前沿、实务探讨、青年论坛、域外法治、年会综述为固定栏目。鉴于近年来本会会员学术视野从婚姻家庭法拓展至继承法领域，同时虑及"家事法"范围，本卷将"专题研究"栏目细分为二："婚姻家庭编立法研究"和"继承编立法研究"，以明示家事法范围及其区别。在本卷编辑期间，中国法学会婚姻家庭法学研究会首任会长、现名誉会长巫昌祯教授驾鹤西去，永远离开了我们。本卷增设"特别纪念"栏目，力邀现任会长夏吟兰教授倾心打造回顾文章，缅怀中国婚姻法学界领军人物巫昌祯教授的法学春秋，表达学界同人的无尽哀思与深切怀念！

"婚姻家庭编立法研究"栏目收录年会论文 3 篇。龙翼飞教授的《编纂民法典婚姻家庭编的法理思考与立法建议》一文，提出编纂民法典婚姻家庭编的十大法理思想。许莉教授的《约定夫妻财产制的地位及立法模式》一文，主张将"一般共有制""分别财产制"作为供当事人选择的财产制类型。杨晋玲教授的《婚姻家庭编立法中的程序性要件设置问题探析——以婚姻家庭编（草案）关于无效婚姻的规定为例》一文，探讨了设置程序性要件对于增强实体规定操作性的重要意义。

"继承编立法研究"栏目收录论文 3 篇。王歌雅教授的《〈民法典·继承编〉：制度补益与规范精进》一文主张，技术理性与价值理性的统一、权益保障与秩序稳定的实现、继承观念与继承文化的引领，是民法典继承编的价值追求。陈苇教授与白玉博士的《遗产中家庭住房的先取权和终生使用权立法研究》一文，提出增设作为遗产的家庭住房先取权和终生使用权的立法建议。曹贤信副教授的《我国遗产管理人权责立法的类型化逻辑及其展开》一文，主张补全从继承开始至遗产分割完毕期间遗产管理人的各项职责，规定不同类型遗产管理人的损害赔偿责任。

"理论前沿"栏目收录论文 4 篇。林建军教授的《国家介入儿童监护的生成机理与生成条件》一文，主张家庭对儿童负首要责任，国家在家庭监护出现"缺乏性""违法性"等情形时才予介入。高云鹏副教授的《法定婚龄及其性别平等思考》一文，认为应将性别平等作为法律界定男女结婚年龄的重要依据。陈凌云副教授在《生育权的三维解读》一文中提出，生育权具有权利性、责任性和福利性三个维度。三者有着内在的逻辑结构和不可分割的关系。张伟教授与王隆璋硕士的《代孕合法化及相关问题研究》一文指出，应尊重代孕母亲身体权，保障不孕夫妻生育权。

"实务探讨"栏目收录年会论文 2 篇。陈颖副教授在《诉讼离婚案件中"家庭暴力"情节认定的实证研究——以福州市基层法院 90 份民事判决书为样本》一文中针对离婚诉讼中家庭暴力认定难的现象，建议调整涉及家庭暴力离婚案件的证据认证规则，对受害人不同的诉讼请求，适用不同的证明标准。黄思逸律师的《遗嘱自由及其限制——以遗嘱形式瑕疵为视角》一文认为，遗嘱的形式既是法律对立遗嘱人遗嘱自由的限制，也是对其自由的重要保障，通过法律解释、民事诉讼证据规则方法，可缓和严格法定形式主义的矛盾。

"青年论坛"栏目收录论文 3 篇。王雯雯博士的《儿童监护人资格撤销与恢复事由的比较研究》一文，建议将监护人侵犯儿童财产权利与客观事实阻碍，纳入监护人资格撤销的法定情形，并增设监护人资格恢复的实质条件。陈迪博士的《论成年监护的司法干预原则》一文提出，成年监护的司法干预原则包括监护启动的司法唯一原则、监护评价的司法终决原则以及监护过程的司法监督原则。除了在婚姻家庭编确立成年监护的司法唯一原则，还应在程序法中确立司法终决原则。陈贝贝律师的《离婚救济制度的构建》一文认为，广义的离婚救济制度由离婚财产分割请求权、家务劳动补偿请求权、离婚经济帮助请求权、离婚损害赔偿请求权组成，构建不同请求权各司其职的综合权利保障体系。

"域外法治"栏目收录论文 2 篇、译文 1 篇。何丽新教授与陈昊泽硕士的《走出日本意定监护的困境》一文，基于对日本意定监护制度运行的反思，建议我国立法明文禁止转移型意定监护合同，强化意定监护运行的配套机制，促进基层行政组织的有效监督。王葆蒔副教授的《被收养人成年后是否可以解除收养关系？——德国联邦最高法院 2014 年 3 月 12 日裁定之评析》一文，指出德国法采取完全收养效力原则，收养关系一旦成立原则上不可解除，只在出现意思表示瑕疵或为保护被收养子女最佳利益情形时，才可废止。其目的在于消除被收养子女和亲生子女的区别，使收养家庭产生和原生家庭同样的家庭内部联系。陈苇教授与郭庆敏博士合译的《澳大利亚北部地区〈2016 年成年人监护法〉》，为我国成年监护立法完善及学术研究提供了极具参考价值的"他山之石"。

"咨政建言"栏目收录对民法典婚姻家庭编、继承编的立法建议 4 篇。夏吟兰教授的《对〈民法典·婚姻家庭编（草案）〉的修改建议》、薛宁兰研究员的《对民法典婚姻家庭编编名与体例的修改建议》、马忆南教授的《民法典婚姻家庭编应当对同居关系做适度调整》，以及夏吟兰教授与李丹龙博士的《对〈民法典·继承编（草案）〉的修改建议》都是在民法典编纂期间撰写的专项立法建议。这些书面建议通过全国哲学社会科学工作办公室、中国社会科学院、全国妇联呈送至国家立法决策部门。

"年会综述"栏目收录了吴才毓讲师公益奉献的关于 2019 年福州年会理论观点综述的文章。

2019 年冬末至 2020 年春初，注定会在每个人的生命历程中刻下深深印记。突如其来的新冠肺炎疫情，令社会生活停摆，亿万"家庭"成为工作的阵地、学习的课堂、避风的港湾。家庭的基础地位与重要性在这一时刻无与伦比地得以展现和释放！在这个初夏时节，伴随着民法典的问世，家事法学研究迈入新的历史时期，迎来新的发展机遇。我们相信：家事法学不会在国家发展经济、改善民生、注重家庭建设的新时代被弱化，相反，她会在民法典"慈母般的"怀抱中获得新的理论滋养，从而生机无限。

本卷执行主编：薛宁兰

2020 年 5 月 20 日

目 录
CONTENTS

婚姻家庭编立法研究

继承编立法研究

理论前沿

实务探讨

2020年卷 总第16卷

家事法研究

RESEARCHES ON FAMILY LAW

婚姻家庭编立法研究

编纂民法典婚姻家庭编的法理思考与立法建议[*]

龙翼飞^{**}

【内容摘要】 编纂民法典婚姻家庭编的基本立法思路是，高度重视亿万人民群众对婚姻家庭和谐幸福的根本利益需求，高度重视婚姻家庭关系的人伦本质和人文关怀，高度重视社会主义核心价值的融会贯通，坚持大民法的理念，弘扬当代中国社会主义民法的法理思想，实现民法的立法目的。民法典婚姻家庭编应秉持的法理思想包括人权平等、人格尊严、人身自由、人亲和谐、人际诚信、人性友善、人财共济、人伦正义、人本秩序、人文关怀，这些法理思想又体现在由核心法理、基本法理、具体法理和法律规范构成的严密逻辑结构之中。在编纂民法典婚姻家庭编时，应当严格遵循其基本立法思路，在其基本法理思想的指导下，修改或增设若干一般规定或具体章节，唯有如此，才能精益求精，满足广大人民群众对它的美好期待。

【关 键 词】 民法典婚姻家庭编　　法理思想　　立法建议

第十三届全国人大常委会第十四次会议对《民法典婚姻家庭编（草案

---

* 本文原载于《法制与社会发展》2020 年第 2 期，本刊略有修改。

** 龙翼飞，中国人民大学法学院教授、博士生导师。

三次审议稿）》进行了审议，并于 2019 年 11 月 2 日在中国人大网公布，向社会公众征求意见。2019 年 12 月 28 日，第十三届全国人大常委会第十五次会议决定，将已经全国人大常委会会议审议的民法典草案提请十三届全国人大三次会议审议。① 目前公布的《民法典婚姻家庭编（草案三次审议稿）》经过了广泛调研和深入研究，吸收了许多创新的立法建议，得到了社会各界的较高评价。但是，按照"编纂一部适应中国特色社会主义发展要求，符合我国国情和实际，体例科学、结构严谨、规范合理、内容协调一致的法典"的立法要求，在民法典草案进入全国人大会议审议之前，对民法典草案中的婚姻家庭编内容，还应当进一步明晰其基本立法思路，探究其基本法理思想，增设若干基本制度，以实现国家的上述立法要求。

一　编纂民法典婚姻家庭编应当遵循的基本思路

根据国家对编纂民法典的最高立法要求，编纂民法典婚姻家庭编应当遵循如下基本思路。

其一，高度重视亿万人民群众期待婚姻家庭和谐幸福的根本利益需求，以经过调查研究的实证分析为根据，提出符合当代中国社会生活实际的立法建议。恩格斯曾经指出，民法乃是以法律形式表现了社会经济生活条件的规则。只有把反映亿万人民群众的婚姻家庭和谐幸福的根本利益需求写入民法典婚姻家庭编，才能使亿万人民群众由衷赞同、充分尊重、严格遵守和自愿服从该编法律规则。因此，"婚姻家庭立法的科学性不依赖于采取建构主义的方式，而是需要从社会现实出发，支撑制度形成的依据，面向解决生活当中的实际问题，使规范具有实用性和可操作性"。②

其二，高度重视婚姻家庭关系的人伦本质和人文关怀，以保障亿万人民群众在当代中国婚姻家庭领域的人权实现和家庭和睦为核心目标。厘清婚姻家庭制度的价值基础，是合理构建婚姻家庭法律体系的前提。民法典

---

① 参见《民法典婚姻家庭编（草案三次审议稿）征求意见》，http://www. law-lib. com/fzdt/ne-wshtml/20/20191102073901. htm，最后访问时间：2020 年 1 月 24 日。

② 李拥军、雷蕾：《论我国婚姻家庭关系的伦理价值与立法表达》，《政法论丛》2019 年第 2 期，第 20 页。

婚姻家庭编的特殊之处在于，它所调整的婚姻家庭关系具有人伦本质，这种家庭伦理注重尊重家庭的整体性，关注家庭成员之间的情感与自律，强调权利和义务的双向性，①要求该编的法律规范应当充满法律温暖的人文关怀。确立婚姻家庭法的伦理价值就是要将婚姻家庭的伦理性纳入法律中来，立法要强调对家庭伦理的尊重和倡导。

其三，高度重视社会主义核心价值的融会贯通，以当代中国社会主义法理思想为标准考量婚姻家庭法律规则的科学性。正如习近平总书记所指出的："人类社会发展的历史表明，对一个民族、一个国家来说，最持久、最深层的力量是全社会共同认可的核心价值观。"②"如果没有共同的核心价值观，一个民族、一个国家就会魂无定所、行无依归。"③因此，社会主义核心价值观是民法典婚姻家庭编的立法灵魂，社会主义法理思想是民法典婚姻家庭编的立法思想基础。在编纂民法典婚姻家庭编时，应当将树立优良家风、弘扬家庭美德、重视家庭文明建设作为重要立法原则。

其四，坚持"大民法"理念，以当代中国民法体系为框架，研究婚姻家庭编的具体法理、具体法律规则的精确性和可操作性，弘扬当代中国社会主义民法的法理思想，实现民法的立法目的。婚姻家庭法是民法的重要组成部分，既具有民法的共性，也具有婚姻家庭法的个性。根据"大民法"的理念要求，婚姻家庭编的内容要在民法基本原则的基础上尊重个性。

二　编纂民法典婚姻家庭编的基本法理思想

（一）　中国民法典立法的法理思想重塑

编纂中国民法典，是以习近平同志为核心的党中央作出的依法治国建设社会主义法治国家的重要决策，是当代中国社会主义法治建设的超大型立法工程。能否贯彻党中央的立法决策，能否编纂好民法典，取决于立法

---

① 参见李桂梅《现代中国的社会伦理与家庭伦理》，《湖南师范大学社会科学学报》2004 年第 2 期，第 51～54 页。

② 习近平：《习近平谈治国理政》，外文出版社，2014，第 168 页。

③ 《习近平总书记系列重要讲话读本（2016 年版）》，学习出版社、人民出版社，2016，第 189 页。

思想是否先进、立法体系是否科学、立法规范是否务实、立法内容是否创新。在这四个要素中，立法思想是否先进，是最重要的前提条件。

立法思想是法理学上的概念，应当从法理学上追溯来源。在十二届全国人大五次会议上，全国人大常委会副委员长李建国指出，《中华人民共和国民法总则》（以下简称《民法总则》）草案的起草过程特别注意尊重立法规律、讲法理、讲体系。[①] 张文显教授进一步明确了法理概念，他指出，法理"体现了人们对法的规律性、终极性、普遍性的探究和认知，体现了人们对法的目的性、合理性、正当性的判断和共识，体现了人们对法律之所以获得尊重、值得遵守、应当服从的那些内在依据的评价和认同"。[②]法理是一个综合性、普适性和实践理性的概念，具体到民法，张文显教授特别指出，生命无价、人身自由、人格尊严、性别平等、财产神圣、契约自由、诚实信用、公平正义、公序良俗、环境正义、权利救济、定分止争等都属于民法学中的法理。[③] 上述论断为我们揭示了当代中国民法的核心法理，奠定了当代中国民法典立法思想的理论基础。

（二） 民法典婚姻家庭编应秉持的法理

自然人是婚姻家庭关系的主体，对自然人的婚姻家庭关系进行法律调整，其终极目标是实现自然人在这个领域内的人权和家庭和谐。该终极目标决定了中国民法的法理思想。在具体编纂婚姻家庭编时，应将如下法理思想——体现在相应的法律规范中。

1. 人权平等

人权又称普遍的人权或自然权利，是指自然人因其为人应当享有的权利，具有平等性和道义性特征。英国学者米尔恩曾对人权概念作了如下界定："人权概念就是这样一种观念：存在某些无论被承认与否都在一切的时间和场合属于全体人类的权利。人们仅凭其作为人就享有这些权利，而不

---

① 李建国：《关于〈中华人民共和国民法总则（草案）〉的说明》，《人民日报》2017 年 3 月 9 日，第 5 版。
② 张文显：《法理：法理学的中心主题和法学的共同关注》，《清华法学》2017 年第 4 期，第 22 页。
③ 参见张文显《中国民法典的历史方位和时代精神》，《经贸法律评论》2018 年第 1 期，第 8 页。

论其在国籍、宗教、性别、社会身份、职业、财富或其他任何种族、文化或社会特性方面的差异。"①在现代社会，人权是自然人在生命、人身、政治、经济、社会、文化、婚姻家庭等方面的权利总称，是自然人在社会生活各领域的权利体系，既是个人性权利，又是集体性权利。世界各国宪法均将自然人享有的人权予以明细化和法治化，使之成为受到国家保护和社会保障的人人平等享有的权利。我国《宪法》第33条规定："凡具有中华人民共和国国籍的人都是中华人民共和国公民。中华人民共和国公民在法律面前一律平等。国家尊重和保障人权。任何公民享有宪法和法律规定的权利，同时必须履行宪法和法律规定的义务。"针对公民在婚姻家庭领域的人权需要，《宪法》第49条进一步明确规定："婚姻、家庭、母亲和儿童受国家的保护。夫妻双方有实行计划生育的义务。父母有抚养教育未成年子女的义务，成年子女有赡养扶助父母的义务。禁止破坏婚姻自由，禁止虐待老人、妇女和儿童。"由于"关系先于个人，关系之外无个人"②，因此，人权平等，是中国当代婚姻家庭制度区别于传统婚姻家庭制度的根本标志，是现代婚姻家庭制度的社会基础和宪法原则，体现了社会主义核心价值观。人权平等的法理思想，在民法典婚姻家庭编中，应当体现为以下七个方面：（1）婚姻家庭受国家特别保护；（2）婚姻家庭成员的法律地位一律平等；（3）自然人的婚姻家庭权利不受侵害；（4）实行一夫一妻制；禁止重婚，禁止有配偶者与他人同居；（5）夫妻平等享有生育权利；（6）民族婚姻家庭受法律保护；（7）涉外婚姻家庭受法律保护。

2. 人格尊严

人格尊严是自然人享有的自身价值认知、自尊心理和应当得到他人与社会起码尊重的人格利益。人格尊严是自然人对自己尊重和被他人尊重的有机统一性和伦理品格性的民事权利，在法律上被确认为人格权。它包括生命权、健康权、姓名权、隐私权、名誉权、荣誉权、肖像权等。我国《宪法》第38条规定："中华人民共和国公民的人格尊严不受侵犯。禁止用

---

① 〔英〕米尔恩：《人的权利与人的多样性》，夏勇、张志铭译，中国大百科全书出版社，1995，第2页。

② 赵汀阳：《"预付人权"：一种非西方的普遍人权理论》，《中国社会科学》2006年第4期，第24页。

任何方法对公民进行侮辱、诽谤和诬告陷害。"自然人在婚姻家庭中的人格尊严包括所有家庭成员均享有人格尊严受到尊重的权利,禁止家庭暴力,禁止亲属间的遗弃。

婚姻家庭领域通常被认为是一个私人性的领域,隐私性较强,很难也没有必要做到较高的透明度,这一方面有利于维护家庭成员的隐私,以及作为一个整体的家庭的隐私乃至名誉,另一方面也增加了婚姻家庭内部的侵犯人格尊严的行为的隐蔽性。基于此,维护人格尊严,是现代社会婚姻家庭关系成立和存续的客观需要,是民法典婚姻家庭编中重要的立法原则。该法理思想应体现为以下六个方面:(1)确认夫妻独立享有姓名权;(2)子女可以随父姓,可以随母姓;成年子女享有依法决定自己姓名的权利;(3)婚姻家庭成员应当互相尊重;(4)禁止家庭暴力;禁止家庭成员间的虐待和遗弃;(5)保护婚姻家庭成员的隐私权;(6)婚姻家庭成员个人享有名誉权,家庭集体享有名誉权。在以上6点中,(1)(2)(3)(4)体现了对婚姻家庭中的独立个体的人格尊严的保护。其中,(1)(2)(3)从正面肯定了婚姻家庭内的独立个体维护其自身人格尊严的行为;(4)从反面禁止了侵犯婚姻家庭内成员的人格尊严的行为;(5)(6)则更加侧重于将婚姻家庭看作一个整体,强调家庭成员之间对彼此的义务,以及在对外关系(某婚姻家庭的成员与不属于该婚姻家庭的人之间的关系)中,对家庭成员及家庭整体的维护。

3. 人身自由

人身自由是宪法赋予自然人享有的在法律允许的范围内维护其行动自主和思想自主的权利。人身自由权是自然人依法享有按照自己的意志进行活动和思维,不受约束、控制和妨碍的人格权,它包括身体自由权和思想自由权。人身自由权是自然人享有所有民事权利的法律前提和基本保障。在文明进步的婚姻家庭关系中,人身自由的法理思想应当体现在婚姻家庭编的以下三个方面。(1)保护自然人的婚姻自由权,包括结婚、离婚、再婚自由。在中国古代,包办买卖婚姻所带来的惨剧不胜枚举,非男女自愿、非以感情为基础的婚姻关系很难维持婚姻的稳定,而如果离婚不自由,则必然引发更多、更持久的婚姻家庭纠纷乃至家庭暴力和争斗,甚至出现更多的婚内出轨、婚姻关系名存实亡的现象,这无疑会给社会秩序的稳定带来隐患。基于此，自然人是否享有婚姻自由权，不仅关系到婚姻关系是否稳定，而且关系到社会秩序是否稳定。（2）夫妻双方都有参加生产、工作、学习和社会活动的自由。"只要妇女仍然被排除于社会的生产劳动之外而只限于从事家庭的私人劳动，那么妇女解放，妇女同男子的平等，现在和将来都是不可能的。"① 只有妻子可以像丈夫一样，自由地参加生产、工作、学习和社会活动，才能真正地实现男女平等、夫妻平等。（3）所有家庭成员的人身自由均受法律保护。这是一项综合性的、概括性的、原则性的规定，适用于每一个婚姻家庭成员，适用于每一项在上面两点中未被完全列举的人身自由。

4. 人亲和谐

人亲有广义和狭义两种含义，广义的人亲，泛指彼此具有婚姻家庭关系的亲属，与"亲人"同义。狭义的人亲，则仅指自然人的双亲即父母。《庄子·外物》中称："人亲莫不欲其子之孝。"② 在婚姻家庭关系中，人亲和谐是指亲属之间应当和睦相容、互爱互助。这是婚姻家庭关系有别于其他法律关系的本质区别，是维系自然人的血缘联系和人伦纽带的需要，是社会主义核心价值观的重要内容。在婚姻家庭编中，该法理思想应体现为：（1）夫妻应当互相忠实、互相尊重、互相关爱；（2）家庭成员间应当敬老爱幼、互相帮助，维护平等、和睦、文明的婚姻家庭关系。家庭是社会的一个核心单元，婚姻家庭关系是最基本的社会关系。《孟子·梁惠王上》中有"老吾老，以及人之老；幼吾幼，以及人之幼"③的名言，费孝通亦把中国的社会关系称作差序格局，认为中国的亲属关系就像向水中丢石头形成的由近及远的同心圆。④ 婚姻家庭编中的人亲和谐法理之所以重要，乃在于由狭义的人亲和谐，到广义的人亲和谐，再到"天下一家"，符合中国人的行为惯性和中华民族的传统美德。

5. 人际诚信

人际诚信，是指人与人之间相处应当诚实待人、恪守信用。诚信是人

---

① 恩格斯：《家庭、私有制和国家的起源》，人民出版社，2018，第80页。
② 《庄子·外物》。
③ 《孟子·梁惠王上》。
④ 参见费孝通《乡土中国》，华东师范大学出版社，2017，第22~30页。

类文明发展的重要成果,已经成为当代中国的社会主义核心价值观,并被《民法总则》确立为民事主体从事民事活动的基本原则。诚信原则在民商事领域中被强调得最多,在婚姻家庭领域中同样重要,正所谓:父子不诚,家道不睦;兄弟不诚,亲情不真;夫妻不诚,同床异梦。在婚姻家庭编中,人际诚信的法理思想应当体现为:(1)婚姻家庭成员从事婚姻家庭领域的民事活动,应当遵循诚信原则,秉持诚实,恪守承诺;(2)一方患有重大疾病的,在结婚登记前应当如实告知另一方,不如实告知的,另一方可以请求撤销该婚姻;(3)夫妻之间互负忠实义务;(4)夫妻在对外民事活动中互享家事代理权;(5)家庭成员应当互信互助;(6)对违反夫妻忠实义务,隐藏、转移、变卖、毁损、挥霍夫妻共同财产,或者伪造夫妻共同债务,企图侵占另一方财产的,在离婚分割夫妻共同财产时可以少分或不分给有过错的一方。上述方面显示出,婚姻家庭编中的人际诚信思想不仅包括婚姻关系成立前的人际诚信问题,而且包括婚姻关系存续期间的人际诚信问题,还包括婚姻关系解除过程中的人际诚信问题;不仅包括婚姻家庭成员内部的人际诚信问题,还包括婚姻家庭成员与本婚姻家庭关系之外的人之间的人际诚信问题,涉及人们日常生活的很多方面的内容,人们必须对此加以重视。

6. 人性友善

人性,是人的本质。马克思指出:"人的本质并不是单个人所固有的抽象物。在其现实性上,它是一切社会关系的总和。"[①] 人性,是人与人的关系中自由行为和自由思想符合真理性的表达,是人对自我良知的认同,是人与人和谐相处、互爱互助的基石,是法律精神和伦理道德的源泉。人性友善,是指人与人在交往中彼此采取的认同身份、互相理解、尊重忍让、友好合作、理性处事的行为模式,是社会主义核心价值观的重要内容,是人与人之间社会交往活动的内在需要。应当把人性友善培养为自然人的个体自律意识和社会道德意识,使自然人在婚姻家庭关系中充分感受到互相爱护的温暖。在婚姻家庭编中,该法理应该体现为:(1)婚姻家庭成员应当互爱、互助、平等、和睦、文明、宽容、仁爱、慈孝;(2)禁止家庭成员

---

① 《马克思恩格斯选集》(第1卷),人民出版社,1995,第56页。

间的虐待和遗弃，禁止家庭暴力；（3）按照有利于被收养人健康成长的原则，保障收养人和被收养人双方的合法权益；（4）鼓励亲属间的团结和睦；（5）发挥监护制度对婚姻家庭成员人身与财产利益的保护功能；（6）父母与子女间的关系，不因父母离婚而消除，父母对子女仍有教育、抚养、保护的权利和义务；（7）父母离婚后，不直接抚养子女的父或母，有探望子女的权利，另一方有协助的义务。

7. 人财共济

人财共济，是指民法所调整的人身关系和财产关系在实现自然人的人身利益和财产利益的过程中相辅相成、互相促进的机制。在该机制中，自然人的人身关系是民事法律关系的核心，财产关系为自然人实现其民事目的提供着切实有效的物质保障基础。在婚姻家庭编中，人财共济的法理应体现为以下五个方面：（1）夫妻财产制的三种制度安排，即法定共有、分别所有、约定所有，都应当服从于维护夫妻人身关系的立法目的；（2）夫妻对共同财产的平等处理权；（3）鼓励劳动创造家庭财富；（4）夫妻之间应当平等承担夫妻共同债务；（5）保护夫妻共有财产权和家庭成员的共有财产权，实现婚姻家庭成员"有恒产者有恒心"的立法宗旨。物质基础决定上层建筑的原理在婚姻家庭关系中也是有其一定的存在基础的，婚姻家庭中的财产制度对于建立和维护稳定健康的婚姻生活、保障婚姻家庭成员的人格独立和尊严、平衡婚姻家庭成员的权利和义务、维护交易安全有特别重大的意义。人财共济思想可以有力地回应现代社会经济发展的需求和人们婚恋家庭观念的转变。

8. 人伦正义

在现代社会中，人伦正义是规范人们处理家庭关系和社会关系的道德体系。人伦的原意是父母子女关系的行为准则，其后又逐渐扩展为基于父母子女关系而产生的直系血亲关系和旁系血亲关系的行为准则。孟子在《孟子·滕文公章句上》中对人伦的解释是："人之有道也，饱食、暖衣、逸居而无教，则近于禽兽。圣人有忧之，使契为司徒，教以人伦：父子有亲，君臣有义，夫妇有别，长幼有叙，朋友有信。"① 人伦的基本要求是应

---

① 《孟子·滕文公章句上》。

当明确父母子女之间和其他亲属之间应该做什么和不能做什么，以维护家庭成员内部的生活秩序，保持家庭关系的和谐稳定。正义是保护社会成员应当得到相应利益的道德要求。查士丁尼将其表述为："正义是给予每个人他应得的部分的这种坚定而恒久的愿望。"① 正义要求社会成员在从事社会活动时应当兼顾个人利益、他人利益和社会公共利益，平等处理社会成员间的利益追求，从而促进社会成员和睦相待。人伦正义是民法的人文精神和公平正义的体现，是社会主义核心价值观的重要内容。而婚姻家庭法较之普通民法的特别之处在于，其是典型的身份法，调整的主要是亲属身份关系，即使有部分财产关系，也是基于身份关系而产生、服务于身份关系的财产关系。亲属身份关系是人伦关系，包括辈分确定问题、两性禁忌问题和供养义务责任问题。在婚姻家庭编中，该法理应该体现为：（1）在结婚制度中规定禁止直系血亲间结婚；（2）规定亲子关系的确认、否认和认领制度；（3）无效婚姻和可撤销婚姻的人身关系后果与财产处理；（4）离婚冷静期的制度设计；（5）对家庭暴力受害人的特别保护；（6）对男方离婚请求权行使的合理限制；（7）婚姻关系存续期间因特殊情形而发生的共有财产分割；（8）收养子女应遵循公序良俗。

9. 人本秩序

在现代社会中，人本秩序是指以人为本的社会治理体系。人本主义主张自然人应当对自己的行为负责，按其自由意志决定其行为目的、行动方向和行为过程。由于自然人的活动受到社会规则特别是法律和道德的约束，自然人在从事社会活动时应当能够控制自己、依法而为、遵循道德，其所追求的利益才会受到法律保障和道德维护。人本秩序，是婚姻家庭法律制度应当维护的社会治理体系，也是社会主义核心价值观的重要内容。在婚姻家庭编中，该法理应该体现为：（1）婚姻家庭成员在行使婚姻家庭权利时应当履行相应法律义务；（2）赋予婚姻家庭成员对婚姻家庭事务的契约自由权利，但禁止权利滥用；（3）对家庭财产的处理应当服务于维系婚姻家庭成员的人身关系；（4）婚姻家庭行为应当遵循公序良俗。在婚姻家庭关系中，以婚姻家庭成员为本，以约束自己、履行相应义务的方式保障每

① 〔罗马〕查士丁尼：《法学总论——法学阶梯》，张企泰译，商务印书馆，1989，第5页。

个家庭成员的权利，以保障权利的方式维系健康稳定的婚姻家庭关系，是在婚姻家庭编中贯彻人本秩序思想的应有之义。

10. 人文关怀

一般认为，人文关怀源于西方的人文主义传统，其核心思想是尊重人的本性和人的价值。在现代社会中，人文关怀是衡量一个国家和社会文明进步程度的标志之一。在当代中国，给予人民群众最充分的人文关怀，已经成为中国共产党治国理政的重要原则，是国家治理体系和治理能力现代化的重要内容。人文关怀是指国家和社会对自然人在社会生活中的各项正当合理的需求给予的关注和关心，对自然人的境遇给予的关怀和关爱，对自然人的权利给予应有的尊重和有效的保护。在这种社会治理体系中，社会成员人格受到尊重，个体价值得以顺利实现，正当权益得到保护，社会关系得以和谐。人文关怀是婚姻家庭法律制度贯穿的人文精神，是社会主义核心价值观的重要内容。在婚姻家庭编中，该法理思想应体现为：（1）婚姻家庭成员的人格利益至上；（2）为婚姻家庭成员实现婚姻家庭权利依法采取各种法律救济措施；（3）婚姻家庭纠纷的处理，应当引入情感修复机制；（4）婚姻家庭案件的审理和裁判，以定分止争为要旨。这四点集中体现了追求以人为本、弘扬人文关怀的精神，强调以人为本与婚姻家庭法的身份法属性是完全契合的。

（三）民法典婚姻家庭编法理思想的逻辑结构

以上从内容方面对我国民法典婚姻家庭编的法理思想进行了全面梳理，这些构成了婚姻家庭编的前提性、基础性、指导性的立法思想。这些法理不像一盘散沙那样毫无逻辑，而是内部自成体系的一个富含逻辑的整体。从自上而下、自宏观到微观的角度看，民法典婚姻家庭编所贯穿的法理的逻辑结构是核心法理、基本法理、具体法理和法律规范。

1. 核心法理

婚姻家庭编的核心法理，应当体现为婚姻家庭编的规律性要求，具体如：（1）婚姻家庭成员的生命健康权至上；（2）婚姻家庭成员的权利平等；（3）保护婚姻家庭成员的人格尊严；（4）保护婚姻家庭成员的人身自由；（5）保护婚姻家庭成员共同创立和维系的家庭共有财产；（6）实现婚姻家庭关系的公平正义；（7）婚姻家庭行为应遵循的公序良俗；（8）婚姻家庭成员之间的诚实守信；（9）婚姻家庭成员的人伦和谐；（10）婚姻家庭成员间的互爱友善；（11）对婚姻家庭成员民事权利的法律救济；（12）婚姻家庭行为的自愿与自治。

2. 基本法理

婚姻家庭编的基本法理，应当体现为婚姻家庭编的基本原则。具体包括：（1）婚姻自由；（2）男女平等；（3）一夫一妻；（4）保护妇女、未成年人和老人的合法权益；（5）树立优良家风、弘扬家庭美德、重视家庭文明建设。

3. 具体法理

婚姻家庭编的具体法理，应当体现为婚姻家庭编的基本制度，包括：（1）权利法定：体现为婚姻家庭成员的权利受国家保护；（2）契约维护：体现为婚姻家庭范围内的意思自治，如收养成立的自愿、约定财产制的设立等；（3）行为公示：强调对婚姻家庭行为的社会认同，如结婚和离婚的登记，收养成立、解除的登记等；（4）效力公信：规定婚姻家庭行为的对外效力，如规定夫妻之间的家事代理权等；（5）人身利益优先：体现婚姻家庭关系的人权平等、人身自由、人格尊严、人伦正义的内涵；（6）财产权利公平：规定婚姻家庭成员的各项财产权利，以保障婚姻家庭各项功能的实现；（7）平等、文明、和谐：婚姻家庭编的一切制度设计和规则实施，均应服务于促进婚姻家庭关系的健康良性循环；（8）禁止权利滥用：婚姻家庭成员在行使婚姻家庭权利时应当自觉维护公序良俗，防止滥用权利损害他人权益和社会公共利益。

4. 法理的载体，即法律规范

民法典婚姻家庭编的各项法律规范应当成为具体指引、确认和约束婚姻家庭法律行为的直接依据，同时成为保护婚姻家庭成员的民事利益的直接依据。婚姻家庭编的法律规范应当包含以下方面。（1）婚姻家庭编的一般规定。该部分应当规定调整婚姻家庭关系的共性规则，包括婚姻家庭编的调整对象、婚姻和家庭的定义、基本原则、倡导性规范、禁止性规范、亲属的范围与亲属关系的顺序。（2）结婚制度。该部分应当规定婚姻成立的实体法定条件（例如，主体自愿、符合法定婚龄、婚姻成立的禁止性规定等）、婚姻成立的程序和法律后果、婚姻无效和可撤销的制度、对婚约行为的法律态度等。（3）家庭关系。该部分首先应当规定夫妻关系制度，包括夫妻之间的人身关系、财产关系。其次应当规定父母子女关系和其他亲属间的权利和义务，包括抚养、赡养和扶养制度。（4）离婚制度。该部分应当分别规定登记离婚制度和诉讼离婚制度。在登记离婚制度中应当基于人身自由的立法思想规定自愿离婚的条件、程序和法律后果。在诉讼离婚制度中，应当规定人民法院审理离婚案件的法定程序、判决准予离婚的法定理由，以及对男方行使离婚诉讼请求权的限制性规则和现役军人配偶要求离婚的限制性规则。对离婚后的父母子女关系、离婚时的夫妻共有财产分割、离因补偿、夫妻共同债务的清偿、离婚时对一方生活困难的经济帮助、导致离婚的过错方应承担的损害赔偿责任以及夫妻一方侵害夫妻共有财产权的法律责任等进行规定。（5）收养制度。该部分应当规定收养关系成立的实体性条件和程序性条件、收养的效力、收养关系的解除及其法律后果。（6）监护制度。该部分应当规定婚姻家庭关系中家庭成员的监护人范围、监护人顺序和监护人职责，监护权的行使，监护人资格的撤销，监护人侵权的民事责任。

三　对完善民法典婚姻家庭编（草案）的建议

虽然民法典婚姻家庭编（草案）在内容上存在制度创新，但为了使其与社会主义法理更加契合，与民法典的各编制度更加协调，仍需对婚姻家庭编的相关内容进行适当修改、补充。笔者将按照民法典婚姻家庭编（草案）既存内容的章节顺序，提出相应的完善建议。

（一）第一章"一般规定"的完善建议

1."婚姻""家庭"等基本概念的增设

为了更清晰地界定婚姻家庭编的调整对象，应当在调整对象的规则之下，增设"婚姻"和"家庭"的基本概念，并分别将其作为第1040条第2款和第3款。

（1）应当增设"婚姻"的概念："本法所称的婚姻，是指男女双方依法缔结的配偶关系。"此项立法建议的理由在于，按照当代中国社会主流的婚姻观，婚姻关系应当在男女两性之间依法缔结，增设"婚姻"的概念能够将婚姻关系限定在男女两性之间。

（2）应当增设"家庭"的概念："本法所称的家庭，是指配偶、父母、子女和其他共同生活的近亲属成立的亲属关系。"此项立法建议的理由在于，本章第 1045 条已经指出："配偶、父母、子女和其他共同生活的近亲属为家庭成员。"既然家庭成员的范围包括上述的近亲属，那么，就能够合乎逻辑地推论出家庭关系的范围。增设"家庭"的概念能够统筹民法典中的家庭关系。

2. 保护生育权原则的增设

本章第 1041 条应当增设"保护自然人依法行使生育权"的基本原则。此项立法建议的理由在于以下几点。第一，生育是实现社会成员家庭生活幸福和谐与民族昌盛富强的客观需要。虽然本章取消了"实行计划生育"的原则，但是，依然需要保障公民的生育权。第二，公民的生育权是宪法性的基本人权。[1] 保障自然人的生育权是中国民法典遵循宪法理念的必然要求。第三，我国《民法总则》第 112 条已经明确规定："自然人因婚姻、家庭关系等产生的人身权利受法律保护。"生育权是自然人享有的一项重要的人身权利，属于人格权的范畴，[2] 是产生父母子女及其他亲属身份关系的法律前提，故其受到法律保护。第四，民法典草案人格权编第 1002 条规定了"自然人享有生命权"。由于按照自然人的生命规律，自然人的生命乃是源于自然人的生育行为，因此，保护自然人的生育权是保障"自然人享有生命权"的逻辑前提和客观需求。第五，我国《妇女权益保障法》早在 1992 年就体现了保护妇女享有与男子平等的生育权的精神，相应的司法实践也为保障妇女的生育权提供了丰富的审判经验。增设保护自然人生育权这一基本原则是对既有法律成果的确认。

3. "禁止生育的性别歧视"条款的增设

在本章第 1042 条的禁止性规定中，应当增设"禁止生育的性别歧视"

---

[1] 参见梁洪霞《我国多省市"限制妇女堕胎"规定的合宪性探究——兼议生育权的宪法保护》，《北方法学》2018 年第 1 期，第 37 页。

[2] 参见马强《论生育权——以侵害生育权的民法保护为中心》，《政治与法律》2013 年第 6 期，第 16 页。

的规定。此项立法建议的理由在于，通过设立禁止性行为规范，在规则层面进一步实现"保护自然人依法行使生育权"的立法目的。

4. 家庭成员行为准则的补充

在本章第 1043 条的倡导性规范中，应当对家庭成员的行为准则作如下补充。（1）"夫妻应当互相忠实，互相尊重，互相关爱，互守诚信。"此项立法建议的理由在于：第一，互守诚信的要求体现了社会主义核心价值观；第二，诚信原则是《民法总则》第 7 条确定的所有民事主体在从事民事活动中均需遵循的基本原则。夫妻作为民事主体，在婚姻家庭领域内从事民事活动时也应当恪守诚信原则。婚姻家庭编在家庭关系、离婚制度中均规定了夫妻违背诚信原则所导致的法律后果，将"夫妻互守诚信"写入夫妻行为准则，能够增强法律规则的协调性和科学性。（2）"家庭成员应当敬老爱幼，互相帮助，树立良好家风，维护平等、和睦、文明的婚姻家庭关系。"此项立法建议的理由在于，树立优良家风、弘扬家庭美德、重视家庭文明建设是国家对新时代中国家庭建设的基本要求。家庭成员的上述行为准则能够塑造良好家风，有利于社会主义核心价值观的培育和践行。①

5. "亲等"顺序的增设

在本章第 1045 条关于亲属范围的条文中，应增加"亲等"的规定。具体内容如下："亲属的亲等顺序按照下列情形确定：（一）配偶为一亲等亲属；（二）父母子女互为二亲等直系血亲；（三）祖孙互为三亲等直系血亲；（四）兄、弟、姐、妹互为二亲等旁系血亲；（五）叔、伯、姑、舅、姨与侄子女、外甥子女互为三亲等旁系血亲；（六）侄子女、外甥子女之间互为四亲等旁系血亲，其他亲属的亲等顺序依此类推。"该项立法建议的理由在于以下三点。第一，亲属制度的基本内容是亲系和亲等，此为古今中外亲属法规范之标准立法配置，反映了亲属法立法的历史规律和亲属之间权利义务实现的"人伦有序"的法理逻辑。第二，《民法总则》第 27 条和第 28 条规定的亲属担任监护人的顺序规则，以及《中华人民共和国继承法》第 10 条规定的法定继承人继承遗产的顺序规则，都是亲等原理的具体体现。第

---

① 参见闫平《借鉴我国传统家风家教文化 创新培育和践行社会主义核心价值观的实践路径》，《理论学刊》2019 年第 3 期，第 90 页。

三，亲等规则的域外法经验可供中国借鉴。①

（二） 第二章"结婚"的完善建议

1. 法定婚龄的修改

关于法定婚龄的规定，民法典婚姻家庭编目前仍与《婚姻法》相一致。应将《婚姻法》规定的法定婚龄降低至 20 周岁，将本章第 1047 条的规定修改为："结婚年龄，男女双方均不得早于 20 周岁。"此项立法建议的理由在于：第一，法定婚龄仅为结婚的最低年龄，"在计划生育政策已经改变的情况下，应当降低结婚年龄的限制"；②第二，《婚姻法》关于法定婚龄的规定并无科学依据；第三，由特定区域（包括少数民族地区在内）的结婚习俗可知，男女通常在 20 岁时结婚；第四，为了进一步贯彻男女平等精神，应当删除男女法定婚龄的差异规定。

2. 禁止结婚的亲属范围的修改

上文已经就增设"亲等"顺序提出了立法建议，本章第 1048 条规定的禁止结婚的亲属范围可相应修改为："直系血亲和四亲等以内的旁系血亲禁止结婚。"此项立法建议的理由在于，《婚姻法》规定的"三代以内旁系血亲"并无具体法律边界，根据以上建议增设的"亲等"顺序规定四亲等以内的旁系血亲禁止结婚，具有更明确的法律标准。

3. 可撤销婚姻的限定条件的修改

本章第 1053 条规定："一方患有重大疾病的，应当在结婚登记前如实告知另一方；不如实告知的，另一方可以向人民法院请求撤销婚姻。"应当将可撤销婚姻的限定条件修改为："一方患有损害另一方健康生活的严重疾病的，应当在结婚登记前如实告知另一方；不如实告知的，另一方可以向人民法院请求撤销该婚姻关系并请求损害赔偿。"此项立法建议的理由在于：第一，"严重疾病"太过宽泛，如此规定会导致司法认定的自由裁量空间过大；第二，法律应追求公平合理、人伦正义和人际诚信，只有当一方隐瞒

---

① 夏吟兰、李丹龙：《民法典婚姻家庭编亲属关系通则立法研究》，《现代法学》2017 年第 5 期，第 25 页。

② 杨立新：《对修订民法典婚姻家庭编 30 个问题的立法建议》，《财经法学》2017 年第 6 期，第 12 页。

其患有疾病并损害了另一方的健康生活时，才构成可撤销婚姻的法定条件；第三，一方因实施了隐瞒严重疾病的行为而造成另一方健康生活遭受损害的，应依照《中华人民共和国侵权责任法》第 20 条的规定，由侵权行为人承担损害赔偿责任。

4. 财产返还规则的增设

本章应增设有关解除婚约导致的财产返还的规则。笔者建议增设如下内容："男女双方订立的婚约对双方没有法律约束力。男女双方解除婚约后，一方因订立婚约而给付的财物依法应当返还，不能返还的应承担赔偿责任。"此项立法建议的理由在于：第一，在中国民间，订立婚约已成普遍习俗，且该习俗历史悠久、影响面广，本编的法律规定若不认可婚约的法律效力，那么，就应当将该法律理念宣示全社会，以正世俗；第二，因婚约而给付的财物已经产生财产转移的法律后果，在男女双方解除婚约后，对财物进行返还已成为习惯，在不违背公序良俗的情况下，返还该财产具有合理性。

5. 非婚同居关系规范的增设

本章应当回应社会需求，对民间普遍存在的不违背一夫一妻制度的非婚同居关系进行规范。此项立法建议的理由在于：第一，在人口老龄化时代，丧偶或离异的老年人非婚同居，有益于身心健康、安度晚年，法律对此不应予以禁止，只需在承认此种法律关系的基础上，对其予以适度规范；第二，民法典应更多地体现社会成员之间的友善价值观和人文关怀。

（三）第三章"家庭关系"的完善建议

1. 生育权平等规范的增设

本章第 1058 条应当增设如下规定："夫妻双方平等享有生育权。夫妻双方对中止妊娠发生纠纷时，应当协议处理；协议不成的，由女方决定是否中止妊娠。"①此项立法建议的直接根据是《妇女权益保障法》第 51 条和《民法总则》第 128 条的相关规定。

---

① 尽管学界曾对合理区分妊娠女性生育权行使的效力与行使的理由进行过探讨，但是，笔者仍支持妊娠女性生育权具有排他性。相关探讨可参见严振《妊娠女性的生育权及其行使的限度——以〈婚姻法〉司法解释（三）第 9 条为主线的分析》，《法商研究》2016 年第 6 期，第 51~60 页。

2. 夫妻扶养义务的修改

本章第 1059 条应当作如下修改:"夫妻双方都有共同生活和互相扶养的权利和义务。一方无正当理由不履行共同生活和互相扶养义务时,另一方有要求对方共同生活和给付扶养费的权利。"此项立法建议乃是参考《婚姻法》关于双方因感情不和分居已满两年可被视为夫妻感情破裂的相关规定。在分居的两年内,夫妻双方有互相扶养的权利和义务。

3. 夫妻共同财产制度的补充

本章第 1062 条应当作如下补充:"夫妻对共同财产,有平等地占有、使用、收益和处分的权利。"此项立法建议的直接根据是《中华人民共和国物权法》关于共同共有制度的规定。

4. 父母抚养义务的修改

本章第 1067 条第 1 款应当作如下修改:"父母应当履行对未成年子女或者不能独立生活的成年子女的抚养、教育、保护的义务。父母不履行前述义务的,未成年子女或者不能独立生活的成年子女有要求父母给付抚养费、教育费和提供保护的权利。"此项建议的立法根据是:父母对子女的抚养义务应当包括父母对未成年子女或者不能独立生活的成年子女所负有的抚养、教育、保护的义务,此三项义务构成了完整的父母抚养义务的内容。

5. 成年子女赡养义务的修改

本章第 1067 条第 2 款应当作如下修改:"成年子女应当履行对父母经济供养、生活照料和精神慰藉的赡养义务。成年子女不履行赡养义务的,无劳动能力或者生活困难的父母,有要求成年子女给付赡养费、照料生活和看望问候的权利。"此项立法建议的直接根据是《老年人权益保障法》第 14、15、16、17、18 条的规定,以及《民法总则》第 128 条的规定。

6. 子女履行赡养义务的补充

本章第 1069 条应当作如下补充:"子女对父母的赡养义务,不因父母的婚姻关系变化而终止,也不得以预先放弃继承父母遗产的权利为理由而拒绝履行。"此项立法建议的直接根据是《老年人权益保障法》第 19 条的规定,以及《民法总则》第 128 条的规定。

7. 亲生子女概念的增设

本章第 1071 条应当作如下修改："亲生子女均视为婚生子女，享有同等的权利，任何组织、个人不得加以危害和歧视。亲生子女包括婚生子女、非婚生子女。夫妻双方同意采用人工辅助生殖技术生育的子女，是婚生子女。"此项立法建议的直接根据是《未成年人保护法》的相关规定和《民法总则》第 128 条的规定。

8. 亲子关系确认之诉的除斥期间规则的增设

本章第 1073 条应当作如下修改："父、母或者成年子女对亲子关系的确认和否认提出请求的，可以向人民法院依法提起诉讼。对亲子关系有异议的，父、母或者成年子女可以自亲子关系发生之日起二十年内向人民法院提起诉讼。"此项立法建议关于 20 年除斥期间的规定与《民法总则》第 188 条的规定相符。

9. （外）祖父母与（外）孙子女之间权利义务的补充

本章第 1074 条第 1 款应当作如下补充："有负担能力的祖父母、外祖父母对孙子女、外孙子女履行抚养义务适用本法第一千零六十七条第一款和第一千零六十八条的规定。"本条第 2 款应当作如下补充："孙子女、外孙子女对祖父母、外祖父母履行赡养义务适用本法第一千零六十七条第二款的规定。"

10. 兄、姐与弟、妹之间权利义务的补充

本章第 1075 条第 1 款应当作如下补充："有负担能力的兄、姐对于父母已死亡或者父母无力抚养的未成年的弟、妹，有扶养的义务，该义务的履行适用本法第一千零六十七条第一款和第一千零六十八条的规定。"本条第 2 款应当作如下补充："由兄、姐扶养长大的有负担能力的弟、妹对于缺乏劳动能力又缺乏生活来源的兄、姐，有扶养的义务，该义务的履行适用本法第一千零六十七条第二款的规定。"

（四）第四章"离婚"的完善建议

1. 离婚冷静期限的修改

本章第 1077 条规定的 30 日的离婚冷静期应当修改成 3 个月。此项立法建议的理由在于以下几点。第一，将登记离婚的冷静期规定为 30 日，

不足以为当事人重新考虑是否以离婚方式解决夫妻矛盾提供充足的时间。① 第二，延长离婚冷静期并不会为男女双方带来遭受家庭暴力的隐患。如果男女一方遭受家庭暴力导致人身危险，那么，可以根据《反家庭暴力法》，向人民法院申请人身安全保护令，以保护受害人的人身安全。第三，离婚冷静期的规定可以参考《最高人民法院关于进一步深化家事审判方式和工作机制改革的意见（试行）》第 40 条的规定，该条规定："人民法院审理离婚案件，经双方当事人同意，可以设置不超过 3 个月的冷静期。在冷静期内，人民法院可以根据案件情况开展调解、家事调查、心理疏导等工作。冷静期结束，人民法院应通知双方当事人。"该司法解释具有合理性和人文关怀，值得借鉴。

2. 夫妻共同债务清偿规定的补充

本章第 1089 条关于离婚时夫妻共同债务清偿的规定应当作如下补充："协议不成的，由人民法院判决双方承担连带责任。"该条建议的立法根据是：第一，夫妻共同债务应当由男女双方共同偿还；第二，夫妻共同债务的清偿应当适用《民法总则》第 178 条关于连带责任的规定。

（五）第五章"收养"的完善建议

本章主要规定了收养关系的成立、收养的效力和收养关系的解除，涉及收养的条件以及相应的民事主体的实体权利。本章的内容过于烦琐细碎，有关收养关系的成立与解除的程序性规则，应当由国务院另行制定《中华人民共和国收养条例》。提出此项立法建议的理由在于，民法典应当注重内容的体系性和科学性，对不影响民事主体实体权利的程序性规则进行过于细碎的规定，会影响民法典本身的体系性。由国务院以制定条例的方式对程序性规则予以规范，既不会使公民的实体权利遭受损害，又能够使民法典繁简得当，还能够节约立法资源，增强民法典的科学性。

---

① 也有学者建议，有未成年子女的自愿离婚者的离婚冷静期应适当延长，具体内容可参见杨立新、蒋晓华《对民法典婚姻家庭编草案规定离婚冷静期的立法评估》，《河南社会科学》2019 年第 6 期，第 43 页。

（六）"家庭监护"一章的增设

我国立法体系中的监护制度存在不足，婚姻家庭法欠缺关于监护制度的专门章节。① 在制定民法典的契机之下，应当对监护制度进行体系化的完善。其中，未成年人的监护体系仍应以家庭监护为基础。② 笔者建议，在民法典中增设家庭监护制度，并将其作为婚姻家庭编的"家庭监护"一章，具体立法建议如下。第一，本章应当规定家庭监护制度的适用范围，即家庭监护制度适用于家庭成员之间。第二，本章应当规定家庭监护人的主体范围和监护权人的监护顺序，以确保家庭监护人正确履行监护职责。第三，本章应当规定家庭监护人的监护职责，并确保其与家庭成员之间抚养、扶养和赡养的权利和义务关系的准确对接，以保障监护制度与抚养、扶养、赡养制度的协调一致。第四，本章应当规定家庭监护人的监督制度、监护人资格的撤销和恢复制度，以保障被监护人的利益。第五，本章应当规定家庭监护人在其对被监护人或被监护人对他人实施侵权行为时所应承担的民事法律责任。

笔者相信，在社会主义法理的指引下，经过反复、认真、精准的研究和对社会各界提出的科学建议的吸收，民法典的婚姻家庭编必将成为保障亿万人民群众婚姻家庭和谐幸福的良法，成为代表当代中国社会主义法治建设发展成果的经典立法。

---

① 参见陈苇、李艳《中国民法典之监护制度立法体系构建研究》，《西南政法大学学报》2017年第2期，第76页。
② 参见夏吟兰《民法典未成年人监护立法体例辩思》，《法学家》2018年第4期，第1~3页。

约定夫妻财产制的地位
及立法模式

许　莉[*]

【内容摘要】 约定夫妻财产制虽效力优于法定夫妻财产制，但仍不能替代法定夫妻财产制的主导地位。现行约定夫妻财产制因内容不明确导致适用中存在较大争议，有必要借民法典制定之契机予以完善。民法典下约定夫妻财产制应坚持任意模式，但需在立法技术上加以完善，既要明确可供选择的夫妻财产制的具体内容，也要增设关于特别财产约定的条款。约定夫妻财产制应采公证形式，以体现身份财产行为的审慎性，并区分于夫妻之间的一般财产约定行为。

【关 键 词】 约定夫妻财产制　　夫妻财产约定　　立法模式

约定夫妻财产制是指当事人以契约方式选定的夫妻财产制。夫妻选定夫妻财产制的行为称为夫妻财产制约定或夫妻财产制契约。[①]《中华人民共

---

[*] 许莉，华东政法大学教授，中国法学会婚姻家庭法学研究会常务理事。
[①] 简称为夫妻财产约定。但夫妻财产约定本身有广狭义之分。广义的夫妻财产约定泛指具有夫妻身份的当事人签订的财产协议；狭义的夫妻财产约定特指夫妻之间关于夫妻财产制的协议。本文研究的是狭义上的夫妻财产约定。

和国婚姻法》（以下简称《婚姻法》）第 19 条规定了约定夫妻财产制。[①] 该条款在解释和适用上均存在争议，争议点主要有：（1）就约定类型而言，"各自所有、共同所有或部分各自所有、部分共同所有"是选择模式还是任意模式；（2）就约定内容而言，变动特定财产（主要是房产）的约定，是否属于夫妻财产制约定；（3）就约定效力而言，"对双方具有约束力"，其中"约束力"的含义如何。对上述适用中的问题，学界尝试在现有法律框架之下通过解释立法本意予以解决，但仍未能达成共识。[②]

检审评估现行《婚姻法》各项制度是民法典婚姻家庭编编纂的重点，但已公布的《中华人民共和国民法典（草案）》[③] 没有回应上述法律适用中的争议，完全保留了《婚姻法》第 19 条的规定，对约定夫妻财产制未作任何修正补充，实有斟酌余地。

本文对现行约定夫妻财产制的检审分析从两个层面着手：（1）在宏观层面上，应考量民法典下约定夫妻财产制的定位和功能如何，制度的价值何在；（2）在微观层面上，需考量制度如何设计才能应对现有司法实务中的问题。

一 约定夫妻财产制的地位

对约定夫妻财产制的立法检审，首先需明确其在夫妻财产制中的地位

---

① 《婚姻法》第 19 条规定："夫妻可以约定婚姻关系存续期间所得的财产以及婚前财产归各自所有、共同所有或部分各自所有、部分共同所有。约定应当采用书面形式。没有约定或约定不明确的，适用本法第十七条、第十八条的规定。夫妻对婚姻关系存续期间所得的财产以及婚前财产的约定，对双方具有约束力。夫妻对婚姻关系存续期间所得的财产约定归各自所有的，夫或妻一方对外所负的债务，第三人知道该约定的，以夫或妻一方所有的财产清偿。"

② 参见田绍华《夫妻间赠与的若干法律问题》，《法学》2014 年第 2 期；许莉：《夫妻房产约定的法律适用》，《浙江工商大学学报》2015 年第 1 期；程啸：《婚内财产分割协议、夫妻财产制契约的效力与不动产物权变动》，《暨南学报》（哲学社会科学版）2015 年第 3 期；姚辉：《夫妻财产契约中的物权变动论》，《人民司法（案例）》2015 年第 4 期；王忠、朱伟：《夫妻约定财产制下的不动产物权变动》，《人民司法》2015 年第 4 期；杨晓林：《婚姻财产约定下不动产是否需要履行物权变动形式——兼谈我国夫妻财产约定制度的完善》，载《全国律协民事专业委员会：婚姻家庭法律师实务》（第 3 辑），中国法制出版社，2008，第 169 页；薛宁兰、许莉：《我国夫妻财产制立法若干问题探讨》，《法学论坛》2011 年第 2 期。

③ 于 2019 年 12 月 16 日十三届全国人大常委会第十五次会议颁布。在此之前，全国人大法工委于 2018 年 10 月和 2019 年 6 月分别颁布了《民法典婚姻家庭编（草案）》（征求意见稿），两稿中对约定夫妻财产制也未作任何修改。

及其与法定夫妻财产制的关系。我国现行夫妻财产制体现了"法定为主，约定为辅"的立法理念，故在体系设置上也是"法定在先，约定在后"。①在财产关系日趋复杂的当今社会，将契约引入婚姻财产关系的呼声很高，约定夫妻财产制也越来越受到重视。在编纂民法典婚姻家庭编的过程中，对约定夫妻财产制的定位也存在争议。

对于我国将法定夫妻财产制规定在先、约定夫妻财产制规定在后的立法体例，有学者提出质疑。认为：夫妻财产制立法应采"约定夫妻财产制优先，法定夫妻财产制托底"的理念；在体例方面，应将约定夫妻财产制置于法定夫妻财产制之前。理由是：强调约定夫妻财产制的优先地位，可以"使普通民众能够意识到，约定财产制是法律允许和鼓励实施的一种夫妻财产制度"，从而实现夫妻财产制从"注重家庭本位到注重个人本位"的价值位移。②笔者认为，即使夫妻财产制的价值有"家庭本位向个人本位"转变的需求，也不能通过强化、鼓励民众选择夫妻财产约定的方式实现。无论从法理层面，还是基于现实国情考量，约定夫妻财产制只能是法定夫妻财产制的补充。理由有如下几方面。

首先，从法理上分析，法定夫妻财产制是婚姻的当然效力，而夫妻之间以契约方式规制财产关系并不是婚姻制度之常态。夫妻财产制是婚姻的效力之一，婚姻身份成立，在夫妻之间会产生人身和财产关系的变动。至于变动的具体内容，应由法律依据婚姻制度的目的及本国的婚姻习俗、民众对婚姻的认识予以确定。正因如此，因婚姻而引发的夫妻财产关系也是由法律明文规定、当然适用，即法定夫妻财产制的适用是婚姻的当然效果，而是否允许当事人以契约方式变动夫妻财产关系、如何变动，在不同时期、不同国家存在差异。例如，罗马法中的嫁资制具有强行性，只在不违反嫁资根本属性的限度内，允许当事人订立嫁资契约或婚姻赠与，不允许当事人订立其他类型的夫妻财产制契约。而日耳曼法的法定夫妻财产制仅具有任意法的性质，因此，中世纪以来，对于夫妻财产制契约，几乎没有限

---

① 参见《婚姻法》第 17 条、第 18 条、第 19 条。
② 申晨：《夫妻财产法价值本位位移及实现方式——以约定夫妻财产制的完善为重点》，《法学家》2018 年第 2 期。

制。① 可见，约定夫妻财产制并非婚姻的当然后果，只是较人身关系而言，现代立法在财产关系上更尊重当事人的意思自治，故允许当事人以契约方式规制婚姻财产关系。

其次，从约定夫妻财产制的立法目的看，虽然不同时期、不同国家允许夫妻之间以契约确定财产关系的目的并不完全相同，但无一不与法定夫妻财产制的适用相关。在近代亲属立法中，约定夫妻财产制因所具备的修正法定夫妻财产制之不足、缓和地方法统一适用法定夫妻财产制的冲突、尊重婚姻当事人意思自治等功能而为多数国家所采纳。② 无论约定夫妻财产制发挥的是修正功能、缓和功能还是备用功能，其共性就是"弥补成文法之不足"。成文法之下，法定夫妻财产制是对一般情况下夫妻财产关系的抽象与描述，无法也不可能满足所有人对夫妻财产的预期。允许对夫妻财产有特别需求的当事人通过契约方式选择其他类型财产制或修正法定夫妻财产之部分内容，最大限度地体现婚姻财产关系上的意思自治，应是当今立法中约定夫妻财产制的主要功能。如果法定夫妻财产制已不能满足大多数人的愿望，或已经不符合夫妻财产制的价值导向，则应该修改的是法定夫妻财产制本身，而不是鼓励或要求民众以契约方式去排除其适用。

再次，约定夫妻财产制的效力虽然高于法定夫妻财产制，但不宜高估约定夫妻财产制的作用。以约定方式确定财产关系与传统婚姻观念不符。我国传统观念中的婚姻关系是"夫妻一体"，并没有以契约方式规制夫妻财产关系的习俗，因而在当今社会，民众采取约定夫妻财产制的仍属少数。③ 即使在崇尚个人主义的西方国家，以契约规制夫妻财产关系的情形也非主流，"实际上，婚姻契约经常限于巨额财产案件"④。有观点认为，夫妻财产约定可以保护婚姻关系中相对弱势一方的利益，"在婚前或婚姻存续期间内，弱势方可以利用感情基础的优势，增加自身的议价能力，更大限度地

---

① 林秀雄：《夫妻财产制之研究》，中国政法大学出版社，2001，第184页。
② 林秀雄：《夫妻财产制之研究》，中国政法大学出版社，2001，第192～201页。
③ 2010年，国家社会科学基金项目"民法典体系中的婚姻家庭法新架构研究"课题组的调查统计显示，在391件被调查案件中，体现夫妻财产制类型的有277件，其中当事人采约定夫妻财产制的仅有12件。
④ 参见〔德〕Katharina Boele-Woelki Jens M. Scherpe、〔英〕Jo Miles 主编《欧洲婚姻财产法的未来》，樊丽君等译，法律出版社，2017，第36页。

争取利益，并通过财产协议的方式将这种利益牢牢固定下来"①，这一认识似有偏差。夫妻之间预设财产关系的目的或是规避可能发生的财产纠纷，或是满足对财产关系的特别要求。夫妻财产具有全面性、复杂性和长期性，以契约方式事先设定婚姻生活中的财产内容，对当事人的要求甚至高于一般财产契约。② 在涉及重大财产利益的情况下，很难想象在经济上处于弱势的一方可以借助感情优势增加议价能力，相反，在现实生活中往往是经济强势一方更愿意采取约定财产的方式规避可能发生的财产损失风险。至于因期待缔结婚姻而不得不接受可能影响自己个人财产利益契约的，更多的是婚姻关系中弱势的一方。对婚姻关系中弱势一方的保护，只能通过婚姻立法以强制性规定落实。③ 故婚姻立法中虽然认可夫妻财产约定的效力，但在价值导向上并无鼓励或倡导婚姻当事人以契约方式约定彼此权利义务之必要。

综上所述，对约定夫妻财产制的地位和作用不宜高估。有学者甚至认为："理论上，完全合理、平等的法定财产制下，夫妻财产制契约实无用武之地。"④ 当然，事实上不可能存在对每一对夫妻都可谓公平合理的夫妻财产制，故夫妻财产制契约肯定有其用武之地。但显然，约定夫妻财产制的定位只能是法定夫妻财产制的必要补充。在体例上，应置于法定财产制之后，无须通过变动体例以强调其作用。

二 约定夫妻财产制立法模式的选择

构建约定夫妻财产制，应立足于本国的国情，结合法定夫妻财产制的内容。立法模式的选择是构建约定夫妻财产制的前提和基础，约定夫妻财

---

① 申晨：《夫妻财产法价值本位位移及实现方式——以约定夫妻财产制的完善为重点》，《法学家》2018 年第 2 期。

② 如英美法国家，对婚前财产协议的签订，要求当事人双方都有独立律师参与。参见纪欣《美国家事法》，五南图书出版公司，2002，第 93 页。

③ 正因法定夫妻财产制可以契约方式变动，而此类财产契约更多成为婚姻中强势一方规避财产风险的手段，现代各国婚姻立法都十分重视离婚救济制度，以纠正可能出现的夫妻利益失衡情形。

④ 林秀雄：《夫妻财产制之研究》，中国政法大学出版社，2001，第 196 页。

产制立法模式不同，内容也存在差异。检审现行立法模式在适用中的问题，选择适合国情的立法模式，是完善约定夫妻财产制立法的必经路径。

就我国而言，从观念和现状来看，约定夫妻财产制应定位于满足部分民众对夫妻财产关系的特别要求：或以其他财产制度替代法定夫妻财产制，或对法定夫妻财产制予以个别修正。

（一） 现行约定夫妻财产制实务应用状况分析

审判实务中，以"夫妻财产约定纠纷"为案由的案件并不少见。检索中国裁判文书网，在 2014 年 1 月 1 日至 2016 年 12 月 31 日三年中，以"夫妻财产约定纠纷"为案由的案件，基层法院一审判决文书共计 281 件。[①] 从约定内容来看，"夫妻财产约定纠纷"这一案由项下的案件，不同于"夫妻财产制约定纠纷"案件，实际上涵盖了由夫妻双方签订的、涉及财产关系的所有纠纷。主要有以下四种类型：（1）夫妻之间签订的、与夫妻身份无关的一般财产协议，如赠与、借贷、买卖等；（2）夫妻之间签订的以婚姻关系终止为生效条件的财产分配协议，如离婚财产分割协议与继承协议；（3）以违反特定身份义务为前提的财产分割或补偿协议，即通常所谓的"忠实协议"；（4）夫妻之间签订的关于特定房产归属变动的协议。

上述四类协议的性质各不相同。第一类是普通财产合同，其内容与当事人的夫妻身份无关。现代社会夫妻人格独立，不因婚姻关系的成立而发生改变，夫妻之间同样可以订立其他民事主体都可以签订的财产协议，此类协议引发的纠纷适用《合同法》的相关规定。第二类主要是离婚财产分割协议，这类协议与夫妻财产制约定同属于"附随的身份行为"，即以婚姻身份变动为生效前提的行为，但二者在内容和生效要件方面均存在差异，且相关司法解释对离婚协议的效力有特别规定，[②] 故不适用约定夫妻财产制之规定。第三类是"忠实协议"，即以"违反忠实义务行为的财产后果"为

---

① 笔者在中国裁判文书网中以"夫妻财产约定"为案由，选择"基层法院""一审""判决书"进行筛选，得出上述结果。

② 参见《最高人民法院关于适用〈中华人民共和国婚姻法〉若干问题的解释（二）》第 9 条；《最高人民法院关于适用〈中华人民共和国婚姻法〉若干问题的解释（三）》［简称《婚姻法》司法解释（三）］第 14 条。

内容的协议，此类协议以当事人的特定过错行为为规制对象，与夫妻财产约定性质不符，司法实务中虽然对此类协议的效力认定不一，但都不适用约定夫妻财产制之规定。① 这三类案件的当事人虽然具有夫妻身份，但协议的性质不同于夫妻财产制约定，不属于《婚姻法》第 19 条的调整范畴，也没有法律适用的争议。

第四类是夫妻之间就特定房产归属而作的约定，包括将一方个人房屋约定为对方所有、将一方个人房屋约定为夫妻共有以及将夫妻共有房屋约定为一方所有等情形。② 在约定房屋未变更产权登记的情况下，因一方当事人反悔或双方离婚，登记产权人要求撤销房产约定而引发纠纷。法院在处理此类纠纷时存在法律适用上的差异。主要分两种情况：（1）如当事人约定一方房产归属于夫妻共有或夫妻共有房产归属于一方所有的，一般认定为夫妻财产制约定，进而适用《婚姻法》第 19 条的规定。约定房产未变更登记、当事人诉请撤销的，因约定"对双方具有约束力"，法院不予支持；③（2）约定一方所有房产归另一方所有的，一般认定为赠与关系，同时适用《民法通则》第 55 条及《合同法》第 186 条。如果约定房产未变更登记、赠与人诉请撤销的，应准予撤销。④ 但值得一提的是，如果夫妻双方对房产归属的约定采取了公证形式，则无论将约定认定为夫妻间的赠与合同，还是认定为夫妻财产制约定，从判决结果上看并无差异，即当事人以约定房屋未变更登记为由请求撤销的，法院不予支持。⑤ 故在采取公证形式的情况下，对约定性质的认定不影响判决结果。约定的形式对约定效果产生了根本性的影响。

上述争议产生的主要原因是，《婚姻法》第 19 条规定的约定类型和范围不明确，导致司法实务中的理解存在差异。最高人民法院对《婚姻法》第 19 条的约定类型有如下解释："我国婚姻法规定了三种夫妻财产约定的

---

① 这三类案件共 243 件，占了全部案件的 86%。
② 约定特定房产归属的案件共计 38 件，占比 14%。
③ 如浙江省富阳市人民法院（2013）杭富民初字第 2306 号。
④ 如四川省资阳市雁江区人民法院（2014）雁江民初字第 2748 号。
⑤ 其中有 10 件采公证形式，判决结果一致。如安徽省安庆市（2016）院 0811 民初 890 号、安徽省淮南市（2014）八民一初字第 00235 号等。即使认定为赠与合同，因有公证形式，赠与人也不能撤销。

模式，即各自所有、共同共有和部分共同共有，并不包括将一方所有财产约定为另一方所有的情形。将一方所有的财产约定为另一方所有，也就是夫妻之间的赠与行为，虽然双方达成了有效的协议，但因未办理房屋变更登记手续，依照物权法的规定，房屋所有权尚未转移，而依照合同法关于赠与一节的规定，赠与房产的一方可以撤销赠与。"① 这一解释将夫妻之间房产约定的一种——约定一方房产归另一方所有的情形认定为赠与行为，进而排除了《婚姻法》第 19 条的适用。

更有地方法院进一步释明："夫妻一方在婚前或者婚姻关系存续期间约定将个人所有的不动产赠与另一方或约定为按份共有、共同共有的，属于夫妻财产赠与约定，赠与方在赠与不动产变更登记之前撤销赠与，另一方主张履行的，应依照《合同法》第 186 条规定处理。"② 这样的解读则将所有针对特定财产归属的约定，均排除在约定夫妻财产制范畴之外，进一步限缩了约定夫妻财产制的适用范围。

综上所述，由于现行立法关于约定夫妻财产制的内容规定不明确，司法实务部门倾向以《合同法》调整夫妻之间对特定财产的约定，导致《婚姻法》第 19 条的适用范围受到很大的限制，约定夫妻财产制的功能基本丧失。要从根本上解决问题，需从立法层面上明确约定夫妻财产制的类型和内容。

（二） 民法典应明确约定夫妻财产制的立法模式

通说认为，大陆法系约定夫妻财产制立法主要有两种模式。③ 第一，选

---

① 这是最高人民法院发言人在《〈婚姻法〉司法解释（三）》新闻发布会上的说明，针对的是《〈婚姻法〉司法解释（三）》第 6 条的规定，即 "婚前或者婚姻关系存续期间，当事人约定将一方所有的房产赠与另一方，赠与方在赠与房产变更登记之前撤销赠与，另一方请求判令继续履行的，人民法院可以按照合同法第一百八十六条的规定处理"。仅从第 6 条的文义来看，与《婚姻法》第 19 条的适用并无关联。第 6 条只是明确了 "夫妻之间的房产赠与，适用《合同法》中赠与合同的相关规定，在未交付（变更登记）之前，赠与人享有任意撤销权"。简单而言，就是夫妻之间的房产赠与等同于普通人之间的赠与。但根据新闻发言人的释明，第 6 条之规定隐含着这样一个推定，即夫妻约定一方所有财产归另一方所有，就是夫妻之间的赠与行为，因此可以直接适用《合同法》第 186 条之规定。参见奚晓明主编《最高人民法院婚姻法司法解释（三）理解与适用》，人民法院出版社，2011，第 13 页。

② 参见《江苏省高级人民法院关于审理婚姻家庭纠纷案件的最新解答》第 29 条，2019 年 7 月发布。

③ 林秀雄：《夫妻财产制之研究》，中国政法大学出版社，2001，第 185~186 页。

择式的夫妻财产制契约。即设置几种典型的夫妻财产制，由当事人选择其一，当事人不能选择立法设置之外的财产制。如《瑞士民法典》第 182 条第 2 款规定："未婚夫妻或夫妻，仅得在法律许可的范围内，选择、废止或变更其财产制。"① 我国台湾地区"民法"第 1004 条规定："夫妻得于结婚前或结婚后，以契约就本法所定之约定财产制中，选择其一，为其夫妻财产制。"第二，独创式的夫妻财产制契约。也称任意模式，即法律不限制夫妻财产制契约的内容，允许当事人根据自己的意愿任意选择夫妻财产制，或变动法定夫妻财产制。如《法国民法典》第 1497 条规定："夫妻双方得在其财产契约中订立不抵触第 1387 条、第 1388 条及第 1389 条之规定的任何协议，对法定的共同财产制加以变更。"② 日本、韩国以及菲律宾等国也采这种模式，不限制夫妻财产制契约的内容。

从技术层面上看，选择模式和任意模式各有利弊。选择模式的优势是：可以保持夫妻财产关系的确定性。因可供选择的夫妻财产制类型有限，有利于简化夫妻财产关系，便于交易；约定内容确定完整，公示方法简单。当事人只需要选择其一加以适用，即可明确双方财产关系；只需公示所选财产制类型，即可产生对抗效力。其弊端是：因类型有限、内容确定，当事人只能在法定情形范围内作出选择，特殊要求无法得到满足，适用上受到限制。任意模式的优势是：可以最大限度地体现当事人的意思自治，满足当事人的特殊要求，使"弥补法定夫妻财产制之不足这一功能"得到最大限度的发挥。其弊端则是：会导致夫妻财产关系多样化，自主创设权利义务更容易引发纠纷；公示方法难以统一。两种模式并无优劣之分，应立足于约定夫妻财产制之功能，结合立法传统和现实需求作出选择。笔者认为，我国应采任意模式，理由有如下两点。

首先，从我国立法演变看，新中国婚姻法律制度中关于约定夫妻财产制的规定一向采任意模式。1950 年《婚姻法》虽未直接规定约定夫妻财产制，但其立法本意对夫妻之间的财产约定持认可态度，且对夫妻之间的财

---

① 《瑞士民法典》，戴永盛译，中国政法大学出版社，2016，第 68 页。
② 《法国民法典》，罗结珍译，北京大学出版社，2016，第 374 页。

产约定没有任何限制。① 1980 年《婚姻法》在确立"婚后所得共有制"为法定夫妻财产制的同时，又规定了"双方另有约定的除外"，形成了以法定财产制为主、约定财产制为辅的夫妻财产制模式，同样对约定的内容未作限制。② 2001 年《婚姻法》（修正）对原有夫妻财产制只是细化，并无实质性的改变，应该是仍坚持了任意模式。③ 婚姻立法事关民众生活，理应保持审慎、谦抑的态度。因此，在社会经济文化背景没有重大改变的情况下，沿用固有立法更为稳妥。

其次，任意模式更符合我国国情，能够满足民众对夫妻财产约定制的需求。任意模式的优点在于能够最大限度地体现当事人的意思自治，满足婚姻当事人的特殊需求。由于我国地域广阔，地区之间差异较大，很难设计出满足基本需求的财产制类型。判例检索也反映出现实生活中直接选择某类财产制的约定并非主流，近年来最为常见的就是针对特定房产的约定，且因房产情况复杂，夫妻财产约定呈现个性化特征。修法中采取选择模式对当事人限制过多，不利于发挥约定夫妻财产制的作用。

三　任意模式下约定夫妻财产制立法技术的完善

民法典中约定夫妻财产制立法仍应坚持任意模式，但现有任意模式的

---

① 中央人民政府法制委员会于 1950 年 4 月 14 日作出的《关于中华人民共和国婚姻法起草经过和起草理由的报告》中指出："这种概括性的规定（指第 10 条关于夫妻财产的规定），不仅不妨碍夫妻间真正根据男女权利平等和地位平等原则来作出对于任何种类家庭财产的所有权、处理权与管理权相互自由的约定；相反，对一切种类的家庭财产问题，都可以用夫妻双方平等的自由自愿的约定方法来解决，也正是夫妻双方对于家庭财产有平等的所有权与处理权的另一具体表现。"参见刘素萍主编《婚姻法学参考资料》，中国人民大学出版社，1989，第 65 页。

② 1980 年《婚姻法》第 13 条规定："夫妻在婚姻关系存续期间所得财产，归夫妻共同所有，双方另有约定的除外。"

③ 现行《婚姻法》第 19 条规定究竟属于选择模式还是任意模式，学界和司法实务中存在两种观点。一种观点认为，我国的约定夫妻财产制采取了选择式立法模式，当事人只能在三种财产制中选择其一，这三种模式分别为一般共有制、分别财产制和部分共有制。参见奚晓明主编《最高人民法院婚姻法司法解释（三）理解与适用》，人民法院出版社，2011，第 13 页。另一种观点则认为，一般共有、分别所有和部分分别、部分共有的规定已经涵盖了所有夫妻财产归属的可能，应属于任意模式，即立法对夫妻财产约定无特定类型限制。笔者认可后一种观点。参见许莉《夫妻房产约定的法律适用》，《浙江工商大学学报》2015年第 1 期。

内容不明确，容易引发争议，需要在技术层面上予以完善。

（一） 任意模式之下需明确可供选择的主要财产制类型和内容

我国现行法中将可以约定的内容表述为"各自所有、共同所有或部分各自所有、部分共同所有"，这一表述看似提供了可以约定的类型，但其中各类型的内容并不明确，尤其是"部分各自所有或部分共同所有"无法归入某类财产制中。这一立法技术上的缺陷在一定程度上影响了当事人的选择。①

采取任意模式的国家虽然不限制当事人选择夫妻财产制的类型，但也会明确规定除了法定夫妻财产制以外的其他财产制类型供当事人选择。如一般认为法国采任意模式，但法国法中也规定了可以选择的一般共同制和分别财产制，并明确了两种财产制的具体内容。② 这一做法可以在任意模式下吸收选择模式的优势，提供现实中最为当事人认可的夫妻财产制类型，明确规定其具体内容，便于当事人选择并公示。

从现代各国夫妻财产制立法例看，具有代表性的财产制度主要是三类：共有制、分别制、延迟共有制（或剩余财产分配制）。我国法定夫妻财产制选择了婚后所得共同制，故在约定夫妻财产制中可以提供给当事人的主要有一般共有制（涵盖婚前财产的共有制）、分别财产制和延迟共有制。因延迟共有涉及婚姻终止时的清算，内容较为复杂，在现行立法体系中很难植入。故宜将"一般共有制"和"分别财产制"作为供当事人选择的财产制类型，替代现行法中"共同所有、各自所有"的表述。同时，立法也应明确这两种财产制的具体内容。

---

① 整体上看，夫妻约定直接选择某一类型财产制的情形并不常见。在笔者检索的 281 起判例中没有一起单纯选择某种类型财产制的情形。其原因可能是民众并无直接选择夫妻财产制的习惯（因为现行立法中并没规定具体财产制类型供当事人选择）；但亦有可能是，如果当事人明确选择了某种财产制类型，则在离婚案件中一般没有歧义，不会以"夫妻财产约定纠纷"立案。在针对离婚案件的调研中，约定分别财产制和部分财产分别制的情形还是存在的。参见夏吟兰、薛宁兰主编《民法典之婚姻家庭编立法研究》，北京大学出版社，2016，第 278~279 页。
② 参见《法国民法典》第 1393 条。

（二） 任意模式下需增加关于特定财产约定的规则

如前所述，现行约定夫妻财产制适用产生争议的焦点是：对特定房产的约定是否属于夫妻财产制范畴。对此，立法应有所回应。

认为针对特定财产的约定不属于约定夫妻财产制范畴的主要理由是："夫妻财产制契约并非针对某个或某些特定的财产归属作出的约定，是对夫妻财产关系将产生一般性的、普遍性的约束力，其效力及于夫妻财产的全部。夫妻财产赠与约定是夫妻双方对于个别财产的单独处分，具有一次性、个别化的特点，其效力不及于其他未经特殊处分的财产。前者的目的在于排除法定夫妻财产制的适用，后者的目的在于改变一项特定财产的权利归属，并不涉及财产制的选择。"①笔者认为，这一观点不能成立。

从约定夫妻财产制的功能看，约定夫妻财产制除了具有排除（替代）法定夫妻财产制适用的功能外，还有部分变更法定夫妻财产制的功能。法定夫妻财产制虽然是对夫妻婚前及婚后财产的整体规定，但整体财产是各类、个别财产之总和。对某类、个别财产之归属的规定是法定夫妻财产制内容的组成部分；同样，对某类、个别财产之排除约定，必然也属于约定夫妻财产制的应有之义。例如，《婚姻法》第 17 条规定，夫妻一方在婚姻关系存续期间因继承所取得的财产，除被继承人指明归继承人个人所有的，为夫妻共有财产。但如果夫妻双方特别约定"婚姻关系存续期间一方继承所得财产为个人所有"，则属于对特定类型财产的约定，旨在排除法定夫妻财产制中某类财产的归属，应属于夫妻财产制约定。再如，《〈婚姻法〉司法解释（三）》第 7 条规定了夫妻一方父母出资所购房屋的归属，②但如果夫妻双方对符合第 7 条规定的房产归属另有约定，即约定"父母出资所购房屋，虽登记在一方名下，也属于夫妻共有财产"，则同样可以排除法律对特定财产归属的规定。况且《婚姻法》第 19 条中已有"部分各自所有、部

---

① 参见《江苏省高级人民法院关于审理婚姻家庭纠纷案件的最新解答》第 29 条，2019 年 7 月发布。

② 《〈婚姻法〉司法解释（三）》第 7 条规定："婚后由一方父母出资为子女购买的不动产，产权登记在出资人子女名下的，可按照婚姻法第十八条第（三）项的规定，视为只对自己子女一方的赠与，该不动产应认定为夫妻一方的个人财产。"

分共同所有"之规定,其中"部分"的界定可以是"婚前部分"与"婚后部分";也可以是"动产部分"与"不动产部分";抑或是其他标准下的"部分"。"某一房产、某些房产"与"不动产部分"并无实质差异,可见现行立法也未排除对特定财产的约定。

从约定效力上看,对特定财产的约定,同样效力及于夫妻财产之全部。针对特定财产的约定,不仅产生特定财产的归属不受法定夫妻财产制调整的后果,同时也产生了"其他未约定的财产仍适用法定夫妻财产制"的后果,即所有关于个别财产归属的夫妻财产约定,均隐含着"其他未约定财产适用法定夫妻财产制"之意思,故其效力及于夫妻财产之全部。

从比较法角度看,允许当事人以契约方式个别变动法定夫妻财产制之内容也是夫妻财产制约定的应有之义。学界通常认为德国立法采选择式立法模式,即当事人可以选择分别财产制(第1414条)和一般共有制(第1415~1418条)两种类型的夫妻财产制。但事实上,除了对指定财产制类型的选择,德国的约定财产制还包括部分变更法定夫妻财产制的合同。其第1408条规定:"配偶双方可以以合同调整他们的夫妻财产制上的关系,特别是也可以在缔结婚姻后废止或变更夫妻财产制(夫妻财产合同)。"对此,德国学者迪特尔·施瓦布教授在《德国家庭法》一书中指出,上述两种(指分别财产制和一般共有制)是法律明确规定可供选择的,因此也称选择性财产制。而夫妻财产合同包括了以下内容:[1](1)配偶双方(订婚双方)可以通过夫妻财产合同排除法定财产制,并从可供选择的财产制(即分别财产制和一般共有制)中选择其一作为他们的财产制;(2)当事人可以在婚后通过夫妻财产合同变更法定或约定的财产制;通过约定排除或废止法定财产制;通过财产合同方式修改或补充法定财产制度的具体规定;(3)可以通过夫妻财产合同排除增益补偿;(4)配偶一方可以通过夫妻财产合同将自己的财产托付给他方管理。[2]可见,德国家庭法中夫妻财产合同的内容并不限于选择法律规定的两种夫妻财产制类型,还可以以合同方式修改、补充法定夫妻财产制的内容。而这类财产合同,同样规定于约定夫

---

① 参见〔德〕迪特尔·施瓦布《德国家庭法》,王葆莳译,中国政法大学出版社,2010,第117~119页。
② 《德国民法典》第1413、1414、1415条。

妻财产制中，适用关于约定夫妻财产制的相关规定。各国关于夫妻财产制契约的内容规定相对复杂，选择模式和任意模式的区分只是相对而言，很多情况下并不能简单将其纳入上述两种模式。如果被公认为选择模式的立法中允许当事人以契约变更法定夫妻财产制，且将此类变更约定纳入约定夫妻财产制范畴，"举重以明轻"，采任意模式的立法允许当事人针对个别财产加以约定更是题中应有之义。

可见，夫妻财产制约定之所以区别于夫妻之间的其他财产约定，并不在于约定所及财产的范围，而是约定与夫妻身份的关系。对约定夫妻财产制契约的特殊性，史尚宽先生曾将其概括为："夫妻财产契约，与未婚或已婚配偶间有财产法内容之法律行为不同。在前者关于配偶间婚姻财产法上之秩序，惟得于配偶间行之。其他法律行为（例如赠与、买卖、借贷、租赁、合伙）则在其人（配偶）之间，亦为可能。夫妻财产契约不必及于全部财产，对于一定之个个财产，亦为可能，例如一笔土地为特有财产或为付与夫管理之财产。其与其他法律行为不同者，在于决定配偶之婚姻财产法上之地位，非仅一般的决定为权利主体之地位。"① 夫妻针对特定财产的约定，决定的是双方在婚姻财产法上的地位，纳入夫妻财产制范畴顺理成章。

从我国国情看，针对特定财产的约定集中体现为关于房产的约定。而对此类房产约定的性质，学界虽多有争议，但无论是持"约定夫妻财产制说"还是"特殊赠与说"，都认可夫妻双方对特定房产归属的约定，多与夫妻身份的成立和维系相关，不同于一般的财产约定，不能直接适用赠与合同的一般规定。② 要解决夫妻之间关于特定财产的约定，在民法典分则部分制定中，可以有两种选择：一是在合同编增加关于"与身份相关的赠与合同"的规定；二是在婚姻家庭编约定夫妻财产制中增设特定财产约定条款。二者相比，将其纳入约定夫妻财产制调整范围，不仅符合身份财产行为的

① 史尚宽：《亲属法论》，中国政法大学出版社，2000，第341页。
② 参见田绍华《夫妻间赠与的若干法律问题》，《法学》2014年第2期；许莉：《夫妻房产约定的法律适用》，《浙江工商大学学报》2015年第1期；程啸：《婚内财产分割协议、夫妻财产制契约的效力与不动产物权变动》，《暨南学报》（哲学社会科学版）2015年第3期；姚辉：《夫妻财产契约中的物权变动论》，《人民司法（案例）》2015年第4期。

性质，在体系和逻辑上也更加清楚。

（三） 任意模式之下还需强化约定的形式要件

我国约定夫妻财产制的形式要件也有必要得到强化。《婚姻法》第19条规定，约定须采书面形式。通说认为，现行夫妻财产制约定为要式行为。但从司法实务现状看，仅以书面形式作为约定的形式要件似有不足，应借鉴大陆法系多数国家的模式，以公证为夫妻财产制约定的生效要件。理由有如下几点。

第一，夫妻财产制约定的内容要求当事人持更为理性、谨慎的态度。夫妻财产制约定是夫妻之间关于婚前婚后财产归属和管理、处分的重要法律行为，有变更、替代法定夫妻财产制的功能，所规制的财产关系不仅内容广泛，而且多具有长期性，要求当事人谨慎对待。而作为约定当事人的夫妻之间具有不同于一般民事主体的亲密关系，被称为"人身和财产的全面结合"，与法律推定的理性、自利的契约当事人存在差异，更容易受情感或其他因素影响。正因如此，司法实务中当事人意思表示的真实性和自主性经常成为争议焦点，而夫妻财产制约定仅采书面形式尚不足以使当事人意识到可能产生的法律约束力。公证形式因有特定机构和人员的介入，更能保证当事人意思表示的真实性以及约定内容的合法性；而当事人愿意采用公证形式约定财产，其受约束的意思也更为明确。

第二，在比较法中，公证形式是约定夫妻财产制的主要形式。虽然夫妻财产制约定有要式和不要式两种立法模式，但整体上看，要式立法占主导地位。而采要式立法模式的，多以公证为形式要件。如《德国民法典》第1410条规定："订立婚姻合同必须双方同时到场并由公证人记录。"《意大利民法典》第162条规定："结婚协议应当以公证的方式缔结，否则无效。"瑞士、法国、葡萄牙、比利时、奥地利等也有类似规定。虽然也有国家采不要式主义，如日本、韩国等，这些国家一般均将夫妻财产制契约的订立时间限于婚前，且不允许任意变更。如《韩国民法典》第829条规定："夫妻于婚姻成立前就财产有约定的，婚姻期间不得变更，但有正当理由时，可经法院的许可变更。"

第三，从我国司法实务现状看，以公证形式区分身份财产行为和一般财产行为，可以有效解决夫妻财产约定与夫妻财产赠与的认定问题。房产约定是现实生活中最为常见的夫妻财产约定类型，而对特定房产的约定究竟是夫妻财产约定还是夫妻房产赠与，也是目前司法实务中争议最大的问题。将对特定财产的约定纳入约定夫妻财产制范畴，同时规定约定必须采公证形式，则夫妻双方关于特定房产的约定，除非特别指明为赠与或买卖，只要采取公证形式，则无论约定为一方所有还是夫妻共有，一律适用约定夫妻财产制的规定。即使未变更登记，也不得撤销。如当事人未采用公证形式，则不属于夫妻财产制约定。至于未经公证的约定效力如何，只需按照《合同法》的一般规定认定，不再适用身份法的特殊规定。

夫妻财产制约定以公证为生效要件，确实会增加当事人订立协议的时间和金钱成本。但需明确的是，此类协议与一般交易行为完全不同，"便捷性"不是其追求。当事人特别作出约定以排除或变更法律对夫妻财产的一般规定，说明约定的内容对当事人意义重大，为此付出一定的时间、金钱成本具有合理性。

四 结语

随着社会经济的发展、民众财富的增加以及民众婚姻价值观的多元化，以契约方式规制夫妻双方财产关系的情形或将呈现增长趋势，约定夫妻财产制的重要性日益凸显。但这并不能改变约定夫妻财产制在夫妻财产制立法中的地位。约定夫妻财产制的功能只能是弥补法定夫妻财产制之不足，而不能替代法定夫妻财产制的主导地位。

夫妻之间的财产约定在性质上是财产行为，但无可否认的是，以婚姻身份成立和存续为前提的夫妻财产契约具有特殊性，应由婚姻立法予以特别规制，即纳入约定夫妻财产制的调整范畴。我国现行约定夫妻财产制因内容不明确而引发适用争议，即使辅以司法解释仍未能解决实务中存在的问题，故需要在立法层面上有所应对，即完善约定夫妻财产制度。

亲属法具有极强的地域性，不仅根植于固有的传统、习俗以及婚姻伦理，也受制于本国的经济、文化和生活方式。约定夫妻财产制虽然是大陆法系普遍适用的婚姻财产制度，但不同国家的制度内容存在一定的差异。

基于国情，我国约定夫妻财产制应坚持原有的任意模式，但需在立法技术方面予以完善，尤其要将针对特有财产的约定纳入约定夫妻财产制范畴，并强化约定夫妻财产制的形式要件。建议对《婚姻法》第 19 条第 1 款修改如下：

> 夫妻双方可以约定方式选择适用一般共有制或分别财产制。
>
> 一般共有制是指夫妻双方的婚前财产与婚后所得财产均属于夫妻共有财产，但专属于夫妻一方的生活用品、夫妻一方的人身损害赔偿金以及夫妻特别约定保留的财产除外。
>
> 分别财产制是指夫妻双方的婚前财产以及婚后各自所得的财产归个人所有，但双方特别约定共有的除外。
>
> 夫妻可以约定个别财产之归属，也可以约定方式变更或排除法定夫妻财产制之部分内容。约定未涉及的财产仍适用法定夫妻财产制。
>
> 夫妻财产约定应当采取公证形式。

婚姻家庭编立法中的程序性要件设置问题探析[*]
——以婚姻家庭编（草案）关于无效婚姻的规定为例

杨晋玲^{**}

【内容摘要】在民法典各分编（草案）中，婚姻家庭编的内容极其单薄，所规定的内容不仅原则，而且缺乏可操作性。造成其缺乏可操作性的原因可能很多，但与婚姻家庭编不重视相关规定中的程序性规范有密不可分的关系。在此，笔者以其中的无效婚姻为例说明婚姻家庭编在编纂中应重视程序性要件的设置，以此增强其规定的可操作性，减少在实践中对司法解释的依赖。而其完善的途径是在《民法典》编纂过程中，通过对现有司法解释的筛选，将经过司法实务检验的科学合理的规范吸纳进法典中，以实现立法的科学化、体系化和完备化。

【关 键 词】婚姻家庭编编纂　　程序性要件　　无效婚姻

我国民法典编纂正在紧锣密鼓的进行中，婚姻家庭法已经作为其中的一编。但在提交全国人大常委会审议的民法典各分编（草案）（以下简称

---

* 本文是国家社科基金项目"民法典婚姻家庭编与民事诉讼法的对接问题研究"（19BFX136）的阶段性成果。
** 杨晋玲，云南大学法学院教授。

《草案》）中，"民法典分编整体上偏重财产法，对身份关系没有给予足够的重视，存在基本制度的疏漏，具有内容缺失、法律规定详略不当的问题"①。而其中的"婚姻家庭编"只有 80 条②，所规定的内容简略，按夏吟兰教授的说法，立法者对"婚姻家庭这部分是宜粗不宜细，尽量能不规定就不规定，能少规定就少规定……"③ 不仅没有兑现 2001 年现行《婚姻法》修改时所作出的"关于《婚姻法》的系统化、完备化待制定民法典时一并考虑"④ 的承诺，而且对于司法实务中的一些经验和做法也没有吸收到立法中。"在财产立法水平已从'通则'步入'民法典'的时代，婚姻家庭法的立法理念仍然停留在《民法通则》时期，使民法典在立法技术上出现了典型的分裂，以至于婚姻家庭编与其他各编在立法粗细程度上呈现出极大的反差。"⑤ 在整个《草案》中，婚姻家庭编的内容极其单薄，所规定的内容不仅原则，而且缺乏可操作性，而造成其缺乏可操作性的原因可能很多，但其中与婚姻家庭编不重视相关规定中的程序性规范有密不可分的关系。有学者指出，"从婚姻家庭编内部体系来看，现行《收养法》的规定较为具体，而《婚姻法》却过于原则"⑥。《收养法》之所以规定得具体是因为在立法中，它作为与《婚姻法》并行的一部法律，重视了程序性规定，而《婚姻法》的许多规定则缺乏程序性的内容，在此，笔者将以无效婚姻制度为例阐述这一问题。

一 现行《婚姻法》对无效婚姻的规定及存在的不足

现行《婚姻法》对无效婚姻的内容规定在第 10 条和第 12 条中，第 10 条列举了四种婚姻无效的情形，即重婚的、有禁止结婚的亲属关系的、婚

---

① 夏吟兰：《民法典婚姻家庭编（草案）的重大疑难问题》，中国民商法律网，http://www.civillaw.com.cn/。

② 在 2020 年最新版本的《中华人民共和国民法典（草案）》中则只有 78 条。

③ 夏吟兰：《民法典婚姻家庭编（草案）的重大疑难问题》，中国民商法律网，http://www.civillaw.com.cn/。

④ 巫昌祯：《修改婚姻法的背景和思路》，《中国妇运》2001 第 5 期，第 46 页。

⑤ 徐涤宇：《婚姻家庭法的入典再造：理念与细节》，《中国法律评论》2019 年第 1 期，第 112 页。

⑥ 徐涤宇：《婚姻家庭法的入典再造：理念与细节》，《中国法律评论》2019 年第 1 期，第 113 页。

前患有医学上认为不应当结婚的疾病且婚后尚未治愈的和未到法定婚龄的；第 12 条规定了无效的法律后果。这一规定虽然填补了 1980 年《婚姻法》的立法空白，但是由于理解上的歧义，在实施中带来许多困惑。与第 11 条规定的可撤销婚姻相比，虽然可撤销婚姻的情形只规定了胁迫一种，但有关行使请求权的主体、期间和有权撤销婚姻的机关等程序性要件，现行《婚姻法》都作出了明确规定，但是对于无效婚姻，除规定导致婚姻无效的情形外，其他内容都没有涉及，从条文规定来看，现行《婚姻法》对无效婚姻采取的是当然无效的态度。对此规定，诸多学者发表了不同的看法。如陈苇教授认为，"新《婚姻法》删除了 2001 年 1 月 11 日公布的《中华人民共和国婚姻法（修正草案）》关于无效婚姻的请求权主体有当事人及利害关系人，婚姻登记机关和人民法院亦有权主动宣告该婚姻无效等规定，将《婚姻法（修正草案）》的宣告无效制度改为当然无效制度，这是不够妥当的"[①]。且从婚姻法学理论来看，无效婚姻违反的是公益性要件，可撤销婚姻违反的是私益性的要件，故无效婚姻的违法性程度比可撤销婚姻严重，更应由相关机构来宣告其无效性并施加一定的制裁。当然，也有观点认为现行《婚姻法》对无效婚姻采取的是宣告无效制。最高人民法院民一庭就认为，"根据《婚姻法》立法背景和司法实践经验及借鉴国外立法，普遍一致的观点认为，《婚姻法》对无效婚姻是采取了宣告无效的制度"[②]。这一观点是否符合法律解释学的原理在此姑且不论，如果是宣告无效，那就必须为其设置程序性的要件，包括提起婚姻无效的请求权主体范围、程序、诉讼时效、宣布无效的机关等，否则其在实践中将无法操作，但是现行《婚姻法》对这些问题根本没有涉及，为此最高人民法院不得不在随后颁布的三个司法解释中对这些程序性问题作出一系列的规定。

二　适用婚姻法司法解释对无效婚姻的规定

《最高人民法院关于适用〈中华人民共和国婚姻法〉若干问题的解释

---

① 陈苇：《中国婚姻家庭法立法研究》（第二版），群众出版社，2010，第 171 页。
② 最高人民法院民事审判第一庭：《婚姻法司法解释的理解与适用》，中国法制出版社，2002，第 32 页。

（一）》（以下简称《婚姻法解释（一）》）有 34 个条文，其中有 7 个条文涉及无效婚姻。在这 7 个条文中，为配合无效婚姻实施的程序性要件有 4 条，分别为第 7、8、13 和 15 条，第 7 条规定了有权申请婚姻无效的主体，包括婚姻当事人及利害关系人。利害关系人包括：以重婚为由申请宣告婚姻无效的，为当事人的近亲属及基层组织；以未到法定婚龄为由申请宣告婚姻无效的，为未达法定婚龄者的近亲属；以有禁止结婚的亲属关系为由申请宣告婚姻无效的，为当事人的近亲属；以婚前患有医学上认为不应当结婚的疾病且婚后尚未治愈为由申请宣告婚姻无效的，为与患病者共同生活的近亲属。第 8 条是对申请宣告婚姻无效的限制或排除，即如果当事人依据婚姻法规定向法院申请宣告婚姻无效，申请时，导致无效的情形已经消失的，法院不予支持。第 13 条是对《婚姻法》第 12 条所规定的自始无效的含义的解释，即自始无效是指无效或者可撤销婚姻在依法被宣告无效或被撤销时，才确定该婚姻自始不受法律保护。这一解释不仅明确在我国无效或者可撤销婚姻都有溯及既往的效力，而且也表明了无效婚姻必须经由人民法院宣告，才产生无效的效力。也就是说，与现行《婚姻法》所规定的当然无效制不同，司法机关认为，在我国无效婚姻实行的是宣告无效制。第 15 条涉及被宣告无效或被撤销婚姻当事人同居期间所得财产的处理问题，即同居期间所得财产按共同共有处理，但有证据证明为当事人一方所有的除外。

而其他 3 条则是有关法院审理无效婚姻时的诉讼程序问题，在制定了专门的家事诉讼程序法或在民事诉讼法中设置了家事诉讼程序编的国家，这部分内容主要规定在其诉讼法中。而我国《民事诉讼法》没有规定无效婚姻的审理程序，如果最高人民法院不对其作出规定，审判实务中将无法操作。[①]《婚姻法解释（一）》第 11 条，还对法院审理婚姻当事人因受胁迫而请求撤销婚姻的案件适用的程序作出了规定，即应当适用简易程序或者普通程序。但对无效婚姻则在第 9 条第 1 款中规定宣告婚姻无效案件，对婚姻效力的审理不适用调解，应当依法作出判决；有关婚姻效力的判决一经作出，即发生法律效力。这似乎表明，最高人民法院是将婚姻无效案件作为

---

① 如果现行《婚姻法》采用的是当然无效制，自不必设置相应的程序。

非讼案件对待，而将可撤销婚姻案件作为诉讼案件处理。① 非讼案件适用特殊诉讼程序，而在《民事诉讼法》规定的特殊程序中，没有针对无效婚姻的审理程序，因而《最高人民法院关于适用〈中华人民共和国婚姻法〉若干问题的解释（二）》（以下简称《婚姻法解释（二）》）的 29 个条文，有 6 个条文对涉及无效婚姻的审理程序问题作出了规定，即第 2 条至第 7 条。对于同样是违背结婚要件的行为，依其行为性质的不同而在法律后果上采取不同的处理措施，应是符合法律的妥当性和合理性要求的，但在审理程序上采用不同的程序审理是否科学合理？

在《最高人民法院关于适用〈中华人民共和国婚姻法〉若干问题的解释（三）》（以下简称《婚姻法解释（三）》）中，第 1 条也是有关无效婚姻的规定，即当事人以《婚姻法》第 10 条规定以外的情形申请宣告婚姻无效的，人民法院应当判决驳回当事人的申请。当事人以结婚登记程序存在瑕疵为由提起民事诉讼，主张撤销结婚登记的，告知其可以依法申请行政复议或者提起行政诉讼。这一规定从表面上看涉及的是诉讼程序中的受理问题，但其实质是关于无效婚姻的限制或排除问题，即除现行《婚姻法》第 10 条规定的 4 种情形外，当事人不得以其他原因主张婚姻无效，程序瑕疵问题不属于无效婚姻调整的范围。

现行《婚姻法》对无效婚姻的规定只有 2 条，但为了保证其实施，最高人民法院不得不在其随后出台的三个司法解释中用了 14 个条文来对涉及实体内容的程序性要件和案件审理中涉及的诉讼程序问题作出规定。正如学者所言，"婚姻家庭法对司法解释的依赖程度远远高于民法其他部分，最高人民法院在此领域发挥的作用已溢出《立法法》第 104 条规定的'具体应用法律的解释'之范围。如若不改变婚姻家庭立法'宜粗不宜细'的理念，最高人民法院的司法解释仍然会成为法院裁判之刚性需求"②，"如果是这样，那么民法典编纂不仅没有任何实质意义，而且会进一步增加目前已

---

① 在最高人民法院民事审判第一庭的《婚姻法司法解释的理解与适用》一书中，最高人民法院民事审判第一庭的法官已明确表示婚姻无效案件属于非讼案件。参见最高人民法院民事审判第一庭《婚姻法司法解释的理解与适用》，中国法制出版社，2002，第 38～41 页。
② 徐涤宇：《婚姻家庭法的入典再造：理念与细节》，《中国法律评论》2019 年第 1 期，第 112 页。

经存在的规范适用上的混乱"①。因此，有学者建议，在民法典编纂的过程中，应当对现存的司法解释进行清理，对于创设类和细化类司法解释，采取规则吸收的方法让其进入民法典各分编的内容安排之中。②

三 程序性要件在婚姻家庭立法中的缺位及其导致的问题

"民法在总体上忽视程序机制，尤其是把诉讼程序统统交由民事诉讼法去规定。这已经带来不良后果。由于未充分考虑到程序机制来设计民法制度，结果有的民法制度不合理，有的过于复杂，有的增加了设计难度，有的适用时疑问迭生。"③ 这种情况在婚姻家庭立法中表现得更加明显。在"宜粗不宜细"理念指导下的婚姻家庭立法，在相关制度的设置上，大都只有原则性规定，在最高人民法院发布的相关司法解释中，都会强调发布的目的是正确审理婚姻家庭纠纷案件，根据《中华人民共和国婚姻法》《中华人民共和国民事诉讼法》等相关法律规定，对人民法院适用《婚姻法》的有关问题作出解释。而在解释中，所涉及的大部分是与实体内容相配套的程序性要件和针对婚姻家庭案件特性而设置的特殊审理程序。而程序性要件和与之相配套的审理程序的缺乏，会导致如下问题。

其一，家事案件的审理与其他民事案件的审理采用同样的审理程序，不利于家事纠纷的妥善解决。有关这方面的分析，笔者将另撰文阐述。

其二，婚姻家庭法条文缺乏程序性要件的规定，导致其在司法实务中难以操作适用。"私法与其说是私人的生活规范，倒不如说是为解决纠纷而

---

① 薛军:《中国民法典编纂: 观念、愿景与思路》,《中国法学》2015 年第 4 期, 第 58 页。
② 雷兴虎和薛军两位学者将我国现行的司法解释分为综合类司法解释、创设类司法解释和细化类司法解释三类。综合类司法解释是在社会转型或变化时期, 为贯彻特定的社会或经济政策所需颁布的, 多数司法解释条文已被后来的立法所替代或吸收, 故这类司法解释已不是当前司法解释"入典"的重点所在。创设类司法解释往往成为孕育规则或填补法律漏洞的良好方式和手段, 事实上起到了"准立法"的作用。而细化类司法解释是对立法规定进一步的深化, 并没有创设新规则。后两类司法解释是我国民商司法实践经验的长期积累和系统化总结, 具有较高的裁判价值和实用价值, 故两位学者认为, 我国当前司法解释"入典"重点针对的应当是这两类司法解释。参见雷兴虎、薛军《论司法解释入民法典分编的方法和步骤》,《甘肃社会科学》2019 年第 1 期, 第 110~112 页。
③ 崔建远:《民法, 给程序以应有的地位》,《政治与法律》1998 年第 2 期, 第 1 页。

制定的规范，是为裁判而制定的规范。"① 因此，法律条文的制定必须具有可操作性，但在我国婚姻家庭法中，法律在设置相关制度时，一般都只有原则性的规定，而缺乏相应的程序性规范，使其在司法实务中难以操作。如对无效婚姻，现行《婚姻法》只规定了导致婚姻无效的原因，而一项完备的无效婚姻制度应包括婚姻无效的原因、认定程序、诉讼请求权、诉讼时效及法律后果等内容。夫妻财产制也同样，它是关于夫妻婚前财产和婚后所得财产的归属、管理、使用、收益、处分、债务的清偿以及婚姻解除时财产的清算等方面的法律制度，但在我国现行《婚姻法》中，只对共同财产和个人财产的范围作出规定，关于债务的清偿在离婚部分的规定原则，在现行《婚姻法》实施前和实施后，最高人民法院不得不出台一系列的司法解释来保证其在司法实务中的可操作性。如果没有司法解释的配合，《婚姻法》中的许多规定在现实生活中基本无法实施。因为规定得太过原则，为了实施其一项规定，最高人民法院出台的司法解释都得辅之以二十条左右的规定，如对无效婚姻的；在现行《婚姻法》修订前出台的司法解释中，认定夫妻感情确已破裂的意见有 14 条，离婚案件处理子女抚养问题的意见有 21 条，离婚财产分割的意见有 22 条，等等。在现行《婚姻法》实施过程中，最高人民法院又先后发布了三个司法解释，条文合计有 82 条，而现行《婚姻法》只有 51 条。在审理婚姻家庭案件时，人民法院似乎不是在依法判案，而是在依司法解释判案。

其三，在婚姻家庭法中，制度的设置不重视程序性要件的配套，使其立法缺乏科学性与体系性。"程序，从法律学的角度来看，主要体现为按照一定的顺序、方式和手续来作出决定的相互关系。"② 因而有学者认为，私法原则上具有程序性而非结果性。程序性指的是法律本身并没有以带出某种特定的情状为它的目的，它只是规范人们在行动时，应该遵守一些东西。私法对法律行为的调整典型地体现为法律行为有效要件的设置，而有效要件基本上是在程序上而非在结果上对法律行为的质量进行控制。③ 而"实体

---

① 〔日〕兼子一、竹下守夫：《民事诉讼法》，白绿铉译，法律出版社，1995，第 13 页。
② 季卫东：《程序比较论》，《比较法研究》1993 年第 1 期，第 6 页。
③ 易军：《私人自治与私法品性》，《法学研究》2012 年第 3 期，第 75 页。

法是通过一环扣一环的程序行为链而逐步充实、发展的"①，"伴随着我国法治水平，尤其是立法水平的全面进步，科学立法已成为全面推进依法治国的重要内容，其目标则为体系上的严密和内容上的精细"②。体系上的严密要求一项制度的设置其内容必须完备，而内容上的精细则要求在实质内容的规定上配置有程序性要件的规范，因为在现代社会，程序不仅可以决定实体权利的有无，而且可以增强实体权利的效力。在婚姻家庭法中，不经过登记程序的两性结合，不产生婚姻的法律效力，当事人之间也就不享有夫妻的权利义务关系。夫妻财产的约定要产生对抗第三人的效力也需要程序要件的补足。而"程序要件的精密化使法学能够建立在科学的基础上，并且与实用的操作技术结合起来"③，以增强法律实施的效果。

四　国外经验的比较法借鉴

我国 1950 年《婚姻法》和 1980 年《婚姻法》都没有对无效婚姻作出规定，2001 年对 1980 年《婚姻法》进行修订时，借鉴了国外的立法经验才对这部分内容作出规定。对于违反婚姻的实质要件和形式要件所导致的后果，有的国家只设立单一的无效制或可撤销制，如法国采用单一的无效制但分为相对无效和绝对无效两种。德国只规定了婚姻的撤销一种，称为婚姻的废止，以便与总则关于法律行为的撤销相区别。而瑞士和日本采用婚姻的无效和撤销双轨制，但瑞士对无效婚姻采用宣告无效制，而日本采用当然无效制。我国在现行的《婚姻法》中采用婚姻无效与撤销并行的双轨制，其原因在于"单一的婚姻无效制度重在否认违法婚姻的效力，以制裁违法行为；而婚姻无效与撤销并行的双轨制，既注意违法婚姻的效力，以制裁违法行为，同时又注意保护当事人及子女的权益。两者比较，后者更能兼顾保护妇女和儿童等弱者的利益"④。但对这部分内容的规定，不仅存

---

① 季卫东：《程序比较论》，《比较法研究》1993 年第 1 期，第 6 页。
② 徐涤宇：《婚姻家庭法的入典再造：理念与细节》，《中国法律评论》2019 年第 1 期，第 112 页。
③ 季卫东：《程序比较论》，《比较法研究》1993 年第 1 期，第 19 页。
④ 陈苇：《中国婚姻家庭法立法研究》（第二版），群众出版社，2010，第 171 页。

在规定原则、内容缺失、缺乏可操作性等问题，而且相关内容的规范设计也存在许多不合理性，在此笔者只讨论其内容缺失、缺乏可操作性等问题。

表1　法国等国与我国现行《婚姻法》及司法解释对无效婚姻的规定

	法国		德国	瑞士	日本	我国现行《婚姻法》	我国司法解释
	相对无效	绝对无效					
原因	第180、182条	第184、191条	第1314条	第120条	第742条	第10条	
认定程序	第201条	第201条	第1313条	第136条	未规定	未规定	解释（一）第7条
诉讼请求权主体	第180、182条	第184、188、191条	第1316条	第121条	未规定	未规定	解释（一）第7条
无效的排除或限制	第181、183条	原第185、186条针对婚龄有规定，现已废止	第1315条	第122、130、131条	未规定	未规定	解释（一）第8条、解释（三）第10条
诉讼时效	第181条	第184、191条	第1317条	第122条	未规定	未规定	解释（二）第15条
法律后果	第201、202条	第201、202条	第1318条	第132、133、134条	未规定	第12条	解释（一）第13、15条

通过以上对比可以看到，我国现行《婚姻法》有关无效婚姻的规定和日本一样采用的是当然无效制，既然是当然无效，也就不涉及对其无效性的申请、认定、宣告等问题。但最高人民法院突破了现行《婚姻法》的规定，将无效婚姻解释为宣告无效，而按宣告无效的标准衡量，其规定内容缺失严重，一项制度应有的内容它都缺乏，所以最高人民法院才需要在司法解释中对涉及其实体内容的程序性要件和审理的程序问题作出尽可能详尽的规定。司法解释的"立法化"现象在我国司法实务中长期存在，对其利弊问题已有许多学者进行了分析。① 就无效婚姻问题而言，其立法初衷与法律规定的不一致以及现行《婚姻法》关于无效婚姻情形的规定等问题，在现实中不可能通过当然无效而达到。（日本婚姻法关于无效婚姻的规定涉及的只是私益性的要件，其第742条规定："婚姻，限于下列各项情形，为无

---

① 参见袁明圣《司法解释"立法化"现象探微》，《法商研究》2003年第2期。

效：1. 因错认人或其他事由，为无效；2. 当事人不进行结婚申报时……"）如果立法者认同司法者的看法，则应借鉴国外的立法经验，完善现有的内容。与法国、德国和瑞士等国家的立法规定相比，我国现行《婚姻法》关于无效婚姻规定的缺陷一目了然，如果再加上对其所规定内容如法律后果等的比较，其不足之处更加明显。

五 《民法典·婚姻家庭编（草案）》关于无效婚姻的规定及完善

"从本质上而言，民法典的编纂是重塑一个国家民事领域的法源体系的工作，立法者应当系统整理既有的民事立法、司法解释、指导性案例、判例以及习惯中的良好做法，对现行的所有'实质民法'进行体系性的重述。"[1] 但《民法典·婚姻家庭编（草案）》对这项工作并没有给予应有的重视，以其关于无效婚姻的规定为例，按现行《婚姻法》的规定，无效婚姻在我国是当然无效，但最高人民法院在其司法解释中认为应是宣告无效，而在《民法典·婚姻家庭编（草案）》中，这部分内容并没有实质性的变化，第 828 条规定，有下列情形之一的，婚姻无效：（一）重婚的；（二）有禁止结婚的亲属关系的；（三）未到法定婚龄的；（四）以伪造、变造、冒用证件等方式骗取结婚登记的。也就是说，除将现行《婚姻法》第 10 条规定的疾病婚由无效改为撤销，增加规定了以伪造、变造、冒用证件等方式骗取结婚登记的瑕疵婚姻无效外，其他内容基本没有变化。[2] 按《民法典·婚姻家庭编（草案）》的表述，无效婚姻在我国仍然是当然无效，而这与现行的司法解释的规定明显矛盾，法典通过后，在实施中最高人民法院的这一解释还能适用吗？如果仍然适用，法律规定与司法解释的矛盾如何协调？因此，在婚姻家庭编的编纂过程中，立法者应该对现行的司法解释进行清理，对司法实务中行之有效的规定应该吸纳进法律中。民法典的其他各编编纂，

---

[1] 赵一单：《民法总则对司法解释的吸纳：实证分析与法理反思》，《法治研究》2017 年第 6 期，第 38 页。

[2] 在 2020 年最新版本的《中华人民共和国民法典（草案）》中，条文序号为第 1051 条，但新增的第四种情形已被删除。

对司法解释都有所吸纳。以《民法总则》为例，"在 206 个条文中，共有 29 个条文源于司法解释，占比 14.1%"①。而且研究者发现，"如果某一制度内容在既有法律中规定得较为粗疏，而在相应的司法解释中规定得较为详尽，则立法者有较大的可能将司法解释中的规定吸纳进新的立法之中"②。因为司法解释和既有民事法律对于具体制度内容规定的详细程度属于一阶影响因素，而立法定位的要求和制度重构的程度则只属于二阶影响因素。③但这一影响因素在婚姻家庭编的编纂中没有得到体现，其对现行司法解释的吸纳在整个《民法典·婚姻家庭编（草案）》中只有两处，即"一般规定"一章吸纳了《民通意见》对近亲属的规定，"离婚"一章采纳了司法解释的意见，将"哺乳期内子女"直接修订为"不满两周岁的子女"。④ 正如学者所言，"对于婚姻家庭法的发展而言，其入典再造是承前启后的关键时点，而对以司法解释为核心的所有实质法源进行整理和体系化重述，又是婚姻家庭法回归民法典并开启婚姻家庭法教义学发展新篇章的关键"⑤。因此，立法者应改变"婚姻家庭这部分是宜粗不宜细，尽量能不规定就不规定，能少规定就少规定"⑥的态度，认真对待司法解释入典的问题。在无效婚姻部分，应采用宣告无效制，将涉及实质性内容的程序性要件吸纳进婚姻家庭编中，纯粹属于诉讼程序性的问题则留待制定家事诉讼法来整合，这不仅有利于实现对司法裁判的指引功能，而且也与婚姻家庭编对可撤销婚姻的规定相协调。从立法的体系性来看，在对违法婚姻实行双轨制调整的立法思路下，两项制度规定的内容应该协调，但在现行《婚姻法》中，对可撤销婚姻的程序性要件都有规定，而对无效婚姻却没有规定，且司法

---

① 赵一单：《民法总则对司法解释的吸纳：实证分析与法理反思》，《法治研究》2017 年第 6 期，第 39 页。

② 赵一单：《民法总则对司法解释的吸纳：实证分析与法理反思》，《法治研究》2017 年第 6 期，第 42 页。

③ 参见赵一单《民法总则对司法解释的吸纳：实证分析与法理反思》，《法治研究》2017 年第 6 期，第 42 页。

④ 参见徐涤宇《婚姻家庭法的入典再造：理念与细节》，《中国法律评论》2019 年第 1 期，第 112 页。

⑤ 徐涤宇：《婚姻家庭法的入典再造：理念与细节》，《中国法律评论》2019 年第 1 期，第 113 页。

⑥ 夏吟兰：《民法典婚姻家庭编（草案）的重大疑难问题》，中国民商法律网，http://www.civillaw.com.cn/，最后访问时间：2018 年 10 月 30 日。

解释还作出了与立法相矛盾的解释，而《民法典·婚姻家庭编（草案）》仍然延续了这样的立法方式，这不得不使人质疑其立法的科学性、体系性和完备性何以体现？

2020年卷 总第16卷

家事法研究

RESEARCHES ON FAMILY LAW

继承编立法研究

《民法典·继承编》：制度补益与规范精进[*]

王歌雅[**]

【内容摘要】《民法典·继承编（草案）》既有立法理念更新、制度规范完
善的优势，也有立法思路积习、立法欠缺依然的遗憾。为完善《民法
典·继承编（草案）》，应注重制度补益与规范精进。前者在于弥补立
法盲点——增加遗嘱执行人及遗产清单制度，强化配套措施——规定
遗产的临时保管、遗产管理人的辞任与解任、共同遗产管理人及禁止
遗产分割的保全请求权；后者在于秉持立法传统——完善遗产范围及
法定继承顺序，澄清立法歧义——规定口头遗嘱的形式要件及继承扶
养协议。技术理性与价值理性的统一、权益保障与秩序稳定的实现、
继承观念与继承文化的引领，应成为《民法典·继承编》编纂的价值
追求。

【关　键　词】《民法典·继承编》　　制度补益　　规范精进

* 本文原载于《求是学刊》2020年第1期。本文为国家社会科学基金重大研究专项项目"社
会主义核心价值观在民法典中的价值定位与规范配置"（18VHJ003）的阶段性研究成果。
** 王歌雅，黑龙江大学法学院教授、博士生导师。

《民法典·继承编》的编纂，令人瞩目与期待。瞩目的意味在于其编纂应体现科学性与严谨性的统一、规范性与适用性的融贯，以回应民众的继承诉求与司法实践的迫切需要；期待的意义在于其编纂应体现技术理性与价值理性的统一，以实现继承规范的伦理性与法理性的价值融通与人文观照，进而引导和规范民众的继承观念与继承行为、引领和塑造社会的继承风气与继承文化，为创建公平、和谐、关爱、民主的继承秩序发挥制度保障与路径支持的功能。"人心惟危，道心惟微，惟精惟一，允执厥中。"①

一 既有立法评价

为编纂高质量的《民法典·继承编》，自《民法典·继承编》（草案）于 2018 年 9 月 5 日向社会公布后，全国人大法工委即通过调研征询立法建议；法学界也通过多种渠道研讨继承立法的制度走向与规范完善，发出了制度补益与规范精进的呼吁。2019 年 7 月 5 日，全国人大发布《民法典·继承编（草案）》二审稿。② 2019 年 12 月 16 日，全国人大发布《民法典·继承编（草案）》。③ 如何评价与补益《民法典·继承编（草案）》，已成为《民法典·继承编》编纂的价值选择与精进目标。俗语云：国无良法，无以善治。

（一）《民法典·继承编（草案）》的优势

《民法典·继承编（草案）》现为《民法典》中的第六编，共计四章，即一般规定、法定继承、遗嘱继承和遗赠、遗产的处理；45 条。与现行《继承法》的五章 37 条相比，除第一章总则改为一般规定、删除第五章附则、增加 8 条继承规范外，其余的章名设计、逻辑体例均沿袭现行《继承法》的规范用语与逻辑排序，体现出在现行《继承法》的立法体例、继承

---

① 《尚书·大禹谟》。
② 2018 年 9 月 5 日公布的《中华人民共和国民法典继承编（草案）》，简称一审稿。2019 年 7 月 5 日公布的《中华人民共和国民法典继承编（草案）》，简称二审稿。
③ 2019 年 12 月 16 日发布的《中华人民共和国民法典（草案）》，其继承编简称《民法典·继承编（草案）》。

规范的基础上予以修改、完善的立法思路与编纂策略。该立法思路与编纂策略，既可实现对《继承法》的体例传承与规范延续，也可实现对《继承法》的理念超越与制度完善；既可节约立法资源与立法成本，也可实现继承立法的效果控制与风险防范。正所谓："万物之本在身，天下之本在家。治乱之本在左右，内正立而四表定矣。"①

1. 立法理念更新

《民法典·继承编（草案）》相较于《继承法》而言，显现出立法理念的更新。一是开宗明义地重申了"国家保护自然人的继承权"②。该重申既是对我国《宪法》原则的践履，即对公民的基本财产权、继承权的尊重与保障，也是对《民法总则》第124条的具体落实与规范展开,③ 更是对《继承法》第1条——"保护公民的私有财产的继承权"的规范更新与价值诠释。同时，也形成了《民法典》总则与分则在继承权保护上的结构衔接与规范衔接，便于民众在树立了"国家保护自然人的继承权"的法律理念基础上，顺畅援引《民法典》总则与继承编分编的具体规范维护继承权益。二是确立了种类多样且效力平行的遗嘱形式。即"遗嘱人可以撤回、变更自己所立的遗嘱。立遗嘱后，遗嘱人实施与遗嘱内容相反的民事法律行为的，视为对遗嘱相关内容的撤回。立有数份遗嘱，内容相抵触的，以最后的遗嘱为准"④。该规定既是对《继承法》第20条规范的立法突破,⑤ 也是对公证遗嘱效力优于其他遗嘱形式的否定与矫正。而"改变公证遗嘱的最高效力位阶，构建多种遗嘱形式效力平行的格局，有助于促进遗嘱继承制度的发展，保障民众利用遗嘱形式处分财产的权利，实现意思自治"⑥。三是明确了"双无遗产"的财产归属与使用目的。即"无人继承又无人受遗赠的遗产，归国家所有，用于公益事业；死者生前是集体所有制组织成员

---

① 荀悦：《申鉴》。
② 《民法典·继承编（草案）》第1120条。
③ 《民法总则》第124条规定：自然人依法享有继承权。自然人合法的私有财产，可以依法继承。
④ 《民法典·继承编（草案）》第1142条。
⑤ 《继承法》第20条规定：遗嘱人可以撤销、变更自己所立的遗嘱。立有数份遗嘱，内容相抵触的，以最后的遗嘱为准。自书、代书、录音、口头遗嘱，不得撤销、变更公证遗嘱。
⑥ 王歌雅：《论继承法的修正》，《中国法学》2013年第6期，第93页。

的，归所在集体所有制组织所有"①。该规定弥补了《继承法》第 32 条有关"双无遗产"的用途欠缺，强化了"双无遗产"的公益用途与分类所有；明晰了国家财产的来源与去向；建构了国家利益、集体利益与个人利益三位一体的融合机制与互益格局；在推进国家公益事业发展的同时，可实现个人利益的最大化与最佳化，进而增进社会繁荣与民众福祉。古语云："将欲安民，必须一意。故以戒精心一意。又当信执其中，然后可得明道以安民耳。"②

2. 制度规范完善

《民法典·继承编（草案）》相较于《继承法》而言，具有制度完善的特色。一是完善了继承权丧失制度。③首先，增补了丧失继承权的法定情形。即在《继承法》第 7 条规定的基础上，于第（四）项增加了"隐匿"遗嘱的情形；增加了第（五）项情形，即"以欺诈、胁迫手段迫使或者妨碍被继承人设立、变更或者撤回遗嘱，情节严重"。其次，明确了丧失继承权的绝对事由与相对事由。即"（一）故意杀害被继承人；（二）为争夺遗产而杀害其他继承人"为绝对丧失继承权的事由。其余（三）（四）（五）项，则为相对丧失继承权的事由，即在被继承人表示宽恕或者在事后将其指定为遗嘱继承人的，不丧失继承权。再次，规定了丧失受遗赠权的法定情形。继承权丧失制度的完善与拓展，有助于整肃继承秩序、维护公平正义；有助于维护被继承人、继承人的人身权益和财产权益，彰显人伦风范与诚信理念。《论语》载："富与贵，是人之所欲也，不以其道得之，不处也。贫与贱，是人之所恶也，不以其道得之，不去也。"二是完善了代位继承制度。即在《继承法》第 11 条规范的基础上，增加了旁系血亲的代位继承权——"被继承人的兄弟姐妹先于被继承人死亡的，由被继承人的兄弟

---

① 《民法典·继承编（草案）》第 1160 条。
② 孔安国：《尚书正义》卷 4，中华书局，1980，第 136 页。
③ 《民法典·继承编（草案）》第 1125 条规定：继承人有下列行为之一的，丧失继承权：（一）故意杀害被继承人；（二）为争夺遗产而杀害其他继承人；（三）遗弃被继承人，或者虐待被继承人情节严重；（四）伪造、篡改、隐匿或者销毁遗嘱，情节严重；（五）以欺诈、胁迫手段迫使或者妨碍被继承人设立、变更或者撤回遗嘱，情节严重。继承人有前款第三项至第五项行为，确有悔改表现，被继承人表示宽恕或者事后在遗嘱中将其列为继承人的，该继承人不丧失继承权。受遗赠人有本条第一款规定行为的，丧失受遗赠权。

姐妹的子女代位继承"①。且进一步明确了代位继承的遗产份额——"代位继承人一般只能继承被代位继承人有权继承的遗产份额"②。该规定拓宽了代位继承制度的适用范围，弥补了代位继承仅发生于直系血亲间的制度遗憾，有助于保障旁系血亲间的遗产继承权，维护了代位继承权在直系、旁系血亲间的递次、分别实现。综观各国继承立法，有关被代位人范围的立法例有宽窄之分。窄者仅限于被继承人的直系卑亲属；宽者可包括被继承人的兄弟姐妹及其直系卑亲属，甚至还可以包括父母及其直系卑亲属、祖父母及其直系卑亲属。③ 三是完善了遗嘱形式制度。即在《继承法》第 17 条规定的五种遗嘱形式的基础上，增加了打印遗嘱，④ 完善了对口头遗嘱的效力界定。⑤ 顺应了社会发展趋势，回应了民众的遗嘱诉求，有助于解决司法实践纠纷。四是增设了遗产管理制度。第一，规定了遗产管理人的产生程序。⑥ 即遗嘱执行人、继承人推选的人、共同继承人、被继承人生前住所地的民政部门或者村民委员会，可以依次担任遗产管理人。第二，规定了遗产管理人争议的解决。即"对遗产管理人的确定有争议的，利害关系人可以向人民法院申请指定遗产管理人"⑦。第三，规定了遗产管理人的职责。⑧ 第四，规定

---

① 《民法典·继承编（草案）》第 1128 条第 2 款。
② 《民法典·继承编（草案）》第 1128 条第 3 款。
③ 参见郭明瑞、房绍坤、关涛《继承法研究》，中国人民大学出版社，2003，第 83 页。
④ 《民法典·继承编（草案）》第 1136 条规定：打印遗嘱应当有两个以上见证人在场见证。遗嘱人和见证人应当在遗嘱每一页签名，注明年、月、日。
⑤ 《民法典·继承编（草案）》第 1138 条规定：遗嘱人在危急情况下，可以立口头遗嘱。口头遗嘱应当有两个以上见证人在场见证。危急情况解除后，遗嘱人能够以书面或者录音录像形式立遗嘱的，所立的口头遗嘱无效。
⑥ 《民法典·继承编（草案）》第 1145 条规定：继承开始后，遗嘱执行人为遗产管理人；没有遗嘱执行人的，继承人应当及时推选遗产管理人；继承人未推选的，由继承人共同担任遗产管理人；没有继承人或者继承人均放弃继承的，由被继承人生前住所地的民政部门或者村民委员会担任遗产管理人。
⑦ 《民法典·继承编（草案）》第 1146 条。
⑧ 《民法典·继承编（草案）》一审稿第 926 条规定：遗产管理人应当履行的职责包括：（一）清理遗产并制作遗产清单；（二）保管遗产；（三）处理债权债务；（四）按照遗嘱或者依照法律规定分割遗产。其二审稿第 926 条则规定：遗产管理人应当履行下列职责：（一）清理遗产并制作遗产清单；（二）向继承人报告遗产情况；（三）采取必要措施防止遗产毁损；（四）处理被继承人的债权债务；（五）按照遗嘱或者依照法律规定分割遗产；（六）实施与管理遗产有关的其他必要行为。《民法典·继承编（草案）》第 1147 条与其二审稿第 926 条规定相同。

了遗产管理人应承担的民事责任。① 第五，规定了遗产管理人的报酬请求权。② 上述规定，填补了《继承法》未确立遗产管理制度的立法欠缺，明确了遗产管理人的产生路径、争议解决程序、职责内涵、过错责任的承担以及报酬请求权，实现了遗产管理的制度化、规范化，在避免遗产毁损、保证遗产安全的同时，贯彻了权利与义务相统一的原则。

（二）《民法典·继承编（草案）》的不足

《民法典·继承编（草案）》呈现的立法理念更新、制度完善优势令人欣喜，但其依然存在制度欠缺与规范不足。对制度欠缺与规范不足的审视，源于对《民法典·继承编》的终极期待。即其编纂应实现"六个统一"——科学性与严谨性的统一、全面性与适用性的统一、规范性与人文性的统一、价值性与塑造性的统一、理论性与实践性的统一、宣示性与保护性的统一。

1. 立法思路积习

《民法典·继承编（草案）》，显现出对以往立法思路的延续。即囿于"宜粗不宜细"立法原则的影响，《民法典·继承编（草案）》的拟定，仅对民众反映强烈的继承诉求予以部分回应：结合司法实践经验，对《继承法》进行适当的修改与完善，以达到对《继承法》"不大变、不大改、维护原有立法现状"的目的。而"宜粗不宜细"立法原则的影响与适用，将导致《民法典》以及《民法典·继承编》编纂的局限与欠缺。即《民法典》内在体系与外在联系的逻辑冲突、制度欠缺、规范遗漏、表述牵强。例如，《民法典（草案）》的立法体例表现出"重财产、轻人身"的特点；《民法典·继承编（草案）》在经过一审稿、二审稿的拟定、修改后，依然存在制度、规范的欠缺，无以形成科学、严谨、全面、系统的继承法律制度体系。即《民法典·继承编（草案）》对二审稿和一审稿的修改与完善仅为规范表述严谨性、逻辑关系统一性、法律术语同一性的改观，至于制度补益与规

---

① 《民法典·继承编（草案）》第1148条规定：遗产管理人应当依法履行职责，因故意或者重大过失造成继承人、受遗赠人、债权人损害的，应当承担民事责任。

② 《民法典·继承编（草案）》第1149条规定：遗产管理人可以依照法律规定或者按照约定获得报酬。

范完善、体系调整与结构修复依然没有实现。具体言之，《民法典·继承编（草案）》与一审稿、二审稿的变化、差异、沿袭主要体现在以下方面。一是规范表述严谨性的变化。《民法典·继承编（草案）》第 1119 条关于继承编适用的规定，由"因继承产生的民事关系，适用本编"① 修改为"本编调整因继承产生的民事关系"。该规定可与《民法总则》第 1 条和第 11 条相衔接。② 二是逻辑关系统一性的变化。《民法典·继承编（草案）》第 1139 条关于公证遗嘱仅保留了第 1 款规定——"公证遗嘱由遗嘱人经公证机构办理"，删除了一审稿中的第 2 款规定——"公证机关办理遗嘱公证，应当由两个以上公证员共同办理。特殊情况下只能由一个公证员办理的，应当有一个以上见证人在场"。因为，订立公证遗嘱应遵循《遗嘱公证条例》的有关规定，《民法典·继承编》对其订立的要件与程序无须重复规定。而《民法典·继承编（草案）》第 1147 条有关遗产管理人职责的规定，则由原来一审稿中的四项规范增加为六项规范，补充、完善了遗产管理人的职责要求。三是法律术语同一性的改观。《民法典·继承编（草案）》第 1142 条第 2 款关于撤回遗嘱，由其一审稿中的原规定"立遗嘱后，遗嘱人实施与遗嘱内容相反行为的，视为对遗嘱相关内容的撤回"修改为"立遗嘱后，遗嘱人实施与遗嘱内容相反的民事法律行为的，视为对遗嘱相关内容的撤回"③。体现出与《民法总则》"民事法律行为"术语使用的同一性。

2. 立法欠缺依然

《民法典·继承编（草案）》的发布，意味着《民法典》编纂进程的推进，但其立法欠缺尚需关注。一是存在立法盲点。《民法典·继承编（草案）》依然欠缺如下制度：法定继承一章欠缺第三顺序继承人、特留份等规定；遗嘱继承和遗赠一章欠缺共同遗嘱、后位继承、补充继承、继承扶养协议等规定；遗产的处理一章欠缺遗嘱执行人、归扣等规定。二是存在立法反弹。《民

---

① 《民法典·继承编（草案）》一审稿第 898 条。

② 《民法总则》第 1 条规定：为了保护民事主体的合法权益，调整民事关系，维护社会和经济秩序，适应中国特色社会主义发展要求，弘扬社会主义核心价值观，根据宪法，制定本法。《民法总则》第 11 条规定：其他法律对民事关系有特别规定的，依照其规定。

③ 该规定与《民法典·继承编（草案）》二审稿第 921 条第 2 款相同。

法典·继承编（草案）》第1138条有关口头遗嘱的规定存在立法技术倒退。即由一审稿中的"危急情况解除后，遗嘱人能够用书面或者录音录像形式立遗嘱的，所立口头遗嘱经过三个月无效"① 倒退为"……所立口头遗嘱无效"。其删除了"三个月"的规定，丧失了制度规范的完善性。至于"有的常委提出，三个月期限的起算点不明确，且口头遗嘱仅在危急情况下才适用，危急情况消除后，遗嘱人已能够用其他形式立遗嘱，所立口头遗嘱即应无效，不必规定三个月的期限"② 的观点，需要分析与商榷。三是存在立法重复。《民法典·继承编（草案）》第1127条关于继承人范围及继承顺序的规定，重又增加了对子女、父母、兄弟姐妹的种类解释。③ 而该解释实际上是对《继承法》第10条第3、4、5款的沿用与修改，不仅与《民法典·婚姻家庭编》有关亲属关系种类的界定重复，而且画蛇添足、越俎代庖。至于"在继承编中，属于法定继承人范围的父母、子女和兄弟姐妹的概念具有一定特殊性，应当单独进行界定，建议对现行继承法中的相关规定予以保留"④ 的理由，不能成立。因为，《民法典》编纂的科学性、系统性、协调性，在于其各编的制度衔接与规范统一。《民法典·婚姻家庭编》中有关亲属的分类与界定，应成为《民法典·继承编》中有关亲属的分类与界定的前提与基础。

二　制度补益路径

2019年12月16日，《民法典（草案）》已提交全国人大常委会审议。其《民法典·继承编（草案）》与《民法典·继承编（草案）》二审稿基本

---

① 《民法典·继承编（草案）》一审稿第917条。

② 全国人民代表大会宪法和法律委员会关于《民法典继承编（草案）》修改情况的汇报，中国人大网，2019年7月5日，http://www.npc.gov.cn./flcazqyj/2019 - 07/05/content_2090839. htm。

③ 《民法典·继承编（草案）》第1127条第3、4、5款规定：本编所称子女，包括婚生子女、非婚生子女、养子女和有扶养关系的继子女。本编所称父母，包括生父母、养父母和有扶养关系的继父母。本编所称兄弟姐妹，包括同父母的兄弟姐妹、同父异母或者同母异父的兄弟姐妹、养兄弟姐妹、有扶养关系的继兄弟姐妹。

④ 全国人民代表大会宪法和法律委员会关于《民法典继承编（草案）》修改情况的汇报，中国人大网，2019年7月5日，http://www.npc.gov.cn./flcazqyj/2019 - 07/05/content_2090839. htm。

同一。① 基于《民法典》科学化、系统化的编纂追求，《民法典·继承编（草案）》仍须在客观斟酌各方意见的基础上，实现其编纂的严谨、规范、科学与系统。

（一） 弥补立法盲点

《民法典·继承编（草案）》在"遗产的处理"一章，规定了遗产管理制度，实现了遗产管理制度的基本框架设计——遗产管理人的产生路径与推选程序、争议的解决路径与程序方法、职责、民事责任承担、报酬请求权，填补了我国《继承法》的制度空白，但其尚有立法盲点需要完善。

1. 增加遗嘱执行人制度

《民法典·继承编（草案）》第1145条规定了遗产管理人的产生路径及推选程序。该规定既体现出对遗嘱人的意思自治、继承人意愿的高度尊重，也体现出对继承人权益的充分保障及对遗产管理的职责担当。然而，"遗嘱执行人"这一规范用语，仅在第1133、1145、1150条规范中有所提及，寻遍《民法典·继承编（草案）》全文尚无遗嘱执行人的制度建构，难以形成遗嘱执行人与遗产管理人的制度衔接与规范互补。如此立法，或许是无须赘述，或者仅为原则规定，但遗嘱执行人是否适格？法律地位如何？任命、就任、辞任、解任、职责、共同执行、报酬等如何处理？尚需明确。故《民法典·继承编（草案）》应增加有关遗嘱执行人的相关规定。

首先，应明确遗嘱执行人的产生路径与资格要件。即"遗嘱人可以在遗嘱中指定遗嘱执行人，也可以委托他人指定。受托人应当在遗嘱开启后十日内指定遗嘱执行人，并通知已知的遗产承受权利人和其他利害关系人。遗嘱未指定遗嘱执行人，又未委托他人指定的，由继承人协商选定。不能达成一致意见时，由全体完全民事行为能力继承人担任遗嘱执行人，无民事行为能力人、限制民事行为能力人不得担任遗嘱执行人"②。上述规定的

---

① 2019年7月5日，《民法典·继承编（草案）》二审稿曾于中国人大网公布并广泛征求意见。全国人大宪法和法律委员会关于《民法典继承编（草案）》修改情况的汇报，明确了《民法典·继承编（草案）》二审稿第904条第2款、第906条第3～5款、第917条、第918条、第924条、第926条的修改、删除或增补的理由。
② 杨立新、杨震等：《〈中华人民共和国继承法〉修正草案建议稿》，《河南财经政法大学学报》2012年第5期，第21页。

意义有二。一是弥补立法盲点。即遗嘱执行人是遗嘱执行中的重要主体。明确遗嘱执行人的产生路径与资格要件，有助于指定、选任适格的遗嘱执行人履行遗嘱执行职责。如《巴西新民法典》第 1976 条规定："遗嘱人可以任命一个或数个共同或单独履职的遗嘱执行人，托付他们执行遗嘱条款。"① 《葡萄牙民法典》第 2320 条规定："遗嘱人得指定一人或多人负责监督其遗嘱之履行，或负责执行遗嘱之全部或部分内容；此即为遗嘱之执行。"其第 2321 条规定："一、在法律上具有完全民事行为能力之人方得被指定为遗嘱执行人。二、被指定之人得为继承人或受遗赠之人。"② 此外，我国台湾地区"民法"继承编第 1209 条、第 1210 条、第 1211 条，《日本民法典》第 1006 条、第 1009 条、第 1010 条，也有类似规定。二是节约继承成本。围绕遗嘱执行人的产生、选任、资格等，继承的规定有所不同。如我国台湾地区，遗嘱执行人由亲属会议选定；不能由亲属会议选定时，则由利害关系人申请法院来指定。③ 德国，则由遗产法院来任命。④ 日本，由家庭法院根据利害关系人的请求来选任遗嘱执行人。在我国，通过遗嘱人指定或由继承人协商确定遗嘱执行人，既可尊重遗嘱人的意愿，又可保障继承人的继承权益；同时，可以节省司法资源、继承成本。三是明确资格要件。围绕遗嘱执行人的资格，即遗嘱执行人应当具备的条件，各国继承立法均有限制性规定。《意大利民法典》第 701 条规定："不得任命不具备完全民事行为能力之人为遗嘱执行人。可以任命某一继承人或者某一受遗赠人为遗嘱执行人。"⑤ 《韩国民法典》第 1098 条规定："无行为能力人及破产人不能成为遗嘱执行人。"⑥ 《德国民法典》第 2201 条规定："遗嘱执行

---

① 《巴西新民法典》，齐云译，徐国栋审校，中国法制出版社，2009，第 307 页。
② 《葡萄牙民法典》，唐晓晴等译，北京大学出版社，2009，第 417 页。
③ 我国台湾地区"民法"继承编第 1211 条规定：遗嘱未指定遗嘱执行人，并未委托他人指定者，得由亲属会议选定之；不能由亲属会议选定时，得由利害关系人声请法院指定之。参见吴国平主编《台湾地区继承制度概论》，九州出版社，2014，第 308～309 页。
④ 《德国民法典》第 2200 条规定：(1) 被继承人已在遗嘱中请求遗产法院任命遗嘱执行人的，遗产法院可以实施该项任命；(2) 遗产法院应在任命前听取利害关系人的意见，但以没有显著迟延且无须过巨费用即可这样做为前提。《德国民法典》(第 4 版)，陈卫佐译注，法律出版社，2015，第 620 页。
⑤ 《意大利民法典》，费安玲、丁枚译，中国政法大学出版社，1997，第 197 页。
⑥ 《韩国民法典 朝鲜民法》，金玉珍译，北京大学出版社，2009，第 175 页。

人在须就职时系无行为能力人或限制行为能力人，或已依第 1986 条为处理其财产事务而获得一个照管人的，遗嘱执行人的任命不生效力。"《日本民法典》第 1009 条规定："未成年人及破产人，不得担任遗嘱执行人。"① 《法国民法典》第 1025 条也有相关规定。② 除对无民事行为能力人、破产人等作出限制性规定外，继承人、受遗赠人等均可以担任遗嘱执行人。我国《继承法》第 16 条、《民法典·继承编（草案）》均未规定遗嘱执行人的资格要件，依据《民法总则》的相关规定，遗嘱执行人应为完全民事行为能力人。

其次，应明确遗嘱执行人的职责、地位及准用规范。即"遗嘱执行人应当严格依照遗嘱人的意愿，忠实勤勉地执行遗嘱，使遗嘱内容得以实现。遗嘱执行人在执行遗嘱的职责范围内，视为继承人的代理人。遗嘱执行人的职责内容、辞任、解任、共同执行，准用遗产管理人的规定"③。该规定的目的有二。一是明确遗嘱执行人的职责。即忠实勤勉地执行遗嘱。如《日本民法典》第 1012 条规定："遗嘱执行人，在管理继承财产及执行遗嘱时，有为一切必要行为的权利义务。"④ 《德国民法典》第 2203 条规定："遗嘱执行人必须将被继承人的终意处分付诸实施。"⑤ 二是明确遗嘱执行人的地位与性质。关于遗嘱执行人，我国《继承法》第 16 条第 1 款、《民法典·继承编（草案）》第 1133 条第 1 款仅规定："自然人可以依照本法规定立遗嘱处分个人财产，并可以指定遗嘱执行人。"至于遗嘱执行人的地位与性质，并未明确。关于遗嘱执行人的地位与性质，各国继承立法的规定存在差异，学界争议的观点主要有两种：代理说和固有权说。代理说又分为三种观点。第一，被继承人代理说。即遗嘱执行人是遗嘱人的代表或代理人，其着重强调遗嘱执行人是依照遗嘱并以实现遗嘱的内容为目的而执行遗嘱。

① 《日本民法典》，刘士国、牟宪魁、杨瑞贺译，中国法制出版社，2018，第 254 页。
② 《法国民法典》第 1025 条（2006 年 6 月 23 日第 2006 - 728 号法律）规定：遗嘱人得指任一名或数名具有关注或执行其意愿的完全民事行为能力的人作为遗嘱执行人。接受任务的遗嘱执行人有义务完成其任务。遗嘱执行人的权利不得因死因移转。《法国民法典》，罗结珍译，北京大学出版社，2010，第 280 页。
③ 杨立新、杨震等：《〈中华人民共和国继承法〉修正草案建议稿》，《河南财经政法大学学报》2012 年第 5 期，第 21 页。
④ 《日本民法典》，刘士国、牟宪魁、杨瑞贺译，中国法制出版社，2018，第 254 页。
⑤ 《德国民法典》（第 4 版），陈卫佐译注，法律出版社，2015，第 621 页。

故遗嘱执行人须忠实地执行遗嘱，受遗嘱人意思的约束。英、美、法等国是此种立法和学说的代表。① 如《法国民法典》第 1033 条第 3 款规定："遗嘱执行人承担一个无报酬的委托代理人应付的责任。"② 第二，继承人代理说。即遗嘱执行人是继承人的代理人，其着重强调遗嘱人死亡后不再是民事权利主体，代理关系不能发生，遗嘱执行人不能成为遗嘱人的代理人。若继承开始时，遗产已归属继承人，遗嘱执行人则实际上是代理继承人处分遗产、执行遗嘱。日本、我国台湾地区、韩国等采此种立法例和学说。如我国台湾地区"民法"继承编第 1215 条规定："遗嘱执行人有管理遗产，并为执行上必要行为之职务。遗嘱执行人因前项职务所为之行为，视为继承人之代理。"③《韩国民法典》第 1103 条第 1 款规定："被指定或选任的遗嘱执行人，视为继承人的代理人。"④ 第三，遗产代理说。即遗嘱执行人是遗产的代理人，其着重强调将遗产视为特别财产，遗产的地位与法人相同，属于无权利能力的财团。⑤ 固有权说认为，遗嘱执行人执行遗嘱的权利，是其固有的。具体又分三种观点。第一，机关说。即遗嘱执行人是维护遗嘱人利益和实现遗嘱人意思的机关。第二，限制物权说。即遗嘱执行人是遗嘱人的限制的承继人或受托人，其在遗产上享有限制物权。第三，任务说。即遗嘱执行人如同破产管理人，在任务上具有独立的法律地位。德国判例采此观点，日本也有此主张。⑥ 上述观点各有优势与不足。而将其视为继承人的代理人，有助于遗嘱执行人享有权利、承担义务，并在遗嘱人指定的遗产范围内，以自己的名义独立地为法律行为或为诉讼行为；并有权在执行遗嘱时，排除包括继承人在内的其他人的妨碍和干涉，以便遗嘱的顺利执行。⑦ 因为，继承开始后，遗嘱人的主体资格已经消灭，遗嘱执行人的行为后果由继承人承担，故将其视为继承人的代理人较为妥当。三是明确遗嘱执行人的准用规范。由于遗嘱执行人的职责、职责的产生、辞任、解任、

① 参见蓝承烈、杨震主编《继承法新论》，黑龙江教育出版社，1993，第 172 页。
②《法国民法典》，罗结珍译，北京大学出版社，2010，第 281 页。
③ 参见吴国平主编《台湾地区继承制度概论》，九州出版社，2014，第 309 页。
④《韩国民法典 朝鲜民法》，金玉珍译，北京大学出版社，2009，第 175 页。
⑤ 参见蓝承烈、杨震主编《继承法新论》，黑龙江教育出版社，1993，第 172 页。
⑥ 参见蓝承烈、杨震主编《继承法新论》，黑龙江教育出版社，1993，第 173 页。
⑦ 参见蓝承烈、杨震主编《继承法新论》，黑龙江教育出版社，1993，第 173 页。

共同执行、报酬等，均与遗产管理人相同或相似，为避免规范重复，可准用遗产管理人的有关规定。该规定可与《民法典·继承编（草案）》第1146条至第1149条有关遗产管理人的指定、职责、责任承担、报酬的请求等规范相衔接。如《意大利民法典》在遗嘱继承一章以专节的形式规定了遗嘱执行人，即其第700条至第712条集中规定了遗嘱执行人的任命权和替补权、任职资格、就任与辞任、职责、报酬等。《韩国民法典》第1104条规定："遗嘱人未于遗嘱中规定该执行人的报酬时，法院可斟酌遗产的状况及其他情况作出裁定，确定被指定或被选任遗嘱执行人的报酬。遗嘱执行人有报酬的，准用第686条第2款、第3款的规定。"[①] 其第1107条规定："遗嘱执行相关费用，从继承财产中支付。"[②]《意大利民法典》第711条规定："遗嘱执行人的职务是无偿的。然而，遗嘱人可以为遗嘱执行人确定报酬，该项酬金由遗产承担。"[③]

最后，应明确遗嘱执行人职责履行的妨碍排除。即"遗嘱执行人执行遗嘱期间，继承人不得处分与遗嘱有关的遗产，不得妨碍遗嘱执行人执行职务"[④]。上述规定的动议有二。一是明确继承人处分遗产的限制。即遗嘱执行人执行遗嘱期间，与遗嘱有关的遗产的处分权转由遗嘱执行人享有，故继承人无权作出遗产处分的妨碍行为。二是明确遗嘱执行人职责履行的妨碍排除。为保障遗嘱执行人如期、顺利地履行职责，应赋予其遗嘱执行的妨碍排除请求权，以实现遗嘱人的意志、维护继承人及利害关系人的权益。如我国台湾地区"民法"继承编第1216条规定："继承人于遗嘱执行职务中，不得处分与遗嘱有关之遗产，并不得妨碍其职务之履行。"[⑤]《日本民法典》第1013条规定："有遗嘱执行人时，继承人不得为妨碍继承财产的处分及其他遗嘱执行的行为。"[⑥]《德国民法典》第2211条规定："（1）继承人不得处分遗嘱执行人所管理的遗产标的。（2）准用对从无权利人处取得

---

① 《韩国民法典 朝鲜民法》，金玉珍译，北京大学出版社，2009，第175页。

② 《韩国民法典 朝鲜民法》，金玉珍译，北京大学出版社，2009，第176页。

③ 《意大利民法典》，费安玲、丁枚译，中国政法大学出版社，1997，第200页。

④ 杨立新、杨震等：《〈中华人民共和国继承法〉修正草案建议稿》，《河南财经政法大学学报》2012年第5期，第21页。

⑤ 参见吴国平主编《台湾地区继承制度概论》，九州出版社，2014年，第309页。

⑥ 《日本民法典》，刘士国、牟宪魁、杨瑞贺译，中国法制出版社，2018，第254页。

权利的人有利的规定。"① 上述规定，对于增补、完善遗嘱执行人制度，具有立法意义与司法功效。诚如《墨子·天志上》载："天下有义则生，无义则死；有义则富，无义则贫；有义则治，无义则乱。"

2. 规定遗产清单制度

《民法典·继承编（草案）》第 1147 条第 1 项规定，遗产管理人应当履行"清理遗产并制作遗产清单"的职责。但有关遗产清单的制作规范，《民法典·继承编（草案）》尚未规定。遗产清单制度的规范欠缺，既不利于实现遗嘱人的意思表示，也不利于保障继承人及利害关系人的相关权益，更不利于实现《民法典·继承编》编纂的科学性、严谨性和完备性。因为，制作遗产清单是遗产管理人的重要职责之一。通过遗产清单的制作，可以查清遗产的范围与负债状况，为遗产债务的清偿与遗产的分割提供财产的边界与保障。故《民法典·继承编（草案）》应增加遗产清单的规范制度，以弥补现有立法的盲点。

首先，应明确制作遗产清单的主体与程序。即"遗产管理人应当在就任后六个月内编制遗产清单并进行公证。没有遗产管理人的，继承人应当在知道继承开始后六个月内编制遗产清单并进行公证"。② 该规定的意义在于以下两点。一是界定遗产清单的制作主体，即遗产管理人。若无遗产管理人，则由继承人制作遗产清单。明确遗产清单的制作主体，吻合遗产管理人的职责要求，也便于确定遗产管理人并督促其履行职责，避免遗产清单制作主体的缺位。《阿根廷民法典》第 3366 条规定："自利害关系人在裁判上进行催告之时起，继承人如果未在 3 个月的期限内制作遗产清单，则丧失清单利益。清单被制作后，继承人可在 30 天的期限内抛弃遗产；此项犹豫期限届满后，则视之为附清单利益的继承人。"③ 二是界定遗产清单的制作程序。制作遗产清单，应在遗产管理人就任或继承人知道继承后的六个月内经公证程序完成。该时间限制与公证程序要求，可保障遗产清单制作的及时、真实、全面，也便于继承人及利害关系人对遗产清单制作过程的客观性、公正性进行关注与监督；既可满足遗产债权人对遗产范围的了解

---

① 《德国民法典》（第 4 版），陈卫佐译注，法律出版社，2015，第 622 页。
② 杨立新、杨震等：《〈中华人民共和国继承法〉修正草案建议稿》，《河南财经政法大学学报》2012 年第 5 期，第 24 页。
③ 《最新阿根廷共和国民法典》，徐涤宇译注，法律出版社，2007，第 711 页。

与掌握，保障遗产与继承人的财产相分离，也可以有效避免继承人或存有遗产的人对遗产的隐匿与侵吞，维护继承人、遗产债权人及其他利害关系人的权益。《埃塞俄比亚民法典》第 1005 条关于遗产的组成明确规定："（1）清算人得在死者死亡之日起 40 天内，通过编制财产清单确定遗产的组成。（2）一经发现其他财产，必要时，得在发现后的 15 天内编制补充说明。"其第 1006 条则规定了财产的估价："（1）遗产的每个组成部分，无论是资产还是负债，都得由清算人在上述期间初步估价。（2）必要时，估价得在专家的协助下进行。"①《阿根廷民法典》第 3370 条规定："财产清单的制作，应在公证人和两名证人面前，对到场的受遗赠人和债权人进行听证后为之。"② 上述规定在明晰遗产的范围与边界、种类与价值等方面具有积极意义。正如哲人所述："实于为善，实于不为善，便是诚。"③

其次，应明确遗产清单异议的处理程序。即"对遗产清单有合理异议的利害关系人可以要求由专业机构对遗产清单进行复核。异议不成立的，由该利害关系人承担复核费用"④。该规定的目的有二。一是回应有关遗产清单的异议。尽管遗产清单担负着明晰遗产的边界、锁定继承人清偿遗产债务范围的功能，但由于其是由遗产管理人或继承人单方面制作的，易于引发继承人、债权人及其他利害关系人的关注、审视与异议——针对遗产清单制作的准确性、完整性、客观性、充分性的质疑。故确立遗产清单异议制度，允许相关利害关系人对遗产清单提出异议，才能及时发现遗产清单制作的瑕疵并予以纠正，才能保障各方当事人的利益公平。二是明确遗产清单异议的复核。遗产清单制作得准确、公正，是公平保障各方当事人利益的前提与基础。允许利害关系人或由有关机构对遗产清单进行复核，才能明晰遗产的范围、种类、性质、状况与价值，便于继承人、债权人及利害关系人主张权益、承担责任。《阿根廷民法典》第 3371 条规定："继承人附带清单利益而承认遗产后，对于遗产债务和遗产负担，仅在已受领的

---

① 徐国栋主编《埃塞俄比亚民法典》，薛军译，中国法制出版社、金桥文化出版（香港）有限公司，2002，第 194 页。

② 《最新阿根廷共和国民法典》，徐涤宇译注，法律出版社，2007，第 711 页。

③ 黎靖德编《朱子语类》卷 69，中华书局，1986，第 1740 页。

④ 杨立新、杨震等：《〈中华人民共和国继承法〉修正草案建议稿》，《河南财经政法大学学报》2012 年第 5 期，第 24 页。

财产的价值范围内负有义务。其财产不和死者的财产发生混同，并且该继承人可以作为其他任何债权人而对遗产主张自己的债权。"① 其第 3381 条规定："债权人和受遗赠人获得清偿后，所余的财产应被返还给附清单利益的继承人。"②《埃塞俄比亚民法典》第 1009 条规定："（1）在完成对遗产的最终分割前，第 1008 条规定的人可要求修改清算人对财产作出的初步估价。（2）如果发现初步估价有错误，专家估价的费用得由遗产承担。（3）在其他情形，有关费用得由导致该费用发生的人承担。"③ 上述有关遗产清单制作的程序规定，因国度不同其制度设计也有所不同，但其立法目的具有同一性。即程序正义意在保障实质正义；他律意在实现自律。即"道之以德，齐之以礼，有耻且格"④。

（二）增加配套措施

《民法典·继承编（草案）》在对遗产管理制度进行补益规定后，虽初步实现了立法盲点的弥补，但依然欠缺相关配套措施。为构建严谨、系统、适用的遗产管理制度，《民法典·继承编（草案）》尚需增加相关配套措施，以丰富、完善遗产管理的制度架构。

1. 规定遗产的临时保管

自继承开始至遗产管理人就任前，遗产处于无遗产管理人占有、管控的状态。为确保遗产的安全与稳定，填充无遗产管理人的时态与空间，须建立遗产的临时保管制度，以明确遗产临时保管人的确定、职责与义务。即"继承开始后，遗产的占有人应当妥善保管遗产，任何人不得侵吞或者争抢。财产由被继承人生前自己占有的，继承开始后，知道被继承人死亡的继承人或无因管理人可以对遗产进行临时保管。临时保管人负有向遗嘱执行人、遗产管理人报告和应遗嘱执行人、遗产管理人的要求移交遗产的义务。遗产占有人在紧急情况下，为保存遗产价值而进行处分的，事后应

---

① 《最新阿根廷共和国民法典》，徐涤宇译注，法律出版社，2007，第 711 页。
② 《最新阿根廷共和国民法典》，徐涤宇译注，法律出版社，2007，第 713 页。
③ 徐国栋主编《埃塞俄比亚民法典》，薛军译，中国法制出版社、金桥文化出版（香港）有限公司，2002，第 195 页。
④ 《论语·为政》。

当及时通知继承人和遗产管理人，并将所得价款移交遗产管理人"①。该规定的价值在于：一是延续并完善遗产妥善保管规范。我国《继承法》第24条规定："存有遗产的人，应当妥善保管遗产，任何人不得侵吞或者争抢。"《民法典·继承编（草案）》第1151条则基本沿袭了《继承法》第24条规范。② 依该规范，存有遗产的人，既可以是继承人、受遗赠人，也可以是遗产的临时管理人或管理人。而明确遗产的临时管理人或管理人的职责，才能督促存有遗产之人自觉履行遗产保管职责，避免侵吞或争抢遗产，维护遗产的管理秩序。二是明确遗产占有人向遗产管理人履行报告、移交遗产的义务。该义务的履行，既有助于遗产管理人清晰、明确地掌握遗产状况；也有助于遗产管理人及时履行遗产管理职责。《韩国民法典》第1022条规定："继承人应以对其固有财产的相同注意，管理遗产。但单纯承认或放弃时，不在此限。"③《日本民法典》第918条也有类似规定。④ 三是赋予遗产占有人为保存遗产价值而临时处分遗产的权利。即遗产占有人在紧急情况下对遗产进行相应处分，须以保存遗产价值为必要。在为必要处分后，应及时通知继承人和遗产管理人，并移交相关款项。《韩国民法典》第1023条规定："1. 法院可根据利害关系人或检察官的请求，命令实施为保存遗产所必要的处分。2. 由法院选任遗产管理人时，准用第204条至206条的规定。"⑤《德国民法典》第1959条、⑥《俄罗斯联邦民法典》第1172条第4

---

① 杨立新、杨震等：《〈中华人民共和国继承法〉修正草案建议稿》，《河南财经政法大学学报》2012年第5期，第23页。
② 《民法典·继承编（草案）》第1151条规定："存有遗产的人，应当妥善保管遗产，任何组织或者个人不得侵吞或者争抢。"
③ 《韩国民法典 朝鲜民法》，金玉珍译，北京大学出版社，2009，第162页。
④ 《日本民法典》第918条规定：（一）继承人须以与其固有财产的相同注意管理继承财产。但是，承认或放弃继承的，不在此限；（二）根据利害关系人或者检察官的请求，家庭法院可以随时命令对继承财产的保存作出必要的处分；（三）第二十七条至第二十九条的规定，准用于依前款规定家庭法院已选任财产管理人的情形。《日本民法典》，刘士国、牟宪魁、杨瑞贺译，中国法制出版社，2018，第233~234页。
⑤ 《韩国民法典 朝鲜民法》，金玉珍译，北京大学出版社，2009，第162页。
⑥ 《德国民法典》第1959条规定：（1）继承人在拒绝遗产前处理遗产上的事务的，对成为继承人的人，继承人像无因管理人一样享有权利和负有义务；（2）继承人在拒绝前处分遗产标的的，如不对遗产有不利益就不能延缓处分，则处分之生效不因该项拒绝而受影响；（3）须对继承人本人实施的法律行为，系在拒绝前对拒绝人实施的，它在拒绝后仍有效力。《德国民法典》（第4版），陈卫佐译注，法律出版社，2015，第575页。

至 5 款及第 1173 条也有相关规定。四是可实现遗产的临时管理人与管理人之间的制度衔接与规范衔接,避免出现制度真空或规范空白,以充分维护继承人和利害关系人的利益。制度的完善是权益保障的基础。

2. 规定遗产管理人的辞任与解任

《民法典·继承编(草案)》在遗产的管理一章,虽规定了遗产管理人的选任、争议的解决、职责及责任的承担,但未规定遗产管理人的辞任与解任。为实现遗产管理制度设计的系统性与闭合性,应明确规定遗产管理人的辞任与解任。即"继承人以外的人不愿意担任遗产管理人的,可以辞任。辞任的意思表示应当向继承人作出。指定的遗产管理人不得辞任。遗产管理人怠于履行职责或不当履行职责的,继承人可以解任或者请求人民法院解任遗产管理人。受遗赠人、遗产债权人或其他利害关系人可以请求继承人或人民法院解任遗产管理人"①。该规定的意义在于以下几方面。一是规范遗产管理人的辞任及其程序。《民法典·继承编(草案)》第 1147 条规定了遗产管理人所担负的遗产管理职责,其第 1149 条规定了"遗产管理人可以依照法律规定或者按照约定获得报酬"。基于意思自治、职责履行和报酬确定等原因,遗产管理人享有辞任的权利。由于遗产管理人被视为继承人的代理人,故其辞任的意思表示应向继承人作出。《葡萄牙民法典》第 2085 条规定:"一、在下列任一情况下,待分割财产管理人得随时推辞其职务:a)年满 70 岁;b)因患病而不能适当履行职务;c)其居住在对财产清册程序有管辖权之法院所在地以外之区域;d)履行待分割财产管理人之职务与其担任之公职有抵触。二、本条规定,不影响当事人接受遗嘱执行人一职并因而担任待分割财产管理人之职务之自由。"②《法国民法典》第 812 - 6 条(2006 年 6 月 23 日第 2006 - 728 号法律第 1 条)规定:"受托人只有事先向有利益关系的继承人或者他们的代理人通知其决定,才能放弃继续履行其接受的委托。除受托人与有利益关系的继承人之间另有协议之外,受托人所表示的放弃委托在上述通知之后 3 个月生效。受托人的报酬采

---

① 杨立新、杨震等:《〈中华人民共和国继承法〉修正草案建议稿》,《河南财经政法大学学报》2012 年第 5 期,第 23 页。
② 《葡萄牙民法典》,唐晓晴等译,北京大学出版社,2009,第 379 页。

用本金形式支付时，得返还其受领的全部或部分款项，且不影响损害赔偿。"① 二是规范遗产管理人的解任及其程序。遗产管理人应忠实勤勉地履行职责，怠于或不当履行职责，将损害继承人及利害关系人的利益，影响继承秩序的稳定。为此，应明确界定遗产管理人解任的法定情形。《葡萄牙民法典》第2086条规定："一、在下列任一情况下，得将待分割财产管理人撤职，且不影响按有关情况可能适用之其他制裁：a）故意隐瞒遗产中之财产或死者所作赠与之存在，又或故意指出不存在之赠与或负担；b）未以谨慎及认真之态度管理遗产中之财产；c）在财产清册程序中，不履行诉讼法对其规定之义务；d）表现出不能胜任该职务。二、任何利害关系人，又或主参与之检察院，均有正当性请求将待分割财产管理人撤职。"②《法国民法典》第812－7条、813－7条（2006年6月23日第2006－728号法律第1条）也有相关规定。③

3. 规定共同遗产管理人

共同遗产管理人，是遗产管理制度中的重要组成部分。为协调遗产的共同管理行为，《民法典·继承编（草案）》应增加遗产共同管理规范。即"数个遗产管理人共同管理遗产的，对遗产通常管理所采取的必要措施，各遗产管理人负有协助义务。对遗产管理行为有分歧的，应当经半数以上继承人同意。但遗嘱执行人担任遗产管理人而遗嘱另有指示的，或为保护遗产采取必要措施的除外"④。该规定的目的在于以下两点。一是协调遗产共同管理行为。即遗产的共同管理人在履行管理职责时应负相互协助的义务，以确保遗产共同管理职责的顺畅履行。二是规范遗产共同管理行为分歧的

---

① 《法国民法典》，罗结珍译，北京大学出版社，2010，第230~231页。

② 《葡萄牙民法典》，唐晓晴等译，北京大学出版社，2009，第379~380页。

③ 《法国民法典》第812－7条（2006年6月23日第2006－728号法律第1条）规定：受托人每年以及在委托终止时应向有利益关系的继承人或他们的代理人报告管理情况并告知其进行的各项活动，非如此，任何利益关系人均可请求法院解除委托。如果因受托人死亡而终止委托，前述义务由受托人的继承人履行。第813－7条（2006年6月23日第2006－728号法律第1条）规定：在遗产委托管理人明显不履行管理任务的情况下，应任何有利益关系的人或者检察官的请求，法官得解除委托管理人的任务。在此情况下，法官另行指定遗产委托管理人，并确定该人受指定的期限。《法国民法典》，罗结珍译，北京大学出版社，2010，第231页。

④ 杨立新、杨震等：《〈中华人民共和国继承法〉修正草案建议稿》，《河南财经政法大学学报》2012年第5期，第23页。

处理。在遗产管理中，共同管理人除应负相互协助义务外，尚需明晰管理分歧的处理办法与解决程序，并明确遗产保护的除外规定。《日本民法典》第1017条规定："（一）遗嘱执行人有数人的情形，其任务的执行以过半数决定。但是遗嘱人在其遗嘱中表示特别意思时，从其意思。（二）虽有前款规定，各遗嘱执行人也可以进行保存行为。"[①]《巴西新民法典》第1986条规定："如同时有一个以上的都接受了职务的遗嘱执行人，在他们中的一些人阙如时，其他每个人都可以执行遗嘱；但所有的人连带地对托付给他们的财产负责，每个人根据遗嘱履行不同职能的，仅对自己职责范围内的事负责的，除外。"[②]《意大利民法典》第708条规定："在数名应当共同执行职务（参阅700条）的遗嘱执行人就某项职务行为意见不一致的情况下，由司法机关作出决定，必要时，可以听取继承人的意见。"[③]其第709条第3款规定："在有数名遗嘱执行人的情况下，他们就共同管理行为（参阅第1292条、第2055条）承担连带责任。"[④] 遗产的共同管理，在于各遗产管理人自觉地履行遗产管理义务并自发地遵循遗产共同管理的意志。而共同管理遗产的意志，既是每个遗产管理人的内在意志，也是遗产共同管理行为得以实施的前提和基础。

4. 规定禁止分割遗产的保全请求权

为弥补我国《继承法》欠缺禁止分割遗产的保全请求权的缺憾，更充分地保护遗产债权人的利益，《民法典·继承编（草案）》应补充规定："遗产债权人在债权没有得到清偿或继承人没有提供担保的情况下，可以向继承人、遗产管理人或人民法院请求禁止分割遗产而首先用于清偿遗产债权。"[⑤] 该规定的价值在于以下几方面。一是保障遗产债权的实现。遗产债务的清偿，关涉遗产债权人的权益。《巴西新民法典》第1821条规定："应在遗产的价值范围内担保债权人请求清偿已得到承认的债权的权利。"[⑥]《意

---

① 《日本民法典》，刘士国、牟宪魁、杨瑞贺译，中国法制出版社，2018，第255页。
② 《巴西新民法典》，齐云译，徐国栋审校，中国法制出版社，2009，第308页。
③ 《意大利民法典》，费安玲、丁枚译，中国政法大学出版社，1997，第199页。
④ 《意大利民法典》，费安玲、丁枚译，中国政法大学出版社，1997，第199页。
⑤ 杨立新、杨震等：《〈中华人民共和国继承法〉修正草案建议稿》，《河南财经政法大学学报》2012年第5期，第24页。
⑥ 《巴西新民法典》，齐云译，徐国栋审校，中国法制出版社，2009，第285页。

大利民法典》第530条规定："保佐人在获得初审法院法官的准许之后，可以开始对遗产债务和遗赠进行清偿。如果债权人或受遗赠人对遗产清单主张异议（参阅第2906条），则保佐人不得进行清偿，而应当根据本法第498条及后条的规定对遗产进行清算。"① 二是界定遗产债务清偿与遗产分割的先后顺序。遗产的处理，应首先偿还遗产债务。而遗产债务清偿的先后顺序，对遗产债权人的保护意义不同。《阿根廷民法典》第3474条规定："不管是裁判上的分割还是裁判外的分割，均应分离足够的财产，以清偿遗产债务和负担。"② 《巴西新民法典》第1997条规定："遗产对死者的债务承担责任；但在进行分割后，每个继承人都按自己从遗产中获得的份额的比例对此承担责任。"③ 当遗产不足以清偿全部遗产债务时，赋予遗产债权人禁止遗产分割的保全请求权，以确定先清偿遗产债务再分割遗产的程序规则，有助于保障并实现遗产债权。《埃塞俄比亚民法典》第1019条规定："（1）清算人得偿付遗产的可要求之债，对此等偿付已提出反对，或遗产的资产明显不足以满足所有的债权人的，除外。（2）在这两种情形，他应遵守民事诉讼法典就债务人破产制定的规则。"④ 其第1022条规定："为了支付遗产债务，清算人得首先使用他在遗产中发现的留存现金。"⑤ 三是实现其与偿债规范的有机协调。《民法典·继承编（草案）》第1159条规定："分割遗产，应当清偿被继承人依法应当缴纳的税款和债务。但是，应当为缺乏劳动能力又没有生活来源的继承人保留适当的遗产。"⑥ 若遗产债权没有得到清偿，遗产债权人有权行使禁止分割遗产的保全请求权。

① 《意大利民法典》，费安玲、丁枚译，中国政法大学出版社，1997，第152页。
② 《最新阿根廷共和国民法典》，徐涤宇译注，法律出版社，2007，第737页。
③ 《巴西新民法典》，齐云译，徐国栋审校，中国法制出版社，2009，第310页。
④ 徐国栋主编《埃塞俄比亚民法典》，薛军译，中国法制出版社、金桥文化出版（香港）有限公司，2002，第197页。
⑤ 徐国栋主编《埃塞俄比亚民法典》，薛军译，中国法制出版社、金桥文化出版（香港）有限公司，2002，第198页。
⑥ 《民法典·继承编（草案）》一审稿、二审稿第938条规定："遗产分割前，应当支付丧葬费、遗产管理费，清偿被继承人的债务，缴纳所欠税款。但是，应当为缺乏劳动能力又没有生活来源的继承人保留适当的遗产份额。"

三 规范精进表达

《民法典·继承编（草案）》在进行立法盲点补益的同时，尚需实现规范的精进表达。规范精进表达，是实现继承立法严谨性、科学性、系统性的基础和前提。因为，"一个概念的技术含量越高，它就越远离日常生活而成为高度专业化的法律概念"①。而民法典则"是实现法治追求的主要途径。现代民法以形式合理性作为贯穿民法制度设计始终的基本宗旨"②。

（一）秉持立法传统

《民法典·继承编》在编纂进程中，应追求并实现继承立法的公开性、自治性、普遍性、层次性或道德性、确定性、可诉性、合理性和权威性，③这是继承立法现代化的基本要求。

1. 完善遗产范围

现行《继承法》第 3 条以例示制的形式规定了遗产范围，从而明确了遗产的界定及其种类。此种立法方式在体现遗产的财产性、特定性、合法性和时间性的同时，④也展现了 20 世纪 80 年代我国民众在改革开放之初所拥有的财产类型。司法实践表明，例示制的遗产范围界定，体现了立法的明确性与司法的适用性的有机统一；在传播保护公民私有财产继承权理念的同时，明确了遗产继承的范围，便于被继承人生前处分财产、继承人依法继承遗产。伴随时代变迁、经济发展、财富积聚、文化多元，自然人的财产种类、继承观念、法律意识、维权路径等日益丰富、更新、提升、拓展。如何完善、规范遗产范围，成为《民法典·继承编》"一般规定"中的重要内容之一。然而，《民法典·继承编（草案）》第 1122 条仅对遗产进行了原则性界定："遗产是自然人死亡时遗留的个人合法财产，但是依照法律规定或者根据其性质不得继承的除外。"其概括式的立法模式，无以明晰遗

---

① 张文显主编《法理学》，高等教育出版社，1999，第 76 页。
② 马新彦主编《民法现代性与制度现代化》，吉林人民出版社，2002，第 5 页。
③ 马新彦主编《民法现代性与制度现代化》，吉林人民出版社，2002，第 2 页。
④ 蓝承烈、杨震主编《继承法新论》，黑龙江教育出版社，1993，第 57～58 页。

产的具体范围。为发扬《继承法》有关遗产范围界定的立法传统，应对遗产范围进行例示制的规定："遗产是被继承人死亡时遗留的个人财产，包括：（一）被继承人享有的财产所有权、用益物权、担保物权和占有；（二）被继承人享有的债权、债务；（三）被继承人享有的知识产权、股权、合伙权益中的财产权益；（四）因自然人死亡而获得的补偿金、赔偿金等，法律另有规定者除外；（五）非专属于被继承人的其他财产权益。"① 上述规定的功能在于三个方面。一是明确遗产的含义。即法律未禁止继承的，即可作为遗产继承。二是明晰遗产的种类。通过对《继承法》第 3 条规定的拓展与增补，界定可继承遗产的种类与范围，可顺应民众的思维习惯，丰富和完善我国的遗产范围立法。三是秉持我国的遗产立法传统。以例示制确定遗产的范围与种类，并非我国独创，《俄罗斯联邦民法典》第 1112 条、《埃塞俄比亚民法典》第 827 和第 828 条也采此种立法模式。《葡萄牙民法典》第 2069 条规定："遗产包括：a）以直接交换方式取代遗产中某些财产之财产；b）转让遗产中之财产所得之价金；c）以遗产中之金钱或有价物取得之财产，且相关金钱或有价物在取得文件中有所提及者；d）分割遗产前所收到之孳息。"② 《越南民法典》第 634 条规定："遗产包括被继承人个人所有的财产，共有财产中属于被继承人的部分。"③

2. 完善法定继承顺序

《民法典·继承编（草案）》第 1127 条关于法定继承顺序的规定，延续了我国《继承法》第 10 条的规范。虽秉持了继承立法理念，但其应在顺应人口结构变化的同时，实现继承立法主义——"亲属继承限制主义"的缓解。即由继承人范围较窄、继承顺序较少向继承人范围适度拓宽、继承顺序适当拓展转变。伴随"二孩"政策的实施、旁系血亲关系的多元、人口寿命的增长、家庭扶养义务的履行，应当在第二顺序继承人中增加孙子女和外孙子女；同时，增加第三继承顺序。即将"四代以内的其他直系或者

---

① 中国法学会《民法典继承编》专家建议稿草案（简称《民法典继承编》专家建议稿）第 2 条。
② 《葡萄牙民法典》，唐晓晴等译，北京大学出版社，2009，第 376 页。
③ 《越南社会主义共和国民法典》，吴远富译，厦门大学出版社，2007，第 154 页。

旁系血亲增加为第三顺序继承人，以发挥遗产的扶弱济困功能"①。第三顺序继承人包括如下亲属：曾祖父母、外曾祖父母、伯、叔、姑、舅、姨、堂兄弟姐妹、表兄弟姐妹、侄子女、甥子女、曾孙子女、外曾孙子女。② 该规定的初衷在于三点。一是赋予孙子女、外孙子女以法定继承人的地位。依我国《继承法》第 10 条及《民法典·继承编（草案）》第 1127 条规定，孙子女、外孙子女并未规定在法定继承顺序之中；另据我国《继承法》第 11 条及《民法典·继承编（草案）》第 1128 条第 1 款规定，孙子女、外孙子女为代位继承人。如果孙子女、外孙子女欠缺成为法定继承人的条件，则其不能成为代位继承人；如果代位继承的法定事由仅限于"被继承人的子女先于被继承人死亡"，那么，当被代位人放弃或被剥夺继承权且其尚生存时，其子女即孙子女、外孙子女则不能成为代位继承人或法定继承人。若在继承开始时无第一及第二顺序的法定继承人，遗产将成为"双无"遗产。而将其增补为第二顺序的法定继承人，既可赋予其独立的法定继承人地位，也可避免遗产成为"双无"遗产。同时，还可兼顾我国《婚姻法》第 28 条及《民法典·婚姻家庭编（草案）》第 1074 条有关祖孙之间抚养和赡养的有关规定，体现权利与义务相一致的原则。如《越南民法典》第 676 条规定："1. 法定继承人依继承顺序规定如下：（1）第一继承顺序包括：夫妻、生父母、养父母、生子女、养子女；（2）第二继承顺序包括：祖父母、外祖父母、同胞兄弟姐妹、孙子女、外孙子女；（3）第三继承顺序包括：曾祖父母、外曾祖父母、亲伯叔姑舅姨、亲侄子女、亲外甥子女、亲曾孙子女。2. 同一顺序之继承人享有平等的继承权。3. 后一顺序继承人只有在前一顺序继承人因死亡、丧失继承权、被剥夺继承权或抛弃继承权而不存在时，才享有继承权。"③ 二是确保遗产在一定范围的亲属之间移转。增加第三顺序继承人，既符合我国的继承传统，也可避免遗产成为无人继承又无人受遗赠的财产。从继承的立法例看，多数国家规定了三个以上的法定继承顺序。如《韩国继承法》第 1000 条明确规定：被继承人的直系卑

① 王歌雅：《论继承法的修正》，《中国法学》2013 年第 6 期，第 95 页。
② 杨立新、杨震：《〈中华人民共和国继承法〉修正草案建议稿》，《河南财经政法大学学报》2012 年第 5 期，第 21 页。
③ 《越南社会主义共和国民法典》，吴远富译，厦门大学出版社，2007，第 165～166 页。

亲属、直系尊亲属、兄弟姐妹、四亲等以内的旁系血亲，分别是第一至第四顺序的法定继承人。[①] 三是调动赡老扶幼的积极性。直系血亲间的抚养与赡养，符合代际伦理，也符合基于扶养而引发的继承关系的确定依据。至于兄弟姐妹以外的旁系血亲间的继承关系的确定，则可通过遗产继承实现赡老扶幼的目的，弥补社会救助体系不健全的缺憾。《葡萄牙民法典》第2133条规定："一、可继承遗产之人依下列顺序而被赋权继承：a）配偶及直系血亲卑亲属；b）配偶及直系血亲尊亲属；c）兄弟姐妹及其直系血亲卑亲属；d）四亲等内之其他旁系血亲；e）国家。"[②]《埃塞俄比亚民法典》第842～848条也有相似规定。法定继承顺序，既是遗产继承的先后次序，也是法定继承人亲疏远近的伦理顺序。该伦理顺序，彰显亲属之间的道德地位、生活价值、行为判断、代际关系及规范选择。

（二） 澄清立法歧义

《民法典·继承编》在编纂进程中，基于立法公开性、自治性的要求，广泛吸纳了社会各界尤其是全国人大代表的立法建议，有关建议对于进一步完善继承制度、丰富继承规范、实现立法目的、凝练立法价值具有积极意义。然而，如何在《民法典·继承编》编纂的进程中甄别观点建议，去粗取精、去伪存真，则是继承立法必须面对的问题与挑战。

1. 规定口头遗嘱的形式要件

我国《继承法》第17条第5款规定了口头遗嘱。[③] 其在丰富我国法定遗嘱形式的同时，也为自然人在危急情况下订立遗嘱提供了便利。然而，何谓"危急情况"、如何界定"危急情况解除后"。《继承法》以及《继承法》司法解释[④]均未予以明示。而该问题则成为法学界、实务界多年来充满疑虑且持续探讨的焦点。如有观点认为，危急情况"一般是指遗嘱人生命

[①] 《韩国民法典 朝鲜民法》，金玉珍译，北京大学出版社，2009，第157页。

[②] 《葡萄牙民法典》，唐晓晴等译，北京大学出版社，2009，第389页。

[③] 《继承法》第17条第5款规定："遗嘱人在危急情况下，可以立口头遗嘱。口头遗嘱应当有两个以上见证人在场见证。危急情况解除后，遗嘱人能够用书面或者录音形式立遗嘱的，所立的口头遗嘱无效。"

[④] 1985年9月11日发布的《最高人民法院关于贯彻执行〈中华人民共和国继承法〉若干问题的意见》。

垂危、参加前线作战、围剿罪犯、从事排险工作或者发生意外灾害等紧急情况"①。至于"危急情况解除后"的多长时间内口头遗嘱失效或口头遗嘱的有效期如何确定，观点纷纭。

及至《民法典·继承编》的编纂，围绕口头遗嘱形式要件的立法完善，法学界、实务界纷纷献计献策。然而，仅就《民法典·继承编（草案）》一审稿第 917 条与《民法典·继承编（草案）》第 1138 条规定比较而言，其口头遗嘱形式要件的立法则发生了较大变化，即由最初的"……危急情况解除后，遗嘱人能够用书面或者录音录像形式立遗嘱的，所立的口头遗嘱经过三个月无效。"转变为"……，所立的口头遗嘱无效。"该转变除增加了录像形式之外，又回复至《继承法》第 17 条的原规定。尽管全国人大法工委就上述立法的转变阐明了观点和理由，但其不足以回应遗嘱形式立法完善的质询以及解决遗嘱纠纷的司法实践需要。为此，《民法典·继承编（草案）》应保留或回归一审稿第 917 条的原规定。理由有如下几点。一是弥补《继承法》有关口头遗嘱有效期的原则规定。《继承法》未明确规定口头遗嘱的有效期，导致司法实践对其争议较大，不利于遗嘱纠纷的顺畅解决。二是明确赋予口头遗嘱三个月的有效期。关于口头遗嘱的有效期，有关国家或地区规定的期间有所不同。如《越南民法典》第 651 条规定："1.因疾病或其他原因导致生命濒临死亡，不能书写遗嘱的人，可以立口头遗嘱。2. 口头遗嘱自立成之日起满 3 个月，若立遗嘱人仍活着且神志清醒，则口头遗嘱自动失效。"② 其第 652 条第 5 款规定："口头遗嘱应当是立遗嘱人最后的意思表示，并且至少有 2 人在场作证，证人随即笔录遗嘱内容并全体签名或盖指印，至此口头遗嘱方为合法。口头遗嘱立成之后 5 天内，应当办理公证或鉴证。"③ 上述规定，既明确了口头遗嘱的有效期，也确立了口头遗嘱成立的形式要件，便于遗嘱人制作合法有效的遗嘱。《埃塞俄比亚民法典》第 892 ~ 894 条规定了口头遗嘱的形式、内容及制裁，并在第 902 条规定了口头遗嘱的失效。即"自订立口头遗嘱后 3 个月届满之日遗嘱人仍

① 蓝承烈、杨震主编《继承法新论》，黑龙江教育出版社，1993，第 146 页。
② 《越南社会主义共和国民法典》，吴远富译，厦门大学出版社，2007，第 158 页。
③ 《越南社会主义共和国民法典》，吴远富译，厦门大学出版社，2007，第 159 页。

生存的，口头遗嘱失效"①。《瑞士民法典》第506～507条规定了口头遗嘱的处分与记录，并在第508条规定了口头遗嘱的失效。即"被继承人事后得再采用其他方式订立遗嘱的，在新遗嘱订立两周后，口授遗嘱失效"②。我国台湾地区"民法"继承编第1195～1197条、《俄罗斯联邦民法典》第1129条、《德国民法典》第2252条也有相关规定。

2. 规定继承扶养协议的效力

《民法典·继承编（草案）》第1158条规定了遗赠扶养协议。即"自然人可以与继承人以外的组织或者个人签订遗赠扶养协议。按照协议，该组织或者个人承担该自然人生养死葬的义务，享有受遗赠的权利"。该规定与《继承法》第31条相比而言，不仅明确了扶养人的范围——继承人以外的组织或个人，也简化了遗赠扶养协议的规范表达。扶养人主体的确定性，将继承人与被继承人签订的继承扶养协议排除在外，也使其协议效力难以确定。为发扬赡老、扶老、助老、慰老的传统美德，调动继承人赡养扶助被继承人的积极性，明晰继承人与被继承人之间的权利与义务的内容与范围，界分各赡养人即各继承人之间的权利与义务的边界与范畴，应允许继承人与被继承人签订继承扶养协议。即"被继承人可以与继承人订立继承扶养协议，由继承人承担比法定扶养义务更高的义务，并继承约定的遗产。违反继承扶养协议的继承人，除符合丧失继承权的条件外，仍享有继承权"。③该规定的立法动议在于三点。一是拓展和创新了遗赠扶养协议的立法传统。即围绕遗赠人或被继承人的扶养，建构了遗赠扶养协议与继承扶养协议并行不悖的双轨式的制度保障模式，有助于实现遗赠人或被继承人生养死葬的目的。二是明确了遗赠扶养协议与继承扶养协议的主要区别。就协议主体的身份而言，前者主体是遗赠人与继承人以外的扶养人或组织，后者主体是被继承人与继承人；就协议的权利与义务内涵而言，前者履行的是约定的生养死葬的义务，后者履行的是法定扶养义务以外的约定的生

---

① 徐国栋主编《埃塞俄比亚民法典》，薛军译，中国法制出版社、金桥文化出版（香港）有限公司，2002，第175页。
② 《瑞士民法典》，殷生根译，艾棠校，法律出版社，1987，第134页。
③ 杨立新、杨震等：《〈中华人民共和国继承法〉修正草案建议稿》，《河南财经政法大学学报》2012年第5期，第23页。

养死葬及其他义务；就协议的适用情形而言，前者适用于遗赠人欠缺扶养人的情形；后者适用于扶养人较多或推诿扶养义务的情形。三是实现了继承立法的本土超越。我国《继承法》及《民法典·继承编（草案）》均未规定继承契约，基于人口老龄化的发展趋势，在结合中华民族赡老扶弱传统的基础上规定继承扶养协议，有助于老年人的老有所养。尽管国外继承立法有关于继承契约的规定，但其内涵并不相同。例如，《瑞士民法典》第494条规定了指定继承人契约及遗赠契约。即"（一）被继承人得以继承契约，承担使对方或第三人取得其遗产或遗赠之义务。（二）被继承人得自由处分其财产。（三）遗嘱或赠与，如与继承契约中被继承人所承担的义务不一致，得撤销之"①。《德国民法典》第1941条也有相关规定。

《民法典·继承编》的编纂质量，关涉《民法典》的编纂质量。《民法典·继承编》的规范表达与制度设计，关涉继承诉求的实现、继承习惯的更新、继承观念的修正与继承文化的改革。只有矫正并弥补《民法典·继承编（草案）》与其一审稿和二审稿存在的立法反复、规范疏漏与制度欠缺，才能实现《民法典·继承编》编纂的科学化与系统化。而要实现《民法典·继承编》编纂的质量定位与价值目标，尚需制度补益与规范精进。古人云："惟以改过为能，不以无过为贵。"

---

① 《瑞士民法典》，殷生根译，艾棠校，法律出版社，1987，第130页。

遗产中家庭住房的先取权和终生使用权立法研究[*]

陈　苇　白　玉^{**}

【内容摘要】我国《继承法》没有规定配偶等特殊继承人对遗产中的家庭住房享有先取和终生使用的权利。目前我国《民法典·继承编》正在编纂之中，本文以遗产中家庭住房的先取权和终生使用权为研究对象，立足我国司法实践中存在的问题和社会现实需要，分析该制度的设立基础，并在考察、评析我国十省市被调查民众相关遗产处理习惯、域外立法例和我国诸继承法学者建议稿的基础上，提出在"民法典继承编"中增设遗产中家庭住房的先取权和终生使用权的立法建议。

【关键词】民法典继承编　　遗产分割　　家庭住房　　先取权　　终生使用权

遗产中家庭住房的先取权和终生使用权，是指遗产分割中，生存配偶等特殊继承人对原供其使用的家庭住房和日常生活用品享有先取或无偿居

　＊　本文原载于《河北法学》2019 年第 11 期。本文系司法部 2016 年度国家法治与理论研究课题"我国遗产处理制度系统化构建研究"（16SFB2036）的阶段性成果。

＊＊　陈苇，西南政法大学民商法学院教授、博士生导师；白玉，西南政法大学民商法博士研究生。

住和使用直至死亡的权利，以下简称"遗产房屋先取权和终生使用权"。①
大陆法系国家的继承立法中对该项权利多有规定，其立法目的在于保障夫
妻一方死亡后生存配偶等特殊继承人对遗产中家庭住房的居住权益。我国
司法实践和社会现实对遗产中家庭住房之先取权和终生使用权的增设已表
现出强烈需求，但我国《继承法》和 2018 年 9 月公布征求意见的《民法
典·继承编（草案）》和 2019 年 7 月公布征求意见的《民法典·继承编
（草案二次审议稿）》中均没有规定该权利。针对此立法之不足，我们建议
借鉴域外立法经验，结合我国民众继承习惯，从中国实际出发，在《民法
典·继承编》中增设作为遗产的家庭住房的先取权和终生使用权制度。

一 权利增设的基础分析

（一）司法实践基础

近年来，在遗产分割中，生存配偶和其他继承人围绕家庭住房发生的
纠纷不断增多，各地法院针对这一问题的审判意见也存在分歧。例如，案
例一"李某术、李某英、李某华与邹某兰继承纠纷案"② 和案例二"刘某
甲、刘某乙等与左某法定继承纠纷案"③ 均是配偶一方死亡，子女与继母
（生存配偶）之间围绕家庭住房的归属问题产生纠纷，并诉至法院。案例一
中，法院审理后认为，邹某兰与被继承人双方共同生活长达 21 年之久，尽
到了夫妻扶养义务，本案住房不宜分割，应由生存配偶邹某兰继续居住。
而案例二中，法院审理后认为，系争房屋应归三原告（被继承人子女）继
承，三原告给付被告（生存配偶）相应的遗产价值。我们认为，案例一的

---

① 陈苇、董思远：《民法典编纂视野下法定继承制度的反思与重构》，《河北法学》2017 年第
  7 期，第 19 页。
② 参见中国裁判文书网，案号：（2015）川民申字第 1314 号，http：//wenshu. court. gov. cn/
  website/wenshu/181107ANF20BXSK4/index. html？docId = 14a7a695d1904eabzbe32eal2910beb，
  最后访问时间：2019 年 6 月 5 日。
③ 参见中国裁判文书网，案号：（2013）青民五终字第 2113 号，http：//wenshu. court. gov. cn/
  website/wenshu181107ANFz0BXSK4/index. html？docId = 02c72flb7a3f4le7a426bfba486f7c64，
  最后访问时间：2019 年 6 月 5 日。

判决合理，但裁判文书缺少明确的法条依据；案例二的判决忽视了再婚配偶左某年迈且一直居住于系争房屋的基本事实，不利于保障夫妻一方去世后生存配偶的居住权。可见，我国立法欠缺遗产房屋先取权和终生使用权制度，不利于指导司法实践中有关案件的依法裁判。

（二）社会现实基础

养老育幼是家庭基本职能，要求遗产分割中应当注重发挥遗产的扶养功能。一方面，我国仍处于社会主义初级阶段，除了是成员间情感交流的场所外，大部分家庭仍然发挥着养老育幼、物质生产、家庭成员间的扶助和保护等基本职能。[①] 我国立法欠缺遗产房屋先取权和终生使用权制度，不利于保障遗产房屋扶养职能之发挥，生存配偶的居住环境、条件有可能因被继承人的去世发生重大变化或受到严重影响。另一方面，我国已进入人口老龄化社会[②]，中国人口的老龄化程度有加速加深的发展趋势。保障老年人晚年生活居有定所事关我国社会的平稳发展，习近平总书记亦在十九大报告中指出，实施健康中国战略，积极应对人口老龄化，构建养老、孝老、敬老政策体系和社会环境。并且我国离婚率逐年上升，再婚家庭增多，部分子女尊老、养老观念淡薄。我国立法欠缺遗产房屋先取权和终生使用权制度，不利于应对我国人口老龄化的社会问题，不利于保护再婚生存配偶的居住权益。

二 遗产房屋分割的十省市民众继承习惯之考察与分析

民众继承习惯是我国继承立法发展与完善必不可少的一项重要参考。为了解我国不同地区民众的财产继承习惯，2017 年 1 月至 2 月，我们对我国福建、江西、吉林、广东、河北、重庆、四川、上海、湖北、海南十省市民众进行入户发放问卷调查，共发放调查问卷 5739 份，收回有效问卷

---

① 陈苇、冉启玉：《构建和谐的婚姻家庭关系——中国婚姻家庭法六十年》，《河北法学》2009 年第 8 期，第 48 页。
② 孙文灿：《养老机构分类管理法律研究》，《河北法学》2017 年第 10 期，第 174 页。

5085 份，有效率为 88.60%。^① 本次调查中，针对遗产房屋的分割，主要涉及以下四个问题：一是配偶对遗产房屋是否享有先取权和终生使用权；二是如果配偶享有该权利，那么其对遗产房屋的先取和终生使用是否需要支付费用；三是特殊法定继承人（与被继承人生前共同居住的父母、祖父母）对遗产房屋是否享有终生使用权；四是如果父母、祖父母享有该权利，那么其对遗产房屋的终生使用是否需要支付租金。^②

（一） 涉及遗产房屋分割的十省市民众继承习惯之考察

调查问题一："老王死亡时留有一套家庭居住的房屋（价值 50 万元）、存款 20 万元以及小汽车一辆（价值 10 万元）。老王去世时，其配偶和唯一的儿子小王均在世。请问：如果在您所在地区，老王死亡后，其儿子小王是否会马上向其母亲提出分割遗产的请求？（单选）A. 会；B. 不会；C. 会提出分割其他遗产，但对其母正在居住房屋的分割需等其母去世后进行；D. 其他。"

表 1 配偶对遗产中的家庭住房是否享有居住权的民间习惯情况统计

选项	A. 会	B. 不会	C. 会提出分割其他遗产，但对其母正在居住房屋的分割需等其母去世后进行	D. 其他	合计
人数	536	3769	709	51	5065
比例	10.58%	74.41%	14.00%	1.01%	100%

---

① 根据"我国遗产处理制度系统化构建研究"司法部课题研究的需要，自 2016 年 11 月起，陈苇教授组织进行"当代中国民众财产观念及遗产处理习惯"的社会调查，于同年 12 月下旬完成调查问卷的设计和制作后，选择我国十省市包括东北部的吉林省，北部的河北省，东部的上海市，中部的湖北省、江西省，东南部的福建省，南部的广东省、海南省，西南部的重庆市和四川省作为被调查地区进行问卷调查。十省市高校遴选的学生调查员经社会调查知识培训后，于 2017 年 1 月至 2 月各自在自己家乡开展社会调查。本次调查主要采取学生调查员入户发放调查问卷和个人访谈的方式，学生调查员首先向被调查者讲解说明调查的问题，由被调查者填写调查问卷，然后将收回的问卷进行调查数据的统计、汇总和复核工作。本部分对涉及遗产房屋分割的我国十省市民众继承习惯的考察与分析，以本次十省市调查的相关统计汇总的数据为基础进行。

② 本次调查概况，参见陈苇主编《中国遗产处理制度系统化构建研究》，中国人民公安大学出版社，2019，第 32~36 页。

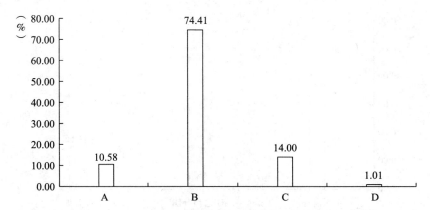

图 1　配偶对遗产中的家庭住房是否享有居住权的民间习惯情况统计

关于配偶对遗产中的家庭住房是否享有居住权的民间习惯，调查统计数据显示，在填写该问题的 5065 名被调查者中，选择 A 项"会"的有 536 人（占 10.58%）；选择 B 项"不会"的有 3769 人（占 74.41%）；选择 C 项"会提出分割其他遗产，但对其母正在居住房屋的分割需等其母去世后进行"的有 709 人（占 14.00%）；选择 D 项"其他"的有 51 人（占 1.01%）。可见，在我国十省市被调查者所在地区，有近九成（88.41%）的地区生存配偶对遗产中家庭住房享有先取的权利。[①]

调查问题二："如果甲的妻子乙可以优先继承这套房屋，但该住房的价值超过其应当继承的遗产份额 40 万元，在您所在地区是否按照下列情况处理的？（单选）A. 乙有权继承该住房，且无须向其他法定继承人丙进行补偿；B. 如果乙有经济补偿能力，则应当向其他法定继承人丙适当进行补偿；C. 其他。"

表 2　配偶对遗产房屋先取和终生使用是否需要
支付费用的民间习惯情况统计

选项	A. 无须补偿	B. 适当补偿	C. 其他	合计
人数	1864	2415	729	5008
比例	37.22%	48.22%	14.56%	100%

关于配偶对遗产房屋先取和终生使用是否需要支付费用的民间习惯，

---

① 陈苇主编《中国遗产处理制度系统化构建研究》，中国人民公安大学出版社，2019，第 433～434 页。

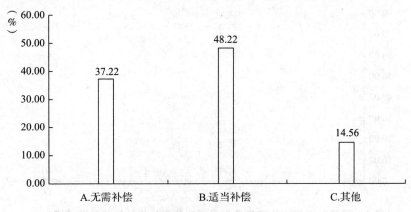

**图 2　配偶对遗产房屋先取和终生使用是否需要支付
费用的民间习惯情况统计**

调查统计数据显示，在填写该问题的 5008 名被调查者中，选择 A 项"乙有权继承该住房，且无须向其他法定继承人丙进行补偿"的有 1864 人（占 37.22%）；选择 B 项"如果乙有经济补偿能力，则应当向其他法定继承人丙适当进行补偿"的有 2415 人（占 48.22%）；选择 C 项"其他"的有 729 人（占 14.56%）。可见，在我国十省市被调查者所在地区，有近五成的地区有适当进行补偿的习惯；有近四成的地区有无须进行补偿的习惯。

调查问题三："甲死亡时遗留下若干遗产，其中包括一套三室一厅的住房（其中的一间房屋一直由甲的祖父居住）。由于甲的祖父属于后顺序继承人而不能参加继承，遗产全部由甲的第一顺序继承人配偶及其子女等继承。请问：在您所在的地区，如果发生了上述情况……甲的祖父对该供其居住的房屋，是否可以继续居住？（单选）A. 是；B. 否。"

**表 3　特殊法定继承人对遗产房屋是否享有终生使用权的
民间习惯情况统计**

选项	A. 是	B. 否	合计
人数	4411	611	5022
比例	87.83%	12.17%	100%

关于后顺序特殊法定继承人对遗产房屋是否享有终生使用权的民间习惯，调查统计数据显示，在填写该问题的 5022 名被调查者中，选择 A 项

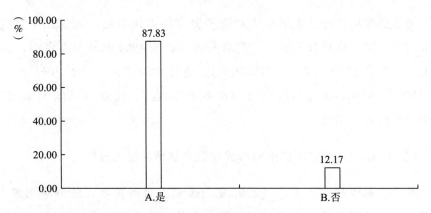

图3　特殊法定继承人对遗产房屋是否享有终生使用权
之民间习惯情况统计

"是"的有 4411 人（占 87.83%）；选择 B 项"否"的有 611 人（占 12.17%）。可见，在近九成的被调查者所在地区，民众有此继承习惯。

调查问题四："如果甲的祖父可以继续居住，是否其可以不交租金？（单选）A. 是；B. 否。"

表4　特殊法定继承人对遗产房屋终生使用是否需要支付
费用的民间习惯情况统计

选项	A. 是	B. 否	合计
人数	3898	1064	4962
比例	78.56%	21.44%	100%

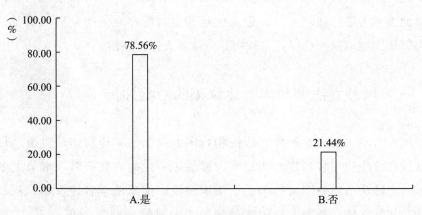

图4　特殊法定继承人对遗产房屋终生使用是否需要支付
费用的民间习惯情况统计

关于后顺序特殊法定继承人对遗产房屋终生使用是否需要支付费用的民间习惯，调查统计数据显示，在填写该问题的 4962 名被调查者中，选择 A 项"是"的有 3898 人（占 78.56%）；选择 B 项"否"的有 1064 人（占 21.44%）。可见，在近八成的被调查者所在地区，民众有可以无偿使用、无须交纳租金的习惯。

（二） 遗产房屋分割的十省市民众遗产继承习惯之分析

首先，就权利主体而言，近九成的被调查者所在地区的继承习惯是，配偶和特殊法定继承人（包括与被继承人共同生活的父母、祖父母和外祖父母）可以成为家庭住房先取权和终生使用权的请求主体，可见，在我国立法上增设配偶和特殊法定继承人对遗产房屋的先取权和终生使用权具有较高的民众继承习惯基础。其次，就权利种类而言，近九成被调查者所在地区的继承习惯是，配偶对遗产房屋享有先取权和终生使用权；近九成的被调查者所在地区的继承习惯是，特殊法定继承人对原供其居住的遗产房屋享有继续居住的权利。可见，关于权利种类，被调查者所在地区习惯中包含先取权和终生使用权两种方式。最后，关于遗产房屋先取和终生使用是否需要支付费用，近八成的被调查者所在地区的继承习惯是，特殊法定继承人的遗产房屋终生使用权为无偿取得的，即无须支付租金。但关于配偶对遗产房屋行使先取权是否需要支付费用，民众的继承习惯存在一定分歧：近五成被调查者所在地区的继承习惯是，配偶有经济补偿能力时，应向其他继承人进行适当补偿，近四成被调查者所在地区的继承习惯是，配偶可以优先继承遗产房屋且无须向其他继承人进行补偿。

三　域外立法例与学者建议稿的考察评析

域外大陆法系国家部分立法例和我国继承法学者建议稿，对遗产住房先取权和终生使用权制度有所规定，提供了一定的立法参考。本节主要考察域外大陆法系部分国家的相关立法例和我国继承法学者建议稿，从权利主体、权利客体、类型、费用支付情况以及排除或终止情形这五个方面，归纳该制度具体构建中存在的争议观点并进行评析。

（一） 域外立法例与学者建议稿之考察

域外立法例中，根据《法国民法典》第 763～766、815 条的规定，第一，生存配偶对属于夫妻双方或被继承人一方的遗产中作为主要住宅的家庭住房一年内享有无偿居住的权利；第二，生存配偶对属于夫妻双方或被继承人一方的遗产中作为主要住宅的家庭住房和住房内日常生活用品享有居住和使用的权利；第三，上述居住权与使用权的对价，从生存配偶应继遗产中扣减，不足部分应予以补偿；第四，生存配偶和其他继承人可以通过协议将居住权与使用权转换为终生定期金；第五，配偶居住权的排除情形为被继承人生前以遗嘱的形式排除了该项权利的适用或受扶养的未成年人已成年。① 根据《俄罗斯联邦民法典》第 1168 条的规定，继承开始前居住在遗产中家庭住房且没有其他住处的继承人享有以其遗产应继份取得该住房的先取权。② 根据《瑞士民法典》第 612 条的规定，首先，生存配偶享有获得遗产中双方居住过的家庭住房及日常生活用品的优先权；其次，一定条件下家庭住房和日常生活用品的所有权可以转化为用益物权或居住权。③

我国诸继承法学者建议稿中，王利明教授等主张（以下简称"王稿"），首先，没有其他住房的生存配偶对遗产中家庭住房享有用益物权；其次，该用益物权的对价为不超过市价的租金；再者，该用益物权的排除情形是，因生存配偶一方的过错致使被继承人生前已经提出离婚请求的，生存配偶不再享有上述用益物权。④ 徐国栋教授等主张（以下简称"徐稿"），首先，生存配偶对用作居所的遗产中家庭住房和日常生活用品有居住和使用的权利；其次，以上居住权和使用权的对价，由遗嘱人可任意处分的份额承担，份额不足的情况下由配偶的应继份承担，仍然不够的由子女的应继份承担。⑤ 张玉敏教授等主张（以下简称"张稿"），首先，配偶对遗产中家庭住房和日常生活用品享有先取权；其次，先取权的对价，如果先取权超过

① 参见《法国民法典》，罗结珍译，北京大学出版社，2010，第 214～215 页。
② 参见《俄罗斯联邦民法典》，黄道秀译，北京大学出版社，2007，第 404～405 页。
③ 《瑞士民法典》，戴永盛译，中国政法大学出版社，2016，第 212 页。
④ 王利明：《中国民法典学者建议稿及立法理由·人格权编、婚姻家庭编、继承编》，法律出版社，2005，第 527～528 页。
⑤ 徐国栋：《绿色民法典草案》，社会科学文献出版社，2004，第 262～263 页。

配偶应继份的，则以先取权作为应继份；再者，父母对遗产中家庭住房和日常生活用品享有终生使用权。① 陈苇教授等主张（以下简称"陈稿"），首先，配偶对遗产中原供其使用的婚姻住房和日常生活用品享有先取权；其次，先取权的对价，如果配偶的先取权超过其应继份的，应当向其他共同继承人进行补偿，或可选择对婚姻住房和日常生活用品享有终生使用权；再次，依靠被继承人扶养的父母、父系祖父母或母系祖父母在未参加继承时，对遗产中原供其使用的住房和家庭生活用品享有终生使用权。② 何丽新教授等也主张（以下简称"何稿"），首先，配偶对遗产中供家庭日常生活使用的物品享有先取权；其次，对遗产中使用的生活用房享有用益物权直至死亡。③

（二） 域外立法例与学者建议稿之评析

1. 权利主体各观点的评析

前述域外大陆法系国家立法例和我国诸继承法学者建议稿，关于遗产房屋先取权和终生使用权的权利主体，主要有四种观点：一是认为主体仅限于被继承人的生存配偶的，有法国法、瑞士法、"王稿"、"徐稿"和"何稿"；二是认为主体不仅限于被继承人的生存配偶，还包括被继承人父母的，有"张稿"；三是认为主体不仅限于被继承人的配偶，还包括原居住在该遗产房屋的被继承人的父母、祖父母和外祖父母的，有"陈稿"；四是认为主体为继承开始前居住在该遗产房屋的继承人的，有俄罗斯法。上述四种观点的相同之处在于，均认可配偶应为遗产房屋先取权和终生使用权的主体；不同之处在于，认可的主体范围是依次扩大的。

我们认为，第三种观点更为合理，值得我国立法借鉴，即遗产房屋先取权和终生使用权的主体不仅包括配偶，还包括与被继承人生前共同居住的父母、祖父母和外祖父母。原因在于以下两点。首先，我国已进入人口

---

① 张玉敏：《中国继承法立法建议稿及立法理由》，人民出版社，2006，第96~98页。
② 陈苇、董思远：《民法典编纂视野下法定继承制度的反思与重构》，《河北法学》2017年第7期，第19页。
③ 何丽新等：《民法典草案继承法编修改建议稿》，《厦门大学法律评论》2004年第7期，第33页。

老龄化社会，家庭养老仍然为我国老年人赡养的主要方式。从充分发挥制度效用并结合我国现实国情来看，原居住在该遗产房屋的父母、祖父母和外祖父母均可以成为该权利的主体，有利于保障该部分群体晚年生活环境的安定与生存条件的一贯性。另外，对比上文"张稿"和"陈稿"的相关立法建议，两者在保护被继承人配偶、父母的居住权益方面的规定一致，主要分歧在于是否应增加被继承人的祖父母、外祖父母为请求权主体。从我国目前民众居住条件的实际情况来看，尤其在农村地区，隔代共同居住的现象仍较为多见。① 确认被继承人祖父母、外祖父母可以成为遗产房屋先取权和终生使用权的请求主体，尤其是在我国农村地区，才能充分保障与被继承人生前共同居住的祖父母、外祖父母的居住环境不因被继承人的去世发生重大变化。其次，从兼顾各继承人合法权益、维护公平原则来看，该请求权的主体范围不宜过大。前述俄罗斯法规定的"继承开始前居住在该处而且没有其他住房的继承人"均可以成为遗产住房先取权和终生使用权的请求主体，我们认为此立法因主体范围过大，我国不宜借鉴。我国参与遗产分割的主体，既包括一定范围的血亲、姻亲，也包括不以血缘、姻亲关系为纽带的酌分遗产请求权人。如果该权利请求权主体范围过大，将有违该制度因配偶和特殊法定继承人须特别保护而设立的初衷。

2. 权利客体各观点的评析

前述域外大陆法系国家立法例和我国诸继承法学者建议稿，关于遗产房屋先取权和终生使用权的客体，主要有两种观点：一是认为客体仅包括遗产房屋的，有俄罗斯法、"王稿"；二是认为客体不仅包括遗产房屋，还及于房屋内的日常生活用品等动产的，有法国法、瑞士法、"徐稿"、"张稿"、"陈稿"和"何稿"。上述两种观点的相同之处在于，均认可遗产房屋是上述先取权和终生使用权的客体；不同之处在于，对日常生活用品等动产是否可以成为上述权利的客体存在分歧。

我们认为，第二种观点更为合理，值得我国立法借鉴，即遗产房屋先取权和终生使用权的客体不仅限于遗产房屋，还包括房屋内的日常生活用

---

① 2014 年的相关调查数据表明农村隔代居住的老年人占 7.6%，城市隔代居住的老年人占 5.7%，隔代居住的情况在我国仍占一定比重。冀云、李进伟：《农村隔代居住老年人现状与养老规划的调查研究》，《调研世界》2017 年第 5 期，第 29 页。

品等动产。原因在于：首先，"根据两个独立物在用途上相互主辅关系中所处地位不同，物可被分为主物与从物"①。主物与从物的法律关系为，法律如无相反规定，主物所有权人同时应为从物所有权人；如果法律或合同没有相反规定或约定，主物所有权转移时，从物所有权应随同转移。根据民法关于物的分类理论，家庭住房和日常生活用品属于主物与从物的法律关系，二者的分割应保持一致，以发挥其功能上的主辅作用。其次，物尽其用原则是遗产分割中应遵循的一项基本原则。"物尽其用原则是指遗产分割时，应当从有利于生产和生活需要出发，不损害遗产的价值，充分发挥遗产的实际效用。"② 家庭住房和日常生活用品的同步分割、配套使用，保障了房屋效用的完整发挥，亦符合我国《最高人民法院关于贯彻执行〈中华人民共和国继承法〉若干问题的意见》第 58 条规定之要求。

3. 权利类型各观点的评析

前述域外大陆法系国家立法例和我国诸继承法学者建议稿，关于遗产房屋先取权和终生使用权的类型，主要有四种观点：一是认为权利人对遗产房屋可以行使先取权的，有俄罗斯法和"徐稿"；二是认为权利人对遗产房屋可以行使用益物权的，有"王稿"；三是认为权利人对日常生活用品可以行使先取权，对遗产房屋可以行使用益物权的，有"何稿"；四是，认为权利人对遗产房屋可以行使先取权或使用权的，有法国法、瑞士法、"陈稿"和"张稿"。具体而言，遗产房屋先取权是权利人优先获得遗产房屋的一种物权；遗产房屋用益物权是权利人对他人所有之遗产房屋所享有的占有、使用和收益的权利。可见，对遗产房屋行使先取权和用益物权的区别之一在于，权利人对遗产房屋是否享有收益的权利。

我们认为，第四种观点更为合理，值得我国立法借鉴，即配偶对遗产房屋享有先取权和终生使用权；特殊法定继承人对遗产房屋享有终生使用权。原因在于以下三点。首先，先取权或使用权两种方式相结合，更能兼顾不同继承人间的实际情况，与单一方式相比，具有制度上的优势。如果权利人对遗产房屋仅享有先取权，部分生存配偶可能没有能力就应继份以

---

① 谭启平：《中国民法学》，法律出版社，2015，第 83 页。
② 陈苇：《婚姻家庭继承法学（第二版）》，中国政法大学出版社，2014，第 326 ~ 327 页。

外的房屋价值对其他继承人进行补偿，或者即使能分期补偿，恐因背负沉重负担而导致生活水平下降。而在以上房屋先取权的基础上，辅之以终生使用权则能很好地解决上述问题。如果权利人没有能力就应继份以外的房屋价值进行补偿的，其可选择对遗产房屋行使终生使用权。其次，从我国司法审判实践来看，也采取了先取权或使用权结合使用的方式。例如，在上述案例一中，法院判决住房不宜分割，由邹某兰个人居住使用，即其对超过应继份的遗产房屋获得无偿的终生使用权。而在案例三"张某与冯某甲、冯某等法定继承纠纷案"① 中，法院审理后认为，考虑到房屋的使用效益和原告的实际需要，判决房屋归原告（生存配偶）继承，原告补偿被告共同继承人冯某甲、冯某（被继承人子女）各 20 万元，即法院判决遗产房屋归对其他继承人有补偿能力的生存配偶。可见，司法实践中法院根据各继承人间的实际情况，保护生存配偶居住权的方式也较为灵活，我国立法应对司法实践中的有益经验予以吸收。再次，我们认为，权利人对遗产房屋可以行使用益物权的观点有待商榷。如前所述，对遗产房屋行使先取权和用益物权的区别之一在于，权利人对遗产房屋是否享有收益的权利。而赋予配偶和特殊法定继承人上述权利的立法目的在于，保障被继承人去世后该部分群体的居住、生存等基本权益，若在此基础上还享有收益的权利不符合该制度增设的立法初衷。

4. 费用支付情况各观点的评析

前述域外大陆法系国家立法例和我国诸继承法学者建议稿，关于遗产房屋先取和终生使用是否需要支付费用，主要有两种观点：一是认为需要支付一定费用的，有法国法、俄罗斯法、瑞士法、"王稿"、"徐稿"、"张稿"和"陈稿"；二是没有明确规定是否需要支付费用的，有"何稿"。

首先，我们认为，配偶对遗产房屋行使先取权应支付相应的费用，如遗产房屋的价值超过其应继份的，应就超出部分对其他继承人进行补偿。原因在于：遗产房屋先取权和终生使用权纠纷案件的主体较为复杂，既有原生家庭发生的矛盾，也有继父母子女间产生的纠纷；若实行不完全补偿

---

① 参见中国裁判文书网，案号：（2015）杭富民初字第 604 号，http://wenshu.court.gov.cn/content/content? DocID = a7333e5a-6dd7-4c74-b117-8594de8bae37&KeyWord =（2015）杭富民初字第 604 号，最后访问时间：2019 年 6 月 5 日。

规则，即根据生存配偶的支付能力适当补偿其他继承人，可能导致对配偶，尤其是继父母过度保护，而侵害到其他继承人的利益。配偶优先取得遗产房屋后，若房屋价值超过其应继份的，应对其他继承人进行补偿，如此才能更好地兼顾各继承人间的权益，体现公平原则。另外，配偶对其他继承人实行完全补偿，是否会给生存配偶在经济上造成沉重负担，使其生活陷于危困状态。我们认为，并不存在此种顾虑，当不能支付补偿款或支付补偿款后其生活将陷于危困状态时，配偶可以选择对遗产房屋行使终生使用权，上述对遗产房屋规定先取和终生使用的双重权利类型旨在解决这一问题，以便更为灵活地兼顾生存配偶的实际情况。其次，我们认为，配偶和特殊法定继承人对遗产房屋的终生使用权应为无偿使用，不宜收取租金等费用。原因在于：中国素有崇尚礼孝文明的传统，因房屋居住要求父母一方向子女支付租金普遍难以为民众所接受，即使是继父母子女关系，很多继子女念及以往继父或继母对己方父母的照顾，亦不会向其收取租金。另外，遗产房屋先取权和终生使用权制度的核心不仅在于保障夫妻一方去世后，生存配偶和特殊法定继承人的居住场所不变，同时须注重其居住条件尽量不变。向其他继承人给付租金的行为，一定程度上增加了生存配偶和特殊法定继承人的经济负担，还有可能淡化家庭的伦理亲情。

5. 排除和终止情形各观点的评析

遗产房屋先取权和终生使用权的排除情形，是指在一定条件下配偶对家庭房屋不再享有先取的权利。遗产房屋终生使用权的终止情形，是指在一定条件下对配偶和特殊法定继承人对遗产房屋的无偿终生使用的权利予以终止。域外大陆法系国家立法例中，法国法对上述权利的排除情形和终止情形均有规定。例如，前述《法国民法典》规定，配偶先取权和终生使用权的排除情形为被继承人生前以遗嘱的形式排除了该项权利的适用；遗产房屋终生使用权的终止情形为留有的一名或数名未成年直系卑血亲已成年。俄罗斯法和瑞士法对此无规定。我国诸继承法学者建议稿中，前述"王稿"规定了上述权利的排除情形，如果被继承人死亡时，因为尚生存的配偶一方的过错致使被继承人生前已经提出离婚请求的，则被继承人的配偶不享有上述权利；"徐稿"、"张稿"、"陈稿"和"何稿"对此无规定。此外，还有学者提出，应同时规定上述权利的排除情形和终止情形，生存配偶具有虐待、遗弃家庭成员的重大过错的，配偶对遗产房屋不享有先取权；生存配偶再婚的，配偶对遗产房屋的终生使用的权利终止。[①] 可见，前述域外大陆法系国家立法例和我国诸继承法学者建议稿，关于是否应规定权利的排除情形和终止情形，主要有三种观点：一是没有规定排除情形和终止情形的，有"徐稿"、"张稿"和瑞士法等；二是规定了家庭住房先取权的排除情形的，有"王稿"；三是同时规定权利的排除情形和终止情形的，有法国法。

我们认为，第三种观点更为合理，值得我国立法借鉴，即应同时规定该权利的排除情形和终止情形。首先，应规定遗产房屋先取权和终生使用权的排除情形，上述法国法和"王稿"的观点值得借鉴。《法国民法典》规定，遗嘱可以排除生存配偶对房屋的先取权，而遗嘱处分的限制只能是特留份制度（我国为必遗份制度）。遗嘱是被继承人对个人财产自由处分意志的体现，该规定具有合理性。"王稿"规定，权利的排除情形为被继承人生前因配偶的重大过错提出了离婚请求。我国目前的立法体系中，因对方重大过错而提起的离婚请求并不是配偶丧失继承权的法定情形之一。但是我们认为，该排除规定有利于实现立法对过错方的惩罚，彰显公平正义原则，具有合理性。其次，应规定遗产房屋终生使用权的终止情形。遗产房屋终生使用权的权利主体较为复杂，司法实践中争夺遗产房屋的案件多发生在继父母子女关系当事人之间。从平衡其他继承人与配偶的利益考量，该种对遗产房屋无偿终生使用的权利不应该是无条件的，当继父母再婚或发生其他居住条件得到重大改善的情况时，相关权利人可以请求终止配偶对遗产房屋终生无偿使用的权利。

四　我国遗产中家庭住房先取权和终生使用权的制度构建

我国《继承法》、2018 年 9 月公布的《民法典继承编（草案）》和 2019 年 7 月公布的《民法典·继承编（草案二次审议稿）》中，均没有规定遗产

[①] 张坚：《关于加强配偶继承权保护的法律思考》，《内蒙古农业大学学报》（社会科学版）2007 年第 5 期，第 209 页。

房屋先取权和终生使用权制度，我们认为此为立法之不足。如前所述，此制度在我国的增设，具有司法实践裁判、社会现实需要和民众继承习惯等立法基础，我们建议在《民法典·继承编》中增设此制度，从权利主体、权利客体、类型、费用支付情况以及排除和终止情形这五个方面进行制度构建。

第一，权利主体。我们建议遗产房屋先取权和终生使用权的主体为生存配偶和特殊法定继承人（与被继承人共同居住的父母、祖父母、外祖父母）。理由在于：其一，从前述我国十省市民众遗产处理习惯的调查情况来看，近九成的被调查者所在地区的继承习惯是，配偶和特殊法定继承人可以成为遗产房屋先取权和终生使用权的请求主体；其二，我国继承法诸学者建议稿中，"陈稿"也持此观点；其三，从功能上分析，为发挥制度效用并结合我国已进入人口老龄化的现实国情，父母等特殊法定继承人与夫妻双方共同居住养老的模式在我国较为常见。父母等特殊法定继承人成为遗产房屋终生使用权的请求主体，能充分保障与被继承人生前共同居住的父母等特殊主体的居住权，保障其居住环境不因被继承人的去世而发生重大变化。

第二，权利客体。我们建议遗产房屋先取权和终生使用权的客体为遗产房屋和日常生活用品。理由在于：其一，从前述域外大陆法系国家立法例和我国诸继承法学者建议稿的情况来看，多数域外立法例和我国学者建议稿认可的权利客体不仅包括遗产房屋，还包括与房屋配套使用的家具等日常生活用品；其二，从功能上分析，遗产房屋和日常生活用品双重客体，符合民法主从物转移一致的理论，保障了房屋效用的完整发挥，符合遗产分割中物尽其用原则的客观要求；其三，须强调的是，权利人对遗产房屋及日常生活用品享有先取和终生使用的权利，须要求权利人与被继承人生前共同居住于此。原因是保障特殊权利主体居有定所。因此，对遗产房屋享有先取权和终生使用权，要求配偶和特殊法定继承人具备与被继承人生前共同居住于此的条件是合理的，前述俄罗斯法、"徐稿"、"张稿"和"陈稿"也持此观点。

第三，权利类型。我们建议权利的类型包括遗产房屋先取权和终生使用权两种类型，即有经济补偿能力的配偶对遗产房屋享有先取权，没有经济补偿能力的配偶或特殊法定继承人对遗产房屋享有无偿终生使用权。理由在于以下三点。其一，从前述我国十省市民众遗产处理习惯的调查情况来看，近九成被调查者所在地区的继承习惯是，配偶可以优先分得遗产中的家庭住房；近九成被调查者所在地区的继承习惯是，特殊法定继承人对原供其居住的家庭住房可以继续居住使用。可见，十省市被调查者所在地区的继承习惯中包含先取权和终生使用权两种类型。其二，域外大陆法系国家立法例和我国继承法诸学者建议稿中，主张可以行使先取权和终生使用权两种类型的有瑞士法、"陈稿"、"张稿"和"何稿"。其三，从立法功能上分析，先取权和终生使用权结合使用，更能兼顾各继承人的实际情况，具有适用的灵活性。

第四，费用支付情况。首先，我们建议配偶对遗产房屋行使先取权，应支付相应的费用，即家庭住房的价值超过其应继份的，应就超出部分对其他继承人进行补偿。理由在于：其一，从前述我国十省市民众遗产处理习惯的调查情况来看，近五成的被调查者所在地区的习惯是配偶有经济能力的应对其他继承人予以补偿；其二，域外大陆法系国家立法例和我国继承法诸学者建议稿中，瑞士法、"王稿"、"徐稿"、"张稿"和"陈稿"也认为应支付一定的补偿费用；其三，从功能上分析，对遗产房屋行使先取权，对超过其应继份部分需支付相应的费用，能更好地兼顾各继承人间的利益，防止对生存配偶过度保护。其次，我们建议配偶和特殊法定继承人对遗产房屋行使终生使用权无须支付租金等费用。理由在于：其一，从我国十省市民众遗产处理习惯的调查情况来看，近八成被调查者所在地区的继承习惯是，权利人可以无偿终生使用该遗产房屋，即无须缴纳租金；其二，从功能上分析，无须支付租金等费用有助于保障配偶等特殊主体的生活条件不增加负担，符合我国的家庭伦理道德，也具有较为深厚的继承习惯基础。

第五，排除和终止情形。首先，我们建议该权利的排除情形应包括两项：一是被继承人生前因配偶的重大过错提出了离婚请求的；二是被继承人以遗嘱排除生存配偶先取权的。理由在于：其一，域外大陆法系国家立法例和我国诸继承法学者建议稿中，法国法和"王稿"对此有所规定；其二，从功能上分析，以上两项排除规定有利于给予过错方适当惩罚，彰显公平正义的立法原则。其次，我们建议该权利的终止情形为，当继父母再婚或发生其他居住条件得到重大改善的情况时，相关权利人有权请求终止配偶和特殊法定继承人对遗产房屋无偿终生使用的权利。理由在于：从功能上分析，"无偿"且"终生"的使用权不应该是无条件的，规定遗产房屋终生使用权的终止情形能够兼顾各继承人间的利益，防止对权利人过度保护而损害其他继承人的合法权益。

综上，我们提出如下立法建议：

夫妻一方去世后，原居住在该处的生存配偶对属于夫妻双方或被继承人一方的遗产房屋和日常生活用品享有先取权。如果该房屋和日常生活用品的价值超过其应继份的，配偶应就超出部分对其他继承人进行补偿。如生存配偶无补偿能力的，可以对遗产房屋和日常生活用品享有无偿的终生使用权。

被继承人的父母、祖父母、外祖父母对遗产中原供其使用的家庭住房和日常生活用品享有无偿的终生使用权。

被继承人生前因配偶的重大过错已经提出离婚请求，或被继承人以遗嘱排除该权利适用的，配偶不再享有上述权利。配偶等特殊继承人再婚、生活条件得到改善或发生其他可以满足其居住的情形时，其对遗产房屋和日常生活用品享有的无偿终生使用权应予以终止。

我国遗产管理人权责立法的类型化逻辑及其展开

曹贤信[*]

【内容摘要】遗产管理人权责定位的理论根基在于遵循权利义务对等原则，而类型化学说是其权责架构和损害赔偿责任的理论基础。立法上，应当补全从继承开始后至遗产分割完毕前的遗产管理人各项职责，同时在区分遗产管理人是否为继承人、遗产管理人履职是否为有偿的基础上，应当对不同类型遗产管理人的损害赔偿责任作出不同的规定。如遗产管理人是基于道义、无偿而担任的，则对其责任承担不宜过于严苛，仅就故意或重大过失造成的损失承担赔偿责任。如遗产管理人是继承人的或是有偿聘任的，则理应承担更重的注意义务，须对故意、重大过失或一般轻过失造成的损失承担赔偿责任。继承人担任遗产管理人的，还应对违反遗产清算顺序而使债权人、受遗赠人受到的损失承担赔偿责任。

【关 键 词】遗产管理人　　权责定位　　注意义务　　类型化理论

我国法律体系中虽无"遗产管理人"这一概念，但我国《继承法》第

---

* 曹贤信，赣南师范大学法学研究所副教授、硕士生导师。

24 条①和《最高人民法院关于贯彻执行〈中华人民共和国继承法〉若干问题的意见》第 44 条②所规定的"存有遗产"而依法负责保管遗产的人，实际上就是法律意义上的遗产管理人。在我国民间继承实务中，一般由继承人或遗嘱执行人来承担遗产管理的责任。在遗产管理主体的权责问题上，我国法律仅作了原则性规定，但并未涉及遗产管理人所应具备的职责以及履职失范所应承担的法律责任。因此，遗产管理人的权责范围以及遗产管理人履职失范的后果问题是遗产管理人权责立法中需要解决的核心问题。本文拟论证我国遗产管理人权责规范化的立法思路，以为《民法典·继承编》编纂提供一些思考。

一　遗产管理人权责定位的理论廓清

权利与责任二者对立而统一，是无法割裂开的。遗产管理人的权责定位问题，需要探究遗产管理人的权利来源，再依此脉络探究其责任界限，从而建立明确的权责关系，更为重要的是要明确遗产管理人权责所应当具备的特性。学界关于遗产管理人的权责定位，主要可归纳为代理权说、固有权说、善良管理人说三种学说。

（一）　代理权说

代理权说认为，遗产管理人在遗产管理活动中的角色类似代理关系中的代理人。但具体是哪一主体的代理人，该说也有三种不同的观点：被继承人的人格代表说、继承人的代理人说、遗产法人的代理人说。

被继承人的人格代表说认为，继承立法应当以遗产分割为标准来判定继承人是否享有遗产所有权，继承人在遗产分割后才能取得遗产所有权，而遗产管理人在遗产未分割前代表的是被继承人。也就是说，继承人在遗

---

① 我国《继承法》第 24 条规定："存有遗产的人，应当妥善保管遗产，任何人不得侵吞或者争抢。"
② 《最高人民法院关于贯彻执行〈中华人民共和国继承法〉若干问题的意见》第 44 条规定："人民法院在审理继承案件时，如果知道有继承人而无法通知的，分割遗产时，要保留其应继承的遗产，并确定该遗产的保管人或保管单位。"

产分割前享有继承权，继承人在遗产分割后才取得遗产所有权。① 在遗产分割这一过程中，遗产实际上是一种包含着被继承人未然的意思表示的财产状态，故遗产管理人的遗产分割权是基于其作为被继承人的人格代表而产生的。被继承人的人格代表说强调的是保护被继承人意志的实现，被继承人的临终意愿自然是希望自己的遗产得到恰当的处分。该说认为，遗产管理人的权责定位应当借鉴信托②思维。在遗嘱继承中，被继承人将遗产设立为信托遗产，由专业的金融机构担任遗产管理人，对被继承人终意处分的严格实现具有很大的帮助。因此，遗产管理人的职责在于：清偿遗产债权；交付遗赠；缴纳被继承人生前所欠税款与遗产税后，将剩余部分交与继承人。根据该说，遗产管理人的权责来源于被继承人的委托，从而代为实现被继承人的临终意愿。此说似乎顺应了人们对于遗产管理的直观感受。但是有学者指出，虽然在遗产分配前继承人并未实际取得遗产，但被继承人死亡后遗产所有权并非归于消灭，而是在逻辑上已归属于继承人，法律已肯定了此种当然的权属。③

继承人的代理人说认为，遗产管理人作为继承人的代理人更加符合遗产继承的现实意义。如我国台湾地区"民法"所规定的，遗产管理人作为遗产最终归属人的法定代理人对遗产进行清算、保全，遗产管理人在继承人出现并交付遗产后，先前职责行为视为继承人之代理。④ 然而，继承人的代理人说并不能全面反映继承法的核心。从各国继承法的规定来看，可以取得遗产的人不限于继承人。例如，根据我国《继承法》第 14 条的规定，继承人之外的其他人也可依法分得遗产，其分得遗产的份额甚至很可能高于继承人。因此，继承法的核心是遗产的分配，继承人以继承权为权利基础取得遗产仅属于遗产分配中的一个组成部分。⑤ 笔者认为，直接认定遗产

---

① 谭启平、冯乐坤：《遗产处理制度的反思与重构》，《法学家》2013 年第 4 期。
② 信托，指特定人按照一定目的，并根据法定办法，为实现财产管理以及为实现该目的而实施的必要行为。参见〔日〕日本三菱日联信托银行编著《信托法务与实务》（第五版），张军建译，中国财政经济出版社，2010，第 4 页。
③ 武晋：《民商法背景下遗产管理制度构建的价值选择》，《河南财经政法大学学报》2017 年第 4 期。
④ 我国台湾地区"民法"第 1184 条规定："第一千一百七十八条所定之期限内，有继承人承认继承时，遗产管理人在继承人承认继承前所为之职务上行为，视为继承人之代理。"
⑤ 李遐桢：《遗产法律地位的反思与制度建构》，《广西社会科学》2015 年第 2 期。

管理人为继承人的代理人，显然不利于保护其他遗产权利人的利益。

遗产法人的代理人说认为，遗产财产作为权利主体更加符合继承法法律逻辑，遗产本身作为法人独立承担权利义务，更能够实现继承人与遗产权利人之间的权益平衡。例如，《日本民法典》将继承人有无不明时的遗产认定为财团法人，赋予遗产法人人格。① 由于财团法人并无意志形成能力与行为能力，需由他人代理，故遗产管理人即遗产法人的代理人。该说主张，在继承开始后，将遗产转化为财产法人，遗产管理人充任遗产法人代表，以管理、清算遗产的目的而从死者处保有遗产。该学说下的遗产管理人有下列行为权限与职责：保存遗产以及以利用或改良遗产为目的的行为。倘若依据该说，遗产管理人虽然可以财产法人的代理人名义行使权利，但其权利义务只得依法拟制，这对遗产管理人的意思能力要求较高，且对立法与司法实践的技巧性要求甚高。

综上所述，代理权说认为，遗产管理人的权责基础来源于其因法律规定而拟制的代理关系，其履行管理遗产职责的行为应被视为代理行为。遗产管理并非听从遗产管理人的任性，而是要遵循相应的遗产管理程序，并要接受法律的规制。② 但是，在遗产管理人要承担遗产管理责任时，代理说存在多种责任担当可能，无法自圆其说。例如，遗产管理人不履行职责或不恰当履行职责造成损害的，在"被继承人的人格代表说"下其不太可能对被继承人承担责任，在"继承人的代理人说"下其对继承人承担责任的可能性是存在的，而在"遗产法人的代理人说"下则由遗产法人自担责任且不能涵盖继承人明确存在时的责任承担问题。

（二） 固有权说

固有权说的支持者否认遗产管理人之代理权说，理由有二：其一，因管理人为职务上之行为时主观上非以任何遗产继承中任何一方之代理人名义为之，客观上也并非以本人的名义，而是以管理人自己之名义为之，此

---

① 《日本民法典》第 951 条规定："继承人的存在不明确时，继承财产为法人。"其第 952 条第 1款规定："前条情形，家庭法院根据利害关系人或者检察官的请求，须选任继承财产的管理人。"参见《日本民法典》，刘士国、牟宪魁、杨瑞贺译，中国法制出版社，2018，第 242 页。
② 王歌雅：《论继承法的修正》，《中国法学》2013 年第 6 期。

与代理的显名主义相悖；其二，在无继承人的情况下，遗产代理人的处分之法律后果并无主体可归属，难以自圆其说。① 固有权说认为，遗产管理人并非代表被继承人或遗产权利人的利益，其管理遗产的行为既是履行职责的行为，又是体现固有权利的行为。此说又细分为三个观点：机关说、限制物权说、物权说。机关说主张，遗产管理人是实现遗嘱人的意思表示的机关，但不同于遗嘱人的代理人，该机关将遗嘱人的利益和意思非人格化，重心在于遗嘱意思的实现。限制物权说认为，遗产管理人接受遗嘱人的遗嘱执行委托，因而对遗产享有的是受限制的物权。物权说认为，遗产管理人在遗产管理中具有相对独立的法律地位，在遗嘱范围内，具有独立行使管理事务的权利。②

上述固有权说的三种观点实际上都在强调遗产管理人的独立地位。也就是说，在不违背遗嘱人意思表示的前提下，遗产管理人作为独立的财产处分人，应被赋予更多的遗产处分权限。在各国立法中，遗产管理人的固有权说体现在两个方面。一是适用于官方指定遗产管理人的情形，如《瑞士民法典》第 595 条③、《法国民法典》第 815 - 6 条④。二是将企业破产清算中的立法思维运用于遗产管理制度上，使遗产管理人产生于无利害关系的第三人，以确保遗产分割的公正性。例如，《意大利民法典》第 529 条就是类似破产清算中财产清算模式的规定。⑤

固有权说在立法价值上所体现的是遗产管理人的公平公正，而这一价值的实现却要依赖遗产管理人的中立性。无论是由官方指定遗产管理人抑

---

① 刘耀东：《论我国遗产管理人制度之立法构建——兼论与遗嘱执行人的关系》，《广西大学学报》（哲学社会科学版）2014 年第 4 期。

② 甘霖熙：《遗产管理人制度研究》，硕士学位论文，西南政法大学，2012，第 8 页。

③ 《瑞士民法典》第 595 条第 1 款规定："官方清算，由主管机关或其委任的遗产管理人中的一人或数人为之。"参见《瑞士民法典》，戴永盛译，中国政法大学出版社，2016，第 206 页。

④ 《法国民法典》第 815 - 6 条规定："……大审法院院长亦可指定一共有人作为财产管理人，并规定其在必要时应当提供保证人，或者任命一财产保管人。"参见《法国民法典》，罗结珍译，北京大学出版社，2010，第 236 页。

⑤ 《意大利民法典》第 529 条规定："保佐人……将遗产中的现金或者出售动产或不动产所得的现金存放在初审法官指定的邮局或者信贷银行，并且报告管理账目。"参见《意大利民法典》，费安玲等译，中国政法大学出版社，2004，第 136 页。

或是第三方遗产清算机关，显然都能最大限度地保证遗产管理人的中立性，但固有权说无法说明遗产管理人承担损害责任的理论依据。

（三） 善良管理人说

善良管理人说主张，从与遗产权利人无关的或者公正的第三方中产生的遗产管理人应当忠实、勤勉地履行义务，不得利用职权为自己或他人谋取不正当利益、损害遗产权利人的合法利益，其承担责任以善良管理人的注意义务为限。

善良管理人说体现了权责一致原则。在这一原则下，既要求遗产管理人公正、高效地履行其职责，又要求在立法上为遗产管理人设置对应的法律责任以约束遗产管理人，从而引导其正确适当地履行职责。例如，在遗产管理人制度构建较为完善的德国，规定遗产管理人违反义务造成遗产损失时要对继承人或相关受遗赠人负责。[①] 另外，《意大利民法典》第 491 条和第 709 条[②]、《日本民法典》第 934 条[③]都明确规定了遗产管理人怠于实施公告或催告，或者违反法律的规定不当清偿时，需要对因此所产生的损害负赔偿责任。因此，出于对遗产权利人合法利益的保护，遗产管理人在违反善良管理人的注意义务造成遗产损失的情况下，确有必要对利害相关人承担相应的赔偿责任。需要指出的是，不同情况产生的遗产管理人可能会因其注意义务有所不同而应被区别对待，而相关理论和立法例均未说明善良管理人的注意义务的程度与承担赔偿责任之间的因果关系。

[①] 《德国民法典》第 2219 条规定："遗嘱执行人违反其所负担的义务的，如他自己有过错，则对因此而造成的损害向继承人负责，并且，以遗赠须予执行为限，也向受遗赠人负责。有过错的两个以上遗嘱执行人作为连带债务人负责任。"参见《德国民法典》（第 4 版），陈卫佐译注，法律出版社，2015，第 623 页。

[②] 《意大利民法典》第 491 条规定："在遗产管理中，享有遗产清单利益的继承人只对重过失承担责任。"其第 709 条第 2 款规定："有过失的，遗嘱执行人应当向继承人和受遗赠人承担赔偿损失。"参见《意大利民法典》，费安玲等译，中国政法大学出版社，2004，第 127、177 页。

[③] 《日本民法典》第 934 条第 1 款规定："限定承认人怠为第九百二十七条所定公告或催告，或者因在同条第一款的期间内向继承债权人或者受遗赠人清偿，而无法向其他继承债权人或受遗赠人清偿时，对由此发生的损害负赔偿责任。"参见《日本民法典》，刘士国、牟宪魁、杨瑞贺译，中国法制出版社，2018，第 237 页。

（四） 立论： 管理人类型化说

笔者认为，以上三种学说既有合理性，又有其不足，最佳整合途径是要先厘清遗产管理人的具体承担者为谁，再以此确定其权责。也就是说，笔者认为，管理人类型化说有助于解决遗产管理人权责问题。因为遗产管理人的类型化是其权利来源与权责架构的基础。在继承中，有资格承担遗产管理职责的人选范围是较为宽广的，遗产管理人的选任并非千篇一律，不可能只有一种类型的遗产管理人。民间继承习惯调研数据表明，继承人、亲朋好友、住所地的村（居）委会、地方德高望重者或律所等都有担任遗产管理人的可能。[①] 不同的遗产管理人及其对于遗产的责任范围显然是不尽相同的。倘若继承人担任遗产管理人，其注意义务明显高于其他人员。民间继承习惯调研数据也表明，无论是故意、重大过失，还是一般轻过失，担任遗产管理人的继承人都要对其他继承人承担赔偿责任。[②] 倘若亲朋好友、住所地的村（居）委会、地方德高望重者担任遗产管理人，由于这类主体大多出于道义无偿管理遗产，其注意义务明显低于担任遗产管理人的继承人，这时要求这类主体承担一般轻过失的赔偿责任显然有悖于情理。同理，由于担任遗产管理人的律所或律师是收费的，其注意义务犹如担任遗产管理人的继承情形。因此，遗产管理人承担赔偿责任会基于人情、道义或基于利益、有偿而有所不同。若不区分不同情形，对所有类型的遗产管理人的权责一概而论，显然不符合权责对等原则，也不符合遗产利益衡平的需要。

综上所述，遗产管理人权责定位的理论根基在于遵循权责对等原则，而依据遗产管理人的不同类型而对其损害赔偿责任作出不同划分，不失为明智之举。管理人类型化说比较贴合遗产管理人制度的创设目的，能避免发生潜在管理人因职责风险过高而无人愿意担任遗产管理人之情形，也能避免因风险过低而造成遗产管理人怠于履职之情形，客观上有利于"保全

---

① 陈苇主编《中国遗产处理制度系统化构建研究》，中国人民公安大学出版社，2019，第128 页。

② 陈苇主编《中国遗产处理制度系统化构建研究》，中国人民公安大学出版社，2019，第133 ~ 134 页。

遗产及保护遗产权利人利益"。

二　我国遗产管理人权责立法的学界争议之反思

学界对于我国构建遗产管理人制度的呼声由来已久，但对于如何构建遗产管理人制度，在一些细节性问题上有不同的主张。在遗产管理人权责立法上，本文拟以典型性学者的立法建议稿为蓝本①，就如何实现"保全遗产及保护遗产权利人利益"这一定位问题，对遗产管理人权责的争议焦点进行反思性分析。

（一）遗产管理人职责模式采整理保全型还是管理清算型

在立法上，遗产管理人职责的具体内容取决于立法例为遗产管理人所设定的遗产管理的职能范围。遗产管理人基于不同的职能定位，就会有不同内容的遗产管理职责。因为遗产管理人的职责模式选择决定了其职责清单的内容。学界关于遗产管理人的职责清单内容争议较多，可概括为两种模式。一是整理保全型。该模式强调遗产管理的职责重在保管、保全，而非处理，并无更大权限之必要。也就是说，遗产管理人的职责仅含保管、保全和分割遗产。例如，"梁稿"所规定的遗产管理人的职责有：清理遗产，编制遗产清册；公示催告申报债权；分割、移交遗产。② 二是管理清算型。该模式认为，被继承人死亡后，遗产管理人被视为被继承人的人格代表，其拥有较大的遗产处分权限，除可管理、清算、处分遗产外，还具有催收遗产债权的义务，必要时可提起诉讼。例如，"陈稿"强调，遗产管理

---

① 涉及的学者建议稿包括：梁慧星主编《中国民法典草案建议稿附理由·继承编》（第3版），法律出版社，2013（以下简称"梁稿"）；陈苇等：《〈中华人民共和国继承法〉修正案（学者建议稿）》，载陈苇主编《中国继承法修改热点难点问题研究》，群众出版社，2013（以下简称"陈稿"）；杨立新等：《〈中华人民共和国继承法〉修正草案建议稿》，《河南财经政法大学学报》2012年第5期（以下简称"杨稿"）；张玉敏主编《中国继承法立法建议稿及立法理由》，人民出版社，2006（以下简称"张稿"）；王利明主编《中国民法典学者建议稿及立法理由·人格权编、婚姻家庭、继承编》，法律出版社，2005（以下简称"王稿"）。

② 梁慧星主编《中国民法典草案建议稿附理由·继承编》（第3版），法律出版社，2013，第156~212页。

人除保全遗产外，还应具备更多的积极职责，如催促债务人申报债务，负责与遗产有关的起诉和应诉等。① "杨稿"还兜底式地强调了遗产管理人有进行与管理遗产有关的其他必要行为的职责。②

笔者认为，整理保全型模式是对遗产管理人价值的窄化，并不符合现代遗产继承实务的需求。遗产管理人管理职责的内涵应是丰富的。其一，"管理"与"保管"的基本词义就具有显著区别。"管理"是综合性与动态性的活动，而不仅仅是如同"保管"强调的是储存与保护。其二，"保管遗产"只是遗产管理人的部分功能，无法涵盖繁杂的遗产管理事务，并不足以概括遗产管理人制度的全貌③，难以达到前文所述的遗产管理人"保全遗产及保护遗产权利人利益"之目标。比较而言，本文更认同遗产管理人制度采用管理清算型的职责模式。遗产具有总括性，既包括支配性、请求性财产等积极遗产，也包括被继承人所负债务等消极遗产。随着科学技术的影响，现代财产的形式多样化趋势从客观上来说增加了遗产构成的复杂性，如金融债券、虚拟财产、用益物权或其他权利性的财产都可能成为遗产的组成部分，因而遗产具有可变性。④ 因此，遗产的总括性与可变性决定了遗产管理人的职责不应仅仅局限于遗产的保管，而应得到扩展，要强化其对遗产继承的推进作用，且对遗产管理人的专业性、规范性提出更高的要求，这样才能更好地达到"保护遗产权利人利益"的目的，才更符合当今社会的现实需要。

综上所述，笔者认为，遗产管理人在遗产处理程序中是作为核心角色存在的，其独立、专业的职权行使能够保证遗产公平分割。也就是说，遗产管理人履行的应当是积极职责，应被赋予更多的职权，这样才能够让遗产管理人有更多的手段保护遗产，维护相关遗产权利人的利益。在管理人类型化学说下，本文认同遗产管理人应适用管理清算型的职责模式。无论

① 陈苇等：《〈中华人民共和国继承法〉修正案（学者建议稿）》，载陈苇主编《中国继承法修改热点难点问题研究》，群众出版社，2013，第549～550页。
② 杨立新等：《〈中华人民共和国继承法〉修正草案建议稿》，《河南财经政法大学学报》2012年第5期。
③ 武晋：《民商法背景下遗产管理制度构建的价值选择》，《河南财经政法大学学报》2017年第4期。
④ 付翠英：《遗产管理制度的设立基础和体系架构》，《法学》2012年第8期。

虽然在客观上提升了立法难度，但就长远而言有利于鼓励基于道义而无偿
担任遗产管理人的履职积极性。

（三）　继承人担任遗产管理人与否的责任范围应否区分

对于继承人是否担任遗产管理人与其所承担的法律责任有何区别的问
题，学界有两种观点。

一是负有义务的继承人在不履行遗产管理职责时与遗产管理人所承
担的法律责任是相同的，如《日本民法典》的相关规定①。"王稿"和
"梁稿"对继承人担任遗产管理人与否的法律责任未作任何区分，遗产
管理人与继承人在违反规定造成遗产损害后所承担的都只有赔偿责任。
"王稿"认为，继承人和遗产管理人违反相关规定，对遗产债权人和受
遗赠人造成损害的，应当承担赔偿责任。②　"梁稿"认为，继承人或者
遗产管理人对遗产债权人和受遗赠人造成损害的，应当承担赔偿责任；
受有损害的遗产债权人和受遗赠人，有权向明知有不当受偿情形的遗产
债权人和受遗赠人请求偿还其不当受偿的数额。③　"王稿""梁稿"的观
点主要是基于利益平衡的考量。继承法属于民法的调整范畴，具有私法
属性，同样是在造成遗产权利人利益损害的情况下，继承人与利害关系
人、遗产管理人与利害关系人之间的地位都是平等的，故二者所承担的
法律责任不应加以区别。

二是负有遗产管理职责的继承人所承担的法律责任更为严苛。《意大利
民法典》第493条规定，继承人的履职失范行为除了产生损害赔偿责任外，

---

① 《日本民法典》第934条第1款规定："限定承认人怠于进行第九百二十七条所定公告或催
告，或者因在同条第一款的期间内向继承债权人或者受遗赠人清偿，而无法向其他继承债
权人或受遗赠人清偿时，对由此发生的损害负赔偿责任。"《日本民法典》第957条第2款
对继承财产管理人的有关规定："第九百二十七条第二款至第四款、第九百二十八条至第
九百三十五条（第九百三十二条但书除外）的规定，准用前款情形。"可见，在日本民法
中，继承人与继承财产管理人的法律责任未作区分。参见《日本民法典》，刘士国、牟宪
魁、杨瑞贺译，中国法制出版社，2018，第237、243页。
② 王利明主编《中国民法典学者建议稿及立法理由·人格权编、婚姻家庭编、继承编》，法
律出版社，2005，第627页。
③ 梁慧星主编《中国民法典草案建议稿附理由·继承编》（第3版），法律出版社，2013，第
188页。

还可能导致其遗产清单利益的丧失。① "张稿"对负义务的继承人与遗产管理人所承担的法律责任作出了细分。"张稿"认为,继承人为遗产管理人的,违反规定造成债权人利益损失的,应当赔偿,若出于故意,则丧失遗产清单利益。② "陈稿"也有类似的区分,主张继承人存在以下三种情形之一的,应当以个人所有的财产对被继承人的债务承担无限清偿责任:继承人已全部或部分处分了遗产的;继承人未在法定期间内依法制作遗产清册的;继承人在法定期间内制作遗产清册或放弃继承后,将遗产全部处分或部分处分的或者故意未将全部或部分遗产记载于遗产清册的。③ 需要指出的是,有的国家的民法规定,遗产管理人违反遗产清算顺序而使债权人、受遗赠人受到损失时,应负损害赔偿的责任。④ 例如,《意大利民法典》第709条规定:"遗嘱执行人应当在结束管理之时报告管理账目,管理期限超过1年的,应当首先结清自遗嘱人死亡之日起满1年的管理账目。有过失的,遗嘱执行人应当向继承人和受遗赠人承担赔偿损失。有数名遗嘱执行人的,就共同管理行为承担连带责任。"⑤ 同理,继承人担任遗产管理人的,其违反遗产清算顺序而使债权人、受遗赠人受到损失时,应负损害赔偿的责任。

综上所述,笔者认为,继承人无论担任遗产管理人与否,其法律责任应当作出区分。继承人担任遗产管理人时,其本身为遗产利害相关人,很难保证分割公平。继承人故意隐瞒、漏算遗产,或侵害遗产权利人利益的其他行为,都具有较强的隐蔽性,不容易被追查。如果仅让继承人承担一般遗产管理人的法律责任,显然会造就其谋取不当利益的行为成本过低的局面,不利于保护其他遗产权利人的利益。因此,笔者认为,要从遗产管理人"保护遗产权利人利益"的目的出发,应当依照权责一致原则,根据

---

① 《意大利民法典》第493条第1款规定:"未经法院准许并且未遵守《民事诉讼法典》规定的程序转让、质押、抵押遗产或者就与上述有关的事宜进行和解的,继承人将因此丧失遗产清单利益。"参见《意大利民法典》,费安玲等译,中国政法大学出版社,2004,第127页。

② 张玉敏主编《中国继承法立法建议稿及立法理由》,人民出版社,2006,第7页。

③ 陈苇等:《〈中华人民共和国继承法〉修正案(学者建议稿)》,载陈苇主编《中国继承法修改热点难点问题研究》,群众出版社,2013,第569页。

④ 刘春茂主编《中国民法学·财产继承》,中国人民公安大学出版社,1990,第539页。

⑤ 《意大利民法典》,费安玲等译,中国政法大学出版社,2004,第177页。

遗产管理人类型化学说,对继承人担任遗产管理人的,在归责原则作类型化处理的同时,还应当确立无限清偿责任原则,即以继承人个人所有的财产承担无限清偿责任,数个遗产管理人负连带责任。

三　我国遗产管理人权责立法的理路展开

如前所述,"保全遗产及保护遗产权利人利益"是遗产管理人权责立法的定位基础。在反思学界争议的基础上,本文有必要根据遗产管理人类型化学说,再对遗产管理人权责的立法实现展开论述。

(一)　遗产管理人的职责清单

在遗产管理人职责清单的立法问题上,笔者认为,应当为遗产管理人设置明确、具体的职责。在民间继承习惯上,民众普遍认同的遗产管理人职责有多项,具体包括:清查遗产,制作遗产清单;妥善保管遗产;查明被继承人生前的债权和债务,积极地追讨债权或清偿债务;查明被继承人是否留有遗嘱,并且确定遗嘱是否真实合法;可以原告或被告的身份参加因遗产引起的诉讼;定期制作遗产管理报告,向继承人报告遗产管理的情况。[①] 这主要是从设定遗产管理人的目的考虑的,出于对合法继承人与被继承人权益的维护,遗产管理人应当履行这些职责。

目前大陆法系国家和英美法系国家在设定遗产管理制度时,对遗产管理人的职责都有详细的规定。在这些国家,通常遗产管理人在确定其主体地位之后,主要有对遗产实施清算和保全、在理清遗产范围的基础上编制遗产清册、公示催告遗产权利人或义务人等在限期内申报或登记权利或义务、追讨遗产债权和清偿遗产债务、分配剩余遗产等职责。也就是说,对遗产管理人的职责的立法模式,普遍采取的是明确列举的方式。

笔者认为,我国立法应当补全从继承开始后至遗产分割完毕前的遗产管理人各项职责,包括妥善地保全遗产、清点遗产及编制遗产清册、通知

---

① 陈苇主编《中国遗产处理制度系统化构建研究》,中国人民公安大学出版社,2019,第130页。

遗产债权人为债权申报、报告遗产管理状况、代理有关遗产的诉讼、制作遗产处分方案并清偿遗产债务、向继承人交付遗产等职责。

（二） 遗产管理人的赔偿责任

为了维护遗产债权人、受遗赠人及继承人的利益，遗产管理人应当妥善保管遗产。但遗产管理人在执行职务时应尽何种注意义务？日韩民法明确规定遗产管理人应尽与处理自己事务为同一之注意（《日本民法典》第918条第1款①、《韩国民法典》第1022条②）。依德国民法，遗产管理人同时对遗产债权人负责，即应负善良管理人之责（《德国民法典》第1985条第2款③）。我国学者认为，为使遗产债权人、受遗赠人等遗产权利人的利益得到更多保障，应使遗产管理人负善良管理人之注意义务。④ 遗产管理人未尽其应尽的注意义务，致遗产债权人、受遗赠人等利害关系人受有损失的，应负损害赔偿责任。笔者认为，善良管理人学说尚不足以说明不同类型的管理人应承担何种责任。有关遗产管理人类型化学说的内容，此处不赘述。

遗产管理人类型化学说与遗产管理的损害赔偿责任之间具有相关性。在损害赔偿责任之性质上，有学者认为其为债务不履行之赔偿责任；还有学者认为，其为违反保护他人法律规定之侵权行为。⑤ 遗产管理的损害赔偿责任作为侵权法之定性，毋庸置疑。因此，在遗产管理人管理遗产时，为了足以保护遗产，需要采取必要的处分措施。如果超出限度，则属于遗产管理人的非必要处分行为，对继承人、受遗赠人等造成的损害，应由遗产

---

① 《日本民法典》第918条第1款规定："继承人须以与其固有财产的相同注意管理继承财产。但是，承认或者放弃继承时，不在此限。"参见《日本民法典》，刘士国、牟宪魁、杨瑞贺译，中国法制出版社，2018，第233～234页。

② 《韩国民法典》第1022条规定："继承人应以与对待其固有财产相同的注意义务，管理继承财产。但已表示单纯承认或放弃的除外。"参见《韩国最新民法典》，崔吉子译，北京大学出版社，2010，第262页。

③ 《德国民法典》第1985条第2款规定："遗产管理人也向遗产债权人对遗产管理负责任。准用第1978条第2款和第1979条、第1980条的规定。"参见《德国民法典》（第4版），陈卫佐译注，法律出版社，2015，第580页。

④ 张平华、刘耀东：《继承法原理》，中国法制出版社，2009，第123页。

⑤ 史尚宽：《继承法论》，中国政法大学出版社，2000，第306页。

管理人承担损害赔偿责任。① 笔者认为，遗产管理人类型化学说恰恰细化了遗产管理人损害赔偿责任的归责原则及范围。

遗产管理人若由继承人担任，继承人就会在法律上处于非合理的优势地位，债权人则处于相对劣势的地位，若在损害赔偿责任上不作区分，则恰恰是对权利义务相一致原则的否定。② 民间继承习惯调研数据表明，被调查者有 2823 人（占 55.52%）选择"凡有故意或重大过失的，才承担赔偿责任"；有 2135 人（占 41.98%）选择的是"无论是故意或重大过失或一般轻过失的，都要承担赔偿责任"。③ 这种民间观念所反映的是遗产管理人赔偿责任问题的复杂性。因此，在立法上，笔者认为应当依照遗产管理人类型化学说，在区分遗产管理人是否为继承人、遗产管理人履职是否为有偿的基础上，对不同类型遗产管理人的损害赔偿责任都应当作出不同的规定。

四　结论：条文表达

正义是以相同的方式处理属于同一范畴的事务，④ 同时也意味着，对不同范畴的事务应采用不同的处理方式。遗产管理的复杂情形决定了遗产管理人权责体系的构建不宜作"一刀切"式的绝对化规定，而应当立足实际，依据遗产管理人的不同类型划分不同的责任类型。因此，本文认为，应以"保护遗产及遗产权利人利益"为遗产管理人权责定位的价值取向，围绕权责对等和遗产管理人的具体类型，最终对遗产管理人的权责作出类型化的处理，从而在制度设计上为遗产管理人提供明确的行为指向。笔者认为，我国正在编纂的《民法典·继承编》可对遗产管理人的权责作出如下规定：

第 × 条　　[遗产管理人的职责清单]

遗产管理人应履行下列职责：

① 杨立新主编《婚姻家庭继承法》，北京师范大学出版社，2010，第 357 页。
② 齐树杰、林兴登：《论继承法对债权人利益的保护》，《厦门大学学报》（哲学社会科学版）1998 年第 3 期。
③ 陈苇主编《中国遗产处理制度系统化构建研究》，中国人民公安大学出版社，2019，第 133 页。
④ 〔德〕卡尔·拉伦茨：《法学方法论》，陈爱娥译，商务印书馆，2003，第 51 页。

（一）忠实、妥善地保全遗产；

（二）收集遗产，制作真实准确的遗产清单并向继承人、遗产债权人公示；

（三）发出继承公告，催促相关债权人和债务人，申报遗产债权和债务；

（四）定期制作遗产管理报告，向继承人报告遗产管理的情况；

（五）制定、公示遗产清偿方案，并清偿各种由遗产负担的费用、债务和税款；

（六）向继承人交付剩余财产；

（七）负责与待继承遗产有关的起诉和应诉。

第×条　［遗产管理人的损害赔偿责任］

遗产管理人未尽遗产管理义务，从而造成遗产毁损或灭失的，应当承担损害赔偿责任。遗产管理人为无偿管理人的，应对故意或重大过失造成的损失承担赔偿责任。遗产管理人为继承人或有偿管理人的，应对故意、重大过失或一般轻过失造成的损失承担赔偿责任。

继承人担任遗产管理人的，还应就继承人已全部或部分处分了遗产，未在法定期间内依法制作遗产清册，或者在法定期间内制作遗产清册或放弃继承后将遗产全部处分或部分处分或者故意未将全部或部分遗产记载于遗产清册等情形，以个人所有的财产对被继承人的债务承担无限清偿责任；且因违反遗产清算顺序而使债权人、受遗赠人受到损失的，应承担损害赔偿责任。

2020年卷 总第16卷

家事法研究

RESEARCHES ON FAMILY LAW

理论前沿

害的问题一直是社会顽疾,对儿童、家庭、社会均造成深远的负面影响。对此,我国近年来相继通过《未成年人保护法》《反家庭暴力法》《民法总则》等法律加以规制,① 明确了撤销父母监护资格乃至国家监护等制度安排,2015 后江苏徐州等地陆续开展的监护权撤销司法实践使上述制度实际落地。② 但审视现行法律法规,国家发动公权力介入儿童监护的启动要件涵盖面不宽、明晰性不强,难以全面覆盖现实困境儿童,难以有效应对现实监护问题,甚至对《关于依法处理监护人侵害未成年人权益行为若干问题的意见》等规范性文件中行之有效的内容未作必要吸纳,以致法律效果不彰。同样遗憾的是,理论上对国家在何种条件下介入儿童监护尚未展开必要讨论,无法为立法和实践提供有力支撑。此外,虽然国家公权力已获干预家庭中儿童监护事务的合法性,但由于历史上缺乏国家触角延伸至家庭私领域的社会文化基础和合法性,对国家介入正当性的质疑不绝于耳,理论上莫衷一是,有待系统深入分析。因此,本文试图探究生成国家介入儿童监护正当性的内在逻辑机理,回应对公权力介入私领域监护事务的质疑,进而对国家介入的诸项生成条件进行系统阐发,以期有力支撑立法、司法。由于《民法总则》将父母对未成年子女的保护一并归入监护制度,故本文未将父母"亲权/亲责"区别于"监护",除特定语境下回归"亲权/亲责"本意的表述外,均用"监护"加以概括。

一　儿童生存权是国家介入儿童监护的真正本源和逻辑起点

儿童的基本特质和生存需求是确立儿童监护制度的天然原动力,而从法律层面推论,儿童监护制度的本源为儿童生存权,生存权的享有使儿童得以以权利主体身份请求父母照护和国家监护。易言之,儿童监护制度的义务主体及义务体系是尊重、保护与实现儿童生存权的必然逻辑展开,儿童生存权内驱、内生儿童监护制度的内容,外延、外显其体系结构。

---

① 《未成年人保护法》第 43 条、第 53 条,《反家庭暴力法》第 21 条,《民法总则》第 31 条第 3 款、第 32 条、第 36 条。

② 参见王牧、王宇红、高晶《铜山区民政局申请撤销邵某某、王某某监护人资格案》,《预防青少年犯罪研究》2016 年第 4 期,第 98 ~ 102 页。

（一） 儿童的生存需求是儿童监护制度的生物学基础

生存能力欠缺的儿童拥有与成人同等的地位和生存机会，但儿童具有异于成人的特质：生理、心理未臻成熟，认知水平、行为能力欠缺，存在有限性、可塑性，需要照料、保护以维持基本生存，且需经过漫长复杂的渐进成长过程。哺乳期内，儿童脱离母体，新生命诞生，需通过哺乳获得营养和保护；哺乳期后，儿童无需哺乳，但仍无力自我保护和自我成长，需要照护，"儿童的生存状况只能依赖与之共同生活的监护人"。① 此外，儿童的成长离不开基本生存技能的习得，因为儿童无法自动发展，需要相当漫长的适当教育、指导等外在因素的介入。从认知规律看，人的认知水平、行为能力与年龄存在正相关，"青少年因其身心未成熟与发育程度不均衡，故其精神尚未十分安定"②。我国《民法总则》依年龄将十八周岁以下的儿童区分为无民事行为能力人和限制民事行为能力人，两类儿童均无法完全独立实施民事法律行为，也无法同成人一样自主适应社会，其人身、财产等均需他人保护。

显然，儿童在生理、心理、认知和行为能力等方面的脆弱性、有限性，一方面成为驱动外部监护力量介入的生物学基础，使儿童拥有依赖外部力量维持生存的天然正当资格，并进而内在驱动转化为道德、法律层面的监护制度规范，"美国学者法恩曼提出的依赖理论，认为依赖在人类成长过程中是普遍和不可避免的。儿童以及许多老年人或身心障碍者，都是依赖者"③。另一方面，从人类种族繁衍、人口安全的角度审视，为弥补儿童的有限性而建立必要的监护机制，乃人类种族延续之必然选择。"婴孩要有机会长大成人，不但要得到适当的营养，还要得到适当的教育。这件重要的工作一定要有人负责的，并且这些人各有各的责任，不紊乱，也不常逾越。"④ 这些"人"包括父母、社会和国家。"每个人就这样在不断满足自

① 周刚志等：《弱势群体宪法权利研究》，中国政法大学出版社，2017，第117页。
② 阿部照哉、池田政章等编著《宪法（下册）——基本人权篇》，中国政法大学出版社，2006，第44页。
③ 郑净方：《国家亲权的理论基础及立法体现》，《预防青少年犯罪研究》2014年第3期，第84页。
④ 费孝通：《乡土中国》，上海人民出版社，2013，第437页。

身需求中获得生命的延续和自我的发展，由无数个这样的个体组成的社会在这种需求的指引下获得了文明的演进和社会的进步。这种受欲望和需求驱动的对利益的追求是权利生成的基础，所以人的欲望与需求是权利形成的动向之源和动力之基。"①

（二） 儿童享有生存权创设了国家对儿童的生存保障义务

权利乃法律的基本范畴，具有基础性，义务源于权利，国家与儿童建立法律关系、履行法定义务源自儿童享有作为人权的生存权。

在相当长的历史时期内，儿童被家庭自治权力支配，活动场域限于家庭，严重依附家长，没有独立人格和应有的法律地位，更无权利可言。"在封闭的状态下，能力低下的个人在行为和身份方面对他人的依从关系，是个人的不独立状态。"② 直至十七八世纪欧洲文艺复兴、启蒙运动过程中人权思想被提出及其随着人权实践逐步法律化，使人成为平等自主的主体，获得了人的完整意义，进而人权主体观从排斥儿童等群体的有限主体扩展为包括所有人的普遍主体，儿童的主体地位逐步被联合国《公民权利和政治权利国际公约》、《经济、社会和文化权利国际公约》以及《儿童权利公约》等系列国际人权公约所确认。

儿童获得人权主体地位，成为独立的大写的"人"，儿童只是年龄上未成年、心智上未成熟，但同样拥有人的尊严、价值和属性，不得被歧视、侵害，儿童与成人同样的法律地位不因弱小而被克减。③ 从权利理论出发，儿童为"人"的基本人权被承认，使儿童成为"人"并获得直面国家的成员资格，建立了和国家的连接，为国家触角延伸至家庭内亲子关系奠定了正当性基础。"权利产生了对国家义务的需要，为满足这一需要才进一步产生国家权力。简言之，权利的存在创设了国家义务。"④ 基于此，儿童人权成为约束国家公权力的客观价值规范和法理前提，其自然性、神圣性决定

---

① 李拥军：《论权利的生成》，《学术研究》2005 年第 8 期，第 80 页。

② 夏勇：《人权概念的起源——权利的历史哲学》，中国政法大学出版社，2001，第 68 页。

③ 参见张杨《西方儿童权利保护论与解放论争议之探讨》，《沈阳工业大学学报》（社会科学版）2017 年第 3 期，第 265 页。

④ 杜承铭：《论基本权利之国家义务：理论基础、结构形式与中国实践》，《法学评论》2011 年第 2 期，第 30 页。

了权力的正当性、合法性，其内在要求决定了权力的内容，保障儿童人权成为国家权力运行的价值取向。

儿童作为人权主体当然获得为"人"的固有权利，包括生存权。生存权"是指生命安全得到保障和基本生活需要得到满足的权利"①，是人之为"人"维持最低限度生活的权利，意味着"人的生命安全及生存条件获得基本保障"②。这里的"最低限度生活"，指人在肉体层面、精神层面等能够过上像人的生活。③ 生存权是个权利类群，其子权利随着社会的发展、认识的深化不断演进，"社会经济发展模式决定了第一代人权中的生存权主要表现为维护身体健康和完整以及肉体生存免受暴力侵害的权利，同时财产权（其中土地尤其占有重要位置）也是当时生存权的重要表现形式之一。而与垄断经济时代并存的第二代人权强调的生存权主要表现为劳动权、受教育权、社会保障权、受救济权等"④。

儿童享有生存权，意味着国家成为保障儿童生存权的义务主体，意味着儿童可以直面家庭之外的国家，拥有了双重身份：在私领域家庭中的成员资格——子女身份，在公领域国家中的成员资格——公民身份。相应地，儿童的双重身份必然仰赖两个保护者——自然父母和国家"父母"；欲求双重保护——家庭保护和国家保护。在与国家的关系中，儿童借由生存权的享有，得以请求国家提供生存保障，以使自身的生存能力不断成熟。正如"人权的实现以义务的履行为条件"⑤，儿童生存权的实现同样有赖于国家义务的履行，儿童"有从公共体获取符合生存之手段之权利"⑥。国家应提供给儿童身为无差别的"人"的一般保障以及身为具有有限性的"儿童"的特殊保障，使儿童不但身体发育，获得抚养，还得到与其身心成长阶段、身心成熟程度相适应的精神、智识上的发育，获得教育。此关照儿童需求、补足儿童能力的保护即监护。

---

① 王家福、刘海年：《中国人权百科全书》，中国大百科全书出版社，1998，第531页。
② 李步云主编《人权法学》，高等教育出版社，2005，第118页。
③ 〔日〕大须贺明：《生存权论》，林浩译，法律出版社，2001，第95页。
④ 马岭：《生存权的广义与狭义》，《金陵法律评论》2007年秋季卷，第79页。
⑤ 刘志强：《人权法国家义务研究》，法律出版社，2015，第70页。
⑥ 阿部照哉、池田政章等编著《宪法（下册）——基本人权篇》，中国政法大学出版社，2006，第13页。

儿童生存权是儿童得以向国家主张的主观权利，是对国家介入儿童监护事务进行推演和论证的逻辑起点，是确立国家责任的规范基础，也是儿童监护制度的终极目的。生存权将儿童监护制度的内容统合在逻辑严谨、目的一致、融贯统一的体系之中。

（三） 国家对儿童生存权与父母监护权冲突的衡平

生存权是儿童固有的基本人权，国家负有保障义务，而父母基于亲子间天然血缘联系享有的监护权同样具有人权属性，国家同样应予以尊重和保障。由此，在亲子监护关系中，儿童生存权与父母监护权同时并存。本来，从父母监护权产生的原初意义上来说，父母监护权是为保护儿童生存权而生而在，理论上本应与儿童生存权趋向一致，但在父母实际行使监护权的过程中，由于父母与儿童利益的不尽一致，难免两项权利走向不一，两项权利的冲突在所难免，需要衡平。如果父母滥用监护权，国家可限制父母监护权以保障儿童生存权。当然，国家限制父母监护权应具有宪法正当性，即符合儿童最佳利益。

首先，对国家而言，儿童享有的生存权与父母对未成年子女享有的监护权同样具有人权属性，均构成国家义务的正当性基础，国家对儿童生存权、父母监护权分别负有保障义务，国家理当依法尊重和保障两项权利在相互不冲突时的充分实现。

其次，父母监护权一旦与儿童生存权发生冲突，父母行使监护权应以维护儿童生存权、实现儿童最大利益为限，父母滥用监护权的，国家得以限制、剥夺监护权的手段保障儿童生存权不受侵害。究其原因，就性质而言，父母监护权既是对未成年子女固有的天然权利，具有身份专属性，不可剥夺；又是父母对未成年子女的至高义务，不可放弃，必须履行。权利义务的一致性是父母监护权等身份权的基本特性。① 就本质而论，"身份权虽然在本质上是权利，却是以义务为中心，权利人在道德和伦理的驱使下自愿或非自愿地受制于相对人的利益，因而权利之中包含义务"②。父母监

---

① 《民法总则》第 26 条规定："父母对未成年子女负有抚养、教育和保护的义务。"《婚姻法》第 23 条规定："父母有保护和教育未成年子女的权利和义务。"
② 王利明主编《人格权法新论》，吉林人民出版社，1994，第 209 页。

护权是为保护儿童生存权而设，其本质不是维护父母自身权益、实现父母自身利益，而是以维护儿童生存权、谋求儿童最大利益为根本归依。至于"什么是对儿童有利或什么会伤害儿童，回答充满了不确定性"，[①] 但丝毫不影响"儿童最大利益原则"在当今成为联合国和各国审酌儿童事务的最具普遍性、支配性的准则，被联合国 1959 年《儿童权利宣言》、1989 年《儿童权利公约》等人权文书确立。儿童最大利益原则的要旨是将儿童视为有独立人格的个体，所有和儿童有关的事务均应充分考虑儿童的利益。《儿童权利公约》第 3 条明确规定，关于儿童的所有行动，均应以儿童最大利益为首要考虑。[②] 显然，父母行使监护权应以"对儿童最有利"为要义，如果危及这一本质内容，即危及儿童利益、侵害儿童生存权的，当然构成国家介入的正当理由，此时，断无保护父母监护权之必要性与合法性。

二 家庭正义价值使家庭自治对国家介入儿童监护的制衡失去正当性

儿童生存权使国家介入儿童监护事务具备了正当性，但传统的家庭自治理念将国家和法律拒之门外，国家不得介入家庭自治系统内的一切事务包括儿童监护事务。家庭正义理论的提出，使家庭事务受到正义价值的支配、法律规则的约束，家庭自治不再天然正当，家庭同样不得侵犯儿童生存权，否则，国家得以介入。

（一） 家庭自治阻断了国家介入儿童监护

漫长的人类历史长期将家庭视为私人领地，形成家庭作为私领域与国家作为公领域二元并立之格局，公私二元划分的观念为家父自治权力提供了正当性，家庭自治以至高无上的家父权为依托，对内支配控制儿童等家

---

① 〔英〕约翰·伊克拉：《家庭法和私生活》，石雷译，法律出版社，2015，第 182 页。
② 《儿童权利公约》第 3 条规定："1. 关于儿童的一切行动，不论是由公私社会福利机构、法院、行政当局或立法机构执行，均应以儿童的最大利益为一种首要考虑。2. 缔约国承担确保儿童享有其幸福所必需的保护和照料，考虑到其父母、法定监护人或任何对其负有法律责任的个人的权利和义务，并为此采取一切适当的立法和行政措施……"，联合国官网中文版，http://www.un.org/Docs/asp/ws.asp? m = A/RES/44/25，最后访问时间：2017 年 8 月 16 日。

庭成员,对外抵御抗衡国家,是国家法秩序外的自治系统,法律止步于此。

二战后,一些国家逐步将社会正义作为重要的社会政策和法律目标,但家庭依然被排斥在正义理论的射程之外。"家庭本身没有接受正义标准的检验,正义之光也从未照耀这一领域。"① "卢梭认为家庭的管理,不像政治团体,不必要用正义的原则来适用于家庭成员或者调节家庭生活,与其他更大范围的社会不同,他认为家庭是建立在爱的基础上的。"② 这种观点认为,以政治生活为核心内容的"公共"领域和以家庭生活为核心内容的"私人"领域遵行不同的原则,正义只在有不同利益诉求以及商品进行分配的社会公共领域发挥作用。家庭则完全有别于社会秩序,是一个由婚姻和血缘联结的、稳定而有秩序的生活共同体,③ 家庭关系只具有道德属性、情感属性,接受道德裁判、情感支配,统领家庭的应该是"爱"的美德和"利益"的纽带而非"正义"准则。④

家庭自治系统阻断正义标尺的评断,实质是对法律的抵制、对国家干预的制衡。具体到儿童的监护事务,排斥正义价值检验,家庭便阻断了法律规范对家庭监护儿童的约束,阻断了国家公权力对家庭监护儿童的干预,即使家庭中出现父母侵犯儿童生存权的恶行,也因属于家庭自治范畴,被"不入家门"的法律熟视无睹,儿童的权益被家庭吞没吸收,家庭自治沦为家庭践踏儿童的保护伞。其背后的另一逻辑预设是,父母利益和儿童等家庭成员的利益具有一致性,父母监护当然符合儿童和家庭利益,由此进一步正当化和强化了父母对子女的绝对权威和宰制。

(二) 家庭正义为国家介入儿童监护提供了价值基石

固然,家庭作为以婚姻、血缘为纽带的本质型而非目的型亲属身份关

---

① 〔美〕苏珊·穆勒·奥金:《正义、社会性别与家庭》,王新宇译,中国政法大学出版社,2017,第 11 页。
② 〔美〕苏珊·穆勒·奥金:《正义、社会性别与家庭》,王新宇译,中国政法大学出版社,2017,第 34 页。
③ 参见张杨《国家介入父母、子女关系的法理基础及限度》,《法制与社会》2010 年第 6 期,第 266 页。
④ 参见〔美〕苏珊·穆勒·奥金《正义、社会性别与家庭》,王新宇译,中国政法大学出版社,2017,第 34 页。

系，具有浓厚的价值理性而非经济理性，强调爱、利他和奉献。但这种对爱、奉献等价值的强调，并不必然意味着与正义隔绝。无须质疑，"爱"是一种美好的情感，是家庭奉行的至高价值，但不是法律概念，仅仅用这种飘忽不定的情感而非公平正义价值及确定性规则来维系家庭，必然陷入无序。而且，家庭中既存在共同体人格及其整体目标、利益，也存在家庭成员个体的独立人格及其目标、利益，作为独立于父母的人权主体，儿童与父母在利益上并非恒久一致，特别是在家庭经济、教育、时间等资源有限之情形下，家庭成员之间、家庭成员个体与家庭共同体之间的冲突在所难免，期许用"爱"来弥合冲突只是美好的乌托邦幻想。大量残酷的现实表明，即使多数家庭是用温馨的爱来维系，但仍有相当一部分家庭的成员背离了爱与良知，走向了违法犯罪。此时，家庭不应排斥正义价值和体现分配正义及矫正正义的法律机制。

家庭正义价值才是维系家庭秩序乃至社会秩序的价值基石。美国自由主义政治哲学家苏珊·穆勒·奥金首先向排斥家庭的正义理论发起挑战，认为家庭仅仅是在被过度温情化和理想化包装的情况下，才不需要正义发挥作用。而实际情况是，虽然大多数的家庭成员相互关爱，但他们每个人毕竟都是人格独立的个体，有自己期盼的目标和美好的梦想，而不同家庭成员间的目标和梦想常常是发生冲突的。此时，家庭中的正义才是最关键的要素，人类有必要重新审视和思考家庭，将正义作为维系家庭秩序的重要价值。[①] 家庭是社会的基本单元，人类的家庭秩序和社会秩序是互涵互摄、共生共存、不可割裂的。正义的家庭是正义的社会的基石。人类意欲获得正义的社会，应先拥有正义的家庭，家庭游离于正义之外，社会不可能实现正义。

家庭正义理论的提出，使家庭自治观念被问题化对待和反思。家庭自治有其边界，应以不践踏正义、不侵犯人权为前提，否则国家应当介入。黑格尔曾提出了国家干预市民社会的正当性条件："当市民中出现非正义或不平等现象（如一个阶层对另一个阶层的支配，等等）时，国家就可以透

---

① 参见〔美〕苏珊·穆勒·奥金《正义、社会性别与家庭》，王新宇译，中国政法大学出版社，2017，第42~43页。

过干预予以救济。"① 黑格尔言明的上述条件，也是对各种不正义包括家庭出现不正义得被国家干预的一种确证。

以家庭正义理论为依凭，在监护事务中，正义是对抗家庭自治的价值基石，儿童生存权是对抗家庭自治的重要法益。家庭监护有利于儿童生存权实现、符合儿童最大利益、符合正义价值，国家公权力理应避免对家庭的侵扰。但是，父母或其他监护人滥用权力侵害儿童生存权的，即僭越了正义的边界、偏离了正义的轨道，家庭自治便失去正当性，国家理应及时有效地惩戒和矫正行为人的行为，救助并保障受害儿童，以保护儿童生存权，实现家庭正义。

（三） 国家亲权理论赋予国家介入儿童监护的正当权力

家庭正义价值打破了历史上家庭对子女绝对亲权的自治壁垒，国家亲权理论进而使国家获得介入家庭内监护事务的正当性主体资格。

对儿童等群体的国家监护是在二战后随着福利国家的发展、国家亲权理论的提出而逐步法律化的。国家亲权理论亦被称为干预主义介入理论，"干预主义的介入理论是与 19 世纪末 20 世纪初福利国家日益壮大、政府广泛介入社会福利事务紧密相连的"②。该理论主张，为防止家庭中权力滥用，有必要加以规范，使照护儿童不再局限于家庭自治范畴，国家同样被课以监管家庭和保护儿童的义务，此为"国家亲权"。③

国家亲权理论经历了由守夜人国家的自由放任主义到福利国家的干预主义的演变发展过程，并从父权本位的"亲权"理念走向子女本位的"亲责"理念。在自由放任主义时期，父母亲权绝对化，国家不予干预。最小政府被认为更有利于家庭生活，家庭成员之间的利益紧密相连且具有一致性，应支持家庭中的既存关系，保护家庭生活不受侵扰。④ 随着人权理念的

---

① 邓正来：《国家与社会——中国市民社会研究》，中国法制出版社，2018，第50~51页。
② 张杨、周翰伯：《干预主义的国家介入父母子女关系理论之探讨》，《辽宁公安司法管理干部学院学报》2014年第1期，第11页。
③ 参见张杨、周翰伯《干预主义的国家介入父母子女关系理论之探讨》，《辽宁公安管理干部学院学报》2014年第1期，第11页。
④ 参见魏书音《未成年人的最佳利益、自由和权利》，《中山大学法律评论》2015年第4期，第4页。

提出、福利国家的发展，国家亲权理论被广为接纳。"普通法中的国家亲权制度起源于英格兰。14 世纪，颁布了《关于国王特权的法律》，其中规定，国王承担保护其臣民的监护义务。显然，这一法律对国王保护义务的界定并不限于把它们运用于未成年人和精神病人，也可运用于其他臣民。这一规定奠定了尔后的国家亲权制度的基础，据此，国王以及尔后的国家作为仁慈的父亲保护那些不能自我保护的人。"[1] 国家亲权理论主张，关爱子女虽是父母的天性，但儿童与父母难免有利益分歧，况且生死无常、世事无常，父母缺位或滥用权利等情事恒有，而国家与儿童的利益具有一致性，国家应承担照顾保护无自助自理能力的儿童之责。目前，国家公权力介入家庭监护成为联合国及各国儿童监护制度的发展趋势，《儿童权利公约》等将其明确为缔约国义务，强化了缔约国责任。[2] 近年来，鉴于亲权观念带有父母本位的父权色彩，"1989 年《儿童权利公约》推动了各国亲子法由'父母本位'向'子女本位'发展。许多国家先后对其国内的亲子法、儿童法等相关立法进行修订，将子女最大利益原则作为立法的基本原则，以子女本位为确立和规范父母责任的基本宗旨，并为此修改了原有的法律术语和法律体例"[3]。1989 年英国《儿童法》明确将"亲权"改为"亲责"/"父母责任"，赋予亲权以新的意涵，"亲责"涵盖父母对未成年子女的全部权利义务，淡化了"亲权"所包含的父权色彩，突显了儿童最佳利益和父母责任。"1989 年《儿童法》（2004 年修订）把英国的国家亲权推进到了一个新阶段。它被认为是 20 世纪最重要的儿童立法。它试图打破公私法的界限，综合地处理儿童法律问题。如前所述，它首次提出了亲责的概念取代亲权的概念。"[4] 对"亲责"/"父母责任"的定义，该法明确为"基于法律的规定，儿童的父亲或者母亲对儿童及其财产所享有的权利、责任、权力以

---

① 徐国栋：《普通法中的国家亲权制度及其罗马法根源》，《甘肃社会科学》2011 年第 1 期，第 186 页。

② 联合国《儿童权利公约》第 3 条第 2 ~ 3 款规定：缔约国应承担确保儿童享有其幸福所必需的保护和照顾，考虑到其父母、法定监护人或任何对其负有法律责任的个人的权利和义务，并为此采取一切适当的立法和行政措施。缔约国应确保负责照料或保护儿童的机构、服务部门及设施符合主管当局规定的标准，尤其是安全、卫生、工作人员数目和资格以及有效监督方面的标准。

③ 夏吟兰：《比较法视野下的"父母责任"》，《北方法学》2016 年第 1 期，第 27 页。

④ 徐国栋：《国家亲权与自然亲权的斗争与合作》，《私法研究》2011 年第 1 期，第 10 页。

及义务或者权限等"。①

"在《儿童权利公约》标准的指引下，以父母履行责任与义务、保障子女最大利益为特征的子女本位立法已成为各国亲子关系立法的主流。"② 自然亲权理念由"亲权"走向"亲责"，突显了儿童利益本位和父母责任的理念。这一理念应同样涵摄于"国家亲权"之中，以"国家亲责"取代"国家亲权"，语言表述变化背后反映的是理念的转变，"国家亲责"强调了国家对儿童承担的责任、义务，突显了国家的责任主体地位。

三 家庭监护的"缺乏性""违法性"生成国家介入的条件

国家介入的正当化法律化，使国家成为和家庭并存的儿童监护义务主体，引发两者的作业边界问题。显然，两者目标同一，但角色不同，既应协力配合，又须边界清晰。其中，家庭负首要责任，国家在特定条件下始得介入，负终极责任，国家介入须以实现儿童最大利益为核心价值，并得遵循相应原则。

（一） 家庭对儿童承担首要监护责任

家庭与国家均为监护儿童的义务主体，两者中应优先依托家庭，家庭承担儿童监护的首要责任。此处的家庭，法律上意指家庭成员。对儿童而言，家庭场域是从出生伊始覆盖成长全程的生存之地，也是最合乎天性的成长环境，和谐的家庭生态环境对儿童身心才智全面成长的作用无可替代。由此，家庭监护成为"人类社会抚养未成年人、履行监护职责的普遍形态"，③ 而具有天然血缘联系的父母，成为儿童最亲近和最首要的监护人，父母对儿童承担着法定的教养保护职责，此为父母的排他专属权利，亦为必须履行的义务，这些权利义务构成了监护的内容，"分为关于子女身份之

---

① 孙云晓、张美英主编《当代未成年人法律译丛·英国卷》，中国检察出版社，2006，第20页。
② 夏吟兰：《比较法视野下的"父母责任"》，《北方法学》2016年第1期，第25页。
③ 陈翰丹、陈伯礼：《论未成年人国家监护制度中的政府主导责任》，《社会科学研究》2014年第2期，第82页。

权利义务（身上照护）与关于子女财产之权利义务（财产照护）两种"①。此外，现代国家，家庭为维持国民身心健康与人格健全，有正确施予家庭教育的义务，"每个国民，为成长、发展成为一个人或一个市民，且为完成、实现自己的人格，均有从事必要的学习之固有权利，特别是无法自己学习的儿童，有要求一般成人对其实施教育、满足其学习要求的权利"②。儿童具有无限可塑性，借助外部的输入不断学习立身行事的知识和能力为儿童固有的学习权利，给予儿童所需教育乃父母义务和国家责任。至于父母履行监护义务的程度，"民法未设明文，宜解为应以善良管理人之注意义务为之，以保护未成年子女之利益"③。父母违反监护法律规定，构成对权利的滥用和对义务的违反，此种情形正是国家作为的空间。

原则上，国家不必介入儿童的家庭监护，除非必要。"父母对其未成年子女控制之权与生俱来，但并非不可剥夺"，④ 在自然父母缺位或监护能力不足时，在自然父母滥用权利侵害儿童权益时，国家得介入家庭，补足自然父母的监护能力或阻断自然父母履行监护亲责，必要时，应使儿童脱离问题家庭，当然，脱离家庭的替代方案须满足儿童最大利益。⑤ 相较于自然亲权，"国家亲权超越自然亲权，此时，国家被认为是未成年人的最终监护人，负有保护未成年人的重要职责，在特定情况下可以限制和剥夺自然亲权"⑥，国家监护由此具有权威性、终局性。权威性体现在国家通过公权力依法对自然监护人进行监督，在监护人违法行使监护权时及时纠正，甚至在必要时剥夺监护权以保障儿童生存权。终局性体现在儿童在丧失有效家庭监护的情况下可获得国家的帮助和救济。⑦

---

① 陈棋炎等：《民法亲属新论》，（台湾）三民书局，2017，第395页。
② 阿部照哉、池田政章等编著《宪法（下册）——基本人权篇》，中国政法大学出版社，2006，第257页。
③ 陈棋炎等：《民法亲属新论》，（台湾）三民书局，2017，第396页。
④ 张鸿巍：《"国家亲权"法则的衍变及其发展》，《青少年犯罪问题》2013年第5期，第90页。
⑤ 参见张鸿巍《"国家亲权"法则的衍变及其发展》，《青少年犯罪问题》2013年第5期，第90页。
⑥ 徐国栋：《国家亲权与自然亲权的斗争与合作》，《私法研究》2011年第1期，第20页。
⑦ 参见何燕、杨会新《国家监护视域下未成年人民事司法救济》，《河南社会科学》2012年第12期，第33页。

最后，需要强调的是，对儿童而言，家庭的功能不可取代，国家介入并非完全取代家庭，更大意义上是助力家庭之功能，使之更加健全，从而保障儿童健康成长。

（二） 国家介入以家庭监护的"缺乏性""违法性"为前提

国家有义务为保障儿童生存权介入家庭监护，但应具备基本的前提条件。对此，从儿童角度审视，以儿童存在"需保护性"为条件，即儿童的父母或其他监护人无法在真正意义上保护儿童，儿童迫切需要保护。从家庭角度审视，以家庭监护出现"缺乏性"或"违法性"事由为条件，即家庭监护存在不适格的情形，欠缺能力而难以胜任或违法失当而不再胜任，此时国家作为儿童须臾离不开的护身符应当介入。具体而言，国家介入须以如下两类情形出现为条件。

1. 儿童的家庭监护陷入"缺乏性"境地，即监护主体缺位或监护能力不足

当父母或其他监护人因死亡或失踪等而缺位，且没有其他合适的个人或组织担任监护人，儿童处于无人监管保护境地的，国家理应及时弥补家庭监护主体所空缺之位。当父母或其他监护人客观上监护能力不足而难以履行照护儿童义务，例如因在监狱服刑、患病、年事高等而事实不能，以及因被宣告为无民事行为能力人或限制民事行为能力人而法律不能，欠缺履行监护儿童义务的实际能力，国家应及时补足监护人所欠缺之能力，为家庭监护提供相应支持，使儿童得到及时照料和保护。

国家因家庭监护的"缺乏性"而介入，应遵循最低限度生活保障原则、资源有效利用原则和急迫保护原则。最低限度生活保障原则是指儿童生存不可缺少的最低限度的生活水准保障，家庭监护及国家监护均应满足这一原则。当家庭监护无法满足时，国家应及时补足。资源有效利用原则强调家庭是儿童监护的优先选项，国家仅在父母或其他监护人充分利用了所有资源、穷尽了所有可能手段后仍难以维持儿童最低限度生活水准时始得介入。国家介入须以父母或其他监护人已充分有效利用其资产、能力及其他所有物为必要条件。这里的"资产"指能够利用的全部积极财产，"能力"指父母或其他监护人的劳动能力，"其他所有物"指虽然暂时未成为现实资产，但依法定程序可使之成为归自己所有的资产，例如通过行使继承权所得的资产等。急迫保护原则是国家在儿童面临紧迫事由时介入儿童监护的紧急原则，指国家介入儿童监护的一般要件虽然欠缺，但由于儿童有急迫事由，例如威胁到儿童的基本生存或者属于其他社会观念认为难以置之不管的紧迫状况，国家当及时介入。

2. 儿童的家庭监护出现"违法性"问题，即父母或其他监护人实施违法行为，对儿童造成不利后果

父母或其他监护人客观上具备监护儿童的能力，但未依法实施监护，行为具有"违法性"的，均符合该条件。具体而言，父母或其他监护人主观上消极怠于履行监护职责，使儿童处于危险境地的；或者实施侵害儿童权益行为乃至利用教唆儿童违法犯罪，影响儿童身心健康、正常生活学习的，国家均应及时阻止危害后果发生，必要时，中止监护人的监护资格，暂时或永久转移监护权，国家直接补位监护。对其中父母怠于履行监护职责的，"虽然监护不力没有对家庭的法定义务构成根本性违反，但是履行存在瑕疵，放任这种轻微的错误可能会导致更严重的状态发生或者扩大危险发生的可能性。因此，对于监护不力的情形，国家仍有必要适当地介入"①。

国家因家庭监护"违法"而介入，所采取的公权力手段应在符合目的正当的前提下，遵循比例原则。比例原则强调"所有公权力的运作都必须保证手段和目的相互协调"②。该原则内涵三个子原则，"包括适当性原则、必要性原则、狭义比例原则"。"适当性原则，又称为妥当性原则，它是指公权力行为的手段必须具有适当性，能够促进所追求的目的的实现；必要性原则，又称为最小损害原则，它要求公权力行为者所运用的手段是必要的，手段造成的损害应当最小；均衡性原则，又称为狭义比例原则，它要求公权力行为的手段所增进的公共利益与其所造成的损害成比例。"③ 具体到儿童监护事务，国家有权介入家庭监护事务，但干预须适度。④ 国家所选

---

① 福建省三明市中级人民法院课题组：《困境未成年人国家监护制度的健全》，法律出版社，2016，第45页。

② 见注1，第180页。

③ 刘权：《目的正当性与比例原则的重构》，《中国法学》2014年第4期，第134页。

④ 参见马忆南《婚姻家庭法领域的个人自由与国家干预》，《文化纵横》2011年第1期，第50页。

择的公权力手段，应以保障儿童生存权、实现儿童最大利益为前提，采取具有适当性、必要性和均衡性之妥适手段。易言之，应根据儿童权益受损的不同原因、程度及后果，也即适用条件的不同，决定国家介入手段的方式、程度及持续时间等。

四　结语

儿童在法律上属于无民事行为能力人或限制民事行为能力人，不能独立自主地维持生存，对儿童群体的监护事关儿童、家庭和国家利益，是家庭私事，也是国家必须承担的公共义务。儿童的基本生存需求驱动了人类自然状态下的监护实践，儿童享有的生存权则驱动了监护实践转化为监护规范，构成监护制度包括国家监护制度的规范基础。

国家对儿童监护的干预，需要与家庭自治衡平，家庭是儿童最自然的成长环境，儿童的监护应以家庭监护为先，国家则是儿童的最终监护人。家庭监护一旦出现问题，处于"缺乏性""违法性"境地，使儿童陷入生存困境或权益受损的，均生成为国家介入的条件，国家应全方位回应覆盖各类困境儿童，使儿童在家庭之外获得支持并得到不间断的监护。具体采取何种措施，应以实现儿童最大利益为要义，国家公权力遵循资源有效利用原则、比例原则等项原则，视儿童困境面向或权益受损的原因、后果及程度适度干预。针对监护人监护能力不足的，如患严重疾病、陷入经济困境的，应采取支持性监护措施，补足监护人的能力，提供相应的生活、医疗及其他必要的协助支持。针对监护人丧失监护能力以及缺位的，国家应采取替代性监护措施，及时填补监护人的空缺，代位行使监护职责。针对监护人怠于监护或者侵害儿童权益，情节较重或严重的，应采取惩罚性监护措施，及时阻止危害后果发生，中止或剥夺监护人的监护资格，可暂时将监护人与儿童隔离进行紧急安置和其他必要安置，必要时，法院依申请按照法定程序撤销父母或其他监护人的监护资格。中止或撤销监护人监护资格后，由国家代位行使监护职责。

法定婚龄及其性别平等思考[*]

高云鹏^{**}

【内容摘要】 中华人民共和国成立后，我国法定婚龄的发展经历了几个重要阶段，连续两次提高了法定婚龄，并延续传统婚龄习俗中的双重法定婚龄标准，把性别和身份作为对婚姻行为能力进行区分的基础。这种双重标准缺乏对男女法定婚龄差别对待的合理性与正当性，不利于两性平等获得各项婚姻权利，不符合性别平等的价值观，应把性别平等作为界定法定结婚年龄的重要依据。

【关 键 词】 法定婚龄　　行为能力　　性别平等

一　问题的提出

法定结婚年龄是指自然人结婚时所应达到的法定年龄，起源于古代社会的成人礼。我国古代往往并不区分结婚年龄与成年年龄，没有明确的行为能力制度，女子许嫁即被认定为成年，古罗马法也曾规定适婚人有完全行为能力①。受生理发育、传统习俗、人口政策等诸多因素影响，中华人民

＊　本文原载于《山东女子学院学报》2019 年第 6 期。

＊＊　高云鹏，济南大学政法学院副教授。

①　伊力奇：《"成人礼"的来源、类型和意义》，《中央民族学院学报》1986 年第 3 期。

共和国成立以来，我国法定婚龄经历了几个重要阶段。考虑到人口多、耕地少、资源有限等社会因素，同时为了遏制不利于女性身心健康的早婚和童婚现象，1950 年《婚姻法》规定："男 20 岁，女 18 岁，始得结婚。"在传统结婚年龄的基础上提高了法定婚龄，导致其没有被严格地贯彻和有效地实施，尤其是在广大农村存在大量低于法定年龄的结婚者。另外，由于我国民间传统对年龄的理解多指虚岁，实践中也允许以虚岁年龄代替周岁年龄申请登记结婚。1980 年《婚姻法》明确了"男 22 周岁，女 20 周岁"的法定婚龄，把结婚年龄标准又提高了两岁，体现了当时政府对人口与环境的广泛关注，并建立了晚婚晚育、优生优育、消除性别偏好的生育观。2001 年修改《婚姻法》时，也有不少学者建议修改法定结婚年龄，考虑到1980 年《婚姻法》确定的婚龄已被广大群众所接受，认为符合我国实际情况并切实可行，因此并未作出修改。

自 2012 年以来，多位代表在全国人民代表大会上发表修改法定婚龄的不同建议，引起强烈的社会反响。针对我国出现的人口增长缓慢与老龄化现象，2012 年与 2017 年全国人大代表黄细花曾两次建议修改法定婚龄，建议将男女法定结婚最低年龄降低为 18 周岁。2019 年全国人大代表丁列明提出，人口和计划生育工作目标已由以控制数量为主转向促进人口长期均衡发展，建议将结婚年龄改为"男不得早于 20 周岁，女不得早于 18 周岁"。2019 年 6 月 26 日，全国人大常委会对《民法典·婚姻家庭法编（草案）》二审稿进行分组审议。在审议中，张苏军委员呼吁将法定结婚年龄调整至男女均为 18 岁，法定婚龄再次成为热议的焦点，在《新京报》发起的投票调查中，赞同 9.8 万票、不赞同 30.2 万票、暂不表态 6.3 万票，不赞同占比 65.2%。[①]

对法定婚龄的理解存在诸多误区，学术界长期以来也存在诸多不同意见：降低法定婚龄、保持现有法定婚龄或者提高法定婚龄。关于现存的婚龄差也存在意见分歧，有学者提出男女性成熟的生理差异是设立法定婚龄差的主要原因；有学者从优生学的角度提出年轻女性所生的孩子比高龄女性所生的孩子更健康，应支持女性的法定婚龄早于男性；也有学者从人口

---

① 袁云才：《降低法定婚龄不可取》，《长沙晚报》2019 年 7 月 5 日，第 10 版。

学的角度认为我国现有人口男多女少，存在比例不均衡的现象，应保持或加大婚龄差以减少对男性的婚姻挤压；男大女小的法定婚龄也常常被认为是实现婚姻家庭功能的理性考量，有利于家庭责任的承担与婚姻的稳定。基于我国人口形势的新变化，2018 年提交审议的《民法典·婚姻家庭法编（草案）》删除了晚婚晚育的相关规定，也不再规定有关计划生育的内容，但并未对法定婚龄作出实质性修改。笔者认为有必要澄清对法定婚龄的理解，从性别平等的角度对现行法定婚龄成因及现状进行反思和讨论，把性别平等作为界定法定结婚年龄的重要依据。

二　我国法定结婚年龄的历史特点及社会性别分析

（一）早婚早育加深了古代女性的不平等地位

纵观中国古代历史，鼓励生育始终是国家和社会的主流思想，古代女性结婚年龄与生育功能密切相关，早结婚意味着早生育子女。受生存环境、人口平均寿命的限制，需要用婚龄制度来保证家庭和家族的延续。从宋代开始到清末，男性的法定婚龄大多维持在 16 岁左右，女性的法定婚龄维持在 14 岁左右，近代法定婚龄提高至男 18 岁、女 16 岁。① 我国历史上曾有多种形式的婚龄制度并存，这些婚龄制度在一定程度上指导和约束了人们的婚姻行为，也成为古代社会一项重要的人口政策。有些时期法定婚姻年龄不仅包括男女结婚时的最低年龄，也指最高年龄。在魏晋南北朝之前多数朝代都采用了上限型的婚姻年龄立法，而魏晋南北朝之后由于人口增多，统治者逐渐放松了对婚姻年龄的管控，多采用下限型的婚姻年龄立法模式。在近代以前没有婚姻登记制度的情况下，最低法定结婚年龄的设立相对温和，低于法定结婚年龄结婚并不是"非法"的，政府并不禁止低于法定婚龄的结婚行为。与之相反，上限婚龄则具有强制性，如果超过一定的年龄不结婚，就要被处以刑罚。因此，早婚现象在中华人民共和国成立之前十分普遍。

生育是满足传统社会对劳动力的需求，实现人口、土地自然平衡的重

---

① 参见秦朋《我国古代婚姻年龄问题研究及当代意义》，博士学位论文，郑州大学，2010。

要政策，同时也是壮大家族势力，维系宗法制度的重要手段。作为生理学和社会学意义上的生育主体，女性的主要活动限制在婚姻家庭内，履行"上以事宗庙，下以继后世"的传宗接代任务。在我国不同的历史时期，女子的结婚年龄常常有所调整，这并不取决于她们的个人意愿，而是和那个历史时期对生育的需要密切相关。生育被认为是女性的天职，女性被动地服从她的生物学命运，繁重的生育任务将女性的行动范围和价值局限于家庭私人领域，使她们在人格和经济上进一步失去独立地位，对丈夫产生强烈的依赖性，成为满足男子需要和生儿育女的工具。在道德属性极强的私人家庭领域，女性获得的社会评价局限于家庭私人领域，遵守传统社会以男性为中心的道德伦理规范，她的世界和选择权逐渐缩小，社会价值和社会意义被逐渐抹杀和消除。

（二） 男大女小的习惯婚龄是社会性别利益博弈的结果

历史上我国结婚年龄男性比女性大多高出 2 ~ 3 岁，基于男女的性成熟期和性功能衰退期的差异，男大女小的习惯婚龄差一向被认为是天经地义的。基于婚姻的自然属性，只有性发育成熟者才具有婚姻能力，在古代男性和女性的法定结婚年龄普遍较低的情况下，考虑性发育成熟存在男女差异，对结婚年龄进行不同的区分被认为具有生理学意义上的必要性。

古代"男大女小"的婚龄习俗既有自然因素的影响，也是社会性别利益博弈的结果。男多女少的性别比例失衡现象在我古代社会十分突出，[1] 这与我国长期处于农业社会，为获得劳动力的最大化，形成具有男性偏好的生育观有关。男女比例的失衡使女性成为稀缺资源，扩大男性择偶的年龄范围，以保证男性成功地找到伴侣，也成为确定男女法定婚龄差的原因之一。

除此之外，在以男性为中心的古代社会，男子年龄大一点更容易建立作为家庭的统治者的地位和形象，在这种情境下生理差异不再是男大女小婚龄的全部意义，它同时具有在一定生产方式下家庭角色分工的特定内容。

---

[1]　王泉伟：《明代男女比例的统计分析——根据地方志数据的分析》，《南方人口》2010 年第 5 期。

男子在家庭中的角色分工占据较重要的地位，一个相对完整的成年男性才可以承担这一社会角色，而女子必须以大年龄男子为偶才可以获得更多经济上的依靠和物质上的保障。女性在婚后被认为更有责任照顾子女和家庭，由于抚养后代需要花费大量的时间和精力，男大女小的结婚年龄可以使女性在年轻和精力更旺盛时完成抚养后代照顾子女的任务。年轻的女性在生理上自然意味着具有优势的生育能力，成为男性优先选择的对象，虽然这不是一个范围内的比较，但可以被认为是一种等价的交换。

综上所述，男女有别的法定婚龄以身份对婚姻能力进行区分，以性别决定男女在家庭中的地位和行为规范。法定婚龄男大女小一贯标准形成的最初，就已经与当时的整个社会生产力发展水平和意识形态紧密相连，是社会性别利益博弈的结果，具有男女不平等的历史渊源。

三 对我国现行法定婚龄制度的性别平等反思

随着全球性别平等运动的推进，对现行法律及实施效果进行性别平等评估成为促进社会性别主流化的重要手段，第一次世界妇女大会把性别平等界定为"男女的尊严和价值的平等，以及男女权利、机会和责任的平等"。形式平等意味着法律应赋予人们同样的基本权利，以"公民"的身份而不是男性或女性，赋予两性同样的地位和机会，为消除形式平等可能隐藏着不完全正义的因素，需要通过差别对待以实现实质正义来弥补。联合国《消除对妇女一切形式歧视公约》指出了性别歧视的三个基本构成要件："第一，存在区别对待；第二，区别对待基于性别，而不是客观的合理理由；第三，区别的目的是否定妇女的基本人权和自由。"笔者认为应以此为依据检视我国现行的婚龄制度，对有悖于性别平等或忽视性别需求的内容，应予以修改和调整。

（一）存在基于性别与身份的婚姻行为能力区别对待

结婚是创设性身份行为的"本质的社会结合关系"，以人伦秩序为基础，以发生身份关系为目的。相对于一般的行为能力，婚姻能力更取决于行为人的自然属性。因此，具有婚姻行为能力意味着当事人达到一定的年龄，有缔结婚姻的能力。日本学者曾提出"身份的法律行为，可以说只要本人具有理解其行为意义的能力（判断能力、意思能力），即可让其单独行使，这是一条原则"。台湾学者把亲属法上的身份行为分为形成的身份行为、附随的身份行为和支配的身份行为，认为缔结婚姻的行为属于形成的身份行为，不适用民法总则关于行为能力的规定，有意思能力者，即有行为能力、有识别婚姻为何之能力者，有结婚之能力。因此，古代法中法定婚龄大多低于成年年龄，结婚也经常被视为有行为能力的标志之一，不具备完全行为能力的人也可以因结婚而被拟制为完全行为能力人。现代法中也往往立足于生理条件，对婚姻能力之要求不如一般行为能力严格，对身份行为所要求的行为能力在判断上应采取较低的标准，由于婚姻行为本质上仍属民事活动的范畴，一般而言，自然人婚姻行为能力的有无，应依循民事行为能力的判断依据，以年龄和精神健康状况综合确定。根据婚姻的契约性，结婚年龄是对结婚身份行为的规定，行为能力有无取决于意思能力，与是否具有生育能力、经济是否独立并无必然联系。我国在传统男性结婚年龄的界定上，通常不仅考虑其缔结婚姻的能力，行为人对自身行为的性质及后果的认知程度，能否独立有效实施民事行为，同时考虑其能否承担婚姻带来的权利与义务。其中把男性有无财产收入以及能否供养家庭、抚养子女等能力作为考察对象，对女性则主要以具备良好的生育能力为要求。这种双重标准表达了男性中心的思想，对妻子和丈夫行为能力的判断标准是不同的，是以身份作为人格权界定基础的传统立法模式的延续，谈不上法律地位的人格平等。

在追求性别平等的法律社会中，去除身份对权利的限制才是合理的选择。婚姻是基于分工合作而实现，只有两个平等的人才能实现真正合作，每一种分工都需要平等对待，否则分工可能会遭到破坏，无法实现共同的婚姻理想。两个身份存在差异、权利不平等的人无法实现良好的合作，身份区别阻碍了婚姻中的男女充分发挥自己的才能。基于身份的区别对待会对主体的性别身份进行反复的强化，进一步加深人们对身份的偏见与刻板印象。传统的女性主义强调我们作为社会交往中的男人和女人，通常都会受到大量不同的、刻板的性别观念的影响，在这些性别角色刻板观念普遍存在的情况下，实现性别平等是非常困难的。

（二） 男女法定婚龄区别对待的正当性基础不足

从影响结婚年龄界定的因素看，性成熟后的生理需求和择偶同居的心理需要是确定婚龄的基础性因素，经济发展和人口发展等社会因素，是结婚年龄的关键因素和最终确认因素。在实现男女平等问题上一贯的争执是女性应该争取与男性同样的平等还是保持与男性的差异。必须要承认，从自然性别的角度，男性与女性在生理及心理各方面均存在差异；从社会性别的角度，女性和男性应有平等的人格、尊严、价值。平等首先意味着机会平等，除非有正当理由证明差别待遇是正当的。差异的正当性需要根据权利的基本价值进行理性的判断，差别待遇是针对不同情况而制定的，但必须是"合理的差别"。合理的差别又被称为"良性的特权"，需要"立法者的理智决定"，目的是保证实质平等权的实现，是经过衡量评估后合乎正义的差别。如果不能从性别差异的法律中找到明确而合理的依据，那么这种差别对待就可能存在性别歧视。

1. 自然因素——性成熟的年龄存在个体差异

《黄帝内经》中提到女子 14 岁左右开始来月经，具有生殖功能，21 岁达到性成熟，男子 16 岁左右开始出现遗精，具有生殖功能，24 岁达到性成熟。支持男女婚龄差的学者们普遍认为，男人和女人的身体发育和性成熟与衰退具有生理差异，是我国法定婚龄差存在的自然基础。但在自然人何时才真正具备适合的性生活能力和生理需求的问题上，现实与历史已存在较大的差异。2011 年 8 月 18 日，德国马克斯·普朗克人口研究所的一项新研究已经证实，至少自 18 世纪中叶以来，男孩性成熟的年龄平均每 10 年提前 2.5 个月，如今 18 岁的男孩生理发育成熟程度相当于 1800 年的 22 岁。

我国传统的观点认为，女子要 19 岁，男子到 21 岁左右身体基本发育成熟，这也是我国现行法定婚龄确定为"男 22 周岁，女 20 周岁"的主要依据之一。生理成熟的年龄只是一个动态的参考数据，随着社会经济生活水平的变化，自然人的成熟年龄也随之在不断地变化，且这一数据受社会因素和个体因素的影响非常大。科学研究表明人类的生存与生育问题是个复杂的生理现象与社会现象，科学界往往根据女孩月经初潮的年龄来判断女性的性成熟时间，这一时间越来越提前。但男性性成熟年龄研究是个难题，缺乏可比的数据，只能通过间接的推算得出结论。性成熟的影响因素既是一种普遍的生理变化，也可能来自社会环境，如摄入激素、媒体、环境变化、营养条件等，既存在男女差异，又存在较大的个体差异。

因此，世界各国的法定婚龄大都在青春期的范围之内，并未严格要求性发育完全成熟，往往和法律关于民事行为能力的规定相统一甚至低于成年年龄，且受性别平等思想的影响具有男女法定结婚年龄趋同的趋势。例如：德国、瑞士、日本等国家修改了男女法定结婚年龄不一致的规定，男子和女子的法定结婚年龄和成年年龄均为 18 岁。我国台湾地区对"民法"第 973 条及第 980 条的相关规定也进行了修改，将男女最低订婚及结婚年龄调整为一致，分别修正为 17 岁及 18 岁，以充分实现男女平等。

2. 社会因素——法定婚龄作为社会人口政策的功能减弱

我国现行婚龄的确定考虑了较多的社会因素，尤其是政策性因素，把法定婚龄作为人口政策的重要内容。使得人们常常对法定婚龄制度的理解存在一定的误区，将法定婚龄等同于生育年龄。古代自然法时期，婚姻就被视为一种由某种目的决定的制度，认为婚姻的主要目的就是繁衍和教育后代。因此，婚姻和生育长期以来被认为是相辅相成的关系，在立法上婚姻问题和生育问题也常常是由同一部法律来调整的。近代以来，法定婚龄制度所处的社会语境发生了较大的变化，随着"制度说"被"契约说"取代，婚姻被视为民事契约关系。婚姻的本质逐渐成为夫妻间的精神与感情上的联系，婚姻法本身只有形式上的意义，法律只是从外部确证已经存在的内部联系，基于现代婚姻成立的家庭被认为是具有高度人身属性的私人领域，法律不得随意干预。同时随着科学技术和社会经济的发展，结婚行为和生育行为逐渐相分离，体现为不同的价值判断。人们独立行使结婚权与生育权，结婚年龄和生育年龄已是两个不同的概念。法律对婚姻、性和生育的"三位一体"的规范方式逐渐瓦解，婚姻和生育在制度和理论上都被截然分开。芬兰著名的社会学家、人类学家韦斯特马克在《人类婚姻史》一书中指出，现代文明"已导致结婚率的降低和结婚平均年龄的提高"。随着教育程度的普遍提高、婚育观念的多样化，主体独立性得到了充分彰显，人们在私人领域获得了更大的自由。社会生产方式允许个人脱离社会、主体脱离家庭，成为独立的主体，人们对于多儿多女的渴望已趋于淡薄。法定结婚年龄的意义在于从外部营造生育的法律空间和时间周期，长期以来为了更好地实现生育功能而进行的男女法定婚龄区分已不具有充足的理由和实证依据。

身份关系是人格的结合，具体体现在日常生活中，因此与其他法律领域相比，身份法律关系是相当尊重具体事实的。基于婚姻的自然属性，婚姻行为更加注重事实的结合，即使法定婚龄制度对结婚年龄作出了规定，法律对于早于法定婚龄缔结婚姻的缔结者也很难作出实质的约束。个人是婚姻缔结者也是权利义务最终承担者，既有结婚年龄普遍延后，晚婚比例逐渐提高的现象，也存在早于法定婚龄结婚的早婚现象。但无论早婚还是晚婚，作为一种身份行为，婚姻缔结权都是人们的一项重要权利，自由决定何时缔结婚姻是婚姻自由的重要内容，把这个权利平等地赋予男性与女性是法定婚龄制度完善的必然要求。

综上所述，每一种差别对待都需要以合理的依据作为支撑。性别平等必须建立在不被异化的劳动经验和劳动实践模式之上，法律首先要赋予个体基于自然人身份的抽象权利，以实现抽象的人格平等及法律地位平等，在此基础上还需要基于两性的经历、需要和视角作出充分回应，以实现实质正义与平等。

（三） 传统"男大女小"婚龄组合产生实际的不平等

当代性别平等面临的最大阻碍便是刻板的传统家庭性别分工，男女因性别不同而被社会赋予不同的社会角色，被建构出来的性别气质不仅存在对女性的压迫，也使男性的生活充满压力。在西方发达国家，20 世纪 70 年代出现了"男人解放运动"，他们对男性气质提出反思和批判，男性气质也是长期社会化的结果，它要求男性在一切场合展示其男子气概，这成为男性的责任。对男女婚龄的不同规定由落后的性别文化和制度构建，在某种程度上限制了有效的婚姻供给，造成了实际上的不平等，不仅是对女性的一种歧视，对男方也是一种限制。

第一，年龄差异偏好形成对男女婚姻选择的捆绑。法律的作用除了规范，更为重要的是指引。从某种意义上说，关于婚姻法定年龄差异的强制性规定，在择偶年龄上固化了"男大女小"的思维模式，存在一种结婚需"男大女小"的暗示性指导。随着人们社会观念的转变，突破"男大女小"婚姻模式的比例呈上升趋势，但传统的"男大女小"主导婚姻模式并没有改变。法律在规范当事人行为的同时，又对他们的行为作出了不公平的指引，长期形成的年龄差异偏好形成对男女婚姻选择的捆绑。

第二，误导男女两性在家庭分工的角色定位。从社会性别视角看，"男大女小"的法定婚龄模式可能使女性选择比男性更早结婚，比同龄男性更早进入家庭生活，影响这些女性的人力资本投资和自我发展。许多女性在选择配偶时倾向选择年龄较大且有经济基础的异性，并承担更多的家庭角色，不利于其独立人格发展。而男性则更有可能被"先立业后成家"的传统观念束缚，承担更多作为"家庭顶梁柱"的社会期望与压力。

第三，"婚姻挤压"和"婚姻竞争"加剧。我国长期存在同年龄人口性别结构"男多女少"比例失衡的情况，在"男大女小"婚配模式的主导下，男子的法定结婚年龄较高，女性的法定结婚年龄较低，容易导致同年龄段的男女比例更加严重失调，导致单身人口比例和结婚年龄的提高。如果正常结婚年龄的男女在数量上严重不平衡，不仅推动了年龄刚性的约束，也降低了在较小的年龄差距下进行匹配的可能性，并增加了老年男性和年轻女性之间匹配的差距，对婚姻的稳定性构成了威胁。

第四，配偶选择上出现资源分配的不公平。男性择偶范围大于女性，并造成女性在婚姻资源配置、社会分工等方面取得了与男性群体不平等的发展水平和发展层次，导致男女潜在结婚对象分布上不平等。这对他们在婚姻市场上的地位也会产生不同的影响，相对于男性可以从较年轻的队列中找到配偶，女性与配偶之间的年龄差异空间要小得多，如果她们错过了结婚的合适年龄，可选择的配偶数量将大大减少。因此，大龄男性比大龄女性拥有更大的选择优势，女性选择婚姻的沉没成本和由此产生的机会成本损失大于男性，在配偶选择上可能出现资源分配的不公平，形成了男女地位实质不平等。

因此，突破传统的婚龄差距设置，为两性开拓更大更合理的年龄空间，根据个人的实际情况进行婚龄组合的最优化，有利于保障婚姻关系的可持续发展。

（四） 缺少针对性别差异的特别规定

法定婚龄制度在赋予男女机会平等的同时还应考虑性别差异与个体差异。由于女性在进入青春期与法定婚龄之间存在因同居而怀孕的可能性与风险，应允许女性在未婚怀孕并存在特殊健康风险的情况下，提出基于特别事项的结婚申请，进行个案裁判。有些外国法律在规定法定婚龄的同时，设立"特许"制度，即法律允许当事人因特许的事由，在低于法定婚龄的情况下，经有关机关或有特权的人批准而结婚。关于特许的幅度，各国规定宽严不一，对男女性别的限制不一致，降低的幅度也各不相同。该制度中"特许"的法定理由一般只是概括的规定，适用特别事项包括男女在法定婚龄前已怀孕或患绝症等原因，允许当事人在未达法定婚龄之前结婚。

现实中不同群体的青年人对结婚年龄的需求也具有多样性，例如，农村受教育程度比较低的年轻人常常有较早结婚的愿望，未达法定婚龄但采取各种手段虚报、谎报、变更年龄领证结婚的现象大量存在，给婚姻登记管理和司法机关增加了困难，也存在大量因为不到法定结婚年龄而形成的同居关系。一旦双方同居关系终止，对女性以及非婚生子女的伤害尤其严重，常常存在同居期间女性反复怀孕和堕胎的情形，对女性身体造成很大的伤害，甚至丧失生育功能。根据现有的法律，同居关系终止后她们一般无法获得财产权益的保障，也很难因为流产等身体伤害得到救济和赔偿，社会声誉也受到影响。因此，基于各种群体的不同需求，需要增加允许当事人基于特殊的必要事项提出申请的特许婚龄制度，以实现公平和正义。

四 结论

我国长期以来法定婚龄男大女小的双重标准不利于男女两性平等获得各项婚姻权利的法定保护，不符合性别平等的价值观。传统社会中男女的社会地位和发展水平长期处于不平等的失衡状态，形成传统的性别偏见和不平等的性别秩序格局，深刻地影响着两性关系的可持续发展，也对当代社会女性合法权益的保障提出了更为严峻的挑战。

婚姻行为能力关系到结婚权、配偶权等婚姻权利的行使，应遵循平等的原则，因此建议消除基于性别的法定结婚年龄差，支持张苏军委员将法定婚龄修改为男女均为 18 周岁的提议，但并不认为现有婚龄是老龄化和结婚人数下降的元凶，降低法定婚龄的目的是还原婚姻行为作为身份行为的基本属性，把法定结婚年龄纳入婚姻行为能力的范畴，与《民法总则》中自然人的民事行为能力体系保持理论上的一致性，从而构建逻辑严谨、立法科学的婚姻家庭编，保持民法典的体系性和周延性。同时建议增加针对特殊情况的特许婚龄制度，以增加法定婚龄的适应性。

生育权的三维解读

陈凌云[*]

【内容摘要】 生育权是自然人享有的独立人格权，以往研究聚焦于生育法律关系中主体权利冲突的化解，但未思考权利冲突的成因以及法理基础。重新审视生育权的基本理论，从内部梳理生育意愿、生育行为、生育责任的关系，发现生育权的三张面孔：权利性、责任性和福利性，分析三者之间的内在逻辑结构以及不可分割的关系，在保障平等生育权的前提下，实现全面二胎生育政策所追求的最终社会效果。

【关 键 词】 生育权　　生殖利益　　生育福利　　生育合意

生育权是人们基于自然法则、人类理性和道德而具有的体现人类本性的权利。① 自 2016 年全面二胎政策之后，人口问题成为全社会聚焦之热点，

---

* 陈凌云，西北政法大学民商法学院副教授。

① 有学者提出夫妻之间共有生育权，参见刘作翔《权利冲突：一个应该重视的法律现象》，《法学》2002 年第 3 期；潘皞宇：《以生育权冲突理论为基础探寻夫妻间生育权的共有属性——兼评"婚姻法解释（三）"第九条》，《法学评论》2012 年第 1 期。有学者主张，在夫妻之间未达成生育合意时，例如妻一方堕胎时，不构成对夫一方生育权的侵犯，参见马忆南《夫妻生育权冲突解决模式》，《法学》2010 年第 12 期。也有学者主张，根据权利优先行使原则，女性生育权优先男性生育权获得保护，但应承担赔偿责任，参见张荣芳《论生育权》，《福州大学学报》（哲学社会科学版）2001 年第 4 期；朱振：《妊娠女性的生育权及其行使的限度——以〈婚姻法〉司法解释（三）第 9 条为主线的分析》，《法商研究》2016 年第 6 期。

然新政并未产生预期效果。① 与此同时,《中华人民共和国民法典 (草案)》(以下简称《民法典 (草案)》) 两稿中,无论是人格权编还是婚姻家庭编均未明确规定生育权。反观实践中生育权受到侵害的事件屡见不鲜,有必要重新审视生育权的法理基础,从微观层面界定权利;从宏观层面解析国家的生育福利政策,以保障主体行使生育权的自由,提高生育意愿,并最终实现提高人口数量与素质的双重目标。

一 生育权基本理论欠缺所引发的法律问题

学者对生育权的讨论集中于生育权本质②,夫妻生育权的冲突③,以及特殊人群生育权④等,讨论从世纪之交延续至今日,近 20 年未停止且有愈演愈烈之势。人口基数、经济文化、环境等因素动态综合作用,导致生育权问题层出不穷。

(一) 欠缺有关生育权完整的法律规范

我国现行法律规范对生育权的表述并不一致。《中华人民共和国宪法》(以下简称《宪法》) 并没有从正面肯定生育权为公民的基本人权,而是在第 49 条中规定了公民生育的义务。《中华人民共和国妇女权益保障法》(以下简称《妇女权益保障法》) 第 2 条规定:"妇女在政治的、经济的、文化的、社会的和家庭的生活等各方面享有同男子平等的权利。"生育权利或自由属于家庭生活内容,男女享有平等的生育权。另第 51 条明确规定:"妇

---

① 以下为国家统计局发布的 2016～2018 年人口出生率、死亡率和自然增长率数据。

2016 年人口数据显示:人口出生率 12.95‰,死亡率 7.09‰,人口自然增长率 5.86‰。

2017 年人口数据显示:人口出生率 12.43‰,死亡率 7.11‰,人口自然增长率 5.32‰。

2018 年人口数据显示:人口出生率 10.94‰,死亡率 7.13‰,人口自然增长率 3.81‰。

数据内容参见国家统计局"国家数据"。

上述三组数据表明,自全面二胎政策实施后,人口自然增长率不增反降,原因众多,值得思考新政的配套激励机制如何设计。

② 参见付翠英、李建红《生育权本质论点梳理与分析》,《法学杂志》2008 年第 2 期。

③ 有关单身女性生育权的讨论,参见汤擎《单身女性生育权与代际平等》,《法学》2002 年第 12 期。

④ 参见李玉娥、栗志杰《服刑人员生育权论要》,《法律科学》2018 年第 1 期。

女有按照国家有关规定生育子女的权利，也有不生育的自由。"其肯定了生育的权利属性，自然人有生育的自由，但是没有明确定义为"生育权"。《中华人民共和国婚姻法》（以下简称《婚姻法》）第2条规定夫妻应当实行计划生育。直到《〈婚姻法〉司法解释（三）》第9条①解决夫妻无法达成生育合意时，才正式提出了生育权的概念。其强调妻擅自中止妊娠，夫一方不得以生育权受到侵犯为由而要求损害赔偿。而2015年新修订的《中华人民共和国人口与计划生育法》（以下简称《人口与计生法》）第17条②再次重复了《妇女权益保障法》的说法，即公民有生育的权利，但夫妻也应依法实行计划生育。然而在2017年《中华人民共和国民法总则》（以下简称《民法总则》）第110条所列有关民事权利中，"自然人享有生命权、身体权、健康权、姓名权、肖像权、名誉权、荣誉权、隐私权、婚姻自主权等权利"，其中没有出现生育权。更为遗憾的是，在《民法典（草案）》三审稿"人格权编"中依然没有明确将生育权列为民事主体基本人格权，但在第990条中规定："除前款规定的人格权外，自然人享有基于人身自由、人格尊严产生的其他人格权益。"与此同时《民法典（草案）》"婚姻家庭编"也未写入计划生育基本原则。生育权在未来只能通过对一般人格权中"人身自由"的解释进入法律视野。

综上所述，我国现行法律以及未来民法典中，没有统一的生育权表达方式。现行法律规定多倾向于原则性的规定，并且因计划生育政策的影响，权利义务属性不明。有关权利主体的表述也极为混乱，有"公民"、"自然人"、"夫妻"和"男女"，当民事主体在有关生育关系中利益遭受侵犯时，如何作出法律适用的选择？从表述而言，生育权似乎已经被完全私权化，看不到国家的职责。

（二）　生育权救济的缺位

因生育权利规定不一致导致权利定性困难。无论是男女生育权的冲突，

①　《〈婚姻法〉司法解释（三）》第9条规定："夫以妻擅自中止妊娠侵犯其生育权为由请求损害赔偿的，人民法院不予支持；夫妻双方因是否生育发生纠纷，致使感情确已破裂，一方请求离婚的，人民法院经调解无效，应依照婚姻法第三十二条第三款第（五）项的规定处理。"
②　《人口与计生法》第17条规定："公民有生育的权利，也有依法实行计划生育的义务，夫妻双方在实行计划生育中负有共同的责任。"

还是第三人对生育权的侵害，当事人并没有直接以"生育权"为由提起诉讼。这与我国对生育权重视程度不足有直接关系。当夫妻之间的生育权发生冲突时，当事人依照《〈婚姻法〉司法解释（三）》第9条规定，因生育纠纷而感情破裂，遂提起离婚诉讼。作为感情破裂成因的生育权问题没有从正面得到回应，只能借离婚外衣得以解决。

在医疗纠纷中，有生殖器官、生殖细胞和生殖健康受到侵害的案件，例如错误出生、错误割除生殖器官、错置避孕器具等案件。此时受害人多选择健康权、身体权侵权之诉，或者以医疗合同纠纷提起诉讼，生育权依然没有得到回应。

当女性遭遇"限制生育"的职场潜规则时，基本无可诉途径。用人单位或雇主的招聘条件虽未列明生育限制，但会以其他理由拒绝育龄女性，因此很难就侵害生育权①或者遭遇就业歧视性待遇进行举证；在劳动过程中，育龄女性在分娩前后经常遭遇换岗、被辞退的问题，这些侵害生育权的行为往往被冠以"无法胜任原工作"或者"工作失误造成无法挽回损失"之名等。用人单位要求女职工生育报备，单位内部采用"排队生育"②方式，以缓解育龄女职工生育要求与用人单位工作安排之间的冲突。

女性劳动者基本无法获得有关"就业歧视"和"生育限制"的救济，最终只能选择妥协或主动辞职，短期内放弃社会工作。尽管人社部、教育部等九部门印发《关于进一步规范招聘行为促进妇女就业的通知》（以下简称《通知》），其中要求在招聘环节，不得限制性别（国家规定女职工禁忌劳动范围等情况除外）或性别优先，不得以性别为由限制妇女求职就业、拒绝录用妇女，不得询问妇女婚育状况，不得将妊娠测试作为入职体检项目，不得将限制生育作为录用女职工的条件，不得差别化地提高对妇女的录用标准。人民法院依法受理妇女就业性别歧视相关诉讼，设置平等就业权纠纷案由，司法部门积极为符合条件的妇女提供司法救济和法律援助。尽管有此规定，但目前案由尚未变动，未能体现对就业歧视的可救济性。

---

① 参见刘远举《有一种职场尴尬叫作已婚未育》，"腾讯大家"微博，2019年2月26日。
② 河南省焦作市山阳区信用联社单位女职工统一制订"生育计划"，要求女职工必须在单位规定的时间内怀孕，未按计划怀孕影响工作安排的，罚款1000元。参见新华网《排队怀孕的荒唐之举缘何存在？》。

因此将生育定义为权利缺少独立有效的诉讼或仲裁救济途径。

（三） 割裂了"育"与"生"的因果关系

当下中国现实家庭关系中，多少父母实现了所谓生育权，但没有尽父母之责，存在大量留守儿童、事实孤儿、非法生育子女、未成年人受害事件等，在有关生育权客体的争论中，部分学者并未区分生育与养育的关系，更未意识到养育问题对生育问题的致命影响，因此出现了女性与男性生育权冲突、个人生育利益与计划生育政策关系以及特殊人群的生育权等问题。生育权中"育"的内容已经为未成年人亲权制度所涵盖，仅包含"生"的内容，即生殖利益。① 生育者求"生"弃"养"的行为给国家、社会和其他家庭成员带来极大负担。

与此同时，讨论者忽视了生育权社会性的一面：生育不仅让自然人享受为人父母的天伦之乐，同时也为国家提供了社会发展的劳动力，国家亦是生育行为的受益者。因此生育主体有权要求国家为生育、养育问题提供便利条件和优惠政策。民法学者的讨论集中于权利属性和内容的思辨，此举可解决一对一的私权关系，但是如何提高生育愿望和生育质量，民法学者无以应对，将其推给社会学领域，认为国家对生育问题的职责与权利冲突的解决无关。国家的计划生育政策是调整人口与自然资源环境和谐发展的基础，虽然全面"二孩"制是一种限制生育政策，但从丁克家庭到独生子女家庭，从独生子女家庭到二孩家庭，这是人口从少到多的过程，国家有责任采取积极合理的措施以促进生育，例如假期、企业福利、生殖健康信息、技术和医疗服务等。

综上所述，生育作为医学、社会学、伦理学和法学等多学科共同关注的领域，当代中国法学界对涉及人类个体和整体发展的重要权利，没有体现社会科学应有的犀利和严谨，以至于始终无法发现生育及相关权利纠纷的本相。

---

① 参见樊丽君《生育权性质的法理分析及夫妻生育权冲突解决原则》，《北京化工大学学报》（社会科学版）2005 年第 4 期。另外可以从生育的英文 "reproductive" 分析，其仅仅意味着繁殖、生殖，从未包含养育的内容。更早持此观点的，参见樊林《生育权探析》，《法学》2000 年第 9 期。

二 生育权的第一面：私权性

从微观层面个体为人父母的愿望，到宏观层面增加人口数量和提高人口素质的需求，生育作为一种权利是毋庸置疑的，但生育的义务以及依法实施计划生育并没有得到充分的论证，由此引发了男女之争、夫妻之争、医患之争，诱发这些问题最核心的原因是生育权法律关系的模糊性。

（一） 生育权的客体：生殖利益

生育权的英文表述为"reproductive right"，生育权的本意为生殖的权利，这也符合立法的权利设置：监护、亲权制度解决养育问题。然而什么是生殖，以自然科学尤其是医学定义为生育权研究的客观基础，有助于法学研究结论的精准化，避免在基本概念模糊的前提下探讨权利冲突和权利救济问题。医学领域中生殖医学与妇产科、外科、男科等存在交叉，但其具有不可替代的核心部分，生殖医学所解决的疾病包括不孕不育等问题①，主要解决生殖器官的功能性、器质性疾病，逐步及人工生殖技术，以专业术语表述为"配子与环境、配子与遗传"等问题，继而延伸到生殖健康，与原有产科、妇科不同，还包括男性生殖问题。

由此，医学对生殖的判断以生殖细胞和生殖功能为核心，即胚胎成功着床之前的阶段。胚胎着床后的中止妊娠、分娩事项将转入妇产科的研究范围。根据医学概念论之，男女两性生殖利益存续时间并不相同，将此应用于生育权研究，使研究视野豁然开朗：生殖利益是对生殖器官以及生殖细胞的支配权。男性生殖利益的存续时间范围是从利用生殖器官以及生殖器官所产生的生殖细胞，到实现生殖细胞与身体相分离，并将生殖细胞输入女性生殖器官；女性生育权的时间范围是从利用生殖器官所产生的生殖细胞直至完成生育行为，因此女性生殖利益的存续时间长于男性。

（二） 男女双方享有独立的生育权

根据生育权的一般观点，男性生育权也延续到女性分娩之时。正如有

---

① 参见李力、乔杰《实用生殖医学》，人民卫生出版社，2012，第11页。

学者将男性生育权进行了"消极和积极角度"的阶段性划分：女性受孕前，男性的生育自由是完整的；女性受孕后，男性的生育权表现为对女性怀孕和分娩的知情权和为父的期待权，以及一定程度的决定权。① 有学者认为：权利主体是两人，权利客体是夫妻二人共同的生育行为，因此生育行为的发展阶段和主体行为都不能被割裂判断，任何一方的生育行为不能孤立于共同的生育行为之外。② 这两种解释的巨大分歧是，在男性处分生殖细胞至胎儿活体分娩之间，男性是否享有生育权。传统观点在此阶段为男性设置生育权，男女生育权并存，以此对抗女性中止妊娠的行为，同时以女性生育权优先保护为前提。而按照本文所提出的医学观点，在此阶段仅有女性生育权的存在，但女性中止妊娠的行为是否完全免责？

笔者认为该解释并不违反逻辑。第一，共同生育并养育子女是结婚合意的应有内容。③ 尽管现代两性关系有所变化，但是通过缔结婚姻实现两性结合而繁衍后代，仍是最基本的途径。生育是建立婚姻的目的，而不育则是婚姻破裂的重要原因。④ 依婚姻的内在本质属性判断，夫妻形成永久且排他性的单位，自然地共同完成生育和养育子女的使命。⑤ 世界主流宗教的传统观点都认为，婚姻是男女两性生育和养育子女的自然倾向。换言之，生育是婚姻自然属性的应有之义。即便在中国家庭规模多元化的今天，依然没有忽略或淡化婚姻的生殖内容。尽管有人工生殖子女、丁克家庭等多元形式，但在婚姻的惯常伦理解释中，生育合意不需明示，当然包含于结婚的合意之中，即推定男女双方排他性、永久性地选择对方为生育和抚养子女的对象，反之不生育或者特别生育方式则需要以明示的方式作出。这是婚姻自然属性的应有之义，即便在一夫多妻制的家庭中也是如此⑥。

由于自然生育过程是由妇女承担和完成，妇女应当享有生育权的最后

① 参见张作华、徐小娟《生育权的性别冲突和男性生育权的实现》，《法律科学》2007 年第 2 期。
② 参见潘皞宇《以生育权冲突理论为基础探寻夫妻间生育权的共有属性》，《法学评论》2012 年第 1 期。
③ 参见张作华、徐小娟《生育权的性别冲突和男性生育权的实现》，《法律科学》2007 年第 2 期。
④ 参见焦少林《试论生育权》，《现代法学》1999 年第 6 期。
⑤ See Sherif Girgis, Robert P. George, Ryan T. Anderson, *What is Marriage*, 34 HARV. J. L. & PUB.
⑥ See Sherif Girgis, Robert P. George, Ryan T. Anderson, *What is Marriage*, 34 HARV. J. L. & PUB., pp. 246 – 247.

支配权。如果妻子不愿意生育，丈夫不得以享有生育权为由，强迫妻子生育，妻子未经丈夫同意私自中止妊娠，虽可能对夫妻感情造成伤害，甚至危及婚姻的稳定，但丈夫并不能以本人享有的生育权对抗妻子享有的生育决定权，故妻子单方中止妊娠不构成对丈夫生育权的侵犯。① 如果丈夫与妻子在生育问题上存在意见分歧，夫妻任何一方婚内无法实现为人父母的愿望，以至于感情无法维系时，只能选择离婚而不得在未经配偶同意的前提下收养、采用人工生殖技术，或者与第三人生育子女。②

换言之，婚姻是男女双方达成的兼具身份和财产的契约，由此其一方在怀孕后中止妊娠是违反承诺的行为。另外，男女双方在此契约中各自履行义务有先后之别，履行内容也根据生殖器官的特点有所不同，也符合人体结构和机能的要求。因此婚姻存续期间所获得之非婚生子女，妻子擅自中止妊娠的行为，都是对共同生育和抚养子女意思表示的违反，并非对夫之生育权的侵犯，否则与生育权为绝对权、支配权的性质相悖，即需要请求他人为一定行为才能实现权利内容。因此《〈婚姻法〉司法解释（三）》第9条未赋予夫一方损害赔偿请求权的规定，应当作缩限解释，即男性不享有侵权损害赔偿请求权，但其应当享有期待利益落空的违约损害赔偿请求权。③ 否则男性在生殖细胞与本体分离至女性分娩之前，将处于权利真空阶段，无法与监护和亲权制度相衔接。

第二，非婚同居男女生育合意的认定。因生殖器官本身承载着性行为与生育行为双重功能，不能因双方无婚姻的约束而剥离生育行为，推定同居男女没有生育的合意。男女在同居期间签订了生育协议，约定不生育子女，但男方与女方发生性关系时没有采取任何避孕措施，该行为已经表明其以默示的方式行使了自身的生育权，这时其虽然不希望女方生育，但不得强迫，否则是侵犯了女性的人身权。④ 女性因避孕失败或者未采用避孕措施而致子女出生，也不构成对男方生育权的侵犯。

---

① 参见李杰编著《民商事疑难案件裁判标准与法律适用》，中国法制出版社，2011，第59页。
② 参见许莉《供精人工授精生育的若干法律问题》，《华东政法学院学报》1999年第4期。
③ 参见朱振《妊娠女性的生育权及其行使的限度》，《法商研究》2016年第6期。
④ 参见奚晓明《最高人民法院婚姻法司法解释（三）理解与适用》，人民法院出版社，2011。

由此，生育权是指主体有权自由决定生育的时间间隔、生育子女的数量，任何人不得对其进行干涉，保持自身生殖健康、生殖器官的功能完整性，由此才能保证生育自由。例如侵害生殖器官的健康，在人工生殖技术中错用、丢失生殖细胞、胚胎等，都构成对生育权的侵犯。[①]

三 生育权的第二面：责任性

行使生育权者必须正视权利行使的法律后果：未来将对一个或多个平等主体承担抚养责任，因此生育权的第二面相即以履行监护人职责为前提[②]。成熟的生殖细胞最终会成为自然人，并需要他人帮助而成长。换言之，生育权的行使受制于子女利益，这不仅包括尽自己所能为子女提供最佳成长环境，还需要保证子女的健康出生，例如生育主体自身患有严重的遗传性疾病，或已经生育了患有遗传性疾病的子女，其生育权受限。[③] 这种责任本身包含双重意义，一重为对家庭中的子女的责任，包括已经出生和将来出生的子女，这是生育主体的主观判断；一重是代际资源环境的责任，国家通过人口调节的宏观政策为生育主体提供的客观参照系。只有对生育权施加责任的内容才能保证个体理性实施生育行为，否则自然人将极易从性行为中获得快乐而逃避其应承担的社会责任。

（一） 私权化的生育权面相：负责任地养育子女

生育权作为私权时，其强调男女双方均有生殖自由，即生育的自由和不生育的自由，自由决定生育子女的数量和间隔。第三人负有不作为的义务，即不得干涉他人行使权利，但并不存在以积极作为方式履行生育义

---

① 1965 年第十八届世界卫生大会通过的 WHA18.49 号决议以及 1966 年联合国大会通过的 2211（XXI）号决议均强调"自由选择家庭大小的权利"。1968 年联合国国际人权会议通过的《德黑兰宣言》首次提出"父母享有自由负责决定子女人数及其出生时距之基本人权"。

② 学者们也将公序良俗作为生育行为的限制，笔者认为这是任何法律行为都需要满足的条件，并非生育行使中的特有内容。参见陈玉玲《论生育权的权利属性及其侵权责任》，《法治论丛》2009 年第 6 期。

③ 参见焦少林《试论生育权》，《现代法学》1999 年第 6 期。

务。① 1969 年联合国大会通过的《社会进步及发展宣言》重申："父母有自由并负责决定其子女人数及生育间距之专有权利。"生育是种族的延续，仅生而不养育必然导致人口数量的减少，或者人口素质的降低。正如监护权，监护人的权利是相对于被监护人之外的第三人而言；监护人的责任或义务是相对于被监护人而言。同理可证，生育权主体应当负责任地保障已经出生或尚未出生子女的生活、教育等问题。法律在生育主体与新生儿之间强制建立血亲关系，并要求其履行监护人职责。无论生殖器官的支配者是自愿还是被迫，无论是夫妻或同居者之间达成的事前生育协议，还是当事人事后违约，一旦子女出生，均需要履行监护人责任。

因此，在生育合意中蕴含着愿与对方共同抚养未成年子女的承诺，这种责任也就可以解释《〈婚姻法〉司法解释（三）》第 9 条有关"妻擅自堕胎，夫只能请求离婚而不能请求损害赔偿"的法理基础。进入怀孕期间后，胚胎已经成为女性身体的一部分，无论是否告知男性，女性均有权自由处分身体，这种处分意味着自己并不愿意承担为母的法律责任和道德责任，或者并不愿意与男性共同承担监护人的责任。若中止妊娠手术以男性同意为前提，未经夫一方同意不得堕胎，则会导致女性重新回到生育义务阶段，女性子宫工具化。婚姻契约中涉及人身关系部分无法请求强制执行，否则有限制他人人身自由之嫌。以学者的观点，男性对女性生育利益享有支配权，女性生育利益上设定了两个不相容的客体。②

因此，生育权的第二面是指在承诺为有责任感之父母的前提下，男女双方的生殖自由。由此一系列难题得以解决。第一，要求男性在妊娠手术、中止妊娠手术上的签字，除了医疗合同下患者知情权以及手术风险的免责外，签字本身还包含放弃为父的意思表示。③ 同理，夫妻同意实施人工生殖技术，意味着承诺承担抚养人工生殖方式所育子女的责任。第二，服刑人员或者被判处死刑者虽然享有生育权，但其权利行使受到限制或者无法行

---

① 参见邢玉霞《现代婚姻家庭中生育权冲突之法律救济》，《法学杂志》2009 年第 7 期。
② 参见马忆南《夫妻生育权冲突解决模式》，《法学》2010 年第 12 期。
③ 参见复林《女婴夭折，单身产妇只身与医院鏖战》，《法律与生活杂志》2019 年 8 月 20 日。

使，因其无法保证能够履行为人父母的责任。① 第三，身心健康且有教育能力、经济能力的单身女性完全可以行使生育权，不受婚姻关系的影响。尤其生育时需要考量现有子女的利益，例如能否继续提供必要甚至更好的生活、教育资源，亦为生育选择的前提，而并非机械地扩大家庭规模。

（二）国家对生育权责任的判断

自然人在行使生育权时，需要以承诺为负责任的父母为内在前提，但这仅仅是个体家庭的主观判断。世界各国已经意识到人口、经济发展和环境资源之间为矛盾共同体，人口过度增长虽然可以繁荣经济，但同时给资源环境也带来巨大压力。国际公约也承认国家实施人口计划政策的必要性和正当性。个体虽然可承诺给予子女最佳照顾，但是个人并不能改变整体环境和资源，个人行为亦有盲从性，限制不负责任的生育行为，尤其反对低质量的育儿方式，应当考虑到生育行为的社会责任。自我国实行人口计划生育政策以来，经济发展和人口素质的长足发展是有目共睹的，从独生子女到"二孩"的生育政策，也是经济发展所需，同时体现了环境资源的承载能力。家庭不仅是男女双方合意所致的契约，也是社会组织形式，担负着财富和人口生产的双重职责。

但是国家在制定生育政策时，潜在地将生育与婚姻捆绑在一起，以双亲供养为最佳模式。《人口与计划生育法》中规定"夫妻"为"二孩"政策的实施者。这种立法践行了旧母性主义的观点：给子女最好的礼物就是双亲家庭生活环境，只有男女双方以稳定的婚姻方式结合，才能确保子女获得最大的成长利益。② 国家要求生育者有婚姻关系，无外乎易于判断生父：与生母有婚姻关系者被推定为生父。进而可以确定未成年人的监护人和具体抚养者。国家已经为众多生育主体选择了最佳的生育策略和养育模式，由国家代替生育主体判断现有子女和将来子女的生活需求。这种模式的问题显而易见。

---

① 有学者认为服刑人员被剥夺人身自由，由此建立在此基础上的其他自由权利都应当受到限制。以此解释"同居会面"制度以及由此产生的生育问题并不具有法理基础。参见华东政法大学生育权与人权课题组《关于生育权和人权的思考》，《法学杂志》2009年第8期。
② 参见汤擎《单身女性生育权与代际平等》，《法学》2002年第12期。

第一，并非所有婚生子女的养育状况均优于非婚生子女，有婚姻关系之父母未尽监护职责者亦比比皆是，例如留守儿童、事实孤儿、低效陪伴、丧偶式育儿。尤其是中国父母以子女维系婚姻，仅给子女提供了双亲的框架，但没有通过夫妻间的深厚情感涵养父母对子女的情感。加之现实生活中的夫妻实行个人财富管理，并非设立共有账户，没有共同管理的行为。异地婚姻、周末夫妻等中国婚姻现象必然使子女事实上处于一方抚养之下。

第二，女性的天职是母亲。1994 年《国际人口与发展会议行动纲领》4.1 强调："赋予妇女权利，让她们自主，提高她们的政治、社会、经济地位，改进她们的健康状况，本身就是一个十分重要的目标，对实现可持续发展也至关重要。妇女和男子都需要在生命的生产和生育方面充分参与，建立真正的伙伴关系，包括共同负责照料和育养子女，维持家庭。"虽然我国为女性劳动者提供了产假，为男性劳动者提供了陪产假，但假期长短相差巨大（后文详述），使得产假丧失其应有的意义，成了育儿假，而男性因假期短而无法亲身参与育儿。该规定在某种程度上固化了女性作为母亲的角色和职责，以假期的方式引导女性劳动者优选履行母职，继而放弃个人自我社会价值的实现。值得欣慰的是，江苏省政府法制办公室就《江苏省实施〈中华人民共和国妇女权益保障法〉办法（草案）》（第一次征求意见稿）公开征求意见时，将"共享产假"在草案中以"共同育儿假"的方式给予明确，女方享受产假期间，男方享受十五天护理假和不少于十五天的共同育儿假。[①]

在涉及未成年人抚养权的离婚案件中，很多女性并不具有抚养子女的客观条件，但男方弃养，其出于情感和信仰等，独自承担起抚养未成年子女的重担。而《关于人民法院审理离婚案件处理子女抚养问题的若干具体意见》第 1 条明确规定，两周岁以下子女一般随母方生活；母方患有久治不愈的传染性疾病或其他严重疾病，子女不宜与其共同生活的，或者有抚养条件不尽抚养义务，而父方要求子女随其生活的，或其他原因导致子女

---

① 参见张玉胜《"共同育儿假"是彰显平等的法治进步》，《中国人口报》2017 年 6 月 21 日，第 3 版。

确无法随母方生活的条件下，可随父方生活。① 然而司法实践依然遵循此惯例，母亲优先享有 0～2 岁婴儿的抚养权。这种观点的客观基础是，女性承担了抚养婴儿的主要工作，女性天性温婉、情感细腻，更适合照顾未成年子女，同时因亲身照顾时间长于男性，更为了解子女习性，并且在情感上也无法割舍。这些规定和司法裁判结果直接导致女性离婚后携子独立生活者居多，生活质量急剧下降，同时也影响其再婚选择。《妇女权益保障法》第 50 条："离婚时，女方因实施绝育手术或者其他原因丧失生育能力的，处理子女抚养问题，应在有利子女权益的条件下，照顾女方的合理要求。"当男性的抚养能力优于女性时，若女性丧失生育能力，则女性抚养权优先于男性。如此规定引导大众形成一种认知：女性的首要职责是为母亲，女性的天职是为母亲。

第三，人工生殖技术的发展扩展了生育的方式和手段，使性行为和生育分开，客观上使所有个体均可通过科学技术手段实现为人父母的愿望。② 另外收养法律关系的成立并未以婚姻为条件，由此要求违法生育者缴纳社会抚养费则形成等者不等之的结果。有能力支付社会抚养费者可以使超生子女获得合法的身份以及由此所带来的公共资源，无能力支付者则在抚养子女问题上愈加困难。③ 对于后者而言，自认为有能力抚养，而社会抚养费的存在使其无能力抚养。《中华人民共和国收养法》（以下简称《收养法》）并未限制单身人士作为收养人，仅限制了收养异性的年龄差。同为建立亲子关系，实现为人父母的愿望，我国没有限制单身人士成为养父母的权利，

---

① 幼儿由母亲优先抚养，即英美法上"襁褓原则"（tender years doctrine），是一种假设幼儿由母亲照顾最符合子女利益的母亲优先制度设计，原则上由幼儿（通常指学龄前儿童）的亲生母亲取得监护权，除非反证证明母亲不适任。在美国，该原则因被法院认定违宪，或因考量此种性别差待遇的合宪性而被许多州废除。我国《民法典（草案）》一、三稿中规定离婚时不满 2 周岁的子女，以由母亲抚养为原则，二稿曾经删除此规定。

② 参见吴俐《生育权的尴尬与选择》，《人口与经济》2003 年第 4 期。

③ 全国很多省份明确规定，对非婚生育行为征收社会抚养费，例如广东省《广东省人口与计划生育条例》第 46 条规定：未办理结婚登记生育第二胎子女，要按上一年度人均可支配收入额为基数计算征收二倍的社会抚养费。全国人大代表、广东省惠州市政府副秘书长黄细花建议保障未婚妇女生育权，并呼吁废除任何歧视非婚生育的政策，充分保障非婚生孩子的合法权益。参见《社会抚养费还要收？人大代表建议出台鼓励生育政策，无条件为非婚生育孩子上户口》，《中国经营报》2019 年 3 月 4 日。

但限制了单身人士为生父母可以享受的生育福利或资源。①

四 生育权的第三面：福利性

如果仅从私权化角度解读生育权，那将无法实现生育权的核心价值：平等生育。能够担当实现平等生育权重任者唯有国家，国家从个体生育行为中享受劳动力所带来的经济繁荣，应向个体输出足以矫正不平等生育的社会资源，或者对生育资源进行再分配，以实现生育权的平等保护。1974年联合国在布加勒斯特召开的世界人口会议、《消除对妇女一切形式歧视公约》②、《国际人口与发展会议行动纲领》③ 均提出"所有夫妇和个人都有自由和负责任地决定生育孩子数量和生育间隔并为此而获得信息、教育和手段的基本权利"。显然国家有权提供与生育有关的信息、方法、知识和手段等。这些信息、方法、知识和手段，至少包括生育技术、生育保健、生育调节等内容，但又不局限于此，还包括假期、津贴甚至奖励。我国的《妇女权益保障法》《人口与计划生育法》《女职工劳动保护特别规定》提供了生育所需的部分信息、技术和帮助，但与我国全面"二孩"的生育政策并不匹配。与未实行计划生育的国家相比，全面二胎制依然是生育限制；但与实行了三十多年的独生子女政策相比，我国已经进入促进生育的阶段，因此原有生育资源分配制度不足以匹配鼓励生育的目标。从世界各国推进生育运动的经验观之，生育资源的获取应实现非婚姻化、非性别化和非阶层化，由此才能实现个体生育权的平等价值。

---

① 参见何沛芸《未婚妈妈的生育权之战》，《南方人物周刊》2019 年第 24 期。

② 《消除对妇女一切形式歧视公约》第 16 条 1（e）规定，缔约各国应采取一切适当措施，消除在有关婚姻和家庭关系的一切事项上对妇女的歧视，并特别应保证她们在男女平等的基础上：……有相同的权利自由负责地决定子女人数和生育间隔，并有机会获得使她们能够行使这种权利的知识、教育和方法。该公约于 1981 年 9 月 3 日生效，中国是该公约最早的缔约国之一。

③ 《国际人口与发展会议行动纲领》原则 8 重申："人人有权享有能达到的最高身心健康的标准。各国应采取一切适当措施，保证在男女平等的基础上普遍取得保健服务，包括有关生殖保健的服务，其中包括计划生育和性健康。生殖保健方案应提供范围尽量广的服务，而无任何形式的强迫。所有夫妇和个人都享有负责地自由决定其子女人数和生育间隔以及为达此目的而获得信息、教育与方法的基本权利。"

（一） 生育资源获取的非婚姻化

合法婚姻关系是当代中国女性获得国家生育福利资源的唯一通道。无论是《德黑兰宣言》，还是《世界人口行动计划》，都将生育权规定为男女均享有的基本权利，而我国一系列法律规范，都将生育权表述固化于夫妻身份。我国虽在理论上支持生育权为人格权，但在生育资源的获取上以身份论。如前文所述，学界对生育权为人格权的认知已经达成共识，但我国为生育主体提供的各种社会资源以婚姻状态为前提。

以陪产假为例。《女职工劳动保护特别规定》[①] 与《人口与计划生育法》对产假和陪产假的规定主体认定有别，前者不强调婚姻状态，后者则有要求。同理各省计生条例等规范性文件中，也以"夫妻"为"陪产假"申请主体，陪产假应以具有婚姻身份为条件，非婚生育男性并不享有陪产假。在各省计生条例中，为婚前体检的女性另外提供奖励假期，已婚女性比非婚女性获得更长假期。另外，非婚生育女性不能获得生育保险[②]。在非婚生育案例中，女性坚持生育者居多，而同居男性则多拒绝生育并逃避，女性只能自行承担生育的医疗费用以及分娩到重新工作期间的生活成本。

曾经非婚生育的子女无法取得户籍。后来根据《国务院办公厅关于解决无户口人员登记户口问题的意见》（国办发〔2015〕96号）第2条第1款，"不符合计划生育政策的无户口人员。政策外生育、非婚生育的无户口人员，本人或者其监护人可以凭《出生医学证明》和父母一方的居民户口簿、结婚证或者非婚生育说明，按照随父随母落户自愿的政策，申请办理常住户口登记。申请随父落户的非婚生育无户口人员，需一并提供具有资质的鉴定机构出具的亲子鉴定证明"。曾经生育资源的分配与婚姻状态密切相关，重要原因是将"双亲供养"视为最佳生育模式，这就将单亲、未婚

---

① 《女职工劳动保护特别规定》第7条规定："女职工生育享受98天产假，其中产前可以休假15天；难产的，增加产假15天；生育多胞胎的，每多生育1个婴儿，增加产假15天。女职工怀孕未满4个月流产的，享受15天产假；怀孕满4个月流产的，享受42天产假。"其中法定产假为98天，奖励产假则由各省依婚检、产检、生育方式、生育子女的数量而定。虽然规定了女职工所享有的产假，然各省计生条例所规定的"夫之陪产假"的长度远远短于产假。

② 生育保险的领取需要提供计划生育证明，而计划生育证明需要由街道提供。

生育者的生育问题排斥在制度之外。①

生育权的责任性在于承诺尽力为子女提供最佳抚养条件，并不代表有婚姻之父母比无婚姻之父母的抚养能力更强。在家庭形式多元化的今天，未成年子女最需要的是尽职尽责的父母而非仅仅有夫妻身份的父母。② 当生育福利资源依照婚姻状态划分后，就会形成已婚女性与未婚女性在生育权上的差别对待。

（二） 生育资源获取的非性别化

我国现行法律没有规定育儿假，仅规定了女性的产假和丈夫的陪产假。"假期"是劳动者所享有的休息权，让劳动者合法脱离工作环境和工作内容的时间。从产假名称而言，是为女性分娩而设定之假期，但分娩所需时间少则 1 日，多则半月。而《女职工劳动保护特别规定》规定的法定产假就有 98 天，除了分娩时间外，还包括产后恢复时间。因女性孕期及分娩对身体健康状况影响较大，尤其中国人有"小月子"、"月子"以及"百日"等习俗，女性身体状况在短期内无法恢复到适应社会劳动的程度，适于休息，法定产假的时间长短与此有关。而从假期的长度判断，陪产假是真正照顾分娩后体弱者的假期。由此产假隐含着女性照护新生儿的要求。同时，各省份所额外配置的奖励假期长短不同，并且更加灵活，"产假"福利旨在满足育儿所需，而非保护女性身体健康。

除了生育假期的差别外，女性也受到了以"保护"为名的限制。《女职工劳动保护特别规定》第 9 条规定："对哺乳未满 1 周岁婴儿的女职工，用人单位不得延长劳动时间或者安排夜班劳动。用人单位应当在每天的劳动时间内为哺乳期女职工安排 1 小时哺乳时间；女职工生育多胞胎的，每多哺乳 1 个婴儿每天增加 1 小时哺乳时间。"在工作与育儿出现矛盾时，法律以禁止性规定强化了女性要以母职为首要任务，也暗示了女性并非仅为子女

---

① 吉林省虽允许单身女性通过人工生殖的方式生育子女，但该女性能否享有生育资源和奖励等问题，尚不明了。

② 参见郭书琴《从"伴侣"到"父母"——论身份法规范重心之转变》，《成大法学》2010 年第 20 期。

的母亲，而是国家的母亲。①

国家在产假和哺乳假上的慷慨主要源于我国 0~3 岁幼儿照护问题。在计划经济阶段，企事业单位内部的托幼制度非常灵活，很多企业员工在产假结束后即可送幼儿入园，育儿辅助措施是单位的社会责任。然而在市场经济阶段，幼儿教育呈现为家庭责任。产假时长 6 个月，至多可以延长到 1 年，此时的母亲必须回到工作岗位，但无法申请社会托幼，这就产生了中国特有的现象：隔代育儿，由祖父母和外祖父母代为履行父母责任。② 或者选择家庭服务人员，但由于我国尚未形成家庭服务业的规范化管理，产生了众多社会问题，例如虐童、盗窃、偷窥监视等。很多家庭虽然选择育儿嫂等家政服务，但因更换频繁、监督成本过高而心力疲惫。遂有些母亲被迫选择辞职、兼职，或者停薪留职以便亲自育儿。正如热播日剧《道坡上的家》③ 中母亲溺杀 7 个月大的女儿的故事，背后体现了女性为人母后的变化。因此育龄女性在作出生育决定之前，必须要考虑新生儿的看护问题，多数女性以长期或短期放弃工作和社会竞争力为代价换取生育自由和养育自由。网络一篇报道看哭无数人："孩子对不起，放下工作养不起你，拿起工作陪不了你！"④

最佳的生理时期未必是人生的最佳生育时期，生育和工作的非共时性特质限制了女性的生育自由，其或选择推迟生育时间，或选择减少生育子女的数量，或选择缩短产假以降低生育对工作的影响。回至开篇，妻未经夫同意而中止妊娠，最根本的原因是育儿的恐慌，担忧个人及其家庭无充足之精力和财力而独自育儿。

---

① 参见陈昭如《从义务到权利：新旧母性主义下保护制度的转向与重构》，《台大法学论丛》第 45 辑。

② 隔代育儿引发了一系列问题，例如父母离婚时，承担养育照料责任的祖父母、外祖父母会提出隔代探望的请求。《中华人民共和国民法典（草案）》也对此问题作出回应。在《民法典（草案）》二审稿第 864 条规定：祖父母、外祖父母探望孙子女、外孙子女，如果其尽了抚养义务或者孙子女、外孙子女的父母一方死亡的，可以参照适用前条规定。另外，还有关于隔代育儿的祖父母、外祖父母能否请求子女支付照顾的费用的问题。《民法典（草案）》三审稿第 1086 条再次取消了隔代探望的规定。

③ 参见胡雯雯《请不要再用母爱和伟大，来道德绑架任何一位女性》，《南都周刊》2019 年 5 月 12 日。

④ 参见刘大壮《孩子对不起，放下工作养不起你，拿起工作陪不了你！》，"新浪育儿"2018 年 7 月 12 日。

（三） 生育资源获取的非阶层化

现代人在计划生育中，决定生育子女数量以及生育间隔的核心是身体状况和经济状况。以人口数量为标准的评价体系建立在中性人的基础上，即拥有健康身体；然而在动态评价体系内，不得不嵌入影响女性生育的其他隐形因素，例如收入、学历、婚姻以及生活质量等问题。除生育权性别平等外，女性之间也存在生育资源获取不平等的状态。高收入、社会竞争力强的女性与低收入、社会参与度低的女性相比，可以更自由地选择生育的时间和养育子女的模式。例如在怀孕问题上，可以选择冻卵、人工授精，甚至代孕等，削弱年龄对生育自由的限制。然而这些技术本身都需要以较好的经济条件为支撑。

在 0～3 岁子女的育儿问题上，高收入女性可以选择自己育儿、亲属育儿、护工育儿等多样方式，将生育与工作的共时性矛盾所致损失降到最低。低收入女性只能选择辞职做全职妈妈。在学前教育阶段，高收入女性和家庭可利用私立幼儿园、公立幼儿园、网络家教、幼儿兴趣班等多种教育资源。而中低收入家庭幼儿入园的基本问题都难以解决：普惠性入园覆盖率低。不同经济收入、受教育程度的女性，其对子女养育的期待和支付能力亦不相同。尤其在近期的人才抢夺战中，引进人才的城市人口数量激增，未成年人的教育资源紧缺，应迅速补充基础教育资源。对于中低收入群体而言，普惠制幼儿园和公立小学、中学的急缺程度可见一斑。显然这些问题直接影响到不同收入阶层女性的生育意愿。生育资源获取的阶层化将会扩大不同阶层女性之间的社会竞争力以及养育能力的差距。

自 2010 年国家提出"学前教育公益性和普惠性"的意见，提到城镇小区配套幼儿园作为公共教育资源由当地政府统筹安排之后，2012 年《教育部关于鼓励和引导民间资金进入教育领域促进民办教育健康发展的实施意见》（教发〔2012〕10 号）、2017 年《教育部等四部门关于实施第三期学前教育行动计划的意见》（教基〔2017〕3 号）也多次强调鼓励和支持民办园的普惠性服务；2018 年 11 月《中共中央国务院关于学前教育深化改革规范发展的若干意见》提出规范小区配套幼儿园建设使用，并对小区配套幼儿园规划、建设、移交、办园等情况进行治理并作出部署，要求在 2019 年 6

月底前，各省（自治区、直辖市）要制定小区配套幼儿园建设管理办法。2019 年 1 月 22 日国务院办公厅发布"国办发〔2019〕3 号文"，强调"城镇小区依严格标准配建幼儿园、确保小区配套幼儿园如期移交、规范小区配套幼儿园使用"。期待公益性和普惠性幼儿园能够尽快实现，解决中低收入家庭的育儿问题，提高人们的生育意愿。

（四） 生育资源获取平等化的路径

若要实现生育资源获取的非性别化、非婚姻化和非阶层化，用人单位或雇主所承担的社会责任应当被限定在合理的范围。依照我国法律规定，用人单位或雇主应为女职工提供必要的生育条件。第一，不得因女职工怀孕、生育、哺乳而降低其工资、予以辞退、与其解除劳动或者聘用合同。第二，应为职员缴纳生育保险，没有参加生育保险的，女职工的生育津贴和生育医疗费用均由用人单位提供。第三，为女职工提供特别场所，限制工种、工作时间，以解决女职工的生理卫生、哺乳、休息等问题。企业为女职工的生育提供如此之多的条件，而女职工在生育期间不能完成原岗位工作，产假结束后尚有哺乳期的延续，必然无法百分之百地投入工作，必然影响企业的营利性目标。企业无偿提供上述资源和条件，必然降低企业的收益，企业仅能将此转嫁给女职工，形成就业歧视，从而造成新的生育权不平等。在鼓励生育阶段，国家可以对企业给予补贴或税收上的优惠，鼓励其创造女性就业机会的实质平等。

生育不仅是人口增长的唯一途径，也是经济增长、文化传承的首要因素。从不同的维度解构生育权的面相，有助于解决现阶段中国新生育政策下的性别平等问题，提高女性的社会参与能力，也必将影响到未来人口的素质。

代孕合法化及相关问题研究

张 伟 王隆璋[*]

【内容摘要】作为一种新兴的医疗技术，代孕有效解决了不孕不育夫妻生育子女的问题，与此同时，也引发了伦理与法律的碰撞。面对庞大的市场需求，我国卫生行政部门以部门规章的形式全面禁止代孕，却未使代孕完全消失。在 2015 年 12 月《人口与计划生育法》修订过程中，"禁止代孕"是否入法，又一次引发激烈讨论。代孕的出现，是对现有伦理观念和社会管理秩序的重大挑战。基于对代孕母亲身体权的尊重及不孕夫妻生育权等权利的保障，需要法律给予代孕合法化地位。代孕合法化进程不能一蹴而就，需要考虑代孕子女的归属、代孕协议的效力，以及代孕母亲的权益保障等问题，还需要考虑如何与现行法律衔接与适用。

【关 键 词】代孕 代孕母亲 合法化 妊娠代孕 代孕契约

引 言

代孕生育，简称"代孕"，原本是一个医学概念，是指将受精卵子或者

---

* 张伟，西北政法大学民商法学院教授，中国法学会婚姻家庭法学研究会常务理事；王隆璋，西北政法大学民商法专业硕士研究生。

胚胎植入代孕母亲的子宫，由孕母替他人完成孕育子女的过程。① 法律上的代孕，则属于亲属法律行为，是指根据约定，将委托方丈夫的精子注入自愿的代孕母亲体内进行人工授精，或将委托方夫妻的精子、卵子进行体外受精后形成的受精卵植入代孕母亲体内，在代孕母亲体内孕育生产的行为。②

代孕生育与"人类辅助生殖技术"这一概念是不同的。人类辅助生殖技术，指运用医学技术和方法对配子、合子、胚胎进行人工操作，以达到受孕目的的技术，分为人工授精和体外受精－胚胎移植技术及其各种衍生技术。③ 其与代孕生育的区别在于主体不同，人工辅助生殖技术的受孕主体为夫妻中妻子一方，而代孕生育的受孕主体为夫妻委托的代孕母亲。捐胚代孕，指代孕母亲使用捐赠的精子和卵子培育形成的胚胎进行代孕，其与代孕的区别在于委托方夫妻与捐胚出生的子女均无直系血亲关系。因此，本文所称"代孕"仅指前述定义包括的两种情形，下面对其分类进行介绍。

根据代孕在社会中的表现情形，可以从以下两个方面进行分类。一方面，根据代孕过程中卵子由基因母亲提供还是由代孕母亲提供，代孕可以分为妊娠代孕和传统代孕，也有学者称之为完全代孕和部分代孕（局部代孕）。妊娠代孕中，基因母亲提供受精卵，代孕母亲孕育并生产胎儿。传统代孕中，代孕母亲提供自己的卵子并经人工授精，为他人孕育并生产胎儿的情形。另一方面，根据代孕母亲是否获得报酬及获得报酬的多少，可将代孕分为利他代孕和有偿代孕。利他代孕指整个代孕过程不包括任何金钱或物质上的酬谢，代孕行为完全是利他的表现。而有偿代孕指代孕者对代孕收取费用的行为。

一 域外代孕立法合法化之梳理与评析

（一）英国

英国是世界上第一例试管婴儿的诞生国，其人工生殖和胚胎研究规范

---

① 王贵松：《中国代孕规制的模式选择》，《法制与社会发展》2009 年第 4 期。
② 罗景满：《中国代孕制度之立法重构——以无偿的完全代孕为对象》，《时代法学》2009 年第 4 期。
③ 卫生部 2001 年《人类辅助生殖技术管理办法》第 24 条。

程度较高。英国率先于 1985 年、1990 年颁布《代孕协议法》《人类授精与胚胎学法》，并通过《布雷热报告》《人工生殖技术与法律》等研究报告为政府的立法改革和《代孕法》的制定确立了基本思路和框架。

《人类授精与胚胎学法》重在规范代孕当事人之间的权利和义务，明晰代孕协议的法律效力和亲子关系，保障不孕症患者获得治疗和拥有孩子的权利。有以下五个方面的内容。第一，该法把人类授精与胚胎研究管理局的许可作为实施代孕的前提条件。第二，规定代孕协议的法律地位。代孕协议只是代孕关系的证明，不是具有法律拘束力的合同，任何一方均不得请求法院强制执行。第三，规定费用和酬金。委托人向代孕者支付的费用为"合理费用"，"合理费用"的标准由法官和当事人判断。第四，对"父母"概念作出明确规定。凡将精、卵置于其子宫内着床、孕育的妇女，即是所孕育或者已经分娩孩子的母亲。第五，明确代孕所生子女的法律地位。值得注意的是，英国对子女的规定，最大限度地体现了儿童利益最大化。它规定代孕子女出生后，首先要将代孕者登记为孩子的母亲，然后由委托人向法院申请亲权令收养子女，使事前预防和事后救济有机结合在一起，有效提高了立法的针对性和时效性。

《布雷热报告》重点解决以下三个热点问题：第一，代孕者可否收取酬金？如果能够收取，其范围和标准如何界定；第二，民间有无代孕组织存在，如果有，应当如何对其进行规范；第三，英国现行法律能否适应社会的需要，是否应当修订。委员会提出的具体解决措施包括三个方面。其一，金钱给付应限定在"合法有据"的"费用"范围内。代孕者需对必要费用提交书面材料，立法者也应当对费用进行明确界定，授权卫生部发布指南规定费用的构成要素和确定方法。其二，卫生机构需对中介组织进行登记，制定详细的代孕操作流程。其三，主张废除《代孕协议法》和《人类授精与胚胎学法》，制定新的《代孕法》。[①] 尽管《布雷热报告》在当年并未引起政府的足够重视，但它的价值在现今对英国政府代孕方面的立法仍发挥着巨大的作用。

---

① 潘荣华、杨芳：《英国"代孕"合法化二十年历史回顾》，《医学与哲学》（人文社会医学版）2006 年第 11 期，第 50 页。

（二） 美国加利福尼亚州

美国加利福尼亚州对代孕持开放的态度，该州通过判决和先例，建立了关于代孕的法律规制体系。美国首例确认代孕合同有效的判例 Calvert v. Johnson 案是由加州高等法院在 1993 年作出判决，案情如下。妇女 Anna Johnson 接受 Mark Calvert 夫妇（丈夫为美国人，妻子为菲律宾人）的委托用该夫妇的精子和卵子为其代孕，双方签署代孕协议。通过协议，该夫妇支付代孕人 1 万美元的费用并为其购买人身保险，代孕人所生子女是该夫妇的子女。Johnson 在怀孕期间，因为费用问题和 Calvert 夫妇产生矛盾，她声称不会将孩子交给该夫妇。于是该夫妇将代孕妇女告上法庭，要求其按照合同履行协议。该案最终上诉至加州高等法院，法院认为 Calvert 夫妇一直为孩子的出生积极努力，也愿意在孩子出生后争取自己的监护权，因而不违背公序良俗。双方自愿签订代孕协议，不存在强迫使役人口的问题。最终法院承认代孕合同的有效性。[1] 此后，在 1994 年的 Moschetta 案和 1998 年的 Buzzanca 案中加州法院也表明了对代孕契约的认可态度。

加州把对亲子关系的确定规定在家事法典中[2]。家事法典中，母亲与子女的关系因分娩而成立。又根据判例法，加州高等法院认为分娩和血缘关系都可能是母亲权利的来源。当两个标准有冲突时，法院根据代孕契约判断谁有抚养孩子的意愿。综上，加利福尼亚州对代孕中亲子关系的确认依据三个原则：一是分娩或者血缘关系；二是当事人的合意；三是儿童利益最大化。

（三） 中国台湾地区

代孕涉及科学、伦理、法律、社会道德等多方面的因素，长期以来充满争论，正因为如此，我国台湾地区先后出现多个人工生殖规定草案，一直悬而未决，直到 2007 年 3 月 21 日，我国台湾地区正式颁布实施"人工生殖法"。但"人工生殖法"出台并非一帆风顺，曾因代孕问题分歧太大而反

---

[1] 余提：《各国代孕法律之比较研究》，中国政法大学出版社，2016，第 83 页。
[2] 美国于 2002 年颁布了《统一亲子法》，但加利福尼亚州并未适用。因此，加利福尼亚州的亲子关系规则适用其州家事法典。

复重议，"行政院"为使该规定顺利通过，曾将两案同时提交"立法院"进行审议，甲草案持禁止代孕的态度，而乙草案持有条件开放代孕的态度。因种种原因，"人工生殖法"已正式与代孕脱钩，对代孕拟采取单行立法的方式，另行规制，即代孕方案尚在研议阶段。下面就"人工生殖法"乙草案的内容进行简要介绍。

1. 阐明了立法宗旨

草案第 1 条 "为确保不孕夫妻与人工生殖子女之权益，健全人工协助生殖技术之发展，特制订本法。本法未规定者，适用其他法律之规定"。其立法宗旨首先是保护不孕夫妻和人工生殖子女的权益，其次才是健全人工生殖技术的发展，法条充分体现了人文关怀的情感。

2. 对代孕的法律主体进行了规定

草案将代孕定义为 "代理孕母是指接受受术夫妻之精子、卵子或胚胎植入其生殖器官并代为孕育生产胎儿者"。从法条中看出草案仅承认借腹代孕。代孕者进行代孕必须满足相关的条件。首先，代孕要通过医疗机构进行相关的检查和评估，包括心理、家庭疾病等多个方面。代孕者有配偶的，配偶也需要进行相关检查。其次，对代孕者的年龄也进行了限制，年龄应在 20 ~ 40 岁，且仅在一定亲属范围之内才可进行代孕。

3. 对代孕的法律关系进行了规定

代孕的法律关系主要体现在以下三个方面：代孕者和委托人之间的法律关系，委托人、代孕者与代孕生殖子女之间的法律关系，实施代孕的医疗机构和其他法律主体之间的关系。下面分别进行介绍。第一，代孕者与委托人之间的权利义务集中体现在代孕契约中。代孕契约的签订应向人工生殖管理局申请核定—核定后制定代孕计划书—签订代孕合同—法院公证—主管机关监督，契约签订前、中、后三个阶段都有细致、严格的法律规定以确保代孕的顺利实施，其程序的复杂性也能体现出立法者对代孕行为的谨慎态度。第二，草案第 31 条规定："夫妻于婚姻关系存续中，以夫之精子与妻之卵子，经代理孕母怀胎及分娩之子女，自受胎时起视为受术夫妻之婚生子女。但受术夫妻能证明该子女非受术夫妻之生殖细胞受胎者，得于发现此一事实一年内提起否认父母子女关系之诉。但自子女出生后六年者，不得为之。经第一项否认之诉确定判决后，关于父母子女关系适用民法之规定。"该规定承认了代孕子女的婚生子女地位，也通过否认之诉和诉讼期限平衡法律主体间的利益。第三，代孕的医疗机构有如下的义务：代孕前，医疗机构有说明告知义务；手术后至代孕者顺利生产，医疗机构也需要协助检查和履行必要的产前遗传诊断的追踪义务；医疗机构也应该建立相应的资料库，妥善保管代孕的相关材料，对其进行保密和依法公示。

（四）小结

上述国家和地区针对代孕的立法，充分考虑代孕行为与公序良俗之间的价值衡量、委托人与代孕母亲之间的利益平衡、代孕子女的亲子关系认定等一系列问题，对我国代孕立法有极大的借鉴意义。但相较于英国、美国的立法，我国台湾地区的"人工生殖法"乙草案更具有借鉴意义。首先，台湾地区与大陆同文同种，文化和习惯习俗相近，借鉴参考其草案更易得到社会民众的认可。其次，台湾地区的"人工生殖法"乙草案对代孕主体、代孕协议、代孕前的程序事项、监督机关等作出了详尽的规定，具备较强的现实性和可操作性。

二 代孕合法性之检视

从医学临床上来看，代孕需求在中国社会是强烈存在的。其原因不仅在于"不孝有三，无后为大"的传统伦理道德，也在于现代医疗技术的发展，使代孕在现实生活中具有操作性。更为重要的是，由于中国社会的保障机制尤其是养老机制不健全，"养儿防老"依然是中国养老的主要形式。而对于无法通过自身生育来获得子女的夫妻而言，通过代孕实现拥有后代的愿望就成为保障自己老有所养的有效途径。这也大大催生了代孕在中国的强烈需求。[①] 此外，当今中国人口老龄化加剧，会带来一系列社会问题。代孕作为一种生育繁衍方式，也可缓解人口老龄化及其带来的问题。

代孕生育是一项医疗技术，不加区分地完全禁止并不能解决它所带来的社会问题，相反，我们应当采取理解包容的态度。正如考夫曼所言，"为

---

① 刘长秋：《代孕规制的法律问题研究》，上海社会科学院出版社，2016，第101页。

了能够掌握未来的任务，我们必须对新事物采取开放的态度。此种对于不同的事物与新事物原则上开放的态度，以及研究未知事物的开放态度，吾人称之为宽容"。① 代孕行为的存在有其合法性，以下从五个方面展开讨论。

1. 涉及"代孕技术"的部门规章不能否认代孕行为的合法性

一方面，从法律位阶的角度来看，代孕行为属于代孕母亲和委托方对自己生育权、身体权的行使。根据我国立法的规定，涉及民事基本制度和创设公民基本权利义务的，必须是由全国人大及其常委会制定的法律，或由全国人大及其常委会授权国务院对其中的部分事项制定行政法规。卫生行政部门的规章规定的事项应当属于执行法律或者国务院的行政法规、决定、命令的事项，因此在规范"代孕"的法律或行政法规制定之前，卫生行政部门无权创制涉及民事权利的"代孕"规章。因此，其规章规定的法律效力值得商榷。另一方面，中国涉及"代孕技术"的法律条文仅有卫生行政部门的三个规章，《人类辅助生殖技术管理办法》中规定："禁止以任何形式买卖配子、合子、胚胎。医疗机构和医务人员不得实施任何形式的代孕技术。"但是，在其规定中，未对"代孕"和"代孕技术"的含义作出解释，这导致实践中对代孕合法与否的判断缺乏明确的标准和界限。

2. 现行收养法中对收养人要求过于苛刻，不能有效保障不孕夫妇对子女的需求

在收养法的规定中，收养人需年满 30 周岁，无配偶的男性收养女性，收养人与被收养人的年龄要相差 40 周岁。此外，将被收养人限制为不满 14 周岁的未成年人，忽视了已满 14 周岁不满 18 周岁未成年人的被收养权。这些规定使得不孕父母收养孩子过于困难，在实践中不孕夫妇为了生育孩子往往违法收养或者采取代孕等方式。此外，代孕相较于收养制度，其是将委托人的精子和卵细胞植入代孕母亲身体，所生子女有委托人的基因，父母对子女的重视程度要高于收养的子女，有利于家庭生活的稳定。

3. 代孕合法化是对代孕母亲身体权、生育权行使的尊重

身体权指自然人维护其身体的完整并支配其肢体、器官和其他身体组织的权利。随着科技的发展与人类思想观念的更新，法律逐渐允许甚至鼓

---

① 〔德〕考夫曼：《法律哲学》，刘幸义等译，法律出版社，2004，第 438 页。

励自然人将身体的一部分转让给他人。子宫作为自然人身体的组成部分，也可作为处分的对象，这恰恰体现了法律对自然人主体性的尊重。

正如康德所言：从科学的理论体系来看，权利的体系分为自然的权利和实在的权利。自然的权利以先验和纯粹理性的原则为根据；实在的或法律的权利是由立法者的意志规定的。① 毋庸置疑，生育权是一项自然权利。但生育权作为自然权利因人类社会的习以为常和长时间的忽略并未上升到国家的高度，最后发展成为一个引人关注的社会问题。生育权于20世纪60年代出现在国际声明中，后来在不同的国际重要人权文件中多次被提及，最后发展成为一项世界范围内普遍接受的基本权利。② 简言之，可将生育权概括为个人有选择生育的自由和不生育的自由，也有选择生育方式的自由。允许代孕母亲在其自由意志的支配下选择生育，是对其生育权的尊重，在符合公序良俗的前提下具有合理性。

4. 代孕合法化是对不孕夫妇生育权和建立完整家庭权的保障，符合中国传统文化血脉传承的要求

生育权作为一项基本人权，已经获得国际社会的普遍承认。中国《人口与计划生育法》第17条也规定"公民有生育的权利"。正如费孝通所言，"在父母眼中，子女是他理想自我再来一次的重生机会"。③ 在中国传统文化中，生儿育女不仅关系夫妻家庭生活，还关系到整个家族的存续发展。如此一来，在夫妻双方在生育方面存在困难的情形下，合法化的代孕将能弥补其不足。这也能积极促进婚姻家庭生活的和谐，提升夫妻感情的质量。

5. 代孕合法化不构成对代孕母亲人格尊严的侵害

笔者讨论的合法化的代孕仅包括有偿的妊娠代孕，下文会详细说明。人格尊严在一般人格权中有所涉及。一般人格权是对抽象的一般人格的保

---

① 〔德〕康德：《法的形而上学原理——权利的科学》，商务印书馆，1991，第49页。
② 1968年第一次国际人权大会通过的《德黑兰宣言》中写明了生育权的内容；1980年制定的《消除对妇女一切形式歧视公约》的第16条（1）（e）条款中确认了生育权；1974年《世界人口行动计划》第14（f）段对生育权的内涵作出了详尽的阐释；联合国1984年国际人口与发展会议通过的《墨西哥宣言》和1994年《国际人口与发展会议行动纲领》将生育权作为最基本的人权进行了阐释，使生育权的主体从妇女扩大到父母，再扩大到"所有夫妇和个人"，内容从自由发展到自由负责，再具体到对子女负责和社会责任。
③ 费孝通：《乡土中国 生育制度》，北京大学出版社，2016，第204页。

护，包括人格平等、人格尊严、人格独立。有的学者反对代孕合法化，基于康德的学说，认为人是目的而非手段，委托人将代孕母亲作为生育的工具，侵犯了代孕母亲的人格尊严。事实并非如此，首先，代孕母亲与委托人达成代孕协议，在自由意志的支配之下进行代孕行为，是基于理性作出的活动，并非受到外界的强制。其次，代孕母亲与委托人达成的代孕协议，并非利用与被利用的利害关系，正如支持代孕的学者罗伯逊（John A. Robertson）提出代孕只是一种新型的生殖方式——"合作生殖（collaborative reproduction）"，人类的自然生殖是男方提供精子、女方提供卵细胞的合作模式，人工辅助生殖技术诞生后，人类生殖产生了"男女两性＋辅助生殖技术"的合作模式。可见，自然生殖和人工辅助生殖都是一种合作生殖的方式，代孕也与此无异，因而代孕有其存在的基础和合法化的必要性。

既然代孕有其合法化的必要，那么代孕的合法边界又该怎样界定呢？对于下列类型的代孕行为，法律应当严格禁止。一是关联性代孕。即委托方夫妻的近亲属作为代孕母亲的情形。此种代孕形式应该严格禁止，因为母亲为子女代孕、姐姐替妹妹代孕等情形，虽然是利他形式的无偿代孕，可以有效遏制商业化代孕。但其对家庭关系和亲子关系所带来的冲击是巨大的，将会导致家庭伦理的混乱。二是商业化代孕。日常生活中，委托方与代孕母亲的代孕行为往往通过营利性的中介机构完成，此种情形的代孕应当禁止。因为如果不加以禁止，会发展成营利性产业，会造成子宫商品化、子宫工具化的伦理危机，严重有悖公序良俗。三是捐胚代孕。如前所述，捐胚代孕出生的子女与委托代孕父母并无血缘上的关系，此种情形的代孕形式可以通过收养方式予以替代，因此此种代孕行为并不值得提倡。四是借卵代孕。精子来自丈夫，代孕母亲提供卵子和子宫进行代孕。在这种情况下，代孕母亲也是代孕子女的亲生母亲，易引发代孕母亲与委托人之间的纠纷，且如将代孕子女与其亲生母亲强制分开，也不符合日常社会中的伦常做法。

有学者主张将无偿妊娠代孕合法化，笔者对此不能苟同。无偿的代孕行为在社会生活中的占比较小，仅将无偿的妊娠代孕合法化在实践中不具备较强的可操作性。因为代孕母亲的代孕行为是一项艰辛的付出，需要长期性的全身心投入，其不仅要承受分娩等身体上的痛苦，甚至生命上的危险，还要因代孕的特殊性承担精神上的压力。委托人只支付代孕母亲必要的医疗费、营养花销等合理费用，现实生活中代孕母亲并不愿意为此进行代孕行为，这将会导致即使无偿的妊娠代孕合法化，法条规定也难以有用武之地。笔者赞同有偿的妊娠代孕，但有偿的费用应合理和合法有据，反对以营利为目的和将代孕商业化、商品化，并应辅之以医疗部门的配合和监督。当然，在操作中如何具体实施，有待在未来的立法中作出具体规定，遗憾的是民法典婚姻家庭编草案并未规定代孕的内容。

三　代孕合法化进程中所涉法律问题之反思

从英国、中国台湾地区及美国加利福尼亚州的做法可以看出代孕的复杂性，涉及多方利益，因此需要对代孕问题进行深入分析。

（一）　代孕子女的亲子关系确认

前述文中，英国承认代孕母亲为代孕子女的亲生母亲，委托人可以通过向法院申请亲权令取得对代孕子女的亲权。而台湾地区草案则本着儿童利益最大化的原则，承认委托人为代孕子女的亲生父母。

我国现行法律并没有对代孕作出明确规定，司法实践中最早涉及代孕所生子女亲子关系确认的是陈莺诉罗荣耕监护权纠纷案[①]，案情如下。罗某甲、谢某某系夫妻关系，婚后生育儿子罗乙，罗乙与陈某登记结婚，双方均系再婚。再婚后，罗乙与陈某通过购买他人卵子，由罗乙提供精子，并出资委托其他女性代孕，生育一对异卵双胞胎，其跟随罗乙与陈某生活。后罗乙因病抢救无效死亡，罗某甲、谢某某与陈某就代孕所生子女的监护权产生纠纷。上海市中级人民法院否认了代孕协议的效力，但根据儿童利益最大化原则，并基于陈某抚养其丈夫罗乙的非婚生子女这一事实行为，认定陈某与代孕所生子女之间已形成有抚养关系的继父母子女关系。结合上述分析，即便法院否认代孕协议的效力，但综合各方因素考量，也承认了委托方与代孕子女的亲子关系。可见认可代孕子女与委托夫妻的亲子关

[①]　来自"陈莺诉罗荣耕监护权纠纷一案二审民事判决书"，中国裁判文书网，http://wenshu. court. gov. cn，最后访问时间：2018 年 5 月 20 日。

系，最能符合对代孕子女利益的保护。

我国学界对代孕子女法律上父母的认定，有如下几种观点。子宫分娩说。持此观点者认为分娩者为母亲是民法的传统原则，没有必要因为代孕母亲而改变，且此种情形下，社会公众特别是在农村地区，对其母的认可程度较高，对传统生育观念的冲击较小。人工生殖目的说。该观点认为代孕契约经过委托人与代孕母亲协商一致，法律应当尊重当事人的决定。子女最佳利益说。此说认为人工生殖子女的父母的认定类似于离婚后夫妻对子女监护权归属的争执，由子女利益最大化作为最终认定的标准。[①]

1. 子宫分娩说

其一，子宫分娩说能够使代孕方面的立法与传统亲属法"父母"的概念相协调。因为在传统的生殖方式下，分娩者为子女的亲生母亲。其二，子宫分娩说采取传统生育的观点，与当下现有的社会认知相一致，容易为大众所接受，能够使代孕方面的立法更好地实施。

但是有人认为子宫分娩说不应当采纳，因为如果认定代孕母亲为代孕子女的母亲，不论其是否已经结婚，代孕子女的亲生父亲无从认定。倘若代孕母亲已经结婚，认定其配偶为代孕子女的亲生父亲，这种做法缺乏任何法律上的依据。倘若认定委托人中提供精子的丈夫为代孕子女的父亲，这种做法会使现有的婚姻关系混乱，得出的结论更加荒谬。代孕子女一出生，其亲生父亲就难以认定，这与儿童利益最大化原则是相违背的。

2. 子女最佳利益说

它立足于对代孕子女的保护，但此种学说对代孕子女的认定需要通过法院介入判断，在法院未作出判决前，给代孕子女亲子关系的确认带来不稳定性。也在一定程度上增加了法院的办案压力，增加当事人之间的矛盾纠纷，实践操作性并不强。

3. 人工生殖目的说

其一，代孕子女的基因遗传父母是委托人，即生成孩子的精卵细胞提供者，代孕者并不是代孕子女生物学意义上的母亲。其二，人的生命起源于精子与卵子的结合，受精卵经过分裂、发育，形成胚胎。在代孕生殖中，

---

① 张艳玲：《人工生殖法律问题研究》，法律出版社，2006，第160页。

受精、胚胎初期由科学家在试管中完成。胚胎不是法律上的人，不享有生命权，将胚胎视为法律上的人将会带来伦理问题，让大众难以接受。如果某人将正在培育的胚胎过失损毁，就被评定为过失杀人罪，这显然是不合理的。因此，在代孕过程中，胚胎、胎儿还不是具有法律主体资格的人，应视为受法律尊重的中间体。胎儿出生后（脐带脱离母体）才成为独立的自然人，具有独立的主体地位，此时才可能与他人发生关系。其三，委托人是孩子成年前的实际养育者，代孕母亲的代孕行为本身并不具有养育代孕子女的目的，相较于代孕母亲而言，委托人养育代孕子女更有利于子女的成长。其四，代孕合法化的意义在于解决有生育障碍的夫妻生育子女的问题，如果认定代孕母亲与代孕子女具有亲生子女关系，这种做法不能达到代孕合法化的立法初衷和目的要求。

4. 代孕母亲（借腹生子）与所生孩子的关系

代孕所生孩子实际上是体外受精技术和代孕行为的结合，运用此种技术所生的孩子，最多可能会有两个父亲、三个母亲（包括代孕母亲）。对于代孕母亲所生孩子如何确定亲子女关系，各国规定不尽一致，主有三种类型。一是生者为母。如英国、澳大利亚等，澳大利亚的法令规定，不问卵子和精子来自何方，生育婴儿的母亲及其丈夫为婴儿的父母。二是以遗传学为根据确定亲子关系，婴儿归提供精子卵子的男女所有。三是按照契约确定亲子女关系，即代生婴儿为委托方夫妇的子女，此以美国部分州为代表。我国目前对此没有明文规定，但据专家介绍，"借腹生子"即"代孕母亲"切实可行。据了解，"借腹生子"其实是试管婴儿技术的延伸，相当于给不育不孕的夫妇们建造"子宫库"。至于"谁是孩子的母亲"，目前各界尚未达成共识，但笔者认为，如果是夫妻双方协商一致，与代孕母亲事先签订协议，并支付代孕母亲一定的费用，委托"供腹"妇女代生婴儿，则该婴儿应被视为委托方夫妇的婚生子女，这符合民法"意思自治"和"契约自由保护"及"委托代理"的理论，但以营利为目的的代孕行为应依法予以禁止。①

---

① 参见张伟《人工生育子女法律地位初探——兼议未来克隆人技术引起的法律难题》，《当代法学》2003 年第 6 期。

（二） 代孕协议的定性及效力问题

代孕协议，指代孕母亲与委托人约定双方当事人在代孕过程中的权利义务的协议。关于代孕的性质，学界有不同的观点，如承揽合同说、委托代理说、雇佣合同说等，上述观点均存在问题，代孕母亲的子宫、代孕子女均不能成为法律上的客体，代孕协议的标的应是代孕母亲提供身体利益并转移对婴儿的亲权。因此，代孕协议实质上是一种身份性的契约，是当事人在一定范围内通过意思自治达成的协议。代孕涉及较强的伦理性，法律需要对代孕母亲的主体资格、委托人的主体资格和相关的医疗机构等内容进行规定。关于代孕协议的效力，笔者认为应当具有执行力。代孕协议是关于复杂生育的一系列安排，牵涉到方方面面的利益，其法律效力难以一概而论。

中国经济在改革开放后腾飞，环境污染和生态破坏也不断加剧，不孕不育人群的规模也日益扩大，完全禁止代孕行为对经济增长和社会福利是有害的。代孕具有特殊性，即使法律否定了代孕协议的效力，但仍要处理代孕子女的抚养权问题。而抚养权的争夺穿插着委托人与代孕母亲的利益争夺，代孕子女很难从这种不确定中获益。代孕协议的一次性成本显然远低于抚养权的重复博弈的后续成本。在我国现有的约束条件下，承认代孕协议的可执行性不仅不会造成道德严重滑坡、家庭分崩离析，而且还契合了以情感为组建家庭基础的现代理念，对实现均衡激励和促进福利增长皆有诸多益处。

代孕的范围，鉴于亲属传承的实际需求和社会的实际情况，对代孕的适当放开应当逐步进行，例如首先放开夫妻死亡但遗留了受精卵或者冷冻胚胎且其近亲属要求进行代孕的，因自然灾害丧失生育能力的，以及不孕不育夫妻要求进行代孕的。

合法范围内的代孕，应当由委托人和代孕母亲双方达成合意，经亲属法律行为而设立代孕关系。在代孕的法律行为中，应当由双方约定相关事宜，包括今后亲属关系的认定等，需要有明确的约定。对于代孕的法律后果，孕母与其所孕育、生产的子女不存在亲属关系，即不存在生理学、伦理学意义上的亲属关系，也不产生法律意义上的亲属关系。① 孕母孕育、生产的子女，与其在法律意义上的父和母产生父母子女关系，为婚生子女。孕母违反代孕协议而主张自己为代孕子女的生母的，属于违约行为，法律不予支持。委托人违反代孕协议，否认与代孕子女的亲属关系的，无论其是否为生理学意义上的父或者母，都不能否定其法律意义上的父或者母的地位，存在法律规定的权利义务关系，对代孕子女负有义务。

（三） 代孕中堕胎所产生的问题

针对堕胎，不免要论证"胎儿是否是人"的问题。对于此问题，德国联邦法院通过解释基本法第 2 条第 2 款（人人享有生命权），将未出生的人包括在"人人"的范围之中。究其原因，德国深受康德哲学的影响，强调人的尊严和价值。而胚胎人性尊严的基础在于，胚胎有发展人类脑神经及自我意识的能力。② 而美国与此相反，美国联邦最高法院对于胎儿是否为美国宪法修正案第 14 条中的"人"的问题，几乎在所有的情形中，这一个词仅仅用于出生之后，而没有用于出生之前。上述不同国家的做法，体现了利益取舍的不同，一个在于保护人的尊严和价值，而另一个在于保护个体自由。我国对"胎儿是否为人"的问题并没有法律规定，《民法总则》第 16 条、《继承法》第 28 条、《劳动法》第 61 条都体现了对胎儿利益的保护。《刑法》和《刑事诉讼法》中对怀孕妇女不判处死刑，其目的也在于保护胎儿的生命。"人身权延伸保护理论"③ 为胎儿利益的保护提供了法理支撑。

但是，当下中国，由于受到计划生育国策等的影响，很少受到堕胎权

① 参见杨立新《适当放开代孕禁止与满足合法代孕正当要求——对"全国首例人体冷冻胚胎权属纠纷案"后续法律问题的探讨》，《法律适用》2016 年第 7 期。

② 王松贵：《价值体系中的堕胎规制——生命权与自我决定权、国家利益的宪法考量》，《法制与社会发展》2007 年第 1 期。

③ "人身权延伸保护理论"这一学说的基本要点是：在自然人出生之前，也就是存在母体内的胎儿，具有先期性质的人身法益；在自然人死亡后，虽然法律上已经丧失了民事主体资格，但同样具有某些特定的延续性质的人身法益。上述两种利益和自然人的人身法益的三个阶段相互衔接，构成了完整的自然人的人身利益。对自然人民事权益的法律保护，应当以自然人民事权益为中心，向前并向后延伸，对先期人身利益和延续人身利益都加以保护。只有全面保护人身权利和人身利益，才能够维护自然人人格的完整性和统一性，建立社会统一的价值观，维护社会利益。参见杨立新等《人身权的延伸法律保护》，《法学研究》1995 年第 2 期。

合法化问题的困扰,法院的判决中几乎不限制女性单方面的堕胎权。如2011年7月4日通过的《最高人民法院关于适用〈中华人民共和国婚姻法〉若干问题的解释(三)》第9条就规定:"夫以妻擅自中止妊娠侵犯其生育权为由请求损害赔偿的,人民法院不予支持。"

在代孕过程中,代孕母亲和委托人都可以成为堕胎权的行使主体,在代孕过程中,由于时间长、风险高、未知因素众多,一旦出现不适合妊娠的情况,代孕母亲会选择终止代孕行为,放弃代孕报酬。立法在此方面如果严格限制堕胎会出现反向激励,促使代孕母亲不愿进行代孕行为。但对堕胎行为如果完全不加以限制,又可能诱使代孕母亲敲诈和违约。堕胎权作为一项不可让与的基本权利,不能被自由抛弃,但可通过约定和法律规定予以克减。法律应承认除出现危及母体和胎儿生命等特殊情况外,代孕母亲应遵守代孕协议,不能随意中止妊娠,以此平衡双方当事人的利益。①

可见,代孕母亲和委托人都可以成为堕胎权的行使主体。具体表现在如下方面。首先,代孕母亲不能随意中止妊娠,但可在紧急情形下行使堕胎权。可以通过限制代孕母亲的堕胎权切实保障委托人的权益。其次,委托人的堕胎权行使需要代孕母亲的配合。如果在妊娠过程中发现胎儿存在先天性疾病或者委托人改变主意,委托人能否要求代孕母亲中止代孕?代孕母亲可否拒绝?代孕协议是委托人意愿的产物,由委托人决定是否继续妊娠最符合以感情为核心的现代家庭模式。再次,委托人的堕胎权应受到限制,既不能对代孕母亲的生命和健康造成损害,也需要全额支付代孕的报酬。即代孕母亲的合法权益应受到法律的严格保护。

结　语

对于代孕,我国立法和司法持禁止立场,但社会现状是"禁而不止",究其原因不仅在于禁止代孕缺乏具体的执行规则,还在于我国对代孕不加区分地绝对禁止。完全禁止代孕行为并不可取,其带来的弊端日益显露。地下代孕市场呈现繁荣趋势,其缺乏有效的监督管理与法律规制,致使子

---

① 杨彪:《代孕协议的可执行性问题:市场、道德与法律》,《政法论坛》2015年第4期。

宫商品化、社会伦理危机更加严重。代孕合法化是未来立法的必然趋势。与此同时，立法也面临诸多制度上的问题，譬如，如何与现行的婚姻法及未来民法典婚姻家庭编相衔接、对代孕如何监管、代孕监管机关的确定及代孕母亲权益保障等，都应当是未来立法必须面对的问题。如何使这些问题得到有效解决，我们期待未来立法能够作出具体规范。

2020年卷 总第16卷

家事法研究

RESEARCHES ON FAMILY LAW

实务探讨

诉讼离婚案件中"家庭暴力"情节认定的实证研究[*]

——以福州市基层法院 90 份民事判决书为样本

陈　颖^{**}

【内容摘要】 通过对福州市基层法院 90 份诉讼离婚案件判决书进行实证分析可知，《反家庭暴力法》实施以来，司法实践中对"家庭暴力"的认定过于保守，即使认定了"家庭暴力"情节，也无法令施暴人承担不利法律后果，过低的违法成本无法有效防治家暴行为。为此，应调整对涉家暴离婚案件的证据认证规则，对受害人不同的诉讼请求，适用不同的证明标准，以有效认定家庭暴力情节，同时明确施暴人应承担的不利法律后果，以实现保护受害人的立法初衷。

【关 键 词】 家庭暴力　　离婚诉讼　　情节认定

家庭暴力，作为全球普遍关注的一个社会问题，需要多学科的专门知识、多部门的协同合作，以便对其加以预防和控制。人民法院作为维护公平正义的审判机关，对家庭暴力的防治发挥着不可或缺的作用，而人民法院

---

* 本文原载于《福建警察学院学报》2019 年第 5 期，本文标题略有改动。

** 陈颖，福建警察学院法律系副教授。

遏制家庭暴力的手段主要是对"家庭暴力"情节的认定以及在认定存在家暴情节后对施暴者的惩戒。《反家庭暴力法》实施以来,为了解其对法院审理涉家暴离婚案件的影响,以及在适用过程中在"家庭暴力"情节认定方面存在的问题,本文拟通过司法统计,并辅以深度访谈(笔者走访了福州市区基层法院 16 名民一庭法官),对福州市辖区内基层法院近 3 年审理的涉家暴离婚案件进行微观图景的实证分析,以期对诉讼实践有所裨益。

一 涉家暴离婚案件的调研情况

笔者以"无讼检索"为搜索平台,以"离婚纠纷""家庭暴力"为搜索条件,查找福州市基层人民法院自 2016 年 3 月 1 日《反家庭暴力法》实施以来的民事判决书,一共得到 92 份判决书,经过查阅整理后,可以作为分析样本的判决书有 90 份。①从文书的制作时间看,2016 年有 89 份,2017 年有 1 份,2018 年和 2019 年均无数据。这 90 起案件中,原告(90 份判决书中原告均声称自己是家暴受害人)主张存在家庭暴力并得到认定的案件仅为 2 起,一件法院判决离婚,另一件法院驳回了离婚的诉讼请求。笔者将以此为切入点,对搜集所得的判决书作进一步的分析。

(一) 认定存在"家庭暴力"的案件

1. 认定存在"家庭暴力"并判决离婚的案件

在法院认定有家庭暴力情节的两起案件中,受害人都提出了相应的证据证明对方存在施暴行为,例如报警登记表、接处警情况登记表、福州市公安局物证鉴定所《临床法医学检验鉴定书》等。根据《反家庭暴力法》第 20 条的规定,人民法院可以根据公安机关的出警记录、告诫书、伤情鉴定意见等认定家庭暴力事实。因此,公安机关执法获得的证据可以帮助当事人举证,为家庭暴力情节得到法院的认定起到十分重要的作用。根据

---

① 在 92 份判决书中有 2 份判决需要剔除:一是连江县人民法院(2016)闽 0122 民初 1443 号判决,原告的诉讼主张中没有提及家庭暴力情形,仅为法院所引用的法条中涉及"家庭暴力"字眼;二是连江县人民法院(2016)闽 0122 民初 1735 号判决,相同的案号但以不同的案由上传了两次。

《婚姻法》第 32 条第 2 项的规定：有实施家庭暴力或虐待、遗弃家庭成员的情形，调解无效的，应准予离婚。从笔者所查阅到的这份认定"家庭暴力"并同意离婚的判决书①中可以看到，比起认定是否存在"家庭暴力"的情节，法官更加侧重考虑的是夫妻双方的感情是否已经破裂。该案之所以判决离婚是因为原告曾在 2015 年起诉离婚但被驳回，于 2016 年再次起诉离婚，据此，法官认定夫妻双方的矛盾已经达到无法解决的地步，可以确认双方夫妻感情已完全破裂，"家庭暴力"因素对判决离婚的影响不大。

2. 认定存在"家庭暴力"，但判决不准离婚的案件

在另一起法院认定存在"家庭暴力"的案件②中，原告就家暴事实进行了较为充分的举证，其出示了被告的保证书一份以及公安局报警登记表一份，证明力较强。但法院认为：原、被告在婚后共同生活中产生矛盾，不能就此说明夫妻双方感情已经破裂；虽然被告曾殴打过原告，可原告也曾原谅过被告，且被告也为此进行忏悔，故原告关于双方夫妻感情已经破裂的主张不能成立，本院不予采信；原、被告已结婚多年，且已生育两个子女，只要双方不计前嫌，为子女健康成长及家庭和谐稳定考虑，夫妻是可能和好的，故原告要求判令与被告离婚，本院不予支持。可见，即使家暴情节得到认定，法官也没有依据《婚姻法》第 32 条第 2 项的规定判决离婚，而是注重婚姻家庭关系的稳定性，驳回了原告的诉讼请求。这也是如今法院审理涉家暴离婚案件时的普遍考量，同样可以看出"家庭暴力"因素对判决离婚的影响不大。

（二）不予认定存在"家庭暴力"的案件

在检索到的 90 份判决书中，所有的原告均在诉讼中提出被告对自己实施了家庭暴力行为，但除了上述两起案件外，家暴情节没有得到认定的占绝大多数，比例高达 97.78%。通过分析，发现如下原因。

1. 当事人未能有效证明家暴行为的存在

在 90 起案件中，提出遭受家暴主张但没有提交证据的案件数量达 66

---

① 洪某某与罗某离婚纠纷一审民事判决书，闽清县人民法院（2016）闽 0124 民初 294 号。
② 何某与薛某甲离婚纠纷一审民事判决书，福清市人民法院（2016）闽 0181 民初 2919 号。

起，占案件总数的 73.33% ；剩余的 24 起案件中，有 22 起案件或因证据不够充分或因不具备关联性，都没有得到认定。通过对部分审判人员的访谈发现，受法律知识以及诉讼能力的限制，受害人要么不懂得如何收集保存证据，要么表示自己有证据，但不能很好地收集并提交给法院。人民法院在审理案件的过程中，往往受限于居中裁判的原则，不便过于介入原告方的举证环节。若是过分地引导其中一方当事人举证，则会丧失法院的中立性。因此，倘若受侵害一方在举证家庭暴力的事实方面准备不充分，法院就无法施予过多的帮助来认定此案的家庭暴力情节。

2. 出现家庭暴力与一般家庭纠纷的混同

家庭暴力并非一次性事件，其与一般家庭纠纷最大的不同在于呈现周期性特征①，一个周期通常分为三个阶段，即紧张关系的形成阶段、家庭暴力的爆发阶段、施暴人道歉双方重归于好后的平静阶段。② 在法庭上，法官调查的重点仅仅为暴力发生期，即确实发生了施暴行为的阶段。如果确认存在暴力行为，施暴者经常会以一般家庭纠纷进行辩解，而一般的家庭纠纷在法院看来不构成家庭暴力。因为一般的家庭纠纷是偶然、小频次发生的，并不以真实伤害和进行心理控制为目的。但受害人往往不能准确地识别二者的差别，容易造成家庭暴力与偶然发生的一般家庭纠纷的混同，导致不能对其遭遇的暴力行为作出正确的定性并及时收集证据。

二 法院认定家庭暴力情节存在的问题与困境

（一） 诉讼中能够被认定的证据种类较少

目前，人民法院对家暴情节的认定所依据的法律主要是《反家庭暴力

---

① 美国临床法医心理学家雷诺尔·沃克（Lenore Walker）早在 1979 年便提出了暴力周期的概念，仍然适用于今天的家庭暴力。他将暴力周期描述如下：（1）暴力事件发生后，可能会提起家庭暴力指控，但有时，在警方正式收到家暴报警之前，家庭已经卷入了暴力循环；（2）蜜月期，施暴人为家暴道歉，并承诺永远不会再施暴，受害人可能会否认发生过暴力事件，在这段平静期内，暴力不会发生；（3）继而紧张氛围又开始聚集、酝酿另一场暴力，施暴人开始生气，可能开始施暴，交流中断，紧张聚集，受害人感觉自己"如履薄冰"；（4）暴力再次发生，有时严重度升级，周期再次开始。
② 赵秉志、郭雅婷：《中国内地家暴犯罪的罪与罚——以最高人民法院公布的四起家暴刑事典型案件为主要视角》，《法学杂志》2015 年第 4 期。

法》第 20 条，但严格地适用该条款，将会造成法院对家庭暴力情节的认定过于严苛和保守。这是因为：第一，不是所有涉及家暴的离婚案件都会经过公安机关的处理，而且就算公安机关处理过该家庭暴力纠纷，其执法记录也未必能反映家庭暴力的全部事实；第二，进行伤情鉴定必须遵循一定的鉴定原则，把握鉴定时间，受害人往往会因为鉴定的程序烦琐而放弃鉴定，最多提供一些伤情照片、就诊记录等材料以证明自己遭受暴力对待。人民法院出于对婚姻关系稳定性的考量，大都严格按照《反家庭暴力法》第 20 条的规定来审查涉家暴离婚案件。

除上述两项之外的证据，涉家暴离婚案件的证据种类从理论上讲还可以包括《民事诉讼法》第 63 条规定的八大证据种类。众所周知的是家庭暴力多发生在封闭的家庭空间，能反映施暴过程的证人证言、视听资料、电子数据等直接证据基本无法获取，而双方当事人的陈述又截然不同。笔者所走访的法官均表示：受害者能提供的多是间接证据，在施暴者对这些证据的关联性和证明力提出质疑的情况下，这些证据一般都不予认定。

退而言之，即使受害人能够证明存在暴力，人民法院也不会当然地将其认定为法律上的"家庭暴力"，只有当事人能够证明自己被周期性地实施暴力，才可以认定家庭暴力情节的存在。因此，受害人必须在每一次遭受暴力时都要及时报警、留下证据。在陈某与吴某离婚纠纷一案①中，原告称被告对其实施家庭暴力并提供两份《接处警情况登记表》予以证明，但法院认为：本案原告、被告之间发生纠纷报警系一般夫妻、家庭纠纷，不具有周期性特点，不宜认定为家庭暴力。这是因为"大多数家庭暴力行为呈现周期性，并且不同程度地造成受害人的身体或心理伤害后果，导致受害一方因为恐惧而屈从于加害方的意愿。而夫妻纠纷不具有上述特征"。② 在实践中，要证明达到"周期性"的标准实属不易。如此一来，一些无法搜集到自己多次遭受家庭暴力证据的案件只能以"一般夫妻纠纷"予以认定，当事人的诉求无法得到支持。

---

① 陈某与吴某离婚纠纷一审民事判决书，福州市鼓楼区人民法院（2015）鼓民初字第 6522 号。

② 《涉及家庭暴力婚姻案件审理指南》第 7 条，最高人民法院中国应用法学研究所 2008 年 3 月发布。

（二） 认定"家庭暴力"的证明标准过于严苛

在所查阅的 90 份判决书中，经过审理，认定构成家庭暴力的为 2 起，认定率仅为 2.22%。如此之低的数据比例，除了上述可采信的证据种类较少外，还有一个重要的原因是目前人民法院认定"家庭暴力"所适用的证明标准过高。

由于《反家庭暴力法》没有对有关家庭暴力案件的证明标准作出特别的规定，因此仍应适用《最高人民法院关于适用〈中华人民共和国民事诉讼法〉的解释》（以下简称《民诉解释》）第 108 条"高度盖然性"的证明标准。需要注意的是，《民事诉讼法》及其司法解释对证明责任的分配和对证明标准的设置是以民事诉讼双方当事人诉讼地位平等为基础的，而涉家暴离婚案件不同于其他离婚案件的特点恰恰在于受害人与施暴人之间地位的不平等。家庭暴力的核心在于权力和控制，施暴人不论通过何种方式实施暴力，其最终目的是使受害人产生恐惧而屈从，从而达成对受害人的控制。由于受害人长期处于受胁迫的状态，双方已经丧失了平等的地位。此时，再以普适性的"高度盖然性"的证明标准适用于受害人，显然是不公平的。正如受访的一位女法官所说的："懂得收集证据的受害者已经不多了，好不容易收集到的证据能用的没几个，再要求她们用'寥寥无几'的证据证明家庭暴力的存在有高度的可能性，确实是太难了。但没有办法，法律就是这么规定的。"可见，过高的证明标准为受害人的胜诉带来了事实上的困难，在这种情况下，如果不考虑涉家暴离婚案件的特殊性，适当降低受害方的证明标准，就难以平衡双方实质上不平等的诉讼地位，难以形成有效的对抗，也终将影响对案件的公正审理。

（三） 认定家庭暴力情节的法律后果不明确

在 90 起案件中，原告依据《婚姻法》第 46 条之规定提出离婚损害赔偿的仅有 2 起，而这 2 起案件中的损害赔偿请求都没有得到法院的支持。由此可以看出，即使家庭暴力情节已经被认定，对施暴者的影响也不大，其几乎无须承担任何不利的法律后果。

受害人除了可以向施暴者主张离婚损害赔偿金外，婚姻的解体还涉及共同财产的分割、子女的抚养、探望权的行使等问题。尤其在子女未成年时，当目睹过家庭暴力或者曾经是家暴行为的受害者，他们对施暴者已经产生了恐惧或抗拒的心理，如果再允许施暴者来抚养他们，将给其带来更深的伤害。从调研的结果来看，家暴情节的认定不会对施暴者共同财产的分割、子女的抚养、探望权的行使等方面产生任何的影响。原因在于，根据《婚姻法》第 32 条的规定，存在家庭暴力的情形且调解无效时，法院应当判决准予离婚，并可依据《婚姻法》第 46 条判令有过错的一方支付损害赔偿金，但"家庭暴力"情节是否会影响财产的分割比例、抚养权的归属、探望权的行使等，法律未作出明确的规定。

司法审判的功能不局限于定分止争，还会对人的行为产生指引作用。就目前的情况来看，即使认定家庭暴力情节，对施暴人应承担何种法律后果的裁判态度过于保守，这可能会使施暴者产生一个错误的认知——实施家暴的违法成本低，行为人不仅不会停止施暴行为，还会变本加厉地继续实施这一违法行为。受害方的权益无法得到保障，甚至可能受到二次伤害或者遭到报复，法律的惩罚功能无法显现，受害方将会丧失对司法的信心。

三　对司法实践的建议

遏制家庭暴力事关对弱势群体基本人权的保护。涉家暴离婚案件的特殊性以及在审判过程中所暴露的问题，必须予以正视并作出积极的回应。我国是传统的成文法系国家，成文法的一大特点就是法律具有较强的稳定性，因此笔者认为人民法院应在现有的法律框架内，通过对现行有效法律的适用为家暴受害人提供司法保护，而不应过分依赖立法的创新和制度的构建。故下文所提的对策建议主要是通过对现有法律法规的梳理，在此基础上加以相应的调适和优化，以裨益审判实务。

（一）　调整对涉家暴离婚案件的证据认证规则

由于家庭暴力多发生在隐秘的私人空间，受害人能收集到的证据数量不多，其中公安机关的报警登记表、接处警情况登记表、出警经过登记表等或因对方所提出"关联性"的异议，或因无法证明家暴的"周期性"而不被法院所认定。为解决这一困境，笔者认为可以从以下两方面入手。

一方面，重视与双方生活在一起的其他家庭成员的证人证言。鉴于涉家暴离婚案件的特殊性，人民法院应改变一直以来消极干预的司法态度，必要时可以依职权调取证据。尤其应重视长期与双方生活在一起的未成年子女的证人证言，两周岁以上未成年人的证言若和其智商、心理状况相合，该证言能够作为确认存在家庭暴力行为的证据，但在采纳时应当考察未成年人是否受到当事人不当引导的因素。① 由人民法院收集证据询问未成年人时，应将其与施暴者隔离，避免因恐惧而不敢说出真相。同时注意提问的方式和用语，必要时可以邀请其信任的好友、长辈、老师在场，减少公权力的行使给未成年人带来的压迫感和不适感，以最大限度获得真实有效的证人证言。

另一方面，对受害人陈述的采纳应实行证据能力裁量主义，即要求司法人员根据案件的具体情节确定受害人陈述的证据能力。这是根据《民诉解释》第105条"法官自由心证"规则，对涉家暴离婚案件作出的必要调适。由于受害人长期受到施暴人的侵害，在精神和心理上有别于正常人，家庭暴力的研究先驱——美国临床法医心理学家雷诺尔·沃克（Lenore Walker）在理论上用"受虐妇女综合症"来概括她们的心理特征。② 因此，在诉讼中，受害人在陈述时经常会犹豫不决或者前后描述不一致，甚至撤回其先前陈述，对此，法官必须发挥主观能动性，结合此类案件的特殊性，以证据能力自由裁量的方式，审核认定受害人的陈述，不能仅以其陈述前后矛盾为由而拒绝采纳。这样才有助于此类案件的公正审理，切实实现对受害人的司法保护。③

（二） 区分受害人不同的诉讼请求适用不同的证明标准

对实践中所暴露的涉家暴离婚案件证明标准过高的问题，笔者认为可以针对受害人不同的诉讼请求适用不同的等级证明标准予以解决。

---

① 张楠：《家庭暴力民事司法保护制度研究》，法律硕士专业学位论文，河北大学，2017。
② 高凤仙：《家庭暴力防治法规专论》，（台湾）五南图书出版股份有限公司，2007，第170页。
③ 徐卉：《反家暴立法中的证据规则与公益诉讼机制》，《妇女研究论丛》2014年第5期。

首先，我国《民诉解释》第 108、109、284 条①已经针对不同情形分别规定了不同的证明标准，即建立了以"高度盖然性"为主、由多个证明标准构成的证明标准体系。目前涉家暴离婚案件适用单一的"高度盖然性"标准饱受诟病，可以考虑借鉴司法解释的做法，为其设定不同的证明标准。在论及不同证明程度的证明标准时，往往都要提到德国学者提出的"刻度盘划分法"，将证明标准的证明程度在"刻度盘"上从 0% ~ 100% 虚拟量化分为四级，即 Ⅰ 级（1% ~ 24%）、Ⅱ 级（25% ~ 49%）、Ⅲ 级（50% ~ 69%）、Ⅳ 级（70% ~ 99%）。②套用这样的划分，"高度盖然性"标准在第 Ⅳ 等级，而英美法系在民事诉讼中所采用的"盖然性占优"标准在"刻度盘"上的第 Ⅲ 级。"盖然性占优"的证明标准要求"法官在负有证明责任的当事人所举证据比对方当事人所举的证据更可能真实的时候，支持前一当事人"③。在"刻度盘"上体现为原告提供证据的真实性概率超过 50% 即可。很明显，"盖然性占优"较之于"高度盖然性"无疑是降低了证明标准。

其次，在明确了可供采用的证明标准后，根据受害人具体的诉讼请求分别予以适用。对于以实施家庭暴力为由起诉离婚的案件，人民法院可采用较为宽松的证明标准即"盖然性占优"。在受害者举证证明家暴行为确实存在且存在的可能性要大于不存在的可能性时，那么对此项事实主张，人民法院应予以认定；对依据《婚姻法》第 46 条之规定，以实施家庭暴力为由请求离婚并主张离婚损害赔偿的案件，则应采用"高度盖然性"证明标准。此时受害人所提供的证据必须使法官能够在内心确信家暴事实极有可能存在，才能对其所主张的事实予以确认。之所以做这样的区分是因为前者仅仅是想结束暴力婚姻，从而获得解脱，而对后者来说，获得经济赔偿金才是其最终目的。

综上所述，考虑到涉家暴离婚案件的特殊性，证明标准从一元走向二

---

① 《民诉解释》第 108 条确立了高度盖然性的证明标准，第 109 条确立了排除合理怀疑的证明标准，第 284 条确立了公益诉讼中"初步证据"的证明标准。

② 〔德〕汉斯·普维庭：《现代证明责任问题》，吴越译，法律出版社，2000，第 108 页。

③ 〔美〕理查德·A. 波斯纳：《法律的经济分析》，蒋兆康译，中国大百科全书出版社，1997，第 720 页。

元可以在很大程度上解决家庭暴力举证困难的问题，为案件的审理提供新思路，既能帮助受害人脱离家暴的"苦海"，又能避免"受害者"可能出现的道德风险，防止其获得不应得的"赔偿"。

（三） 明确施暴人应承担的不利法律后果

人民法院的裁判结果会对人们的行为模式产生重大的影响，换句话说，人们会根据法律的规定、判决的结果进行行为预判，并调整当前和未来的行为。为了更好地实现法律指引和预测作用的正向激励机制，必须提高施暴方的违法成本，增强制裁的严厉性，如此才能更加有效地遏制家暴违法行为的出现。

第一，立法设置离婚损害赔偿制度就是以公权力适度干预的方式预防和惩治婚姻家庭领域的过错行为，而实施家庭暴力恰恰是配偶一方利用生理优势或经济优势侵害他方的权益。因此，人民法院要转变保守的审判理念，对符合法定情形的案件大胆地适用《婚姻法》第 46 条的规定，支持受害人请求离婚损害赔偿的主张。

第二，对因家暴导致离婚的案件的财产分割，应注重保护受害人一方的利益。作为无过错方的受害人可以适当地多分得一些财产，对于没有房屋产权的受害人，应保障其居住权。这样既与婚姻法司法解释中离婚财产分割照顾无过错一方的原则相一致，又能有效帮助受害人在经济上实现独立，摆脱施暴人的经济控制。[1]

第三，以子女最大利益原则为基础，限制施暴人对未成年子女的抚养权和探望权。家庭暴力会严重阻碍未成年人的身心发展。父母的行为尤其是暴力行为对孩子有很大的负面影响。有研究认为，家庭暴力是会遗传的，即其或许会出现"代际传递"情形[2]，因此施暴方不宜作为子女的直接抚养人。同时，施暴方暴力行为或暴力倾向的存在导致未成年子女有拒绝和否定其探望的意思表示时，人民法院应限制或暂时中止施暴方探望权的行使。

---

① 薛宁兰：《中国法学会婚姻法学研究会对〈反家庭暴力法（征求意见稿）〉的修改意见》，夏吟兰、龙翼飞主编《家事法研究》（2015 年卷），社会科学文献出版社，2015，第 289 页。

② 刘衍玲、廖方新、郑凯、黄俊锋、郭成：《家庭暴力代际传递：类型、理论和影响因素》，《重庆大学学报》2016 年第 6 期。

遗嘱自由及其限制

——以遗嘱形式瑕疵为视角

黄思逸[*]

【内容摘要】遗嘱是自然人生前依照其真实意愿将个人财产进行合理安排及处置的重要民事法律行为。它是实现被继承人对其合法财产进行处分及安排的重要形式，亦是民事法律制度中意思自治原则的体现。遗嘱属于死因行为，即在立遗嘱人（被继承人）死亡后方可生效，但彼时立遗嘱人已死亡，无法直接验证所立遗嘱是否反映其真实意愿。尽管遗嘱系被继承人自由意志的体现，但遗嘱自由应当有其界限。司法实践中，遗嘱效力的确认是处理遗嘱继承纠纷的前提，应当确立若干法律适用规则，更加清晰地划定遗嘱形式瑕疵法律后果的界限。通过法律解释、民事诉讼证据规则，可缓和严格法定形式主义的矛盾。

【关 键 词】遗嘱自由　遗嘱形式瑕疵　遗嘱限制　遗嘱效力

引　言

遗嘱制度的发展是随着时代发展而不断演进的。起初，遗嘱是为家产

---

* 黄思逸，北京盈科（贵阳）律师事务所律师。

保持或单独选定家产的继承人而被采用①，体现了较为浓厚的封建家族色彩。随着近现代法律制度的发展，个人本位、权利本位的立法理念贯穿整个民事立法，加之社会发展带来个人所有财产的丰富，私有财产的理念亦得到极大发展。由此，现代民事法律制度下的遗嘱制度一方面为实现个人财富的代际传递，另一方面则为实现个人的自由意志。换言之，遗嘱制度在实现财产继承的原有功能的基础上②，更加强调个人意思自治。从其演进的轨迹看，遗嘱制度渐次由身份法领域而移至财产法领域。③ 从现代民法的维度看，遗嘱制度除了贯彻民法"意思自治"原则外，还负担着"矫正自由"、实现实质正义的价值功能，尤其是通过对亲属关系中特殊群体的倾向性保护，体现了身份法制度所强调的人伦价值。由此可见，遗嘱制度是继承制度中的重要组成部分。笔者拟以司法实践中与遗嘱继承关涉甚巨的遗嘱形式瑕疵问题为视角，分析遗嘱自由及对遗嘱自由限制的界限问题，以求确认瑕疵遗嘱的效力边界，为处理瑕疵遗嘱的相关问题提供参考。

一　遗嘱自由及其限制

纵观我国现行继承法律制度，并未对遗嘱自由及其限制设有明确的规定。但是结合继承法律制度来看，实际继承法中的部分条款实现着遗嘱自由及其限制的功能。首先，遗嘱制度的立法理念本就是以尊重被继承人的意思自治为基础，正是以《民法总则》第 5 条确立的"自愿原则"为基础，辅以《民法总则》第 134 条关于"单方法律行为"的具体制度，为遗嘱制度建立了制度基础。此外，《继承法》第 16 条关于"遗嘱的一般规定"、第 20 条关于"遗嘱撤销、变更"的法律规定，直接为实现当事人的遗嘱自由提供了法律适用的基础。可以说，遗嘱作为法律确认的单方法律行为，其首先体现的是意思自治的精神，换言之，遗嘱自由系民事法律制度赋予的正当的价值理念，亦是处理遗嘱关涉的法律问题的原则和基础。如果法律

---

① 参见陈棋炎、黄宗乐、郭振恭主编《民法继承新论》，（台湾）三民书局，2014，第 243 页。
② 较之罗马法中的遗嘱制度强调的是家族、家庭财产的继承，是为实现"家长"的权威及体现了浓厚的等级观念。
③ 参见陈棋炎、黄宗乐、郭振恭主编《民法继承新论》，（台湾）三民书局，2014，第 244 页。

制度无法保障被继承人的遗嘱自由，则系背离了现代民法的基本理念。因此，遗嘱自由系处理遗嘱继承问题的基本原则。

其次，遗嘱自由的限制是现代民事法律制度的立法模式转变的具体体现，是对近代民法"绝对自由"理念的矫正。它具有"禁止权利滥用""实现实质正义"的功能，还担负了实现身份法特殊价值的功能。我国现行继承法律制度对遗嘱自由的限制，主要体现在"特留份""遗嘱形式"等具体制度之上。从现行法关于遗嘱自由限制的规定看，系通过法律的安排来实现身份关系中特殊主体的利益保护，也是为了保障当事人真实的意思表示。在比较法上，德国继承法仍以遗嘱自由作为遗嘱制度的基础，设"遗嘱自由及其限制"专章讨论遗嘱自由及其限制。在德国继承法中，首先，遗嘱自由属于《基本法》第14条确立的"继承权保障"的核心内容①。其次，为保障遗嘱自由，通过"遗嘱的撤回"②"不得委托、代理""遗嘱撤销""继承权丧失"等制度③来保障遗嘱自由。再次，德国继承法对遗嘱自由的限制④体现在如下几个方面：第一，通过特留份制度限制遗嘱自由⑤；第二，违反法律禁止性规定⑥；第三，违反公序良俗⑦。相较而言，德国继承法对"遗嘱自由及其限制"有专门规定，遵循了民事法律行为制度的基本理念，将违反法律禁止性规定的行为及违反公序良俗的行为作为限制遗嘱自由的条件；再者，注意到身份关系中特殊群体的利益保护，将特留份制度作为遗嘱自由限制的条件。

我国台湾地区继承有关规定与我国大陆地区继承法一样，也未有"遗嘱自由及其限制"的相关规定，而是通过对"遗嘱无效、不生效与撤销"制度的相关规定，实现对遗嘱自由的限制。除此之外，被继承人均能采用遗嘱的形式来处分和安排自己所有的合法财产。综观台湾地区继承有关规

---

① 参见雷纳·弗兰克、托比亚斯·海尔姆斯主编《德国继承法》，王葆莳、林佳业译，中国政法大学出版社，2015，第31页。
② 《德国民法典》第2253条。
③ 《德国民法典》第2064条、2065条、2274条、2279条等。
④ 德国继承法对遗嘱自由的限制系基于上位法，即《基本法》第14条第1款第2句的规定。
⑤ 《德国民法典》第2303条等。
⑥ 《德国民法典》第134条。
⑦ 《德国民法典》第138条。

定，在"遗嘱无效"的制度中规定了"如遗嘱人无遗嘱能力者、遗嘱内容违反强制规定或禁止规定、遗嘱内容违反公序良俗、遗嘱违反法定形式等"，在"遗嘱不生效"的制度中规定了"当遗嘱附条件或附期限，在特殊情形下，遗嘱不生效的问题"，在"遗嘱撤销"的制度中规定了"被继承人意思表示存在瑕疵时，遗嘱的撤销问题"。从法律条文的表述上能够看出，对遗嘱自由的限制，亦主要是以民事法律行为制度为基本，以意思表示为核心作出相应规定。相较德国继承法而言，我国台湾地区继承有关规定，除考虑到将被继承人的行为能力作为影响遗嘱效力的原因，将违反法律强制性规定、公序良俗作为无效的理由外，还在法律规定中增加了"遗嘱违反法定形式"为遗嘱无效的理由。从立法目的看，强调遗嘱的法定形式，是为了通过法律制度的干预，通过一定的法定形式，最终保障立遗嘱人（被继承人）意思表示的真实性，因为只有真实的意思表示才是遗嘱制度力图实现的遗嘱自由。

对若干国家及地区遗嘱法律制度的比较可知，现代民法中的继承法律制度将遗嘱自由作为遗嘱制度的根本性规定，通过配套规定保证实现立遗嘱人（被继承人）真实的遗产处分和安排的意愿。但是各国及地区亦通过不同的立法模式，对遗嘱自由进行必要限制。一般而言，主要是诉诸"立遗嘱人的行为能力制度""特留份制度""遗嘱内容违反强制规定或禁止规定""遗嘱内容违反公序良俗"等规定对遗嘱自由进行限制。

此外，各国及地区的法律制度对遗嘱自由的限制还体现在通过明确规定确定了遗嘱的基本形式，要求立遗嘱人（被继承人）在立遗嘱时遵循法定形式，否则，所立的遗嘱会因不符合法定形式而被认定无效。① 因此，遗嘱的形式瑕疵亦是法律对遗嘱自由的限制，一方面遗嘱的形式是为了保证立遗嘱人的意思表示的真实性，另一方面遗嘱的形式则督促立遗嘱人采用法定形式固定其意思表示。只有符合了法律规定形式的遗嘱才能够获得法

① 台湾地区"民法典"第73条、《德国民法典》第125条第1款；我国现行的《继承法》虽未明确规定违反遗嘱法定形式的遗嘱无效（《最高人民法院关于贯彻执行〈中华人民共和国继承法〉若干问题的意见》第35条亦只规定了，部分遗嘱存在形式瑕疵，符合一定条件时，可以认定为有效。但学界及实务界有观点认为，该条规定经反面解释，即在不符合法定条件的遗嘱存在形式瑕疵时，应当认定无效），但司法实践中，存在形式瑕疵的遗嘱大部分被认定为无效。

律的肯定评价，这就间接限制了立遗嘱人的遗嘱自由。

二　遗嘱的形式瑕疵

遗嘱的形式瑕疵，是指遗嘱的形式不符合法律规定的遗嘱类型或不符合法律规定的遗嘱形式要件，导致遗嘱存在法律效力的瑕疵。

如上所述，大陆法系国家法律普遍规定，遗嘱存在形式瑕疵时会被认定为无效。换言之，一旦立遗嘱人所立遗嘱存在形式瑕疵，则其对个人所有合法财产的处分和安排是没有法律效力的，即便是遗嘱能够反映立遗嘱人的真实意思表示，亦不能产生法律效力。继承关系中的其他当事人可以通过法律程序，确认该遗嘱无效。最终，遗嘱中确立的继承人无法按照遗嘱的处分和安排来继承财产，亦丧失了请求继承关系中的其他当事人或有权机关协助完成继承安排的机会。因此，笔者认为，遗嘱的形式系法律对遗嘱自由的限制，其要求立遗嘱人应当保证遗嘱按照法律规定的类型及形式要件完成，而不能随心所欲地以各种形式表达其意志。从立法本意来看，遗嘱的形式系对立遗嘱人真实意思表示的保护，目的在于通过符合一定形式要件的遗嘱确认立遗嘱人的真实意思表示。法律应当给予自然人意思表示的自由，但是如果遗嘱的订立未遵循法律规定，则其反映的内容可能并不是立遗嘱人的真实意思表示。由此引发对于不同类型遗嘱形式要件的不同要求，遗嘱制度通过规定"遗嘱见证人""立遗嘱人签字规则"等，来确认遗嘱是否真正反映了立遗嘱人的真实意思表示。

由此可见，法律对遗嘱形式的规定系对立遗嘱人遗嘱自由的限制，然其立法初衷是更好地实现立遗嘱人的意思自治，即立遗嘱人的自由。两者辩证统一，殊途同归。

遗嘱存在形式瑕疵的，会导致其丧失法律效力。我国现行继承法律制度对遗嘱形式瑕疵的法律后果并未给出准确评价。特别是《民法典继承编（草案二次审议稿）》也未对遗嘱形式瑕疵问题有明确规定①。笔者认为，既

---

① 《民法典继承编（草案二次审议稿）》第922条只是规定了"立遗嘱人欠缺行为能力""受欺诈、胁迫订立遗嘱""伪造、篡改遗嘱"无效的规定，并未将遗嘱形式瑕疵作为遗嘱无效的理由。

然遗嘱形式是法律对遗嘱自由的限制，并且在比较法中，遗嘱存在形式瑕疵的，会被认定为无效。可见，遗嘱形式瑕疵问题是关涉遗嘱效力的最为重要的问题之一。在法学理论和司法实践层面均需确立相应的处理规则，方能真正实现遗嘱制度的根本价值，即实现自然人的遗嘱自由。

三　遗嘱形式瑕疵法律后果的司法实践考察

尽管我国现行法律制度并未对遗嘱形式瑕疵有明确规定，但是近年来，随着社会主义市场经济的不断发展，人们的物质财富较之从前极大丰富，不仅在财产的类型上不断创新，而且财富传递的意识及需求也在日益增强。司法实践中，因继承发生法律纠纷而对簿公堂的情形呈现井喷式增长[①]，其中，因遗嘱继承发生纠纷的占到近十分之一。[②]笔者近年代理的继承纠纷，绝大多数涉及遗嘱问题，而涉及遗嘱形式瑕疵的则占绝大多数。笔者认为，近年来遗嘱继承纠纷不断增多的原因主要有如下方面。

第一，个人权利意识的觉醒。随着社会经济不断发展，社会交往日益频繁，中国社会对外开放程度日益加深，个人的权利意识得到了极大的提高，特别是在个人财产方面，人们越来越重视通过自由的意志来实现对自身财产的处分和安排，反映到继承问题上，则是越来越多的人通过遗嘱来处分自身的财产，特别是对于那些物质财富极为丰富的个人，其个人财富的代际传递问题已经成为不可回避的重要问题。

第二，传统观念的留存。尽管随着社会经济的不断发展，物质财富较从前已有极大丰富，但是传统观念的统治依然较为明显。反映到继承问题上，即人们采用遗嘱继承方式传递财产还是十分有限的，这与传统的家庭观念不谋而合。中国讲究家国文化，并且注重亲缘关系，因此，通过遗嘱方式来实现财富的传承可能一方面会与传统观念抵触，另一方面则可能会导致某些继承人无法通过遗嘱继承财产。所以，现阶段我国采用遗嘱继承

---

① 笔者以"继承纠纷"为关键词进行检索，中国裁判文书网（http://wenshu. court. gov. cn/Index，最后访问时间：2019 年 8 月 4 日 15 时 15 分）的实时数据显示为 228387 件。

② 笔者以"遗嘱继承纠纷"为关键词进行检索，中国裁判文书网（http://wenshu. court. gov. cn/Index，最后访问时间：2019 年 8 月 4 日 15 时 18 分）的实时数据显示为 17090 件。

方式的仍只占少数。

第三，继承制度的不断完善与发展。继承法从无到有，从过去到现在，我国立法的发展经历了不断的完善与发展，并且在不断吸取先进立法经验的基础上，法律制度也取得了不断的完善，这也为遗嘱继承提供了制度的基础和保障。

笔者认为，中国社会正处于不断变革的时期，权利观念不断树立与强化，与中国传统观念不断进行较量。一方面立遗嘱人想采用遗嘱形式来实现其财产处分和安排的自由意志，另一方面继承人之间则有可能因为立遗嘱人的处分而无法继承财产。正是这种不断发展的矛盾，导致了遗嘱继承纠纷的增多，故而有必要对当下的司法裁判思路进行整理。

笔者以遗嘱形式瑕疵作为关键词，通过检索对当下司法实践中关于"遗嘱形式瑕疵"问题进行了归纳与总结。经检索，涉及遗嘱形式、遗嘱效力的案例共计 1645 件①，其裁判要旨具体分为两类：一类判决的裁判要旨是遗嘱应当严格遵循法定形式要件，未按法律规定的形式要件所立遗嘱无效②；另一类判决的裁判要旨是遗嘱虽然存在形式瑕疵，但是如果存在其他证据能够证明其反映了立遗嘱人的真实意思表示，应当认定有效③。可见，司法实践中对遗嘱形式瑕疵的主流裁判观点是：遗嘱不符合法定的形式要件，应当认定无效。也有少部分判决认为：尽管遗嘱不符合法定的形式要件，在存在轻微瑕疵的情况下，仍应当尊重当事人的意思自治，确认遗嘱有效。这就为司法实践处理该类问题提供了截然不同的裁判思路。遗嘱效力的确认是处理遗嘱继承纠纷的前提，也是确定被继承人财产归属的逻辑起点。因此，若无明确的法律规定和法律适用参考，将无法实现法律制度的权威，亦可导致被继承人的财产长期处于不稳定状况之中，从而不利于实现财产的价值，也会导致继承人因争夺遗产而破坏社会和谐。

① 笔者使用"聚法案例"（https://www.jufaanli.com/）进行检索，最后访问时间：2020 年 3 月 22 日。
② 典型案例为：（2019）浙 07 民终 3396 号、（2018）闽民申 279 号、（2015）沪高民一（民）申字第 2013 号。
③ 典型案例为：（2019）京 02 民终 15000 号。

由此，笔者认为，唯有在处理该类问题时划定纠纷处理的界限，以更为明晰的标准帮助法官进行裁判，解决纠纷。

四 遗嘱形式瑕疵的法律适用规则

遗嘱，系立遗嘱人通过单方意思表示，对其所有的合法财产进行处分和安排的民事法律行为，它属于民事法律行为中的单方法律行为。我国《民法总则》对单方法律行为、法律行为的形式、意思表示的生效等规则作出规定。① 因此，立遗嘱人在立遗嘱时应当适用《民法总则》对单方法律行为的相关规定。

但是，遗嘱行为隶属于继承制度，即以继承法律关系为基础，调整的是继承法律关系主体的行为。因此，根据"特别法优先于普通法"的法律适用规则，遗嘱行为应当首先适用《继承法》的相关规定，在《继承法》没有规定时，方能够适用《民法总则》的相关规定。

我国现行《继承法》第 17 条对遗嘱的类型及形式要件作出了较为详尽的规定，② 但是正如上文所言，现行法关于遗嘱形式瑕疵的法律后果并没有进行明确的规定③。尽管从比较法及司法实践的角度，在认定遗嘱存在形式瑕疵时，遗嘱无效被认为是其法律后果。但是笔者认为，只有通过法律规定，明确划定遗嘱形式瑕疵法律后果的界限，才能够真正实现遗嘱效力的稳定性，其背后体现了法律关于遗嘱自由及其限制的逻辑及法理，应当建立如下法律适用规则，以便更加清晰地划定遗嘱形式瑕疵法律后果的界限。

---

① 具体参见《民法总则》第六章。
② 《继承法》第 17 条："公证遗嘱由遗嘱人经公证机关办理。自书遗嘱由遗嘱人亲笔书写，签名，注明年、月、日。代书遗嘱应当有两个以上见证人在场见证，由其中一人代书，注明年、月、日，并由代书人、其他见证人和遗嘱人签名。以录音形式立的遗嘱，应当有两个以上见证人在场见证。遗嘱人在危急情况下，可以立口头遗嘱。口头遗嘱应当有两个以上见证人在场见证。危急情况解除后，遗嘱人能够用书面或者录音形式立遗嘱的，所立的口头遗嘱无效。"
③ 无论是根据《继承法》第 22 条"遗嘱无效"，还是《最高人民法院关于贯彻执行〈中华人民共和国继承法〉若干问题的意见》第 35 条，均不能直接得出遗嘱因形式要件的违反而直接被认定无效的结论。

（一） 法律适用的基本理念

若要明确具体的法律适用规则，则首先应当树立正确的法律适用理念。笔者认为，对于遗嘱形式瑕疵的法律适用应当与民事法律制度的基本理念保持统一，即保障意思自治以及尽量保证遗嘱有效。

意思自治是贯穿于整个民事法律制度的基本理念，亦是重要的民法基本原则。如上文所述，遗嘱设立的目的是最大限度地实现立遗嘱人的意思自治，尊重其个人对其财产的安排。因此，在适用相关法律规定时，应当最大限度地探究立遗嘱人意思表示的真意。

其次，尽量保证遗嘱有效，这源于我国的民事审判实践。在民事审判的司法实践中，应当尽量保证法律行为的有效性，其背后的原因在于尊重当事人的意思自治并且维护交易的安全。因此，在一定限度下，应当在司法实践中，尽量保证遗嘱的有效性，以达到维护交易安全的目的。

（二） 遗嘱的法律解释

全国人大公布的《民法典·继承编（草案二次审议稿）》并没有对遗嘱形式瑕疵的法律后果进行明确规定。但是根据"要式法律行为"的法理以及通过比较法解释，均能够得出立遗嘱人未按照法律规定的类型和形式要件作出的遗嘱无效的结论。但是笔者认为，此种"一刀切"的方式，实际上违背了法律适用的基本理念，可能导致立遗嘱人的真实意思表示无法实现。因为遗嘱是单方法律行为，特殊之处在于其为死因行为。[1] 因此，实践中，探求立遗嘱人的意思真意则更为困难。此外，立足于我国的法律现状，遗嘱制度本来就缺乏发展的土壤，并且在法治国家建设的过程中，公民的法律素质仍然有待提高。反映在实践中，则存在即使立遗嘱人制作了遗嘱，但其并非法律专业人士且对法律条款不甚了解，致使遗嘱因存在形式瑕疵而被认定无效的情形。

严格的法定形式主义，一来对遗嘱制度的发展较为不利；二来可能无法实现立遗嘱人的真实意思表示，对利害关系人的信赖利益造成损害。因

---

[1] 在立遗嘱人死亡后发生效力。

此，笔者认为，在现行法律制度并无具体规定的情形下，可以通过法律解释的方式来缓和遗嘱严格法定形式主义的矛盾。① 具体来看，可以遵循如下法律适用的路径。

首先，应当肯定遗嘱的要式性，以违反法定形式的遗嘱无效作为裁判的原则。如上所述，遗嘱是否能够真实反映立遗嘱人的意思表示本就难以核查，而法律规定遗嘱行为为要式行为，则是为了更好地保护立遗嘱人实现其真实意志。如果法律适用时不遵守这一基本规则，则会导致遗嘱形式的规定沦为具文。

其次，立遗嘱人在订立遗嘱时，如果采用多种方式记录遗嘱订立的全过程、遗嘱本身仅存在轻微瑕疵（如立遗嘱人因病情不会书写，见证人未签字但是捺印）或有其他的直接证据证明该份遗嘱系立遗嘱人真实意思表示的，则法院应当认定遗嘱有效。实践中，可能存在立遗嘱人自书遗嘱、代书遗嘱出现了形式瑕疵，但是立遗嘱人在立遗嘱时经过全程录音录像的，笔者认为，依据《民事诉讼法》、《最高人民法院关于民事诉讼证据的若干规定》关于"证据证明力、证明程度"的相关规定，在否定遗嘱效力的相对方无法提出证据予以反驳的或者其提供证据的证明力低于主张遗嘱有效方提供的证据的，应当认可遗嘱本身的效力。

通过法律解释、民事诉讼证据规则，来缓和严格法定形式主义的矛盾，一方面对还原立遗嘱人真实的意思表示有重要作用，另一方面则有利于遗嘱制度的完善与发展。总之，继承法律制度对遗嘱形式的规定并非立法的目的，而是确保遗嘱人意思表示真实的手段。过于严格的形式要求，可能有碍立遗嘱人的意思实现。因此，唯有缓和此种矛盾，才能更好地确保立遗嘱人真实意思表示的实现，更好地维护遗嘱的自由。

结　论

遗嘱制度中对遗嘱形式的要求，系法律对立遗嘱人遗嘱自由的限制，

---

① 我国台湾地区"民法典"第73条明确规定了"遗嘱违反法定之方式者，遗嘱无效"。但是学界及司法实践，均认为，可以通过法律解释的方式，来更好地实现立遗嘱人的意思表示。参见陈棋炎、黄宗乐、郭振恭主编《民法继承新论》，（台湾）三民书局，2014，第247页。

同时亦是对立遗嘱人遗嘱自由的重要保障。此种对立统一的法律规定，导致司法实践在适用法律时出现不同的适用结果，造成了司法的不稳定性，长此以往，将损害司法权威。

笔者认为，只有明确遗嘱形式瑕疵的法律后果，并且厘清遗嘱形式对遗嘱自由及其限制的法律界限，方能实现遗嘱制度本身的价值及功能。以真实意思表示作为法律适用的核心，通过法律解释的方式，缓和严格法定形式主义的矛盾，更加符合我国遗嘱制度发展的需求，也真正有利于立遗嘱人真实意志的实现。

2020年卷 总第16卷

家事法研究
RESEARCHES ON FAMILY LAW

青年论坛

儿童监护人资格撤销与恢复事由的比较研究[*]

儿童监护人资格撤销与恢复事由的比较研究[*]

儿童监护人资格撤销与恢复事由的
比较研究[*]

王雯雯[**]

【内容摘要】 监护人资格撤销与恢复事由是私权设置的一道双向防护网。它在保护儿童利益的同时也可防止公权力过大导致的撤销宽泛化。大陆法系各国随着"私法公法化"的监护制度大变革展开一系列修法活动，形成较为完善的监护撤销与恢复的事由规定。鉴于我国《民法总则》第36条第1款规定存在撤销与恢复监护资格事由设置不够周全、忽视财产权保护等问题，本文通过比较域外立法经验，并参照我国实践，建议将监护人侵犯儿童财产权利与客观事实阻碍纳入撤销制度保护范围，并增加对资格恢复实质条件的规定，以完善我国相关立法。

【关 键 词】 儿童监护 监护资格撤销事由 监护资格恢复事由 民法典立法

引 言

长期以来，国家公权力对私领域的干预从未停止过。对于婚姻家庭领

---

* 本文原载于《岭南学刊》2019年第6期。本文系国家社科基金项目"儿童本位的亲子关系立法研究"（18BFX186）的阶段性成果。

** 王雯雯，中国社会科学院研究生院民商法学博士研究生。

域，"传统法律中的国家干预，是一种选择性介入，其实是通过维护父权体制而存在的，即一方面法律承认和维护家庭中父权的统治，另一方面以尊重家庭为由不再介入"①。近代以来，社会结构发生天翻地覆的变化，继续固守较高程度的伦理自律性和专权自治性已不合时宜，仅依靠以自治理念为原则的监护制度也无法有效保护原本就自我保护能力较弱的儿童。② 与此同时，随着福利国家理论的发展，保护弱者被提到更加重要的位置，对儿童的监护不再被简单归于私领域范畴，基于这一点，儿童监护人资格撤销制度应运而生，成为国家公权力保证监护制度正常运行的"最后一道防线"。

监护人资格撤销制度③作为国家公权力免除、撤销监护人资格的制度，是公权力干涉私领域的体现。但是，由于"在现代法治社会，公权涉足私权领域尤应谨慎。法律对公权介入的范围及力度务必要加以严格限定，以免有干扰私权自治之嫌"。④ 同时，儿童监护人资格撤销对家庭的稳定和儿童被监护人的身心健康影响极大，一旦宽泛适用，会直接导致更多儿童脱离家庭，这对儿童的成长极为不利。因此，对撤销的适用规定严格的事由以进行限制是必要的，也是必需的。但同时，家庭生活对于儿童被监护人的重要性是显而易见的，因此在监护人资格撤销事由（以下简称"撤销事由"）消失和符合被监护人利益的情形下恢复监护人的监护资格是尽量降低撤销监护人资格负面影响、保护被监护人利益的重要手段，为了儿童被监护人的最佳利益、避免二次伤害，规定严格的恢复事由必不可少。综上所述，监护人资格撤销与恢复之事由对整个制度运行起着基础性的作用，这一点在各国立法中亦有体现，甚至一些国家的相关立法经过多年发展已较

---

① 李立如：《法不入家门？家事法演变的法律社会学分析》，《中原财经法学》2003 年第 6 期。

② 关于儿童的年龄标准，联合国《儿童权利公约》中已经作了相关规定，确定了 18 周岁以下的人为儿童的标准，我国作为该公约的成员之一也接受了这一标准，但由于我国法律文本中多采用"未成年人"的表述，为免理解错误，本文统一使用"儿童"一词。

③ 监护人资格撤销制度不仅包括对监护人资格的撤销，也包括对资格的恢复。监护人资格恢复不是一项独立的制度，它是依附于监护人资格撤销制度而存在的，是监护人资格撤销的后续制度与补充，因此也是整个制度的一部分。

④ 彭刚：《剥夺与回归：我国未成年人监护权撤销制度的建构机理及其完善》，《宁夏社会科学》2015 年第 4 期。

为成熟。我国现行的《民法总则》虽已规定了严重损害被监护人身心健康、怠于履行监护职责等三项事由，但不管从立法还是实践的角度都不能完全解决我国的现实问题。因此，参考成熟的域外立法对我国儿童监护人资格撤销制度的相关立法具有重要的价值。本文拟就儿童监护人资格撤销事由和恢复事由两个方面对已积累了丰富立法经验的德国、法国、瑞士、意大利、日本等大陆法系国家的立法与我国现行立法做一比较研究，以期发现我国现行相关立法中的问题，并提出完善意见。

一　儿童监护人资格撤销的事由

儿童监护人资格撤销的事由的设置归根结底是为了防止儿童遭受来自监护人的伤害，保护儿童利益，故而该事由体系亦围绕儿童保护这个核心利益而建立，这一点也表现在本文所述各大陆法系国家相关立法中。总结各国立法相关规定，共有七类事由较为常见，即监护人严重伤害被监护人身心健康、监护人违反义务、监护人失职、监护人品行恶劣、监护人实施不当行为、监护人实施犯罪（非针对监护人）、客观事实阻碍。这些事由所规定的均为监护人出于主观故意或非故意侵害被监护人合法权利的情形，而这些事由正是避免儿童受到监护侵害，更好地保护儿童利益的最后一道防线。另外，由于监护人品行恶劣、实施不当行为与实施犯罪行为三者之间有一定的逻辑联系，因此一并说明。

1. 伤害被监护人身心健康

儿童从生理到心理均为弱势群体，是伤害与凌辱的高发群体。联合国《儿童权利公约》第 19 条第 1 款规定，"受到任何形式的身心摧残、伤害或凌辱，忽视或照顾不周，虐待或剥削，包括性侵犯"为缔约国应当采取一切适当措施以保护儿童不受父母、监护人或相关人员伤害的情形。这些行为大多都是父母或监护人主动采取的伤害被监护人的侵权行为，这些行为往往直接损害儿童身心健康，造成对被监护人的极大伤害。有鉴于此，包括我国在内的许多国家将其作为撤销儿童监护人资格的重要事由规定在立法中。《日本民法典》第 834 条规定："因父亲、母亲虐待或者遗弃，或者父亲、母亲行使亲权显著困难或者不适当而损害子女的利益时，家庭法院可以……作出亲权丧失的审判。"① 《法国民法典》第378条规定："父母作为对其子女人身实施之重罪或轻罪的正犯、共同正犯或共犯被判刑，……得因刑事判决的规定而被全部取消亲权。"② 俄罗斯法律的规定更为详细，《俄罗斯联邦家庭法典》第69条第4款将"虐待子女，包括对其实行肉体或者精神上的暴虐，对其性的不可侵犯性的侵犯未遂"规定为撤销监护的事由之一。③ 我国首部相关立法《中华人民共和国反家庭暴力法》第21条第1款将"监护人实施家庭暴力严重侵害被监护人合法权益"规定为撤销事由，当然家庭暴力并非仅指监护人的身心伤害，但也将其囊括其中。而后于2017年生效的《民法总则》受《关于依法处理监护人侵害未成年人权益行为若干问题的意见》（以下简称《意见》）第35条第1款④的影响，也在其第36条第1款将"实施严重损害被监护人身心健康行为"规定为撤销事由，这也更加直接与具体地在立法中对这一事由进行了确认。当然，此类损害被监护人身心健康的行为大多为虐待、遗弃、性侵害等暴力行为，此类行为尽管性质恶劣，但因其中部分行为属于刑法规制范围，所以一些立法并没有在民法中将其规定为撤销事由，而是选择在刑事裁判的同时撤销犯罪者的监护资格，如《葡萄牙刑法典》在其有关家庭暴力犯罪的第152条第6款中规定，"被认定构成本条规定之罪的人，在考虑其行为的具体严重程度与该行为与其所行使的职能之间的联系后，可以禁止其行使亲权、监护权或者保佐权"。⑤ 当然，必须明确的是，撤销监护资格并非刑罚的一种，而是由于实施了特定种类犯罪者被法律认定不再适合担任监护人一职，其核心是为了防止监护侵害、保护子女权利，而非惩罚犯罪。

2. 监护人违反义务

监护人，尤其是儿童监护人，本质上是义务的承担者，是"负责执行监护事务之人"，⑥ 其义务就是保护儿童被监护人的权利不受侵犯，而监护

① 《日本民法典》，刘士国、牟宪魁、杨瑞贺译，中国法制出版社，2018，第204页。
② 《法国民法典》，罗结珍译，北京大学出版社，2010，第133页。
③ 中国法学会婚姻法学研究会编《外国婚姻家庭法汇编》，群众出版社，2000，第490页。
④ 《意见》第35条第1款规定，"性侵害、出卖、遗弃、虐待、暴力伤害未成年人，严重损害未成年人身心健康"为撤销儿童监护人资格的事由。
⑤ 《葡萄牙刑法典》，陈志军译，中国人民公安大学出版社，2010，第105页。
⑥ 史尚宽：《亲属法论》，中国政法大学出版社，2000，第490页。

人违反义务往往直接或间接损害被监护人的利益。因此，各国立法都将之规定为撤销儿童监护人资格的事由。但是，根据监护人违反义务造成被监护人权利损害与否，各国立法可以分成两类。德国、葡萄牙两国立法要求父母之违反义务需导致子女权利的损害，无损害结果的义务违反不能作为监护资格撤销的事由。如《德国民法典》第 1666 条第 2 款在对本条第 1 款中"财产受到危害"一词作解释性规定时指出，"有权进行财产照顾的人违反其对子女的抚养义务或其与财产照顾相关联的义务，或不服从与财产照顾有关的法院命令的"，将作为"财产监护者"违反义务的行为规定为剥夺监护资格的事由。① 该法第 1886 条还规定，"独任监护人职务的继续执行尤其因监护人违反义务的行为而会危及被监护人的利益……家庭法院必须免去独任监护人的职务"。② 与之类似，《葡萄牙民法典》第 1915 条规定："父母一方因过错违反其须对子女承担之义务而使子女受严重损害，……则应……之申请，宣告禁止行使亲权。"③ 而瑞士、意大利法则直接将"父母违反义务"单独作为撤销事由，《瑞士民法典》在其第 311 条第 1 款中规定："父母……或严重违反其对子女应尽之义务者，儿童保护机构得剥夺父母照护权。"④ 除此之外，《瑞士民法典》还对剥夺父母探望权（瑞士法称为"个人往来"）的事由作了特殊规定，其第 274 条第 2 款规定："个人往来有害于子女利益，或者父母在往来时违反义务……得拒绝或剥夺其行使个人往来的权利。"⑤《意大利民法典》第 330 条规定："裁判官，于父母违反其权能内在的义务，……得宣告从其权能失格。"⑥ 该法第 384 条还规定："监护裁判官，在监护人……被证明其权限的行使不适当，得将监护人从其职务罢免。"⑦ 由此可见，尽管两法均以违反监护人义务作为撤销事由，但瑞士法采取冠以"严重"等字眼作为限定的方法防止事由的宽泛化，意大利法则将判断的权力赋予法官（裁判官）。总之，德、瑞两种模式均有其合

① 《德国民法典》（第 4 版），陈卫佐译，法律出版社，2015，第 510 页。
② 《德国民法典》（第 4 版），陈卫佐译，法律出版社，2015，第 550 页。
③ 《葡萄牙民法典》，唐晓晴等译，北京大学出版社，2008，第 344 页。
④ 《瑞士民法典》，戴永盛译，中国政法大学出版社，2016，第 115 页。
⑤ 《瑞士民法典》，戴永盛译，中国政法大学出版社，2016，第 110 页。
⑥ 《意大利民法典》，陈国柱译，中国人民大学出版社，2010，第 72 页。
⑦ 《意大利民法典》，陈国柱译，中国人民大学出版社，2010，第 81 页。

理之处，但后者在司法实践中容易形成实践难的问题，因此笔者认为前者规定更有确定性与指向性，有利于司法实践的展开。当然，除了以上两类，还有如《俄罗斯民法典》采用列举式立法等特例，此处不再赘述。另外，值得注意的是，随着我国社会经济的发展，儿童被监护人拥有一定数量的个人财产的情况已经非常广泛，但监护人损害被监护人财产利益的行为亦不鲜见，然而我国现行立法中相关规定尚付阙如，究其原因还是由于现行法律对儿童财产权利的漠视。如上文所述，《德国民法典》通过将违反财产照管义务规定为重要的撤销事由对儿童财产权提供有力的保护，这为我国同类问题的解决提供了重要的方案，具有重要的参考价值。

3. 监护人失职

从世界范围来看，儿童保护与照顾提供者的来源主要有三类：一是监护人与亲友；二是学校与相关社会组织；三是国家公权力机关。作为儿童最主要的保护提供者，监护人的失职行为极有可能造成实践中有监护人之名、无监护人之实的情形，导致儿童权利难以得到保障，甚至受到伤害，出于这一原因，德、法、葡、瑞，包括我国现行立法均将监护人失职作为撤销儿童监护人资格的事由，但由于具体规定的切入点不同形成了两种模式，即行为描述型与主观意愿描述型。前者如《德国民法典》第 1666 条第 1 款规定："子女肉体上、精神上或心灵上的最佳利益或其财产受到危害，且父母无意或不能避开危险的，家庭法院必须采取对于避开危险为必要的措施。"[1] 并在本条第 3 款第 6 项将"部分或全部亲权之剥夺"规定为"必要措施"的内容之一。《法国民法典》第 378 - 1 条规定："父与母，…… 或者因对子女不予照管或引导，使子女的安全、健康与道德品行显然受到危害时，可以在任何刑事判决之外，被完全撤销亲权。在对其子女已采取教育性救护措施后，父与母在超过 2 年的时间内故意放弃行使与履行第 375 - 7 条规定的权利与义务的，同样被完全撤销亲权。"[2] 《葡萄牙民法典》第 1948 条更是直接撤职此类监护人。[3] 以上"无意或无能力排除危害""不予照管和引导""故意放弃行使与履行义务""未履行"等都是对监护人的具

---

① 《德国民法典》（第 4 版），陈卫佐译，法律出版社，2015，第 510 页。
② 《法国民法典》，罗结珍译，北京大学出版社，2010，第 133 页。
③ 《葡萄牙民法典》，唐晓晴等译，北京大学出版社，2008，第 352 页。

体行为的描述。与之不同,《瑞士民法典》第 311 条第 1 款则规定:"父母漠不关心或严重违反其对子女应尽之义务者,儿童保护机构得剥夺父母照护权。"① 这一规定所使用的"漠不关心"则完全是对监护人主观意愿的描述。由上可见,尽管心理状态描述更能体现监护人的真实意思表示,但采用具体行为描述方法规定失职的立法更多,其主要原因在于心理状态描述型的表述不够具体,"何为'漠不关心'"的问题在司法实践中较难解决,这也是少有国家采用此类立法模式的原因。我国现行《民法总则》也采用了行为描述的立法模式,在第 36 条第 2 款中将"怠于履行监护职责"与"无法履行监护职责并且拒绝将监护职责部分或者全部委托给他人"规定为监护资格撤销事由,并规定以上行为必须导致"被监护人处于危困状态"的后果,这与大多数国家的规定具有一致性。另外,《民法总则》该款还提出了"监护职责部分或全部委托给他人"的规定,这是对我国关于监护职责长期坚持的概括式立法的重要突破,也为我国监护资格撤销制度纳入部分撤销监护人资格以更好保护被监护人的利益提供了立法基础。有学者提出,我国实践中的困境儿童广义上包括父母不履行抚养义务的儿童,② 监护资格撤销制度为改善危困儿童的权利保护贡献积极力量是制度建设的应有之意。

4. 监护人品行恶劣、实施不当行为或犯罪

"儿童尤善观察模仿身边成年人的行为,监护人,尤其是父母,作为与儿童关系最亲密、对儿童生活影响最大的成年人,对他们的行为与认识具有极为重要的引导作用。"③ 因此,尽管品行恶劣作为社会对人的道德评价,一般不被法律作为评价的依据,但实践中一些严重的道德问题,如吸毒、酗酒、赌博等,会导致儿童被监护人长期生活在恶劣的环境中,甚至有可能模仿这些行为,从而对儿童的成长带来极其恶劣的影响,因此由品性恶劣者担任儿童的监护人对他们的成长极为不利。但由于品行是否恶劣是以道德为判断标准的,而道德标准在不同的国家,甚至一国内的不同地区都甚为不同,且受到传统文化、宗教信仰、习惯等诸多因素的影响,并非放

---

① 《瑞士民法典》,戴永盛译,中国政法大学出版社,2016,第 115 页。
② 吴国平:《完善我国困境儿童救助立法问题研究》,《北京青年研究》2014 年第 4 期。
③ 桂楠、李娟:《儿童模仿行为研究》,《教育教学论坛》2016 年第 33 期。

之四海而皆准，更毋论被社会主流道德与价值观确定为品行恶劣之人会否一定不能胜任儿童监护人的问题也值得商榷。因此，除酗酒与吸毒这两类品行特别恶劣者被法①、俄②等国立法撤销监护资格以外，罕有立法将品行恶劣规定为撤销事由。我国虽在《意见》第 35 条第 4 款有类似规定，但《民法总则》中并未提及，这也说明《民法总则》作为我国重要立法更为审慎的态度。

监护制度经历了"由宗法家族法，而移于个人的社会的监护法"，由维护父权、家族权利到维护儿童个人权益的发展过程，这也导致儿童监护人的地位从监管者逐渐成为照管者，这就要求合格的监护人能够以保护儿童利益为核心适当履行监护职责，这也是监护人实施不当行为危害被监护人利益自被多国立法规定为撤销事由的原因。《法国民法典》第 378 - 1 条规定："父母因……行为明显不轨……显然危害到子女的安全、健康与道德品行时，可以在没有任何刑事判决的情况下，被完全取消亲权。"③《日本民法典》第 846 条规定："监护人有不当行为、严重劣迹及其他不适合继续监护任务的事由时，家庭法院可以根据……的请求解任，或者以职权解任。"④当然，由上述两国立法可见，单纯以不当行为作为撤销事由未免会造成撤销事由宽泛化的问题，因此有此规定的各国法律一般都以损害子女或被监护儿童的权利为条件，防止撤销广泛化，以更好保护儿童的利益。

品行恶劣与实施不当行为发展至更为严重的情形即犯罪，除上文所述的监护人对被监护人实施暴力行为被规定为撤销事由以外，部分国家立法也将监护人实施非针对被监护人的犯罪作为撤销事由。《法国民法典》第 378 条将监护人帮助被监护人实施犯罪规定为撤销事由，该条规定："父母……或者作为其子女本人实施的重罪或轻罪的共同正犯或轻罪的共同正犯或共犯被判刑，……得因刑事判决的规定而被全部取消亲权。"⑤《葡萄牙民法典》也在其第 1913 条中规定："因所犯之罪被法律定为具有禁止行使

---

① 《法国民法典》在第 378 - 1 条中规定撤销显然危害到子女的安全、健康与道德品行的酗酒者与吸毒者的监护资格。
② 《俄罗斯联邦家庭法典》规定，"为病态的习惯性嗜酒或者麻醉品吸食者，可以剥夺亲权"。
③ 《法国民法典》，罗结珍译，北京大学出版社，2010，第 133 页。
④ 《日本民法典》，刘士国、牟宪魁、杨瑞贺译，中国法制出版社，2018，第 208 页。
⑤ 《法国民法典》，罗结珍译，北京大学出版社，2010，第 133 页。

亲权效力且被确定犯罪之人禁止行使亲权。"① 我国民法典虽并未将实施不当行为与犯罪规定为撤销事由，但如上文所述，我国《反家庭暴力法》将"监护人实施家庭暴力严重侵害被监护人合法权益"规定为撤销事由，这在实际上就将与家庭暴力相关的不当行为与犯罪作为撤销事由规定在立法中。综上所述，除上述少数国家以外，大多数国家立法并未将监护人实施的非针对被监护人的其他犯罪作为事由规定，但这并非指实施犯罪对监护人职责的履行毫无影响，犯罪记录在监护人选任中作为"监护人经历"受到审查，可能对监护人的选任产生或大或小的影响。

5. 客观事实阻碍

儿童在行为能力方面有明显的缺陷，需要照顾与保护才能正常进行社会生活，而当父母或监护人出于无意思能力、失踪、患病等客观事实阻碍实际不能履行监护职责时，继续保留其监护人身份不仅不能正常履行监护职责，甚至可能导致被监护儿童陷入危困状态，使其身心健康难以得到保护，这也是其成为各国立法中常见的撤销事由的原因。但是与以上四类撤销事由不同，客观事实阻碍的特殊性表现在它是由不可控的客观因素导致的。《法国民法典》第373条针对这种情况规定："父或母由于无能力、失踪或者其他任何原因，处于不能表现意思的状态时，剥夺其行使亲权。"②《瑞士民法典》第311条也规定："父母因无经验、疾病、残疾、失踪、暴力行为或类似原因，不能按照要求行使父母照护权者，儿童保护机构得剥夺父母照护权。"③ 笔者认为，瑞士法中撤销无经验者照护权的规定值得商榷。育儿经验不同于其他难以恢复的事由，可以通过培训机构学习或上辈经验传授等方式习得，武断撤销此类监护人的照护权似有不妥。总之，通过法律手段禁止此类主体担任监护人，防止儿童"实际无监护人"的情形，对于儿童保护有重要的作用，是法律应当且必须规定的重要内容之一。我国亦有客观阻碍导致监护人"有名无实"的困境儿童见于报端，如无锡5

① 《葡萄牙民法典》，唐晓晴等译，北京大学出版社，2008，第352页。
② 《法国民法典》，罗结珍译，北京大学出版社，2010，第116页。
③ 《瑞士民法典》，戴永盛译，中国政法大学出版社，2016，第115页。

岁女孩因母亲离家出走，爷爷患病离世，父亲智力低下且经常酗酒而陷入困境。① 对于此类现象的存在，《民法总则》第 36 条第 2 款②已有回应，但规定所涵盖的范围较窄，未来立法应当进一步完善。

除了以上几个事由，滥用监护权这样的概括性条款也规定在意大利（《意大利民法典》第 330 条）、俄罗斯（《俄罗斯联邦家庭法典》第 39 条第 3 款）等国的相关立法中。还有一些较为特殊的事由，如在俄罗斯法中"利用监护关系达到私利的目的"被作为撤销事由，该规定原意似在防止被监护人权利受损，但究其严重程度似乎还不足以单独作为撤销事由，有过于宽泛化的嫌疑。当然，关于未成年人监护人资格撤销的事由，除较为详尽、细化的立法外，还有一些国家采取了概括立法的手段，较为笼统地对撤销事由进行了规定，如《奥地利民法典》第 18 条第 1 款规定："父母的行为有危害未成年子女福祉之虞者，受诉法院应本着保障子女福祉的原则作出必要的决定。特别是，法院得全部或部分剥夺其对子女的照管权，包括法律规定的同意权。"③ 综上所述，监护人资格撤销事由设置的核心即保护儿童利益不受侵害，这符合现代儿童监护制度建立的核心——"儿童利益最佳原则"的要求，而撤销事由对撤销制度适用的限制无疑也体现了"必要性原则"的核心价值，这两条原则在该制度中不仅体现在各国有关撤销事由设置的立法中，更体现在撤销资格恢复事由设置的立法中。

二　儿童监护人资格恢复的事由

随着社会的发展，人们结成一定社会关系的方式越来越多样化，但家庭仍然是这些关系产生和发展最基本的单位之一，因此，人们常说"家庭是社会的细胞"。社会学认为这句话中"包含着一些稳定的意义：（1）它是社会初级整体；（2）它是社会生活的基础；（3）它是个人与社会联系的桥

---

① 《无锡新吴区引入团队 精准帮扶高危困境儿童》，中国江苏网，http://js. cri. cn/20180408/5da99583 - d355 - 1c45 - 5994 - 20b23642b077. html，最后访问时间：2019 年 2 月 19 日。
② 《民法总则》第 36 条第 2 款规定："怠于履行监护职责，或者无法履行监护职责并且拒绝将监护职责部分或者全部委托给他人，导致被监护人处于危困状态的。"
③ 《奥地利民法典》，戴永盛译，中国政法大学出版社，2016，第 31 页。

梁"。① 一个儿童最初置身其中的就是家庭，在由监护人与被监护人共同生活构成的家庭中，双方共同达成了一个稳定的生活共同体，但撤销决定一旦作出，这个共同体就会破裂。有学者指出，"父母是未成年人的最好监护人，撤销父母对其未成年子女的监护权只是不得已而为之的措施"②。由血缘联系编织的亲情纽带决定了大多数情况下家庭监护的不可代替性，尽管时有不周之处，但依旧天然胜过其他监护提供者，这是监护资格撤销制度应当作为穷尽一切救济手段后才能适用的特别制度的原因，也是资格恢复制度存在的基础。监护资格恢复作为整个监护资格撤销制度的一部分，依附于资格撤销存在，是资格撤销的补充与完善。

监护资格撤销程序严格且繁复，是出于保护被监护人的利益作出的，因此恢复也应满足严格的事由以防止对被监护人的二次伤害，这也是各国立法设置严格的条件以限制恢复的原因。监护资格恢复的条件一般有实质要件与形式要件两个部分，学界一般还会将限制恢复的"除外条款"纳入探讨，当然关于这一点各国法律并没有类似规定，只有个别立法规定"彻底撤销"监护人资格的情形，但类似规定在实践中达到了禁止恢复资格的效果，发挥了除外条款的具体效果，我国《民法总则》也在第 38 条中将"监护人对被监护人实施故意犯罪"规定为彻底撤销的条件，采用如此严格的规定在我国缺少儿童保护基础设施的当下具有重要的意义，在未来一段时间内会对儿童权利的保护发挥重要的作用。

如上所述，监护资格撤销制度的核心价值在于对被监护人利益的保护，因此如果恢复监护人资格符合被监护人的利益，应当予以恢复，但撤销事由的持续存在可能导致监护侵害的再次发生，因此为了避免重复伤害，满足"撤销事由消失"是首要条件。撤销事由消失是监护资格恢复的实质要件，也是必要事由，大多数大陆法系国家也将撤销事由消失规定为监护资格恢复的唯一事由，如《德国民法典》第 1696 条第 2 款规定："对子女最佳利益的危害已不复存在，或措施的必要性已消灭的，仅在对于避开对子女最佳利益的危害为必要或对于子女最佳利益为必要时始得采取的《民法

---

① 曹诗权：《未成年人监护的制度关联和功能》，《中华女子学院学报》2014 年第 1 期。
② 张加林：《父母监护权撤销制度研究》，《学术论坛》2010 年第 5 期。

典》第 1666 条至 1667 条或其他条文所规定的措施（子女保护法上的措施），必须予以取消。"① 《意大利民法典》第 332 条也规定："裁判官，对于全能失格的父母，在宣告其失格的理由消灭，对子女损害的一切危险已经除去时，得使其权能恢复。"② 与上述规定类似，葡萄牙民法中也有"法院宣告之形式亲权之禁止，在导致禁止之原因终止时须予终止"的规定，③日本立法也基本相同，可见大多数国家在监护资格恢复裁判中均以撤销事由消失与否为核心标准，它是资格恢复的实质要件。

除了实质要件，资格恢复的事由还包括形式要件，一般体现为对时间的限制，尽管不被各国立法所重视，但以法国、葡萄牙，以及参考其立法的我国澳门特别行政区民法为代表的一些国家和地区依旧规定了资格恢复的时间限制。《法国民法典》第 381 条第 2 款规定："仅在宣告'完全或一部取消亲权'的判决成为不可撤销的判决之后至少经过 1 年，才能提出恢复亲权的申请。"④ 《葡萄牙民法典》第 1916 条第 2 款也规定："除了检察院提出恢复无期限限制，父母任一方提出恢复监护人资格的，应当在宣判 1 年后提出。"⑤ 尽管《意见》第 38 条曾提出撤销后 3 个月到 1 年的申请恢复期，但我国《民法总则》相关规定同大多数国家立法类似，并未有时间限制的规定，我国学界对这一规定在立法阶段有诸多讨论，支持者认为设置时间限制更有利于保障新形成的监护关系的良性运转，反对者则坚持实质要件的决定作用，如今尽管立法并未规定时间限制，但其是否适合我国实践仍然值得商榷。

现代立法中，监护人与被监护人的关系不仅属于私法调整的范围，国家公权力出于保护儿童利益的考虑正在全面参与儿童监护。各国立法在未成年人监护人监护资格撤销与恢复的事由设置上虽各有特点，但都围绕保护被监护人利益的核心展开，这不仅是对私权的保护，更是对儿童权利的保护，是对 20 世纪中期以来儿童利益最大化趋势的回应。我国民法典立法

① 《德国民法典》（第 4 版），陈卫佐译，法律出版社，2015，第 517 页。
② 《意大利民法典》，陈国柱译，中国人民大学出版社，2010，第 72 页。
③ 《葡萄牙民法典》，唐晓晴等译，北京大学出版社，2008，第 352 页。
④ 《法国民法典》，罗结珍译，北京大学出版社，2010，第 127 页。
⑤ 《葡萄牙民法典》，唐晓晴等译，北京大学出版社，2008，第 352 页。

正在如火如荼地展开，但其中涉及未成年人监护资格撤销制度的规定对比实践与域外成熟立法仍有缺漏之处，值得未来立法重点回应。

三 监护人资格撤销制度相关立法的完善

如上所述，我国《民法总则》相关立法中有关儿童监护资格撤销事由的规定还有不尽完善之处，但由于我国民法典分编立法工作尚未结束，总则立法仍可修改，乘此契机以这些问题的解决为依托进一步完善我国的儿童监护人资格撤销制度，完善民法典立法，更好地保护儿童最佳利益是目前具有急迫性的重要任务。有鉴于此，笔者针对现行《民法总则》立法提出以下完善建议。

首先，就本质而言，监护权是权利与义务的综合体，其内容主要包括人身权利和财产权利两个方面，即所谓的人身照护权与财产照护权。前者一般包括监护教育、居所指定、惩戒、身份行为的同意权、身份行为代理权（部分）等，后者则包括财产管理权、财产法上的代理权、对被监护人财产行为的同意权等，均为监护人资格撤销制度保护的核心。随着我国经济社会全面发展，儿童通过多种渠道获得财产的情况越来越多，儿童拥有巨额财产的现象也屡见不鲜，法律忽视监护人滥用监护权侵害被监护人的财产权利，不仅不符合儿童的利益保护，也与我国当今社会实践背道而驰，但我国法律并未关注这一问题。考察大陆法系各主要国家立法，各国民法典除了对儿童财产权利保护作专门规定外，[1] 还将监护人资格撤销制度作为用尽一切救济手段后的最后手段，将被监护人财产受到侵害作为撤销事由，如上文所述，《德国民法典》第 1666 条第 1 款就将"子女……或其财产受到危害，且父母无意或不能避开危险的"规定为撤销事由。[2] 当然，这一问题的出现也与我国当前仍坚持概括型的监护责任立法有关，如果法律明确允许部分撤销监护资格，法院便可以根据侵犯子女或被监护人财产权利者的具体情况剥夺其全部或与财产相关的亲权以保护被监护人的财产权利。

---

① 如法国民法典在亲权编专设一章对与子女的财产相关的亲权进行规定。
② 《德国民法典》（第 4 版），陈卫佐译，法律出版社，2015，第 510 页。

因此，笔者建议将我国《民法总则》第36条第1款第1项中"实施严重损害被监护人身心健康行为的"改为"实施严重损害被监护人身心健康与财产安全的"，并参照《葡萄牙民法典》，在我国《民法总则》第36条第2款前加入"撤销应为全部撤销或仅撤销与子女财产相关的监护资格"的规定，以将儿童财产利益纳入监护人资格撤销制度的保护范围。

其次，儿童监护人资格撤销制度的设立核心是为了保护儿童的利益，而并非惩罚父母和监护人，将客观事实阻碍作为撤销事由是为了防止恶劣的客观情形导致儿童权益受损，"考虑的是未成年子女利益是否实际能够得到保护的问题，至于父母的主观状态不在立法考虑之列"。① 目前我国社会实践中广泛存在的客观事实阻碍导致许多儿童遭遇"实际无监护人"的问题，如上文所述，许多大陆法系国家立法已通过将客观事实阻碍规定为监护资格撤销事由以解决这一问题，我国相关立法虽有规定，但仅将"无法履行监护职责且拒绝将全部或部分监护职责委托他人"作为撤销对象，这一规定看似合理，但实则为通过假意委托实际不变更监护者留下了操作空间，为绝此患，笔者建议参照上文法国与瑞士的立法，将《民法总则》第36条第2款中"并且拒绝将监护职责部分或者全部委托给他人"的规定删除，防止父母或监护人失踪或无意思能力导致的"实际无监护"的情形，切实保护被监护人的权利与利益。

最后，关于恢复事由的规定首见于《意见》第38条，其中仅有撤销后三个月至一年的时效规定，并未作实质要件的规定，而《民法总则》将"确有悔改表现"规定为监护资格恢复事由，这一规定较《意见》有了极大的进步，但是，"悔改"作为对监护人主观意愿的描述，以之为撤销事由实质上依旧坚持了我国监护立法一贯坚持的监护人中心主义，更多体现了监护人的意志，而忽略了受到监护侵害的儿童自我意思的表达。另外，"确有悔改表现"不具有长期性，并不能保证监护侵害不再重复发生，因此这一规定实难回应制度设计的核心——儿童利益保护。纵观大陆法系列国立法，大多以"撤销事由消失"为标准，这一规定比较于"确有悔改表现"更具

① 金眉：《未成年人父母的监护人资格撤销制度比较研究》，《南京大学学报》（哲学·人文科学·社会科学）2016年第6期。

客观性，且保证儿童无再受撤销事由困扰之嫌，更宜作为恢复事由。因此，笔者建议将《民法总则》第 38 条规定中的"确有悔改表现"改为"撤销事由消失"，以更好保护儿童权益。

四　结论

综上所述，笔者认为，《民法总则》将监护人资格撤销制度规定于其中是我国完善监护制度与儿童保护的重要立法举措，在我国民法典这一民事基本法的框架下建立完善的监护人资格撤销与恢复制度，可以积极发挥保护儿童最佳利益的作用。然而，《民法总则》相关规定尚不能满足我国社会实践发展需要，与国外成熟立法相比仍有完善空间。这主要体现在我国立法在儿童财产监护侵害方面尚付阙如，社会实践中广泛存在的"客观事实阻碍"未被纳入监护撤销事由之中，资格恢复实质要件的规定也存有空白，难免会出现儿童权利保护的"黑洞"。殷切期望我国未来民事相关立法能够进一步完善儿童财产权保护，弥补资格恢复实质要件规定的空白，关注"事实无监护"儿童的权利保护，为儿童健康成长提供更加坚实的法律保障。

论成年监护的司法干预原则[*]

陈 迪[**]

【内容摘要】 成年监护的司法干预原则包括监护启动的司法唯一原则、监护评价的司法终决原则以及监护过程的司法监督原则，它要求法院在监护启动前审查本人行为能力状况，监护启动时负责选任成年监护人，监护确立后监督监护人。在我国，由于《民法通则》未确立司法唯一原则，成年监护长期不受司法程序控制；由于诉讼中没有贯彻司法终决原则，法院在本人行为能力判断中缺位；由于监护启动后缺乏司法监督，成年监护不因本人行为能力恢复而撤销，实际成为"终身制"。《民法典（草案）》没有确立成年监护的司法干预原则，将会使成年监护制度沦为具文。在民法典婚姻家庭编中确立司法干预原则，不仅符合德、日、韩等大陆法系国家民法典立法惯例，也是弥补《民法总则》缺漏的机会。具体而言，应在《婚姻家庭编》确立司法唯一原则，成年监护人由法院垄断选任权，并通过体系解释方法达到实质性废除法定成年监护顺序、收回"两委"和民政部门监护指定权的目的；确立司法监督原则，规定成年监护效力期限，设立监护监督人并修改《民

---

* 本文系国家社科基金项目"老年人意定监护制度研究"（17 BFX211）和司法部国家法治与法学理论研究项目"民法典·老龄监护措施替代机制研究"（16 SFB2032）的阶段性成果。
** 陈迪，华东政法大学民商法专业博士研究生，主要从事婚姻家庭法研究。

法典（草案）》第 1008 条的规定。此外，还需在《民事诉讼法》或单行的《家事审判法》等程序法中贯彻"先有诉讼后有监护"，对涉及本人行为能力的案件实行诉讼能力拟制，同时确立司法终决原则，成年监护诉讼中，对本人行为能力应由法官综合鉴定意见等证据并面见本人后作出判断。

【关 键 词】 成年监护　　婚姻家庭编　　人权格编　　司法干预　　监护人选任

一　成年监护的司法干预原则及其理论基础

成年监护的司法干预原则，是指法院积极介入成年监护，监护启动前审查本人行为能力状况，监护启动时负责选任监护人，监护确立后监督监护人履职等，确保本人权利不受侵犯，保障本人真实意愿得到实施。司法干预原则已经得到众多国际性文件的确认，有的直接规定了法院在成年监护中的角色，例如联合国《保护精神病患者和改善精神保健的原则》原则 1 第 6 条规定：仅经国内法设立的独立公正的法庭公平听证之后，方可因某人患有精神病而作出他或她没有法律行为能力；应依照国内法规定，合理定期复审关于能力和私人代表必要性的决定。又如联合国《残疾人权利公约》第 12 条第 5 款规定，缔约国应当确保，与行使法律权利能力有关的一切措施，均依照国际人权法提供适当和有效的防止滥用保障；并定期由一个有资格、独立、公正的当局或司法机构复核。有的规定限制或剥夺心智障碍者权利须经正当程序，如《智力迟钝者权利宣言》第 7 条规定，智力迟钝的人因有严重残缺而不能明确行使各项权利或必须将其一部分或全部权利加以限制或剥夺时，用以限制或剥夺权利的程序务须含有适当的法律保障，以免发生任何流弊，并且应定期加以检查。上述国际性文件均对我国有法律约束力，① 它们

---

① 《智力迟钝者权利宣言》于 1971 年 12 月 20 日联合国大会第二〇二七次全体会议第 2856（XXVI）号决议通过，《保护精神病患者和改善精神保健的原则》于 1991 年 12 月 17 日联合国第 46/119 号决议通过；我国 2007 年成为《残疾人权利公约》的首批缔约国，并于 2008 年经全国人大常委会无保留地批准了该公约的适用。因此，上述 3 个国际性文件均对我国有法律约束力。

无一例外地强调必须对心智障碍者行为能力的限制进行司法干预，其背后有深刻的理论和实践依据。

第一，成年监护以对监护人的"不信任"为逻辑起点，要求司法积极介入。未成年监护，尤其是父母担任监护人的亲权监护，在立法上采放任主义，对其行使一般不设监督机构，而是信任父母会从最有利于子女的角度出发履行职责。[1]因此，亲权监护不仅体现为对内的教育抚养权利，更体现为对外的排除国家干涉的权利，[2] 除非出现严重侵害子女等法定事由，否则法院等公权力不得干预。成年监护恰恰相反，无论监护人是否与本人具有亲属关系，均以"不信任"为预设前提：首先，由于本人往往有或多或少的自由意志，因此重点在于保障本人意志得到尊重，即使是本人的"愚蠢行为"，除非严重危及本人安全，否则不得以"为你好"作为借口而剥夺其自我决定的权利；[3]其次，成年人往往具有更多的身份关系和财产纠葛，监护人存在的道德风险远远高于未成年监护；再次，成年监护人更多的时候并不是本人的父母，即使是本人父母也时有发生侵害本人利益的案例，[4]更遑论父母以外的自然人或机构担任监护人。因此，成年监护不能像未成年监护那样排除国家干涉，相反它非常需要公权力介入，在立法上采干涉主义，需要建立发达的监护监督制度来督促成年监护的监护人尽忠职守。

第二，对本人意思自治的实现，要求司法有所作为。成年监护的适用对象保留有程度不同的行为能力，只是依人依事依时有所不同，例如心智障碍症状较轻者完全可以从事与日常生活相关的法律行为，只是面对重大事件可能因判断力不足而需要支援。[5] 但是，心智障碍成年人在现实中行使自己余存的行为能力是非常困难的：一方面，他们在生理上或心理上处于困弱状态，自由和能力天然受限；另一方面，更重要的是他们受到严重的

---

① 李霞：《监护制度比较研究》，山东大学出版社，2004，第 88 页。
② 〔德〕迪特尔·施瓦布：《德国家庭法》，王葆莳译，法律出版社，2010，第 262 页。
③ England and Wales, Mental Health Act 2005, 1 (4).
④ 例如深圳邹宜均事件中，邹宜均被母亲以监护人身份送入精神病院，23 万元存款被转入母亲账户。参见新浪新闻《尼姑邹宜均日前撤诉》，http://news.sina.com.cn/c/2010 - 04 - 14/072117368987s.shtml，成年监护人道德风险之高由此可见一斑。
⑤ 郭明政：《禁治产与成年人监护制度之探讨》，《固有法制与当代民事法学——戴东雄教授六秩华诞祝寿论文集》，（台湾）三民书局，1997，第 350 页。

"社会排斥"，在观念上被主流社会轻视，在体制上被以效率为目标的经济体系驱逐，① 长期与正常社会隔离，导致许多本身具有部分行为能力的心智障碍者因缺乏锻炼意思表示的机会而逐渐丧失余存能力，近似于习得性无助。② "私法自治的意义在于……使个人获得自主决定的可能性"，③ 以私法自治为核心，民法负有保障本人在行为能力限度之内实现意思自治的使命，或是为本人排除实现自治的客观障碍，或是为本人提供自主决定的协助。因此，成年监护可谓民法中的"矫正正义"，司法必须独占监护启动程序权力，享有判断本人行为能力状态及是否需要设立监护的最终权力，保证本人意思自治不受侵犯。

第三，凡剥夺公民自由和权利，必须满足正当程序要求。成年监护制度的显著特点是限制本人的自由和权利，轻则剥夺本人对某项事务的自主决定权，重则长达数十年地完全剥夺本人自由。从法理上看，凡剥夺个人利益时，即使是犯罪嫌疑人，都必须保障其享有知情权、辩论权和听证权，即"在法律荫影之下的交涉"，此即所谓"正当程序"的核心思想。④ 举重以明轻，可非难的犯罪嫌疑人在被剥夺自由之前都享有正当程序的待遇，难道不可非难的精神障碍者还不如犯罪嫌疑人吗？然而，实践中仅凭司法鉴定或者医院诊断，乃至于残疾人证，就将本人认定为成年被监护人进而全面剥夺本人行为能力的例子屡见不鲜，⑤ 这显然是违背正当程序要求的。法院是公民自由和权利的守望者，必须负起控制、监督成年监护的职责，防止不经司法程序而剥夺本人自由和权利。

二 成年监护司法干预原则的适用

司法干预原则并非简单的单一原则，而是由数个子原则构成的复杂规

① 李欣：《私法自治视域下的老年人监护制度研究》，群众出版社，2013，第145页。
② B. Winick, "The Side Effects of Incompetence Labelling and the Implications for Mental Health," *Psychiatry*, *Public Policy & Law* 42 (1995), p. 437.
③ 〔德〕迪特尔·梅迪库斯：《德国民法总论》，邵建东译，法律出版社，2000，第143页。
④ 张文显：《法理学》（第3版），高等教育出版社，2009，第186页。
⑤ 李霞、刘彦琦：《精智残疾者在成年监护程序启动中的权利保障》，《中华女子学院学报》2017年第5期，第26~34页。

范结构，主要包括监护启动的司法唯一原则、监护评价的司法终决原则以及监护过程的司法监督原则等。

1. 监护启动的司法唯一原则

监护启动的司法唯一原则，指成年监护的适用条件认定、撤销与终止等权力由法院垄断行使，其他任何组织、任何程序不得引起成年监护的生灭变化。司法唯一原则得到域外成熟立法的普遍确认，主要有四层含义：（1）非经司法程序，不得认定本人行为能力欠缺，例如德国在立法上确立了成年人能力推定原则，除非有司法裁判，否则本人行为能力不受限制；[①]（2）非经司法程序，不得设定监护，例如日本规定，成年监护自监护裁定之时开始，也就是说没有监护裁定就不存在成年监护；[②]（3）非经司法程序，不得产生监护人，这就要求废除法定监护人顺序，而由法官根据鉴定意见和本人意愿、个人情况等选任监护人，同时变更监护人的权力也在法院；[③]（4）基于"先有诉讼后有监护"的必然推论，在成年监护程序中对本人实行诉讼能力拟制，无论本人心智状态实际情况如何，均视为具有诉讼能力，但是如果本人没有胜任的代理人且法院认为必要时，应为本人指派诉讼辅助人。[④]

2. 监护评价的司法终决原则

监护评价的司法终决原则是指成年监护中涉及的所有法律问题，包括本人行为能力的有无，是否需要适用成年监护等实体问题，只能由法院综合全案证据后作出最终判断。在成年监护中，普遍涉及对本人心智状态的鉴定问题，如何确保法官正确对待鉴定意见就成为突出问题。诉讼中法官很容易被鉴定意见这些科学证据的"科学"头衔所震慑，从而可能片面遵从鉴定意见，反而有害于案件事实的查清，[⑤] 并且导致专家越位代替法官作出判断。为此一些国家和地区在成年监护中建立了细致的运用鉴定意见的指引：（1）司法鉴定包括精神疾病鉴定必须遵守"事实问题规则"，即只能针对案件事实

---

① 参见《德国民法典》第 1896 条（2）（4）项。德国法上监护特指亲权丧失后的未成年人监护，而照管指的是成年监护。

② 参见《日本民法典》第 838 条第 2 款。

③ 参见《韩国民法典》第 936、940 条。

④ 《德日家事事件与非讼事件程序法典》，郝振江、赵秀举译，法律出版社，2017，第 104 页。

⑤ 张中、石美森：《论科学证据的证明力》，《证据科学》2012 年第 1 期，第 14～21 页。

问题作出证明，即对心智状态的司法鉴定一律不涉及行为能力评价，因为这属于法律问题，是法官的职责范围；[①] （2）成年监护案件原则上必须进行司法鉴定，因其相对于其他在诉讼外形成的证据，具有公开、便于质证的特点，因此法官在裁判前必须对本人心智状态进行鉴定，只有在特定条件下才允许以医院诊断、保险机构意见等取代鉴定意见；（3）原则上法官必须亲自面见本人，听取本人意见并获取对本人的第一手印象，以帮助作出本人行为能力状况的判断，除非存在面见将严重影响本人健康等例外情形。[②]

3. 监护过程的司法监督原则

监护过程的司法监督原则是指基于"不信任假设"，法院应当直接或间接地采取多种措施，检视成年监护是否有必要存续以及监护人是否尽忠职守。司法监督分为监测与监察两大方向。一方面，监测成年监护适用的前提条件——本人处于行为能力欠缺状态，是否仍然持续。这是因为，本人行为能力在监护启动后可能发生部分或者完全恢复的情况，例如精神分裂症患者接受社区治疗后年均复发次数低至 0.09，[③] 即绝大部分能够恢复行为能力。但是，由于被监护往往意味着本人自由受限，或者是行动不便，难以自行申请恢复，而监护人也会因为企图继续掌控本人财产等利益冲动而缺乏向法院申请恢复本人行为能力的动力。因此，瑞士、奥地利民法典均为成年监护设置失效期限，规定法院裁判启动监护后应定期审查本人是否恢复行为能力。[④] 德国也规定，除非法院作出延长监护的裁定，否则原有监护经过一段时间将自动失效。[⑤]

另一方面，监察监护人是否尽忠职守。"失去了监督与控制的监护人，在执行职务时全靠自己的道德良知……监护权的滥用极易滋生"，[⑥] 因此监督制度是成年监护的核心内容之一，它具有以下特征。（1）重资格审查，

[①] 霍宪丹主编《司法鉴定学》，中国政法大学出版社，2010，第 136、278 页。

[②] 《德日家事事件与非讼事件程序法典》，郝振江、赵秀举译，法律出版社，2017，第 106 ~ 107 页。

[③] 薄绍晔：《中国精神病防治康复工作现状、问题及对策》，《中国康复理论与实践》2004 年第 4 期，第 195 ~ 197 页。

[④] 张艳：《成年法定监护制度程序保障的研究》，民商法专业硕士学位论文，华东政法大学，2018，第 23 页。

[⑤] 《德日家事事件与非讼事件程序法典》，郝振江、赵秀举译，法律出版社，2017，第 111 页。

[⑥] 李霞：《成年监护制度的现代转向》，《中国法学》2015 年第 2 期，第 199 ~ 219 页。

更重过程监督。法院任命监护人只是监督的起点，对监护人履职过程仍然持续不断地予以关注，而不是作出监护裁判后就"案结事了"。（2）监督力度因事项而不同，监督不可能事无巨细，因此法院监督集中在事关本人重大人身财产安全的问题上。例如德国规定，可能构成严重损害的医疗措施、绝育手术、剥夺自由、返还租赁房屋等决定，监护人必须经法院许可后才可以实施。① （3）监督可以通过直接或间接方式实现，前者如恪予监护人报告义务，要求其定期向法院报告本人财产状况；后者如任命监护监督人，由监督人监督监护人的履职情况等。②

三 我国现行成年监护制度对司法干预原则的背离

1. 不符合司法唯一原则，在司法程序之外"体外循环"

一方面，缺乏对本人具成年监护诉讼能力的拟制。在《民事诉讼法》特别程序中，完全找不到询问或听取本人意见的规定，这不仅导致本人沦为诉讼程序的客体，而且导致了逻辑矛盾：根据《民事诉讼法》及司法解释规定，欠缺行为能力人的监护人是其法定代理人，③ 但是在欠缺行为能力人离婚诉讼等案件中，本人的配偶是其监护人的，如果再由配偶作为法定代理人，就出现双方代理、利益冲突的问题。为此，司法对立法进行了修正，主张此时应由后顺位的监护资格人作为欠缺行为能力人的法定代理人代为诉讼，④ 这实际上是承认"欠缺行为能力人监护人是其法定代理人"存在逻辑悖论。另一方面，不经司法程序认定本人为欠缺行为能力人、不经司法程序就产生监护人。有研究对 100 多个"被精神病"案例进行分析后指出，在没有任何司法程序的情况下，被送精神病院的人，就被医院视为"无行为能力人"，同时送治人、付款人被确认为"监护人"，后者有权决定被送院人的通信、会见、财产管理、治疗方案选择等一切事务；部分医院

---

① 参见《德国民法典》第 1904 ~ 1908 条。
② 参见《法国民法典》第 454、455 条，《日本民法典》第 863 条。
③ 参见《中华人民共和国民事诉讼法》第 57 条，《最高人民法院关于适用〈中华人民共和国民事诉讼法〉的解释》第 83 条。
④ 沈德咏主编《最高人民法院民事诉讼法司法解释理解与适用（上）》，人民法院出版社，2015，第 613 页。

采取"无行为能力推定",认为被送院人在没有证据证明是完全行为能力人之前就是无行为能力人,其近亲属就是监护人。①

追本溯源,我们的立法文本有待改进。(1)作为私法"基本法"的《民法通则》规定,成年监护不须经司法程序,只需因客观事件出现而产生,即监护因"被监护人的出现而发生,如子女的出生、成年人患精神病等"。② 司法解释明确采纳了这种观点,"成年人丧失行为能力时,监护人即应承担其监护责任。③ (2)《民法通则》第 17 条规定了法定监护顺序,破坏了法院对选任成年监护人的垄断性权力。如果不须考虑本人行为能力和财产、人身等具体情况,只需按照配偶、父母、子女、其他近亲属这样的顺序来确定监护人,那么不具备专门知识的"两委"、单位也当然能够胜任。既然如此,监护人还会先于司法程序而产生,"在人民法院作出判决前的监护责任,一般应当按照指定监护人的顺序,由有监护资格的人承担"。④ (3)《民法通则》第 17 条还将非近亲属担任成年监护人的同意权、解决监护纠纷的指定权下放至居委、村委"两委",并且"两委"指定成为监护人选任诉讼的前置程序,未经指定而直接向法院起诉的,法院甚至不予受理,⑤ 反映出立法期望"两委"成为成年监护的"守望者"。然而,调研发现"两委"经常无所作为,对成年监护人的失职乃至侵害本人权益等问题普遍无动于衷。⑥ (4)成年监护权力"下放"的结果是进一步失范的"外放"。由于"两委"在人财物等方面严重依赖乡镇(街道)一级政府,它们在纠纷面前积极寻求乡镇(街道)支持,主动将成年监护权力让渡,形成了"两委"－乡镇(街道)－法院的成年监护纠纷三级解决机制:有争议的,先由"两委"或单位指定;指定不服的,由乡镇(街道办事处)调解;调解

① 黄雪涛、刘佳佳、刘潇虎:《中国精神病收治制度法律分析报告》,2010,第 18~19 页。
② 陈奇恩:《论我国的监护制度》,《政治与法律》1990 年第 1 期,第 12~16 页。
③ 最高人民法院民事审判庭《关于监护责任两个问题的电话答复》(1990 年 5 月 4 日)。
④ 最高人民法院《关于贯彻执行〈中华人民共和国民法通则〉若干问题的意见》第 19 条第 2 款。
⑤ 最高人民法院《关于贯彻执行〈中华人民共和国民法通则〉若干问题的意见》第 16、17 条。
⑥ 郭高缘、李筱永:《我国严重精神障碍患者社区管理的法律问题研究——以北京市部分郊区县为例》,《中国卫生法制》2017 年第 4 期,第 12~16 页。

不服的，才到法院诉讼。① 至此，成年监护从监护发生、确定监护人乃至监护纠纷的解决都完全脱离司法程序"体外循环"并形成了完整闭环。

2. 进入司法程序的成年监护纠纷难以贯彻司法终决原则，导致法院在行为能力判断中缺位

（1）我国成年监护以不进行司法鉴定为原则，因为《民事诉讼法》明确规定成年监护诉讼仅在"必要时"才需要司法鉴定。② 究其原因，在于立法者既没有意识到行为能力是法律问题而非事实问题，也没有认识到成年监护对本人自由与权利的剥夺必须通过具有较高法律效力的司法鉴定来认定。为此，立法者不仅在司法鉴定外采纳了"医学标准"，还创造了"群众意见标准"，③ 造成对本人行为能力的判断权流失于司法之外。相应地，现实中法院认定本人行为能力欠缺的依据，不仅可以是医院诊断，还可以是作为残疾人管理服务的福利性资格的"残疾人证"，④ 甚至可以是完全不具备科学性、专业性特征的"群众意见"。⑤ （2）一旦有了鉴定意见，法院又陷入对鉴定的片面遵从。1989年《精神病鉴定暂行规定》要求鉴定人不仅要从医学上对有无精神疾病作出判断，还要对本人是否有辨认、控制能力这种法律问题作出评价，⑥ 容易导致鉴定意见越界代替法官裁判，违反了司法终决原则。尤其是我国法官常常不加审查地遵从这些专家证据，导致"鉴定错则裁判错"。⑦ （3）法院在成年监护程序中完全不需要面见本人，无论是诉讼法还是《民法总则》等实体法，都没有规定在监护启动或者监

---

① 《长沙市精神障碍患者医疗救助办法》（长政办发〔2017〕3号）第6条第2款规定：对担任监护人有争议的，由精神障碍患者所在单位或户籍所在地村（居）民委员会在近亲属中指定。对指定不服的，可由精神障碍患者所在单位或户籍所在地村（居）民委员会协助当地乡镇人民政府（街道办事处）进行调解。对调解结果不服的，由人民法院裁决。

② 《民事诉讼法》第188条规定：人民法院受理申请后，必要时应当对被请求认定为无民事行为能力或者限制民事行为能力的公民进行鉴定。申请人已提供鉴定意见的，应当对鉴定意见进行审查。

③ 王胜明主编《中华人民共和国民事诉讼法释义》，法律出版社，2012，第447页。

④ 李霞、刘彦琦：《精智残疾者在成年监护程序启动中的权利保障》，《中华女子学院学报》2017年第5期，第26~34页。

⑤ 张艳：《成年法定监护制度程序保障研究》，民商法专业硕士学位论文，华东政法大学，2018，第39页。

⑥ 陈卫东、程雷：《司法精神病鉴定基本问题研究》，《法学研究》2012年第1期，第165~180页。

⑦ 霍宪丹、郭华：《中国司法鉴定制度改革与发展范式研究》，法律出版社，2011，第174页。

护人选任中要面见本人或是听取本人意见，不仅有悖于基本的诉讼原理，而且更加剧了法官对鉴定意见、医院诊断乃至"群众意见"的依赖——在成年监护中，如果法官连本人都没见到，又凭什么推翻那些至少面见了本人的证据呢？

3. 监护启动后司法监督缺位，成年监护成为事实上的"终身制"

一方面，我国并未设置成年监护失效期限规定，不要求法院定期主动审查成年监护适用前提——本人欠缺行为能力的情况是否仍然存在。虽然《民事诉讼法》规定了本人有权向法院申请恢复行为能力，但是凡适用成年监护的本人，即使意思能力完全，也往往因病、残而客观上存在不自由的情形，一旦法院不负起定期主动审查本人行为能力的职责，基本就意味着成年监护将伴随本人一生。经检索中国裁判文书网，申请认定本人为无行为能力的案件有 24951 宗，为限制行为能力的有 5117 宗，共计 30068 宗；相比之下，申请恢复本人行为能力的仅有 79 宗，即申请恢复的案件数量仅占申请认定行为能力欠缺数量的 0.26%。① 但是，统计表明即使是精神障碍中较为严重的精神分裂症，两年缓解率也达到了 77.8%，年平均复发率仅为 8.3%，② 再就业率也在 13%~41%。③ 从申请认定行为能力欠缺案件与申请恢复行为能力案件的悬殊数量对比，以及实践中精神疾病的治疗情况，不难推知心智障碍者即使实际上恢复了行为能力甚至已经就业，绝大多数情况下也没有办法通过诉讼程序获得"正名"，恢复行为能力制度彻底沦为"僵尸条款"。另一方面，从《民法通则》到《民法总则》，成年监护一直只有事后的救济性监督而缺乏事前的预防性监督，④ 甚至仅有的救济性监督也脱胎于《侵害未成年人意见》，该拥有监督权的法院、检察院被排除在外，专业能力不足的"两委"却被委以监督重任，⑤ 因此我国成年监护对监

---

① 中国裁判文书网：http://wenshu.court.gov.cn/，最后访问时间：2018 年 10 月 17 日。
② 王启源、黄靖康等：《社区精神病人的康复疗效及影响因素分析》，《现代康复》1998 年第 7 期，第 675~677 页。
③ 翁永振、向应强等：《精神分裂症院内康复措施及其疗效的一年随访》，《中华精神科杂志》2002 年第 1 期，第 32~35 页。
④ 陈圣利：《预防性监护监督制度的构建——基于社会正义与制度成本的均衡考量》，《北方法学》2018 年第 2 期，第 79~88 页。
⑤ 李霞、陈迪：《〈民法总则（草案）〉第 34、35 条评析——监护执行人的撤销与恢复》，《安徽大学学报》（哲学社会科学版）2016 年第 6 期，第 109~116 页。

护人基本处于"不设防"的状态。

四 《民法典·婚姻家庭编》确立成年监护司法干预原则的进路

（一）《民法典·婚姻家庭编》确立成年监护司法干预原则的必要性

第一，司法干预原则在成年监护中具有基础性地位，其缺位将导致整个成年监护制度沦为具文。没有司法唯一原则，整个成年监护都会脱离司法体系运作，无论立法者如何殚精竭虑，尊重本人意愿将无从贯彻；没有司法终决原则，本人行为能力状态将被鉴定机构甚至是医院、残联等社会团体所决定，能力推定、最少限制等原则无从谈起；没有司法支持原则，本人无力有效参加诉讼，不仅极易被监护人侵害权益，而且导致成年监护"终身制"，恢复行为能力制度沦为"僵尸条款"。

最直接的证明是，《民法通则》第 13 条、《民法总则》第 22 条都规定限制行为能力人可以从事与心智状况相适应的法律行为，但是现实中正因司法干预的缺位，导致一旦行为能力有所欠缺，本人就完全被剥夺所有做决定的能力。以残疾人证申办为例，首先，《残疾人保障法》第 9 条规定，凡残疾人，即使是心智健全、有完全行为能力的肢体残疾人，都必须有"监护人"，擅自扩大了成年监护的适用范围。其次，相应地，凡申请残疾人证，必须书面提出并载明监护人信息，① 无论是否属于心智残疾、是否仍具有行为能力。再次，残疾人证申请、变更以及对残疾评定结果的异议等权利完全掌控在监护人手上，本人无论是否仍具有相应的行为能力均无权行使。② 最后，精神、智力类残疾人申请注销残疾人症的，必须由监护人签字确认，③ 本人无权申请注销。连对残疾评定结果提出异议这样的简单行为能力都被剥夺了，所谓的可从事与心智相适应的行为的规定还不是具文吗？

---

① 《齐齐哈尔市残疾人评残发证办法》（2008 年施行，2017 年齐齐哈尔市人民政府令第 3 号修改）第 8 条。
② 《〈中华人民共和国残疾人证管理办法〉广东省实施细则》第 21、30、35、38 条。
③ 《吉林市〈中华人民共和国残疾人证管理办法〉实施细则》第 5 条。

据统计，随着医学水平和康复工作的不断发展，我国有自理能力的精神障碍者在逐年增加，然而有工作的精神障碍者人数在不断减少，① 这说明了缺乏司法干预的成年监护很可能沦为剥夺本人能力的工具。

第二，民法典在私法体系中具有根本性地位，司法干预原则不入典不能发挥作用。对成年监护的悖反，对本人权益的侵害，根源在于《民法通则》种种陈旧的规定。这些规定经过三十多年的繁衍，已经延伸成长到《精神卫生法》《残疾人权益保障法》《民事诉讼法》等法律以及众多法规、规章当中。为了消除《民法通则》的影响，必须首先在作为私法之母的民法典中树立司法干预原则，才能逐步在庞杂的规范体系中去旧换新，这是其他私法尤其是单行法无可替代的。

从比较研究来看，司法干预入典符合先进民法典立法惯例。与我国民法典同样采取潘德克顿体系的德、日、韩等国民法典以及我国台湾地区"民法典"，无一例外地规定了司法干预原则，它们有如下几个共同点。（1）司法干预原则必入民法典，而且都规定在民法典分编之中。这四部民法典中，除了《德国民法典》的成年监护采取的是分编单设模式，日、韩、台都采取了总分结合的模式，即成年监护既在总则出现，又在分编中规定。但是，无论是分编单设还是总分结合，司法干预原则都规定在分编之中。可见，成年监护虽然在我国《民法总则》中已有规定，但绝不意味着可以不入分编。（2）司法干预原则中的司法唯一原则是重中之重，先进民法典都是通过废除法定监护顺序，由法院垄断选任成年监护人的权力而确立的。《德国民法典》第1896条、《日本民法典》第843条都规定由法院根据个案情况，在尊重本人意愿的情况下为本人选任监护人。《韩国民法典》更是在2013年民法典修订中，删除了第935条关于法定监护顺序的条文，代之以新的第936条，即监护人由法院依职权选任。（3）司法监督原则在分编中有重要席位，有的由法院直接监督，例如《德国民法典》第1904～1908条规定，涉及本人重大人身、财务事务的决定，必须经法院许可后监护人才可以实施；《日本民法典》第853、863条规定了监护人制作本人财产目录以及法院审

---

① 刘天俐、陈功等：《2007－2013 中国精神残疾治疗康复变化趋势》，《中国心理卫生杂志》2017 年第 3 期，第 195～202 页。

查监护人履职情况；《韩国民法典》第 954 条规定了法院对监护人履职的处分命令权。有的由法院设立监护监督人进行间接监督，例如《日本民法典》第 851、864、876 之 3、876 之 8 条规定了监护监督人以及监护人须经监督人许可的行为；《韩国民法典》第 940 之 4、940 之 6、950、953 条规定法院可设立监护监督人，监护人在代替本人实施借贷、纯义务行为、不动产变动、继承的承认与放弃等重大人身财产决定前须经监督人许可，并且监督人有权随时要求监护人报告履职情况；台湾地区"民法典"第 1111 条规定，法院在任命监护人的同时还要指定开具财产清册的人，① 同时法院还有权命令相关部门和社会福利机构对本人情况进行调查并向法院报告。（4）单行的家事审判法构成司法干预原则的一部分，尤其是司法终决原则主要体现在单行法中。例如德国《家事事件及非讼事件程序法》第 278、280 条规定了对本人精神状况应予鉴定及其例外、应听取本人意见及其例外，强调法院应在听取鉴定意见、本人陈述后作出是否适用监护、由谁担任监护人的决定。日本《家事事件程序法》第 119、120 条，韩国《家事诉讼法》第 45 之 2、45 之 3、45 之 6 条，台湾地区"家事事件法"第 167 条都作出了类似规定。此外，司法监督原则中的成年监护失效期限也规定在单行的家事审判法中，例如德国《家事事件及非讼事件程序法》第 295 条。

至此可知：第一，司法干预原则规定在民法典分编中是潘德克顿体系先进民法典的一致立场；第二，完整的司法干预原则都是通过民法典分编＋单行家事审判法的模式得到体现的；第三，具体而言，司法干预原则中的司法唯一原则均规定在分编中，主要体现为法院"垄断"成年监护人的选任权，这必然要求废除法定监护顺序；第四，司法终决原则主要规定在单行的家事审判法中；第五，司法监督原则主要内容规定在分编中，部分内容可以规定在单行家事审判法中。

第三，《民法总则》不符合司法干预原则，迫切需要通过民法典分编予

---

① 开具财产清册的人并不是监护人，而是与本人有较密切关系或者具相应专业能力的第三人，例如 2012 年王永庆妻子王月兰监护人选任纠纷中，法院在任命王文洋为监护人的同时，还任命了曾担任王永庆遗产保管人的李永然律师和另一位申请人黄淇绮的代理人林志忠律师共同担任开具财产清册的人。参见台湾地区台北法院 2011 年度监宣字第 200、323 号，2012 年度辅宣字第 6 号民事裁定书。

以纠正。司法干预原则普遍是在分编中确立，一般不在总则部分体现。然而，我国《民法总则》不仅没有确立司法干预原则，反而背离了司法干预原则尤其是司法唯一原则；甚至《人格权编》等分编草案也受到影响，出现了违反司法干预原则的内容。（1）《民法总则》第 28 条仍然规定了法定监护顺序，尤其是该条位于第 27 条的未成年法定监护顺序之下，两个条文在体系上的次第关系以及表述上的高度重合，极易令人认为成年监护人也与亲权监护人一样，不经司法程序而产生。更显倒退的是，当年的《民法通则》本身并没有规定法定监护顺序，只是后来才通过司法解释确定法定监护顺序；① 而《民法总则》第 28 条却将司法解释法典化，直接规定了法定监护顺序，进一步正当化了成年监护的"体外循环"。（2）《民法总则》坚持了《民法通则》将成年监护权力下放的立场，在第 28、31 条分别重申了"两委"和民政部门的同意权、指定权。虽然《民法总则》第 31 条不再像《民法通则》那样，将"指定"作为成年监护诉讼的前置程序，但是从语句次序来看，立法者提倡"先指定，后诉讼"的立场跃然纸上。然而，如上所述，成年监护的权力一旦"下放"，必然进一步失控地"外放"，乡镇（街道）一级政府甚至是社会团体等将凭借自身行政地位，不经司法程序而在事实上享有成年监护的权力，从而加剧成年监护的"体外循环"境况。（3）《民法总则》虽然规定了第 29 条的遗嘱监护、第 30 条的协议监护、第 32 条的公共监护以及第 33 条的意定监护等多种成年监护方式，但是这些方式依然是不须经司法程序而启动。尤其是，遗嘱监护、协议监护和公共监护都是统一适用于未成年和成年监护，② 更易加重成年监护与未成年监护一样不须经司法程序而产生的陈旧观念。（4）新药新疗法试验关系到被试验人的重大人身安全，按照司法监督原则的要求和先进民法典的要求，成年监护人无权独自决定本人是否接受试验，须经监督人或法院许可。然而，《民法典（草案）》（2019 年 12 月 28 日）第 1008 条规定成年监护人拥

① 《民法通则》第 17 条、《最高人民法院关于贯彻执行〈中华人民共和国民法通则〉若干问题的意见（试行）》第 14 条。
② 最典型的是遗嘱监护，一审稿、二审稿均限定适用于未成年监护，三次审议稿修改并最终确定为不加区分地适用于未成年和成年监护。参见贾东明主编《〈中华人民共和国民法总则〉释解与适用》，人民法院出版社，2017，第 69~70 页。

有不受任何监督和制约而决定本人是否接受新药、新医疗机械或新疗法临床试验的权利，显然有悖司法干预原则。更糟糕的是，虽然该条删除了一审稿中关于接受试验可以获得补偿的规定，但是实践中参加试验的经济收益必然以各种形式出现，这无异于将本人人身完全托付给成年监护人的高度道德操守，还不断用经济收益来考验监护人的人性。

（二） 《民法典·婚姻家庭编》 确立成年监护司法干预原则的进路选择

2019 年 12 月 28 日公布的《民法典（草案）》完全没有成年监护的内容，更没有司法干预原则，不符合先进民法典的立法潮流，更会错失矫正我国《民法总则》将解决监护人纠纷权力下放、规定法定监护顺序等做法的宝贵机会。从比较研究来看，司法终决原则可以通过单行的家事审判法解决，但司法唯一原则和大部分的司法监督原则应当规定在民法典分编之中。具体而言，《民法典·婚姻家庭编》至少应包括以下基本内容。

首先，确立司法唯一原则，规定成年监护人由法院"垄断"选任权，依照尊重本人意愿原则根据个案情况选任。随后，通过体系解释方法将法院选任成年监护人适用到《民法总则》规定的具体制度中：第一，第 28 条中"有监护能力的人"，应解释为经法院认定为符合本人意愿、有利于维护本人利益的人，由此达到成年监护人选任必须经司法程序，架空法定监护顺序以及"两委"和民政部门同意权的效果；第二，遗嘱监护、协议监护、公共监护和意定监护不经法院确认不生效，即遗嘱指定协议、意定监护合同等可以成立，但是法院确认是生效要件；第三，对第 31 条的监护人确定纠纷，"两委"或民政部门指定监护人后，都必须向法院申请确认，法院可以予以确认也可以否决后另选监护人，即收回纠纷解决权，"两委"或民政部门的指定不经法院确认不产生法律效力。长远来看，则应彻底废除《民法总则》第 28、31 条。

其次，确立司法监督原则，主要是对监护人履职的监督。第一，在直接监督上，应规定在成年监护启动后，法院有权要求成年监护人提交本人财产状况和履职报告，且有权根据报告内容决定是否改任监护人；在监护启动时，因本人财产数额较大或法院认为有必要的，可指定监护人以外的第三人作为开具本人财产清册的人，清点本人财产后向法院申报，作为今后监督监护人履职的依据。第二，从分担法院审理压力、提高监督效率出发，应建立以监护监督人为标志的间接监督制度，凡涉及本人重大人身财产问题的决定，监护人须经监督人同意后实施，否则本人或监督人有权撤销。尤其是要修改《民法典（草案）》（2019 年 12 月 28 日）第 1008 条，规定本人不具备相应的同意接受新药新疗法试验能力的，监护人同意后还必须经监督人或法院批准才能实施。第三，将监测本人行为能力是否恢复的内容，即成年监护效力期限的规定纳入《民法典·婚姻家庭编》而非单行的家事审判法中，以彻底扭转我国成年监护长期脱离司法程序的现象。

除此以外，司法干预原则还需要在《民事诉讼法》或单行的《家事审判法》等程序法中确立：一方面，贯彻司法唯一原则下的"先有诉讼后有监护"，在成年监护等涉及本人行为能力的诉讼中对本人实行诉讼能力拟制，法院有权根据本人心智状态为本人指派诉讼辅助人支援本人参加诉讼；另一方面，确立司法终决原则，对本人行为能力的认定以司法鉴定为必要、法官面见本人为原则，例外情况下才可以以医院诊断作为裁判依据或允许法官不面见本人就作出裁判。同时，无论司法鉴定或医院诊断意见是否涉及本人行为能力评价，法官都必须综合全案证据亲自作出判断。

离婚救济制度的构建

【内容摘要】 离婚财产分割请求权、家务劳动补偿请求权、离婚经济帮助请求权、离婚损害赔偿请求权，以及对隐匿、转移财产等违法行为的规制都属于广义离婚救济制度的范畴。每一项制度在理论和实践中都有需要扫清的障碍。本文站在实务角度，结合《民法典·婚姻家庭编（草案）》立法动态，对每一具体制度的适用展开讨论，并试图从理论上给出解决路径。离婚救济制度的完善应当从请求权救济的客体、请求权适用的核心争议与解决、请求权间的冲突与协调等方面入手，构建不同请求权各司其职的综合权利保障体系，并且离婚救济制度在法典中的编排体系也应当作出整体安排。

【关 键 词】 离婚财产分割请求权　　家务劳动补偿请求权　　离婚经济帮助请求权　　离婚损害赔偿请求权　　共同财产回复请求权

一　离婚救济制度的构成

当前，学界关于离婚救济制度的范畴并没有统一的说法。有学者认为，

---

* 陈贝贝，法律硕士，北京天驰君泰律师事务所实习律师。

离婚救济制度包括家务劳动补偿、经济帮助和离婚损害赔偿三个部分。① 也有学者认为，离婚救济的实现除了上述三部分外，还需要制裁离婚中隐藏、转移共有财产等违法行为。② 还有学者认为，离婚财产分割也属于离婚救济制度的范畴。③ 更有学者认为，离婚损害赔偿不能纳入离婚救济制度中，应当完善以家务劳动补偿和经济帮助为蓝本的离婚扶养制度。④ 学界的探讨多围绕救济目的、救济范围和救济标准展开，同时，关于家务劳动补偿、经济帮助作为离婚救济制度的组成内容已是学界的一致共识。

救济不仅仅是对经济上困难的人的救济，也包括对婚姻家庭中人身权或财产权受害者的救济。在《牛津法律大词典》中，救济指"对已经发生或者导致的危害、伤害或者损失的不当行为而进行的矫正、纠正或改正"。⑤

首先，回归到离婚财产分割的法条，现行《婚姻法》第 39 条规定："离婚时，夫妻的共同财产由双方协议处理；协议不成时，由人民法院根据财产的具体情况，照顾子女和女方权益的原则判决。"《民法典·婚姻家庭编（草案）》（以下简称《草案》）第 1087 条规定："离婚时，夫妻的共同财产由双方协议处理；协议不成的，由人民法院根据财产的具体情况，按照照顾子女、女方和无过错方权益的原则判决。"照顾子女原则虽说字面上是指财产向子女倾斜，但是离婚诉讼是两造诉讼，在夫妻没有一致同意将共同财产赠与给孩子的前提下，是不能将夫妻共同财产分配给孩子的，因此，照顾子女的原则，实际上是照顾离婚后直接抚养子女一方的原则，可以视为对离婚后直接抚养子女一方的救济。在倡导男女平等价值观的社会背景下，很多男性甚至女性都认为照顾女方的原则是不公平的，是歧视男性的，但是，照顾女方的原则根植于中国的婚姻法法制史，结合过去社会中男女的地位，女性更容易成为婚姻中的受害者。⑥ 而且，照顾女方的原则

---

① 孙若军：《离婚救济制度立法研究》，《法学家》2018 年第 6 期。转引自巫昌祯、夏吟兰《〈民法典·婚姻家庭编〉之我见》，《政法论坛》2003 年第 1 期。

② 王歌雅：《变异与矫正：离婚制度的公正抉择》，《中华女子学院学报》2017 年第 5 期；李俊：《离婚救济制度》，法律出版社，2008，第 20~21 页。

③ 马忆南：《离婚救济制度的评价与选择》，《中外法学》2005 年第 2 期。

④ 龙翼飞、侯方：《离婚救济制度的辨析与重构》，《法律适用》2016 年第 2 期；马忆南：《离婚救济制度的评价与选择》，《中外法学》2005 年第 2 期。

⑤ 〔英〕戴维·M. 沃克：《牛津法律大词典》，李双元等译，法律出版社，2003，第 970 页。

⑥ 龙翼飞、侯方：《离婚救济制度的辨析与重构》，《法律适用》2016 年第 2 期。

体现了对女性生育等价值的肯定，对女性因生育受到的就业歧视进行了一定程度的补偿。而照顾无过错方的原则更是直接地体现了对婚姻中无过错方的救济。因此，我们的离婚财产分割制度也体现了离婚救济的功能。

其次，离婚损害赔偿主要是对人身权遭受侵害的保护，离婚损害赔偿对于婚姻中的无过错方至少起到了精神抚慰的作用。它作为一种救济制度存在也是无可厚非的。主张离婚损害赔偿制度不应当纳入离婚救济制度的学者认为，离婚损害赔偿的请求权可以通过一般侵权请求权来实现，没有必要单独规定。然婚姻家庭案件具有很强的身份性，离婚损害赔偿救济的主要是配偶权。而在现行的司法实践中，利用一般侵权法救济配偶权的经验并不充分，并且一般侵权案件的审判法官在家事思维上，通常弱于审理离婚案件的法官，在家事审判改革的背景下，将离婚损害赔偿纳入婚姻法的范畴，更能实现对配偶权的保护，有利于确定离婚损害赔偿的标准，减少同案异判。

再者，制裁离婚中隐藏、转移共有财产的行为，意味着纠正实施此类行为者对配偶一方的侵权行为，将其纳入离婚救济制度是离婚救济的应有之义。并且，从实务的角度看，离婚是对人身关系和各种财产关系的一揽子解决，离婚时分割财产的机会，严格地讲对于每个人来说都只有一次，[①]为了实现离婚时财产的公正分割，实现离婚正义，对离婚救济也应当做扩大解释。实践中，主张另外一方存在隐匿、转移财产等行为应当少分或者不分财产的比例远大于主张家务劳动补偿、经济帮助的比例，财产被侵害者的救济需求远比家务劳动补偿、经济帮助的需求大得多。

总之，从实务出发，将对离婚财产分割、家务劳动补偿、经济帮助、离婚损害赔偿及隐匿、转移财产等违法行为的规制一并纳入离婚救济制度完全不存在障碍，且是实践所需，它们都是维护婚姻正义的衡平措施。本研究立足于司法实践对请求权基础的需求，将对离婚财产分割请求权、家务劳动补偿请求权、离婚经济帮助请求权、离婚损害赔偿请求权及隐匿、转移财产等违法行为的规制都认定为广义的离婚救济制度之范畴。

---

① 若双方协议离婚，之后即便有争议也是在离婚协议的基础上进行诉讼。如果双方诉讼离婚，在离婚诉讼一审程序过后，除非有法定情形，二审及再审法院一般不会推翻一审判决。离婚后，双方不再在一起生活，对于彼此的财产状况也难以了解，很难再去向对方主张权益。

二 离婚财产分割请求权

离婚财产分割请求权作为离婚救济制度的内容，基本上处于被遗忘的角落。确实，与其他的离婚救济请求权不同，我国现行《婚姻法》所规定的照顾子女、女性甚至无过错方原则皆为分割夫妻共同财产的考量因素，内化于离婚分割财产时，不能在离婚财产分割完毕后单独提出。而其他离婚救济请求权不是离婚分割财产的考量因素，系独立的请求权，可以在离婚中分割夫妻共同财产后（甚至是对夫妻婚前财产享有请求权），就对方已经获得的财产提出独立的请求权。

所谓"考量因素"，即没有独立的构成要件要素，固定这些考量因素的是不完全法条，只要是离婚分割财产就可以进行主张。所谓"独立请求权"，即有独立的构成要件要素，请求权的成立有完全法条来支持。这也就意味着，其他的离婚救济请求权必须符合严格的条件才能实现。而现行的司法实践对其他离婚救济制度法律适用的力度把控又比较严，大多数案件无法符合独立请求权的构成要件。离婚财产分割请求权中照顾子女和女性的原则会成为分割财产时普遍主张的要点，因为这是法律的原则性规定，主张成功的概率是很高的，因此照顾子女和女性原则在实践中是最有可能被滥用的。比如，法院在裁判离婚时通常倾向于将房产所有权判决给直接抚养孩子的一方，不直接抚养孩子的一方获得折价款，但是购房指标、贷款额度及利率这些隐性的损失，基本上都由获得折价款的一方承担。更有甚者，一方本无意争夺孩子的抚养权，为获得房子才要求获得孩子的抚养权。确实，离婚后不再具备房屋共有的身份前提，只能一人得房，一人得钱，往往得房的一方获取的隐形利益远大于获得折价款的一方。购房指标、贷款额度及利率虽然不能用金钱价值来衡量，但往往是弥足珍贵的，不将其考虑到财产分割评估中，在一定程度上是有失公平的。又如，照顾女方原则成为法官行使自由裁量权的绝佳理由，为平息双方当事人的巨大争议，在房产价值畸高的当下，法官依照此项原则，就有可能让男方丧失数十万元利益。实务中，不乏当事人就这一原则适用不当提出上诉。

笔者认为，"两照顾"原则应当本着公平公正的原则适用，简单以照顾子女原则、照顾女性原则进行裁判，有可能造成实质的不平等。现代社会利用孩子或者婚姻骗财的比比皆是，如果因为照顾子女原则、照顾女性原则使这些人得逞，显然会造成对另一方的不公平。在立法层面上，要区分照顾子女和女性原则救济的客体具体为何。如照顾子女原则，即从儿童利益最大化理念出发，防止离婚造成子女生活条件的显著下降，要优先保障子女的居住权等其他生活条件，虽然照顾子女原则在结果上体现为对离婚后直接抚养孩子一方的救济，但是从夫妻共同财产分割的操作上来看，获得房屋所有权连带购房指标、贷款优惠的一方，可以考虑在房屋折价款上给予另一方一定的倾斜，防止不直接抚养孩子的一方因离婚而背负显著的经济和住房压力。有人认为，照顾女性原则要保护的是女性因生育带来的经济损失。也有人认为，该原则要救济的是女性的就业不平等。更有人认为，该原则要救济的是承担家务劳动较多的一方，而这些人通常都是女性。① 然对家务劳动的补偿，显然是通过家务劳动补偿请求权来实现的，不应当成为照顾女性原则指向的对象。否则，它将会与家务劳动补偿请求权互相架空，各自无法发挥本应有的功能。女性因生育带来的经济损失，往往是和其就业不平等相挂钩的。劳动力市场上，对女性的歧视往往是由于女性将来要生育子女。通说认为，生育的过程会耽误女性至少三年的工作时间，而教育孩子又会占用女性大量的工作精力，导致女性因为生育在就业市场上长期处于被歧视的地位。因此，照顾女性原则是为了补偿女性因生育这一天然的职责带来的职业损失。在法律适用上，对于那些没有因为生育带来就业歧视的女性，尤其是那些经济地位和社会地位与丈夫相当的女性，可以不适用照顾女性原则。

《草案》增加了照顾无过错方原则，但是这一规定与现行《婚姻法》第39条不相一致。在胡康生主编的《中华人民共和国婚姻法释义》一书对婚姻法第39条的释义中，提到"在分割夫妻共同财产时，是否要考虑照顾无过错方的利益呢？最高人民法院1993年印发的《关于人民法院审理离婚案

---

① "72.7%的已婚者认为，与丈夫相比，妻子承担的家务劳动更多"。资料来源：《第三期中国妇女社会地位调查主要数据报告》（2011年10月21日，全国妇联、国家统计局），中国网，http://www.china.com.cn/zhibo/zhuanti/ch-xinwen/2011-10/21/content_23687810.htm，最后访问时间：2019年1月24日。

件处理财产分割问题的若干具体意见》（以下简称《若干意见》）中规定，人民法院审理离婚案件对夫妻共同财产的处理，应坚持照顾无过错方的原则。但根据本法的规定，在夫妻共同财产分割时，法院考虑的因素仅是子女权益和女方权益，不涉及过错或无过错的因素。但为了体现公平，照顾无过错方的利益，本法第46条规定了离婚损害赔偿制度——有下列情形之一，导致离婚的，无过错方有权请求损害赔偿：（一）重婚的；（二）有配偶者与他人同居的；（三）实施家庭暴力的；（四）虐待、遗弃家庭成员的。离婚过错赔偿方式分为两类：一是在夫妻共同财产分割中，无过错方多分财产，这是当前审判实践的做法；二是在夫妻财产归各自所有或共有财产不足以补偿的情况下，过错方以自己的财产向无过错方作出补偿。本法并未采取离婚时分割共同财产的过错原则，也就是说在共同财产分割中不考虑引起离婚的个人责任，而是采取离婚过错赔偿原则，无过错方有权请求赔偿损失。"① 且明文说明 "以上司法解释是根据1980年《婚姻法》作出的，《婚姻法》经过修订后，其有关财产分割的规定若同新法的相关条文有抵触，应作出相应调整"。② 也就是说，虽然《若干意见》规定了离婚分割财产时的照顾无过错方原则，但是因为该规定与2001年《婚姻法》修正案有冲突，应当以现行《婚姻法》规定为准，由现行《婚姻法》第46条调整离婚过错，换言之，现行《婚姻法》第39条关于离婚财产分割的规定是明确排斥照顾无过错方原则的。反观胡康生主编的《中华人民共和国婚姻法释义》中对第46条离婚损害赔偿规定的释义，"确立过错赔偿制度有利于制裁实施重婚、姘居、家庭暴力等行为的有过错当事人，保护无过错方的权益。最高人民法院的司法解释中规定有离婚分割财产时应当照顾无过错方的内容"。③ 由此可见，2001年我国修改《婚姻法》，增设离婚损害赔偿制度就是为了调整婚姻过错行为。这两个法条的规定才是立法关于婚姻过错的本意，唯有这样解释离婚中过错的救济才能实现法律上的自洽，不至于使离婚过错被评价两次，使过错方受到双重惩罚。《草案》同时在第1087条及第1091条保留了对离婚过错的救济，主要理由为《若干意见》已经规

---

① 胡康生主编《中华人民共和国婚姻法释义》，法律出版社，2001，第162～163页。
② 胡康生主编《中华人民共和国婚姻法释义》，法律出版社，2001，第162页。
③ 胡康生主编《中华人民共和国婚姻法释义》，法律出版社，2001，第181页。

定了离婚分割财产时应当照顾无过错方的原则，可以将司法解释上升为法律，但实际上忽视了《若干意见》已经被现行《婚姻法》修改的事实。并且，实践中已鲜有法官适用《若干意见》中的照顾无过错方的规定。一些法官认为，照顾无过错方没有法律依据，故不支持无过错方多分财产的诉请。也有法官在适用时直接将《若干意见》第13条中的照顾无过错方替换为现行《婚姻法》中离婚损害赔偿的规定。即便是一些案件中法官支持了无过错方多分财产，也没有援引《若干意见》的规则，系混淆了"规则"和"原则"的适用，认为照顾无过错方的原则可以直接适用，然而在现行《婚姻法》有明确规则的情况下，适用原则本身就是错误的。《草案》确立照顾无过错方的原则会使离婚过错被重复评价，不符合国际立法淡化离婚过错的趋势，不利于保护未成年子女的利益，更有一事再罚的嫌疑，极容易造成在离婚分割财产时法官已经根据照顾无过错方的原则，在财产上做了一定的倾斜，又因为符合离婚损害赔偿的条件，单独判决离婚损害赔偿，这一方面加剧了双方感情的恶化，另一方面也会使过错方背负过重的经济负担。在离婚率畸高的当下，为了减少夫妻之间的感情冲突，促进夫妻双方离婚后和谐地抚养子女，促进离婚程序的快捷进行，应当借鉴国际趋势，淡化离婚的原因，尤其是过错因素。

三　家务劳动补偿请求权

家务劳动补偿请求权由2001年《婚姻法》修正案确立，它仅适用于分别财产制，这一请求权的适用范围是有限制的。《草案》将这一请求权的适用范围扩大到夫妻共同财产制中。从分别财产制扩大到夫妻共同财产制中，是否有重复计算家务劳动价值之嫌呢？

家务劳动补偿请求权设立的基本思考，是在夫妻离婚分割财产时，是否对家务劳动的价值进行了公正的评价，不能机械地讨论夫妻财产制是否为家务劳动补偿请求权的构成要件。

离婚中双方分割的只能是有形或无形的资产，而家务劳动不会以资产的形式体现，其内化于整个家庭的沉默成本中，家务劳动补偿不是离婚时分割财产的考量因素，而是一项独立的请求权。姑且将一个人可能创造的家庭财产总和分为社会价值和家庭价值，社会价值即通过社会劳动获得的价值，可通过经济收入量化，家庭价值即通过家务劳动获得的价值，无法量化。因不知社会价值和家庭价值孰高孰低，双方对于夫妻共同财产或者对于另一方个人财产的贡献率也就难以计算，这就使得夫妻共同财产制下和夫妻分别财产制下都存在补偿家务劳动的可能。不妨用数字举例论证：一方通过劳动获得的社会价值为 100 万元，另一方通过劳动获得的社会价值为 50 万元，但是承担了基本上所有的家务劳动。一种情形为，在夫妻共同财产制下，在离婚时，按照一人一半的基本原则，双方获得的资产皆为 75 万元。根据家庭价值的高低，又可分为三种可能的计量方式。一为，如果另一方创造的家庭价值本身就为 100 万元，相当于另一方对家庭财产的贡献率为 150/（150 + 100），一方对家庭财产的贡献率为 100/（150 + 100），双方比例为 1.5∶1，显然按照公平公正的原则，承担家务劳动较多的人应当获得 75 万元之外的额外补偿。二为，如果另一方创造的家庭价值本身就为 50 万元，相当于另一方对家庭财产的贡献率为 100/（100 + 100），一方对家庭财产的贡献率为 100/（100 + 100），双方比例为 1∶1，按照公平公正的原则，双方应当各自分得财产的一半即 75 万元，没有补偿可言。三为，如果另一方创造的家庭价值本身就为 25 万元，相当于另一方对家庭财产的贡献率为 75/（75 + 100），一方对家庭财产的贡献率为 100/（75 + 100），双方比例为 3∶4，此时再由一方补偿家务劳动较多的另一方显有不公平之嫌。当然，如果一方通过劳动获得的经济价值为 100 万元，另一方通过劳动获得的经济价值为 150 万元（又或者为 100 万元），但是承担了基本上所有的家务劳动。在夫妻共同财产制下，另一方对家庭财产的贡献率一定比一方对家庭财产的贡献率高，应当受到补偿。另一种情形为，在夫妻分别财产制下，离婚时，一方获得 100 万元的财产，另一方获得 50 万元的财产，但是另一方的家务劳动显然为对方的财产增长作出过贡献，应当受到补偿。当然，如果一方通过劳动获得的经济价值为 100 万元，另一方通过劳动获得的经济价值为 150 万元，由于另一方承担了基本上所有的家务劳动，按照公平原则，也应当受到补偿。

综上所述，在分别财产制下，承担家务劳动较少的一方一定要对另一方进行补偿，在共同财产制下，当承担家务劳动较多的一方创造的社会价值高于或相当于承担家务劳动较少的一方时，才应当受到家务劳动补偿。但是当承担家务劳动较多的一方创造的社会价值低于承担家务劳动较少的一方时，是否进行家务劳动补偿就取决于双方所创造社会价值的差值以及家务劳动所能创造的家庭价值的多少，很多新闻中用请保姆的费用来比照家务劳动较多的一方所能创造的家庭价值，虽然这样的衡量是不准确的，但是从一个经济理性人的角度讲，一个人所能够创造的家庭价值比其能够创造的社会价值高时，除非为实现人生社会理想，否则其没有继续参加社会劳动的必要，也就是说上述第一种情形下的第一种计量方式很难实现，是违背经济理性人理论的。而上述第一种情形下第二、三种计量方式是不需要补偿的。因此，虽然家务劳动补偿不应以适用的财产制为前提，但是以财产制为划分标准，还是能够发现一定规律的，即，在夫妻分别财产制下，承担家务劳动较多的一方必然地应当受到补偿，在夫妻共同财产制下，只有承担家务劳动较多的一方创造的社会价值大于或等于承担家务劳动较少的一方时，才应当受到补偿。①

学界往往从家务劳动补偿请求权适用率的角度来论述其应当适用于夫妻共同财产制，然而这一制度适用率不高的根本原因是中国公民对夫妻分别财产制的适用率不高，并非这一制度没有达到救济家务劳动较多者的制度目的。这一制度确实忽视了夫妻共同财产制下也存在家务劳动补偿的可能，但是按照现行的家庭分工，承担家务劳动较多的一方往往是创造社会价值较少的一方。这一忽视绝不是家务劳动补偿请求权适用率的根本原因，贸然地将这一制度适用全面扩大化，只会使家务劳动补偿请求权变成四不像，引起法律适用上的困难与法律效果上的争议。因此，实践中应当把握家务劳动补偿请求权的适用以分别财产制为原则，以共同财产制为例外，实现对家务劳动的评价，但不过度评价、重复评价。

四　离婚经济帮助请求权

从社会性别角度分析，离婚经济帮助请求权是为了保障女性离婚自由，

---

① 同样也有实务界人士持有此种观点，见陈颖《家务劳动补偿制度的实践反思与制度调适》，《人民司法（应用）》2015年第21期。

防止女性因对男性的经济依赖而难以提出离婚。① 此制度最大的争议在于是否应当被国外的离婚后扶养制度所取代。

两种制度有诸多不同之处，一是给付方式不同，离婚后扶养制度是持续性的钱款给付，离婚经济帮助请求权是一次性的经济帮助；二是给付标准不同，前者是使被扶养一方在离婚后的生活水平不因离婚而过分下降，后者是使被扶养一方达到地区基本生活水平；三是给付性质不同，前者是夫妻法定扶养义务的延续，后者是离婚后的道德帮助。

若将离婚经济帮助的给付标准界定为不低于离婚之前的生活标准，不免有鼓励借婚姻敛财、纵容双方地位不平等和好吃懒做的嫌疑，不符合我国离婚即权利义务关系终止的立法本意的。当然，保持现有的地区基本生活水平的给付标准，无疑会使得经济帮助请求权被虚置，地区基本生活水平是一种极低的标准，应当适当提高离婚经济帮助的给付标准，以达到其保障离婚自由的制度目的。举一个通常的例子来说，2019 年 7 月起北京地区最低的工资标准调整为每月 2200 元，② 只要是参加工作，2200 元的标准是非常容易达到的，但是对于外地人而言 2200 元的收入标准可能连房租都不够。固守现有离婚经济帮助的给付标准可能会导致该制度被虚置，并限制经济窘迫一方的离婚自由。但是，若以离婚前的生活标准为准，对于提供经济帮助的一方显然是不公平的，会导致其承担过重的扶养义务。婚姻结束，扶养义务即结束，不能打着经济帮助的名义劫富济贫。

处理离婚经济帮助请求权应当处理好其与家务劳动补偿请求权之间的关系，无论家务劳动较多的一方是否得到了家务劳动补偿请求权，该权利是法定的，是独立于经济帮助请求权之外的权利，不能用离婚时对于家务劳动的补偿替代离婚经济帮助，两者调整的客体不同，在符合条件的情形下可以同时适用。两者进行经济衡量的标准都是"夫妻之间既有财产分割之后的结果"，不能将是否提供离婚经济帮助的衡量标准，认定为一方分得夫妻之间既有财产以及分得家务劳动补偿财产的数额之和。

---

① 王歌雅：《经济帮助制度的社会性别分析》，《法学杂志》2010 年第 7 期。
② 《关于调整北京市 2019 年最低工资标准的通知》，北京市人力资源和社会保障局，http://rsj. beijing. gov. cn/xxgk/zcwj/201912/t20191206_943246. html，最后访问时间：2020 年 3 月 8 日。

五　离婚损害赔偿请求权

如上文所述，离婚损害赔偿请求权与离婚分割财产时的照顾无过错方原则存在内在的冲突，实践中应当注意把握好对无过错方进行救济的情形和尺度。

就离婚损害赔偿请求权本身而言，其适用率不高已为学界广为诟病。究其原因，并非法律规定的适用范围较窄，而系双方当事人举证困难。拿重婚而言，需要证明一方又与他人领证结婚或与他人以夫妻名义稳定共同居住，而重婚罪成立的数量较少也恰恰印证了举证难的问题。家庭暴力亦是，虽然《反家庭暴力法》的制定使家庭暴力的认定有了一定的可操作性，但是鉴于家庭暴力的隐蔽性，很少有人有家庭暴力取证的意识。

离婚损害赔偿请求权体现了我国采过错离婚主义与无过错离婚主义的冲突与弥合，① 现行《婚姻法》中，一直采用严格限制离婚损害赔偿请求权适用的方式，《草案》将离婚损害赔偿请求权的适用范围进行了扩大。《草案》第 1054 条第 2 款规定了"婚姻无效或者被撤销的无过错方有权请求损害赔偿"。第 1091 条增加了"（五）有其他重大过错"的内容，结合《草案》中有关婚姻无效和婚姻被撤销的规定，《草案》中明文列出的符合离婚损害赔偿请求权的事由就有八项之多。② 但是，这一扩大必须配有相应的司法解释或者释义，否则，婚姻出轨等行为能否算作离婚损害赔偿请求权的客体，肯定会成为实践中的必争之地。司法实践中对离婚过错存在两种认知，一种是法定过错，即符合现行《婚姻法》规定的四种情形的过错；另一种是一般过错，影响夫妻感情破裂的认定，但是不影响财产分割，亦不构成独立的财产请求权。即便如此，因为重婚或者有配偶者与他人同居的证明标准太高，当事人或者律师为了影响法官在裁判时的自由心证，还是会不遗余力地就出轨进行举证。而想方设法搜集出轨证据又加剧了夫妻之间的感情破裂。因此，不应当纵容出轨成为离婚损害赔偿请求权调整的客

---

① 陈苇、石雷：《离婚救济法律制度的创新思路》，《社会科学辑刊》2013 年第 1 期（总第 204 期）。
② （一）重婚；（二）与他人同居；（三）实施家庭暴力；（四）虐待、遗弃家庭成员；（五）有禁止结婚的亲属关系；（六）未到法定婚龄；（七）胁迫另一方结婚的人；（八）不如实告知对方自己患有重大疾病的人。

体之一，应当保持离婚损害赔偿请求权的谦抑性。尤其是离婚率较高的当下，过分注重婚姻过错，不仅会使离婚程序被不断拉长，还会造成不必要的情感损伤以及司法成本。

实践中，一年除斥期间的限制也间接导致了离婚损害赔偿请求权的适用率不高，通常来讲，如果婚姻关系存续期间都未能发现对方的过错，离婚后，双方的交集变少，发现对方过错的可能性更小，权利主张难度更大。最具有典型意义的是欺诈性抚养类案件，往往一方发现孩子非亲生是基于偶然事件，要求离婚后一年内主张权利不具备现实可行性。然而，由于离婚损害赔偿请求权与一般侵权请求权在法理和实践中的混乱，法院裁判此类案件时同案异判的现象很严重，一种观点认为，因为超过一年的除斥期间，离婚损害赔偿请求权无法获得支持；一种观点认为，因为法律和司法解释未规定一年时间的起算点，因此离婚损害赔偿请求权一年的除斥期间应当从知道或者应当知道权利受侵害时起算；一种观点认为，虽已过了一年的离婚损害赔偿请求权行使期间，但夫妻之间权利的侵权也适用一般侵权法的规定，故依据侵权法及其司法解释的相应规定判决赔偿。这正反映了学界的离婚损害赔偿存废之争，离婚损害赔偿请求权作为调整配偶间侵权行为的一种手段，与一般侵权法系一般法与特别法的关系，有利于实现夫妻离婚时财产分割和精神补偿上的公平正义，维护正向的婚姻家庭观念。离婚损害赔偿的标准与一般侵权赔偿的标准也有不同，需要结合夫妻双方对家庭的贡献度和过错程度综合判定。但是想要让离婚损害赔偿制度真正用到实处，不被一般侵权法架空，还应在诉讼时效、除斥期间的设置上，与一般侵权法保持相对的统一性，这样才能更好地保障无过错方的权利。

六　共同财产回复请求权

以下将对隐匿、转移财产等违法行为的规制简称"共同财产回复请求权"，顾名思义，是为了索回被一方不当占有的夫妻共同财产，保障另一方对夫妻共同财产所享有的权益。《草案》相对于现行《婚姻法》的规定有了很大的进步，一来，将请求权针对的时间前移，由原来的离婚过程中，前移至夫妻感情恶化期间，这是对司法实践的回应。二来，明确了被挥霍的财产也属于财产回复请求权救济的范畴。实践中确实存在一些人为了让对方少分到财产，在离婚时大量挥霍，出现了与其日常生活明显不符的消费状态，这会损害另一方合法的经济权益。

但是《草案》未就少分或不分的财产范围作出明确规定，这一范围是仅限于被隐藏、转移、变卖、毁损、挥霍的财产？还是将这一制裁及于所有的夫妻共同财产？虽然，胡康生主编的《中华人民共和国婚姻法释义》中就现行《婚姻法》第 47 条曾明确说明"该款中所指可以少分或者不分的夫妻共同财产主要指隐藏、转移、变卖、毁损的或者伪造的债务侵占的那一部分财产，而不是夫妻共同财产的全部"，[①] 但是，实践中同案异判的现象还相当严重。财产回复请求权的目的，在于使一方不因另一方的不当行为而受到损失，夫妻共同财产的分割整体上还应当遵循公平公正的原则。因此，可以少分或不分的财产范围仅限于被隐藏、转移、变卖、毁损、挥霍的财产为宜，但是在实践中，可能存在一方将财产转移至海外，而中国法院无法对海外资产进行判决的情形，导致受损方无法对转移的财产实现财产回复请求权，此时可以考虑分割财产被转移时的人民币本金，避免对海外账户的判决，即用其他等值的人民币作补偿，判决中的表述可以为"被 A 转移出的 × × 元归 A 所有，A 补偿 B × × 元"。

七　离婚救济制度在《民法典·婚姻家庭编》中的体系安排

现行《婚姻法》第四章"离婚"第 39 条规定离婚财产分割"照顾子女和女方权益的原则"，第 40 条规定家务劳动补偿制度，第 41 条规定夫妻共同债务清偿制度，第 42 条规定离婚经济帮助制度。第五章"救助措施与法律责任"第 46 条规定离婚损害赔偿制度，第 47 条规定对隐匿、转移财产等违法行为的规制措施。其中，家务劳动补偿制度、离婚损害赔偿制度、违法行为的规制措施为 2001 年《婚姻法》修正案的新增措施。离婚经济帮助制度则是在 1980 年《婚姻法》规定的基础上修改而成。《草案》第四章"离婚"第 1087 条规定了"照顾子女、女方和无过错方权益的原则"，第

---

① 胡康生主编《中华人民共和国婚姻法释义》，法律出版社，2001，第 184 页。

1088 条规定了家务劳动补偿制度，第 1089 条规定了夫妻共同债务的清偿制度，第 1090 条规定了离婚经济帮助制度，第 1091 条规定了离婚损害赔偿制度，第 1092 条规定了隐匿、转移财产等违法行为的规制措施。删除了"救助措施与法律责任"一章。

从法条编排体系看，《草案》第 1087 条夫妻共同财产的整体分割原则理应单独对待，但是其他具有独立请求权的离婚救济制度在《草案》中并没有集中编排，原因在于夫妻共同债务的清偿制度夹在家务劳动补偿制度与离婚经济帮助制度之间，与第 1087 条夫妻共同财产的整体分割原则之间出现了断层。这沿袭了现行《婚姻法》的编排方式，但是现行《婚姻法》法条编排划分的依据是夫妻之间适用财产制。现行《婚姻法》第 39 条规定了离婚时夫妻共同财产的分割方式，侧重法定财产制下的财产分割。第 40 条规定了分别财产制下，离婚时的经济补偿，旨在实现夫妻之间家庭贡献的衡平。此种情况下，现行《婚姻法》第 39 条、第 40 条共同构成了婚姻关系存续期间所得财产的分割原则。但是《草案》第 1088 条删除了"夫妻书面约定婚姻关系存续期间所得的财产归各自所有"的限制，即离婚经济补偿的制度适用于分别财产制以及共同财产制，本条作为财产制区分的功能不复存在，作为经济补偿的功能得以正名。此种情况下，《草案》的法条编排应当是先处理夫妻财产问题，再处理夫妻债务问题，再处理离婚救济问题。在夫妻财产分割中明确夫妻共同财产的分割方式即可，实行分别财产制本身就需要夫妻之间有书面的夫妻财产约定，实行分别财产制的夫妻离婚时，对个人财产无须再用惜字如金的法条规制，对于其共同财产，适用《草案》第 1087 条的规定即可。[①]

结　语

我国离婚救济制度还相当不成熟，并且法律适用率低。完善我国离婚

---

① 实行分别财产制的夫妻是否还有夫妻共同财产在理论界和实务界都存在争议，核心在于对分别财产制的理解，即分别财产制的范围是针对夫妻间概括的财产还是特定的财产可以约定尚存争议。此处不对此争议深入展开，暂采《中华人民共和国婚姻法释义》（胡康生主编，法律出版社，2001，第 77 页）中对《婚姻法》第 19 条的解读"如果当事人不愿意概括地约定采用某种夫妻财产制，也可以对部分夫妻共同财产，甚至某一项财产进行约定"，认为夫妻分别财产制可以针对概括的财产作出也可以针对特定的财产作出。

救济制度急迫而紧要。首先,要以实践适用推进理论构建,同时把握扩大适用率和放宽制度内容的界限,这要求注重各个救济制度之间的冲突与协调,明确每个救济制度所要救济的对象。其次,要对实践中涉及离婚救济制度的举证规则进行完善,解决举证难问题。利用家事审判改革契机,改善家事案件举证形式,加强法官的依职权调查取证。当然,家事审判改革的重点在于家事审判思维的塑造,这离不开对各个请求权的把握,例如,在离婚财产分割请求权与离婚经济帮助请求权的适用上,是否一方通过离婚分得足够财产便不需要经济帮助?又如,对于婚姻过错是应当从严把握还是从宽把握?

总之,离婚救济制度的理论和实践是相互映射的。要对立法者有信心,也要对司法者有信心,更要对中国特色社会主义制度有制度自信。

2020年卷 总第16卷

家事法研究
RESEARCHES ON FAMILY LAW

域外法治

走出日本意定监护的困境

何丽新　陈昊泽*

【内容摘要】 日本意定监护存在较为完善的制度体系，但在长达 20 年的运行中陷入使用率低下，无法发挥实际效用，乃至危及被监护人权益保护的困境。究其原因，立法上，成年监护体系中的意定监护人的权限过窄，日本意定监护合同与委托合同存在冲突，转移型意定监护合同存在监护监督难题；实践中，烦琐的公证流程使得意定监护公证基本上只有在专家辅助下才能完成，高昂的运行成本使意定监护难以普及。基于对日本意定监护困境的反思，我国应注重意定监护的监护属性，明文禁止转移型意定监护合同，并为支持意定监护的运行提供配套机制。

【关 键 词】 成年监护　意定监护　委托合同　监护公证　监护监督

一　问题的提出：日本意定监护缘何陷入困境？

作为成年监护体系①两大支柱之一的意定监护，近年来越来越受到各国

---

* 何丽新，厦门大学法学院教授、博士生导师；陈昊泽，厦门大学法学院硕士研究生。
① 现代成年监护一般包括法定监护和意定监护两部分。

重视。1999 年 12 月 8 日，为了解决人口老龄化带来的成年监护问题，① 日本颁布《意定监护合同法》②（以下简称《意定监护法》），引入意定监护合同制度，于 2000 年 4 月 1 日开始，该法施行。根据《意定监护法》第 2 条，意定监护合同是指委托人在其因精神上的障碍而不具备完全的事理辨识能力时，授予受托人代理其生活管理、财产管理及疗养看护等相关的全部或部分事务的权利的委托合同③。为了防止二元交互中受托人滥用权利侵害委托人的利益，立法者在合同成立上，建立了缔结意定监护合同时的公证程序和意定监护合同的登记程序，在合同运行中建立了意定监护监督人的选任程序和意定监护人的解任程序，意图通过公共监督防范道德风险的发生。此外，为了保证意定监护相较法定监护的私法自治属性，立法者还要求意定监护制度实现"公权力最小限度介入"，④ 这不免有些矛盾。整体来看，

---

① 日本人口老龄化程度世界第一，根据日本总务省人口局 2018 年最新统计，日本 65 周岁及以上人口达 3554.6 万，占总人口的 28%。出生率降低、家庭成员数量减少、独身人数增加，以家庭为依托的法定监护体系正在承受着缓慢而强烈的冲击。伴随着年龄的增加，老年人的记忆、分析、思考、判断等能力在不断下降，阿尔茨海默病等精神上的障碍阻碍着老年人处理生活相关的事务。与此同时，身体机能的下降也是老年人的常态，在独居或没有帮手的情况下，老年人难以外出处理事务，难以维持基本的生存条件。人口老龄化凸显出老年人在入院、设施入住、安养护理、治疗等方面合同的大量需求，以精神病人为对象的法定成年监护制度在保护老年人方面显得力不从心。参见〔日〕グローバルノート「世界の高齢化率（高齢者人口比率）国際比較」，https://www.globalnote.jp/post-3770.html，最后访问时间：2019 年 5 月 9 日；〔日〕総務省統計局：《人口推計（平成 30 年（2018年）9 月確定値，平成 31 年（2019 年）2 月概算値）》，https://www.stat.go.jp/data/jinsui/new.html，最后访问时间：2019 年 3 月 19 日；李霞：《成年监护制度研究——以人权的视角》，中国政法大学出版社，2012，第 235 页。
② 日语原文为《任意後見契約に関する法律》，直译为《关于任意后见契约的法律》。日本战后将"监护"改用"后见"，意思是在背后"看顾"，必要时伸出援手，"任意后见契约"与"意定监护合同"基本等义，故本文译法为《意定监护合同法》。参见刘得宽《成年"监护"制度之比较研究——以日、台、德为中心》，《月旦法学杂志》2003 年第 101 期。
③ 缔结意定监护合同的委托人以及意定监护合同生效后的被监护人，称为"本人"。在意定监护中，本人可以委托的内容包括财产管理和人身监护，财产管理包括储蓄管理、不动产及其他重要财务的处置、遗产分割、贷款及租赁合同的订立、解除等，人身监护包括医疗合同、住所合同、设施入住合同、护理合同、教育合同等的代理。日本法将事理辨识能力作为判断是否开始监护的标准。事理辨识能力是主体能够理解自身行为的能力，明确分为三档：不充分、显著不充分和欠缺，辅助以轻度的精神障碍者为对象，事理辨识能力不充分；保佐面向因精神障碍而辨识能力明显不足的人；法定监护以因欠缺辨识能力的精神障碍者为对象；意定监护原则上只要本人的事理辨识能力降低到辅助水准就开始运行。
④ 〔日〕新井誠：《任意後見制度の展望》，《成年後見法研究》2014 年第 11 期。

日本意定监护制度设计重视"制度客观的信赖性",[①] 也力图平衡"尊重自主决定权"和"保护被监护人利益"的观念。[②] 在制度层面,日本意定监护合同制度将合意、公证、登记、选任、执行、监督、解任各个流程紧密结合,将个人意思自治和国家公权力的介入有机结合起来,防止意定监护人滥用代理权,[③] 可谓构建了完善的制度体系。

在国际立法上,日本意定监护属于第三代意定监护制度,[④] 享有很高的声望,被认为是大陆法系意定监护的典型代表,[⑤] 韩国和我国台湾地区等均对其有所借鉴。考察现行研究可以发现,我国亦多认可日本意定监护制度,并寻求在制度层面进行借鉴,存在以下几类看法。其一,认为日本意定监护制度整体立法完善,应全面借鉴。[⑥] 该认识着重于日本意定监护对个人意思的尊重,将个人意思自治和国家公权力适度介入有机结合,在一定程度上可以防止意定监护人滥用代理权。其二,认为日本意定监护的公证制度值得借鉴。[⑦] 该观点着重于强制公证程序能够保障意定监护合同的公示性和安全性,减少纠纷和诉讼。其三,认为日本意定监护监督制度值

---

① 〔日〕上山泰:《法定後見・任意後見・自己決定支援(意思決定支援)——2009 年欧州評議会閣僚委員会勧告の紹介を含めて》,《実践成年後見》2013 年第 45 期。
② 〔日〕新井誠:《任意後見制度の展望》,《成年後見法研究》2014 年第 11 期。
③ 李霞:《成年监护制度研究——以人权的视角》,中国政法大学出版社,2012,第 265 页。
④ 前两代分别是 1969 年美国的《持续性代理权授予法》(*Uniform Durable Power of Attorney Act*)和 1986 年英国的《持续性代理权授予法》(*Enduring Power of Attorney Act*)。
⑤ 周志扬:《意定监护制度进入实操阶段》,《中国司法》2018 年第 2 期。
⑥ 刘芸君:《〈民法总则〉视角下的成年意定监护制度研究》,《广西政法管理干部学院学报》2018 年第 3 期;孙海涛、赵国栋:《意定监护制度比较研究及借鉴》,《前沿》2009 年第 1 期;官玉琴:《意定监护制度框架下的老龄人财产信托》,《东南学术》2019 年第 2 期;张舒彤、吴国平:《同性恋群体意定监护的法律适用问题探析》,《海峡法学》2019 年第 2 期;张玲玲:《成年意定监护制度的中国范式》,《大连海事大学学报》(社会科学版)2018 年第 1 期。
⑦ 盛圆珍:《成年意定监护公证产品设计初探》,《中国公证》2018 年第 2 期;刘安宁:《〈民法总则〉视角下的老年人监护制度研究——以意定监护为中心》,《辽宁师范大学学报》(社会科学版)2018 年第 2 期;李全一:《论意定监护公证》,《中国公证》2017 年第 10 期;靳建丽、赵贝贝:《公证参与意定监护的价值及其问题分析》,《黄河科技大学学报》2018 年第 3 期;郑志华:《我国意定监护公证制度研究——以〈民法典〉编纂为视角》,《中国公证》2017 年第 10 期;陈军:《公证参与成年人意定监护监督模式探析》,《中国公证》2019 年第 5 期。

得借鉴。① 该认识着重于日本意定监护的公权力和私人的双重监督机制，能够有效防范监护权的滥用，避免给政府过多压力，降低成本。综合分析，我国现行研究主要看到日本意定监护在制度层面的"完善"，集中于借鉴日本意定监护公证、监护监督制度的优势，而较少关注二者的实践情况，也较少关注日本意定监护立法上的其他问题，如意定监护与委托合同、成年监护体系的协调问题、转移型意定监护合同问题。②

事实上，这些我国现行的研究较少关注的问题，反映了日本意定监护的另一个侧面——困境。若从实践角度审视，则可以发现日本意定监护使用率极低，根据日本官方统计数据，2018 年日本全境申请开始成年监护裁判的总数为 36549 件，③ 而申请开始意定监护裁判的数量仅为 764 件，占总数的 2%。④ 意定监护合同的缔结率同样很低，2000 年至 2016 年，意定监护合同的缔结件数仅为 107406 件，这对于有约 3500 万老年群体的日本来说，是极低的数字。⑤ 此外，媒体的报道反映意定监护在日本民众中的接受程度很低，他们普遍认为意定监护制度不能全面地保护他们，反而可能危害他

---

① 冯浩、朴宇芊：《我国现行成年监护制度的反思与完善——兼评〈民法总则〉成年意定监护相关条款》，载《长沙大学学报》2019 年第 1 期；王思懿：《论我国老年人意定监护的构建》，《济宁学院学报》2017 年第 6 期；刘金霞：《中国老年意定监护实施的几个问题》，《北京社会科学》2018 年第 10 期；李静静：《我国成年人意定监护的监督制度构建》，《吉首大学学报》（社会科学版）2017 年第 2 期；卞亚璇：《我国成年意定监护制度的评价和完善——以〈民法总则〉第 33 条和第 36 条为视角》，《重庆广播电视大学学报》2018 年第 4 期；汪科鹏：《以公证的视角谈我国意定监护制度的完善》，《安徽警官职业学院学报》2018 年第 1 期。
② 在现行的研究成果中，有学者认识到日本意定监护制度的不足，如李霞教授曾指出日本突出对意定监护的程序保障，降低了意定监护制度的使用率；李国强教授亦指出日本意定监护人不存在医疗行为同意权的问题。参见李霞、罗宇驰《我国台湾地区成年意定监护草案报告》，《青少年犯罪问题》2019 年第 2 期；李国强：《成年意定监护法律关系的解释——以〈民法总则〉第 33 条为解释对象》，《现代法学》2018 年第 5 期。
③ 具体包括 4 类：法定监护开始的裁判、保佐开始的裁判、辅助开始的裁判和意定监护开始的裁判。
④ 〔日〕最高裁判所事务总局家庭局：《成年後見関係事件の概況平成 30 年 1 月から 12 月まで》，http://www.courts.go.jp/about/siryo/kouken/index.html，最后访问时间：2019 年 3 月 20 日。
⑤ 〔日〕総務省統計局：《総括・不動産・その他》，https://www.e-stat.go.jp/stat-search?page=1&query=任意後見契約&layout=dataset，最后访问时间：2019 年 5 月 13 日。

们的利益。① 立法时的"丰满"与实践中的"骨感"形成强烈反差，日本意定监护制度到底存在什么问题？我国能否避免重蹈日本的覆辙？笔者将在下文追根究底，以期拨云见日。

二　日本意定监护实践中的问题

制度运转需要成本，信息知识成本乃至金钱成本。日本意定监护常为人称道的是其对个人意思自治的尊重，但缔结意定监护合同的信息知识门槛，使得意思自治几乎难以实现。双重监督虽然能在除转移型意定监护的情况下有效防止意定监护人滥用权利，降低公权力监督的成本，但同时会提高个人使用意定监护制度的成本，而烦琐的公证流程和高昂的运行成本直接导致了日本意定监护制度在实践中使用率极低，没有起到立法预期的效果。②

（一）　烦琐的公证流程与老年人认知能力下降的冲突

根据《意定监护法》第 3 条，意定监护合同属于要式合同，意定监护合同必须采用法务省令规定样式的公证书进行公证，方可成立。公证人在公证时可以直接面对委托人，确定委托人缔结意定监护合同的意愿以及委托人是否具备相应的意思能力。基于公证的证明力，可以认为意定监护合同如果能按照正常的程序办理完公证，就说明委托人不存在能力欠缺的问题，③ 意定监护合同的有效性能够得到法律保障，并以此预防纠纷的发生。意定监护合同经过公证后，由公证人向法务局进行登记，登记完成后，法务局向意定监护人或意定监护受托人交付《登记事项证明书》。此证明书可以证明代理权的范围，选任意定监护监督人后，还记载意定监护监督人的

---

① 日本媒体曾长期报道意定监护中被监护人被侵害的事例，意定监护人侵害被监护人财产权，乃至于虐待被监护人，侵犯被监护人人权。参见〔日〕長谷川学、宮内康二《成年後見制度の闇》，飛鳥新社，2018。

② 〔日〕新井誠：《任意後見制度の存在意義・再考——世界の潮流を踏まえて》，《実践成年後見》2013 年第 45 期。

③ 李国强：《成年意定监护法律关系的解释——以〈民法总则〉第 33 条为解释对象》，《现代法学》2018 年第 5 期。

信息。证明书在很大程度上保证了交易的安全性，若不存在公共机关对代理权的证明，意定监护人行使代理权的时候可能处处受阻。① 可以看出，意定监护公证制度对委托人利益的保护很重要，然而，要想进行意定监护公证却不那么容易，日本实践中，公证机关没有对委托人提供帮助的机制，若提交公证，则委托人需要准备适当的意定公证合同文本，需要对意定监护中希望被代理的事项有清晰的认识，乃至于需要规划意定监护人为数人时的分工和权限，这对于认知能力逐渐下降的老年人群体乃至没有专业知识的一般百姓而言，几乎不能独自完成，导致大量的意定监护合同的潜在缔约人望而却步，每年真正缔结意定监护合同的仅有 1 万人左右②，这些人通常需委托律师、司法书士、行政书士③或专门团体协助公证，④ 但这也很可能造成专家代替委托人决定意定监护合同内容的倾向，造成委托人意思无法自治，此在专家继续成为意定监护受托人⑤时更加危险。公证只能确保意定监护主体的适格性、合同内容的适当性，使意定监护具有公示性，但不能审查意定监护的实质性。意定监护合同中的要点是尊重意思自治，公证机关应当主动把握的信息是意定监护合同授予代理权的范围和意定监护受托人的人选、人数及分工，通过通俗化的问卷或当面询问等方式，降低委托人缔结意定监护合同的门槛。

（二） 高昂的运行成本与意定监护普及化的冲突

意定监护监督人和家庭裁判所构成了对意定监护运行的双重监督。意定监护监督人作为第一重监督构造，在监督权限内进行监督；家庭裁判所

---

① 〔日〕東京法曹会：《任意後見契約制度を巡る諸問題》，http://www.t-hoso.gr.jp/images2/resume070719_1.pdf，最后访问时间：2019 年 4 月 2 日。

② 〔日〕総務省統計局：《総括・不動産・その他》，https://www.e-stat.go.jp/stat-search?page=1&query=任意後見契約&layout=dataset，最后访问时间：2019 年 5 月 13 日。

③ 与我国不同的是，日本在律师以下设置了准入门槛较为宽松的司法书士和行政书士，他们一般负责法律文书、行政文书相关的工作，并可以在限定范围内代理简单的案件。

④ 〔日〕寺尾洋：《公証実務から任意後見の利用促進を考える》，《実践成年後見》2017 年第 71 期。

⑤ 实践中意定监护受托人主要由两类主体担任：本人的亲属和专家。亲属监护约占全体的28%，律师、司法书士、社会福祉士等专家监护约占 60%。参见〔日〕金井憲一郎《成年後見制度利用促進基本計画の概要とその若干の考察：不正防止の徹底と利用しやすさとの調和の議論を中心として》，《紀要》2018 年第 10 期。

是第二重监督构造，监督意定监护监督人的选任及履职情况，间接地对意定监护情况进行监督。① 意定监护监督人的职责是监督意定监护人的事务并向家庭裁判所报告。② 实务中，家庭裁判所一般会要求意定监护监督人在就任时报告一次，此后根据个案情况，报告频次常见为数月乃至一年一次。除定期报告外，若存在意定监护人不适于履职的、委托人事理辨识能力变化而导致委托事务范围要变化的、委托人或意定监护人死亡而导致意定监护合同终止的等事由，意定监护监督人应当向家庭裁判所报告。家庭裁判所认为有必要的时候可以要求意定监护监督人报告意定监护人的情况，命令其调查意定监护人的事务及被监护人的财产状况。③ 意定监护监督人的报告职责以意定监护人定期向意定监护监督人报告为前提，通常被规定在意定监护合同中。即便合同上没有记载，原则上意定监护人也有向意定监护监督人报告的义务。意定监护人通常三至四个月一次地以书面形式向意定监护监督人报告。发生紧急情况时，若意定监护人突发急病不能履职，意定监护监督人有权在意定监护人代理权范围内进行必要的处置。④ 公共机关对意定监护监督的权力来源主要是法律赋予家庭裁判所的解任权。意定监护人有不适任的事由时，家庭裁判所根据意定监护监督人、被监护人、被监护人的亲属或检察官的请求，可以解任意定监护人。⑤

可以看出，意定监护监督人和家庭裁判所的双重监督是较为有效的意定监护的监督方式。然而，高昂的成本阻碍着一般百姓充分利用意定监护，日本政府亦没有对意定监护提供财政支持。意定监护合同属于附条件生效的合同，意定监护合同仅仅缔结后并不能生效，还需要由被监护人、被监护人的配偶、四亲等内的亲属或意定监护受托人向家庭裁判所申请选任意定监护监督人⑥，此时的意定监护受托人变为意定监护人。一般来说，申请

---

① 〔日〕西島良尚：《任意後見監督人の権限と責任》，《実践成年後見》2013 年第 45 期。
② 参见《意定监护法》第 7 条第 1 款。
③ 参见《意定监护法》第 7 条第 3 款。
④ 参见《意定监护法》第 7 条第 1 款。
⑤ 参见《意定监护法》第 8 条。
⑥ 家庭裁判所接受了意定监护开始的申请后，一般会在 3～6 个月内选出意定监护监督人。对于对本人的保护来说，这可能存在空档期。参见《意定监护法》第 4 条第 1 款。

人还需要向家庭裁判所提交诊断书①和本人财产目录等文件。被监护人财产目录的制作需要耗费大量时间和金钱，被监护人在由年轻至衰老的过程中所留存的资产和负债关系通常错综复杂，被监护人乃至其亲属都很难弄清。虽然这样要求有利于增强公共监督意定监护的运行，但是造成实践中人们不愿意申请意定监护的情况。意定监护的运行成本主要来自两个方面：意定监护人的报酬和意定监护监督人的报酬。这两部分都需要由被监护人偿付。意定监护合同生效后，意定监护人开始履行监护职责，行使合同约定范围内的代理权，并能够定期从被监护人财产中取得报酬。此报酬的数额根据被监护人的实际情况确定，一般为 3 万至 5 万日元。② 同时，意定监护开始运行后，必须选任意定监护监督人监督意定监护人的行为，而意定监护监督人的报酬同样源于被监护人的财产。监督人的报酬基准通常根据管理的财产额有所增减，管理财产额在 5000 万日元以下的，每月报酬为 1 万至 2 万日元；超过 5000 万日元的，每月报酬为 2.5 万至 3 万日元。③ 2017年，日本 65 岁老年人平均年可支配收入仅为 211.6 万日元④，平均月可支配收入为 17.6 万日元，而两人及以上的老年人家庭平均月支出为 24.9 万日元，存款中位数为 1560 万日元。⑤ 意定监护具有长期性，若不存在意定监护人丧失行为能力或者被解任等事由，直至被监护人死亡都会持续。若假设意定监护的时间为 20 年，每月意定监护费用为 5 万日元，那么总额将达到约 1200 万日元。可以看出，意定监护费用对于多数老年人都属于较高的，一般人难以承担意定监护如此高额的费用，在意定监护长期存续的时候，可能造成老年人"老后破产""老无所依"，这与原本设立意定监护制度的

①　根据日本《家事手续法》第 219 条，家庭裁判所在选任意定监护监督人时，应听取医师及其他适格者对本人的精神状况的意见。

②　〔日〕野口尚彦：《任意後見受任者の状況》，《実践成年後見》2013 年第 45 期。

③　〔日〕東京家庭裁判所：《成年後見人等の報酬額のめやす》，http://www.courts.go.jp/tokyo-f/vcms_lf/130131seinenkoukennintounohoshugakunomeyasu.pdf，最后访问时间：2019 年 4 月 1 日。

④　〔日〕内閣府：《平成 29 年版高齢社会白書（全体版）》，https://www8.cao.go.jp/kourei/whitepaper/w-2017/html/zenbun/s1_2_2.html，最后访问时间：2019 年 4 月 1 日。

⑤　〔日〕総務省統計局：《統計トピックス No.103 統計からみた我が国の高齢者（65 歳以上）－「敬老の日」にちなんで－》，https://www.stat.go.jp/data/topics/topi1034.html，最后访问时间：2019 年 4 月 15 日。

宗旨本末倒置。同时，意定监护的费用支出会造成被监护人的继承人在继承发生时获得的财产减少，被监护人的继承人可能阻碍意定监护合同的缔结和生效。日本用工成本极高，而个人的收入，特别是老年人的收入却在下降。那么应当通过公权力介入的方式，由财政支持意定监护，降低意定监护的运行或使用成本，以促进意定监护制度真正发挥实效。

三　日本意定监护立法上的漏洞

虽然前述《意定监护法》第 2 条明文规定了意定监护合同是委托合同，但其边缘界定仍存在含糊之处，若强调意定监护合同的监护属性，则应当扩大意定监护人的权限；若强调意定监护合同是特殊的委托合同，则应当优先适用意定监护合同。日本立法没有关注这两点，产生了立法漏洞，导致意定监护难以周延地保护被监护人的利益。此外，立法者也没有考虑到转移型意定监护合同在转移过程中的监管问题，实践中大量转移型意定监护合同需要从委托合同转移到意定监护合同的，没有申请选任意定监护监督人，结合转移型意定监护为主的实践，间接导致了意定监护合同生效率低的结果，也引发被监护人缺乏保护、权益受损的情况。

（一）　日本成年监护体系中的意定监护人权限过窄

意定监护虽然顶着"监护"之名，但是其权限远没有达到监护的水平，意定监护人仅有委托人在委托合同范围内授予的代理权，虽然该代理权的行使受到诸多限制，但是其权限范围没有任何扩张。法定监护中，辅助人、保佐人、法定监护人都具有或可能取得相应的被监护人行为的同意权、取消权和代理权。同意权和取消权的范围一致，是被监护人日常生活相关行为以外的行为，代理权的范围则根据法定监护的种类不同而有所扩减。在意定监护和法定监护的关系上（见表 1），《意定监护法》第 4 条第 2 款奉行"意定监护优先法定监护"原则，意定监护在适用上优先于法定监护，已有意定监护合同的，原则上相关人员不能申请开始法定监护的裁判，即便开始法定监护的裁判已经在意定监护监督人选任前作出的，此时法定监护已经开始而意定监护还未生效，若在这之后选任了意定监护监督人，则家庭裁判所将取消之前作出的开始法定监护的裁判。这样立法的原理是，若认可法定监护和意定监护同时存在，将可能发生二者权利重复乃至抵牾的情况，不利于保护被监护人权益。由此可见，立法者对意定监护"监护"属性的认可，认为意定监护和法定监护具有同质性。但问题是意定监护人与法定监护人的权限是不一样的，法定监护人依照法律选定，其监护权范围由法律划定，而意定监护不能被简单理解为被监护人对监护人的自主选择，还包括代理权范围的划定，这就造成了意定监护与法定监护涉及事项的差值，产生"双不管"地带。如此立法削减了对意定监护下辨识能力低下老年人的保护，导致了制度选择的二重困境。由于被监护人大多是事理辨识能力低下的老年人，若不对其行为加以限制，则难以保障被监护人的权益。一旦选择了意定监护，被监护人若被欺诈、胁迫等，则难以救济。现行法下，若本人已经反复受到来自意定监护的侵害，今后也有受到类似侵害的可能，那么以防万一，具备取消权的法定监护制度将成为唯一最优的选择。[1] 而由于意定监护可以授权的范围较窄，通过意定监护制度不能达成较为周延的保护，部分意定监护的潜在利用人只能望而却步。

事实上，从制度上授予意定监护人同意权和取消权存在障碍。从立法目的来看，若从法律上直接授予意定监护人同意权和取消权，则与意定监护制度要求尽可能尊重被监护人意思自治的初衷相违背。从法理层面来看，现行立法框架下，意定监护人的权利来源问题难以解决。若允许本人基于意定监护合同授予受托人同意权和取消权，则这实际上是通过过去的意思表示否定自身将来的行为效力，这将超越私法自治的界限。[2] 对此，日本主流观点认为，应当赋予意定监护人同意权和取消权，[3] 其途径是参照法定监护的立法体系，根据本人事理辨识能力低下的程度，依照相关人员的申请，

---

① 〔日〕山本修、富永忠祐、清水惠介：《任意後見契約書の解説と実務》，三協法規出版，2014，第 23 页。

② 〔日〕成年後見問題研究会：《成年後見問題研究会報告書》，金融財政事情研究会，1997，第 68 页，转引自〔日〕：新井誠、赤沼康弘、大貫正男：《成年後見制度法の理論と実務》（第二版），有斐閣，2014，第 194 页。

③ 〔日〕新井誠：《任意後見制度に関する一管見——その誕生から今後まで》，《筑波ロー・ジャーナル》2009 年第 5 期；〔日〕日本弁護士連合会：《任意後見制度に関する改善提言》，https://www.cao.go.jp/seinenkouken/iinkai/wg/huseibousi/1_20161019/pdf/siryo_4-3.pdf，最后访问时间：2019 年 3 月 30 日。

由法院嗣后授予意定监护人在一定范围内对本人法律行为的同意权和取消权。[①]

表1　日本成年监护制度对照

类型	辅助	保佐	法定监护	意定监护
理念	保护被监护人、保障交易安全			尊重被监护人意思自治
对象	事理辨识能力不充分	事理辨识能力显著不充分	欠缺事理辨识能力	事理辨识能力不充分及更严重情况
保护者	辅助人	保佐人	法定监护人	意定监护人
保护者权限	同意权、取消权（取得需要经过法院裁判）、代理权（取得需要经过法院裁判）	同意权、取消权、代理权（取得需要经过法院裁判）	代理权、取消权	意定监护合同授予的代理权

　　此外，能否授予意定监护人对被监护人医疗侵袭行为的同意权是更为棘手的问题。医疗合同中可能包括医师的诊查、检查、投药、手术等医疗行为，其中可能对患者的生命或身体造成危险的行为在日本法上被称为医疗侵袭行为。[②] 1999年日本设立新的成年监护法律体系时，对是否授予成年监护人以医疗侵袭行为的同意权就有过讨论，但是法制审议会认为这个问题尚不能得到社会的共同认可而搁置。[③] 现行法下，对本人进行医疗侵袭行为时，需要本人自主同意，从而在法律效力上产生对医疗行为的违法性阻却事由。在本人不具备决定是否同意的判断能力时，通常由其家庭成员决定是否同意。法定监护人和意定监护人有权代理本人缔结医疗合同，但原则上不具有医疗行为的同意权。仅在紧急情况下，医疗行为不经过同意即可进行。然而，意定监护主体更多是失独老人，法律并未规定当老人不具备家庭成员资格时医疗行为同意权的去向。若需要进行的是一般性的、以

---

① 〔日〕日本弁護士連合会：《任意後見制度に関する改善提言》，https://www.cao.go.jp/
seinenkouken/iinkai/wg/huseibousi/1_20161019/pdf/siryo_4-3.pdf，最后访问时间：2019年
3月30日。

② 〔日〕山本修、富永忠祐、清水惠介：《任意後見契約書の解説と実務》，三協法規出版，
2014，第104页。

③ 〔日〕梶田美穂：《「医療行為の同意」についての現状》，《月報司法書士》2011年第
478期。

提高身体健康、延长寿命为目的的医疗侵袭行为，则在现行法下亦没有可能。因而，该种规定实质上是"一刀切"，将接种疫苗的同意与接受癌症治疗的同意等同化，① 是间接放任被监护人健康发生不利后果。笔者认为，被监护人选择意定监护是对其自身由年老到死亡的生活进行能动的规划，其中内在地包含通过医疗侵袭行为保障其相对健康地生活的内容，授予意定监护人医疗同意权更符合监护社会化。虽然作为"学生"的韩国的成年监护立法在 2011 年已经导入了成年监护人医疗行为的同意权，但是日本仍然持保守态度，因为担心侵犯本人的意思自治和基本人权，而认为不应予以修改。②

（二） 日本意定监护合同与委托合同存在冲突

日本法认为意定监护合同是特殊的委托合同，适用《日本民法典》关于代理和委托合同的规定，委托人可以基于意思自治在法律允许的范围内决定意定监护受托人以及授予代理权的范围。一般的委托合同的立法设定委托人为受托人的监督人，而没有专门考虑到委托人丧失或部分丧失事理辨识能力的情况，若委托人在具有意思能力之时向受托人授予了代理权，即便委托人在这之后丧失了事理辨识能力，代理权依然持续。③ 即此时委托代理人将在无人监督的情况下行使委托代理权。这一点在意定监护语境下也没有改变，但《意定监护法》没有考虑到意定监护合同与一般委托合同的关系，而仅仅认为意定监护合同是需要被监督的委托合同。若委托人既将代理权授予委托代理人，也将代理权授予意定监护人，则针对同一事项，将存在委托代理人不受监督的代理权和意定监护人受监督的代理权平行存在的情况。若委托代理人滥用代理权，则可能阻碍意定监护人正常开展工作，乃至导致委托事项不能完成，损害委托人利益。这是潜在的法律风险，应当认识到，一般委托合同因资源有限、被代理人不能事必躬亲而产生，

---

① 〔日〕松本明子：《自分で自分の老後に備える——任意後見制度の利用を中心に》，《国民生活》2018 年第 9 期。
② 〔日〕石田瞳：《同意能力を欠く患者の医療同意》，《人文社会科学研究》2014 年第 29 期。
③ 参见《日本民法典》第 111 条第 1 款。

目的是处理事务,① 而意定监护合同的侧重点则在于在尊重被监护人意思自治的条件下保障被监护人的合法权益。因此,新井诚教授认为,应当在立法中明确区分意定监护与一般委托代理的适用范围,本人丧失意思能力后仍然持续的代理权,仅能存在于本人被保护的意定监护制度中,否则将不能防范代理人滥用代理权。② 在具体措施上,他提出要修改《日本民法典》第 111 条第 1 款,若存在意定监护,则委托代理在被代理人丧失或部分丧失民事行为能力之时终止。③ 笔者认为,委托合同与意见监护合同并非一定是择一的关系,问题的关键点是解决委托合同的监督问题。委托合同和意定监护合同的代理权范围由委托人自由决定,并非一定相同或重叠,应该进行细化。对于委托合同的代理权与意定监护合同的代理权重合的,意定监护合同优先于委托合同;若不存在重合,则委托代理人和意定监护人可以各自拥有相应代理权,但应由意定监护人、意定监护监督人或被监护人的近亲属监督委托代理人正确行使代理权。

(三) 日本转移型意定监护合同存在监督难题

日本意定监督的双重监督体系多为人所称道,认为能够保障被监护人的利益,确保意定监护的安全性。该观点是正确的,但范围上要排除转移型监护合同。根据生效时间的不同,意定监护合同分为以下三种:即效型、将来型和转移型。即效型为意定监护合同成立后立刻向家庭裁判所申请委任意定监护监督人的形态,适用于意定监护委托人已经存在认知障碍,但是仍然能够理解意定监护合同内容的情况。辅助或者保佐的对象若具有相应意思能力的,也可以缔结即效型意定监护合同,而委托人若要缔结将来型或转移型合同,则需要具备正常的意思能力。将来型是本人防止将来事理辨识能力低下而预先缔结的意定监护合同,在本人的事理辨识能力低下前不存在支援的必要。由于在本人事理辨识能力低下前,将来型的受托人和本人不存在委托关系,那么及时掌握意定监护需要开始的时间就十分重

---

① 肖建华、赵宾:《委托合同与代理》,《平原大学学报》2000 年第 1 期。

② 〔日〕新井誠:《任意後見制度に関する一管見——その誕生から今後まで》,《筑波ロー・ジャーナル》2009 年第 5 期。

③ 〔日〕新井誠:《任意後見制度の利用促進に向けて》,《実践成年後見》2017 年第 71 期。

要。通常做法是，在签订意定监护合同的同时，将来型意定监护的受托人和本人会签订"守望合同"，约定由受托人定期确认本人的身心状态和生活状况，乃至进行法律和生活烦恼的咨询。转移型是指在缔结意定监护合同的同时缔结通常的委托合同（包括照顾、财产管理等）形态。本人在事理辨识能力低下前受托人基于委托合同通过意思代理对本人进行支援，而在本人事理辨识能力低下后则转移至意定监护合同。（见表2）

表 2　日本意定监护合同类型

类型	即效型	将来型	转移型
缔结时本人的意思能力	略高于遗嘱的意思能力	完全意思能力	完全意思能力
确认本人事理辨识能力低下的方式	公证时由公证机关加以确认	与意定监护受托人签订守望合同	与意定监护受托人签订委托合同
意定监护合同生效的时间	缔结后立即申请选任意定监护监督人	本人事理辨识能力低下后	本人事理辨识能力低下后
双重监督介入的时间	缔结后立即申请选任意定监护监督人	申请选任意定监护监督人时	申请选任意定监护监督人时

实践中，即效型几乎没有人使用，大多数人采用转移型，而将来型仅占10%左右。① 一般家庭裁判所选任意定监护监督人需要花费数月时间，这期间可能出现对本人权益保护的断档，而转移型较之于将来型在监护的开始更加平滑，更能满足身体不便的独居老人的需求。② 转移型意定监护合同的优势在于，在本人尚拥有事理辨识能力时与本人定期接触构筑信赖关系，可以确认本人对医疗、遗产分配等的意向，也能够定期确定委托人的事理辨识能力。③ 委托合同一般包括七块内容：（1）入院服务（与市外亲属等指定联络人的联络、入院时必要物品的传递、确认快递、暂停水费和光热费等）；（2）保证服务（入院时的保证机能、设施入住时的保证机能等）；（3）日常手续支援服务（受领年金、取得住民票等）；（4）金钱管理支援

---

① 〔日〕寺尾洋：《任意后见契约の现状——移行性契约を中心に》，《法の支配》2014年第172期。
② 〔日〕成年后见センター：《任意后见契约の缔结から発効までの实务と课题》，《民事法务》2016年第3期。
③ 〔日〕山口理惠子：《意思决定支援（障害者権利条約）から任意后见制度を考える——社会福祉实践からのアプローチを中心に》，《实践成年后见》2017年第71期。

服务（代行支付、送达生活费等）；（5）合同支援服务（缔结福祉、医疗等类合同时，支援同席）；（6）专家中介服务（有与律师、公证人交流的必要时，提供信息，支援同席）；（7）文件等物品存储服务（日常文件、宝石或贵金属等）。① 可以看出，转移型意定监护合同的委托合同的范围基本与意定监护合同的范围重合，其代理权的授予基本能够覆盖本人的生活需求。然而，这也是问题之所在，转移型意定监护合同中的委托合同在属性上属于一般委托合同，如前所述，在此阶段基本不存在委托人以外的监督。在委托人事理辨识能力正常的时候，委托合同正常被监督，不会产生问题。问题产生于委托人事理辨识能力低下，无法监督受托人的时候，这时的转移型意定监护合同按照规定应当由委托合同转移到意定监护合同：第一，家庭裁判所或其他主体一般很难监控到转移型意定监护合同何时需要转移，以至于难以确保转移型意定监护合同真正"转移"了；第二，转移型意定监护合同中的委托合同通常已经授予受托人广泛的代理权，即便不从委托合同转移至意定监护合同，在财产管理上也不会产生问题；第三，意定监护合同的启动程序较为繁重，为了选任意定监护监督人，申请人需要向家庭裁判所提交诊断书和本人财产目录等文件，意定监护监督人一旦被选任，还会产生向意定监护监督人支付报酬的经济负担。基于上述三点，大量转移型意定监护合同的受托人选择逃避"转移"，这是立法当时没有考虑到的。反映到数据统计上，2013 年至 2017 年日本全境共缔结 52375 件意定监护合同，② 但是向家庭裁判所申请选任意定监护监督人的数量仅为 3865 件③，是缔结合同数的 7.4%，排除本人事理辨识能力尚未低下的情况，意定监护合同的生效率仍然是极低的，大量转移型意定监护合同仍然停留在转移阶段。本人事理辨识能力低下后，若没有人申请选任意定监护监督人，

---

① 〔日〕山口理恵子：《意思决定支援（障害者権利条約）から任意後見制度を考える——社会福祉実践からのアプローチを中心に》，《実践成年後見》2017 年第 71 期。

② 〔日〕法務省：《法務局及び地方法務局管内别・種類别 成年後見登記の件数》，https://www.e-stat.go.jp/stat-search/files? page = 1&layout = datalist&toukei = 00250002&tstat = 000001012460&cycle = 7&year = 20170&month = 0&tclass1 = 000001012461，最后访问时间：2019 年 4 月 2 日。

③ 〔日〕最高裁判所事務総局家庭局：《成年後見関係事件の概況平成 29 年 1 月から 12 月まで》，http://www.courts.go.jp/about/siryo/kouken/index. html，最后访问时间：2019 年 3 月 20 日。

则意定监护受托人将在没有公共监督的状态下继续管理本人财产，① 这很可能危及本人权益。实践中，就出现或存在转移型意定监护受托人怠于履行委托事务，非但不管理本人财产，反而取出本人存款而随意消费的事例。②

对于如何填补转移型意定监护合同的规范漏洞，存在两类对立的观点：改造说和废止说。改造说希望通过增加各个节点的监督确保意定监护发挥实效。日本公证人联合会要求公证人在进行意定监护公证时审查意定监护受托人的适格性③，并明示其向家庭裁判所申请选任意定监护监督人的义务。④ 日本律师联合会认为，转移型意定监护合同的受托人在委托合同阶段的代理权应仅限于《日本民法典》第 13 条第 1 款规定的日常生活必要范围，其他行为应个别征得本人同意。⑤ 学者小圷眞史认为应当在委托合同阶段即对代理人设置相应的监督人，他设想如果能确保对转移型意定监护合同的不同阶段都进行监督，那么就能保证及时选任意定监护监督人。⑥ 笔者认为，改造说虽然能在一定程度上加强对本人的保护，但不具有实践性。新增监督流程会使得原已"厚重"的意定监护制度更加复杂烦琐，效率性会进一步下降。成本高昂已是实践中意定监护使用率低的原因之一，若再加上委托合同监督人的报酬，将可能导致意定监护成本过高。笔者支持废止说，废止说认为应当废除转移型意定监护合同，将意定监护的主流定位为将来型。⑦ 转移型意定监护合同中委托合同与意定监护合同的相克无法避免，指定将来型为意定监护的基本型将是更合理的考量。⑧ 转移型意定监护

---

① 〔日〕寺尾洋：《公証実務から任意後見の利用促進を考える》，《実践成年後見》2017 年第 71 期。
② 〔日〕細田美知子：《任意後見制度の現状と問題点》，http://www. j-wba. com/images2/activities_0906_hosoda. pdf，最后访问时间：2019 年 4 月 2 日。
③ 一般包括与本人的关系、可信赖程度、意定监护人资质等。
④ 〔日〕日本公証人連合会法規委員会：《移行型任意後見契約等委員任契約公証書作成に当たっての実務上の留意点（濫用の危険を防ぐ観点から）》，转引自〔日〕寺尾洋《任意後見契約の現状——移行性契約を中心に》，载《法の支配》2014 年第 172 期，第 71 页。
⑤ 〔日〕日本弁護士連合会：《任意後見制度に関する改善提言》，https://www. cao. go. jp/seinenkouken/iinkai/wg/huseibousi/1_20161019/pdf/siryo_4 - 3. pdf，最后访问时间：2019 年 3 月 30 日。
⑥ 〔日〕小圷眞史：《移行型任意後見契約の問題点と改善策》，《公証法学》2008 年第 38 期。
⑦ 〔日〕金井憲一郎：《成年後見制度利用促進基本計画の概要とその若干の考察：不正防止の徹底と利用しやすさとの調和の議論を中心として》，《紀要》2018 年第 10 期。
⑧ 〔日〕新井誠、赤沼康弘、大貫正男：《成年後見制度法の理論と実務》（第二版），有斐閣，2014，第 10 页。

合同在委托合同阶段天然很难监督，若强行监督，则成本过高。若将意定监护合同限定在即效型和将来型，则可以根绝这一问题，并且不会改变意定监护的根本目的。

（四） 小结

日本意定监护的困境从表面上来看，体现为其使用率低的现状，烦琐的公证制度和高昂的运行成本是其直接原因，但进一步来看，日本意定监护的困境更源于制度没有回应人们的呼声，人们对意定监护有所要求，却无法被满足，比如没有亲属的高龄独居老人、亲人死亡或老去的智能障碍者，这些人极需要有人在其辨识能力低下的时候帮助他们，代理他们做一些事情，为他们安排生活，找来各类生活辅助人员，乃至于得到医疗保健和看护。然而，意定监护人权限过窄，不能阻止被监护人进行对其有害的法律行为，不能代为同意侵袭性的医疗行为，使得被监护人通过意定监护寻求维持或提高健康水平的治疗成为奢望。同时，委托合同难以监督的问题在意定监护语境下暴露无遗，一方面委托合同与意定监护合同冲突时，无法可依，更重要的是，本为了便利的转移型意定监护合同，却意味着最大的风险。这些都限制着意定监护制度发挥实效，危及被监护人的权益，并降低了意定监护制度潜在使用人的使用意愿。

四　日本意定监护困境对我国立法的启示

我国正在经历快速的人口老龄化，2018 年我国 65 周岁及以上人口达 16658 万人，占总人口的 11.9%，① 约与 1990 年的日本相当，② 在 194 个国

---

① 国家统计局：《2018 年经济运行保持在合理区间，发展的主要预期目标较好完成》，http://www.stats.gov.cn/tjsj/zxfb/201901/t20190121_1645752.html，最后访问时间：2019 年 3 月 19 日。

② 〔日〕総務省統計局：《年齢（各歳），男女別人口（各年 10 月 1 日現在）－総人口（大正 9 年 ~ 平成 12 年）》，https://www.e-stat.go.jp/stat-search/files? page = 1&layout = datalist&toukei = 00200524&tstat = 000000090001&cycle = 0&tclass1 = 000000090004&tclass2 = 000000090005，最后访问时间：2019 年 3 月 19 日。

家、地区中排名第 65 位，老龄化程度较绝大部分发展中国家严重。① 我国早已认识到人口老龄化带来的成年监护问题，2012 年《中华人民共和国老年人权益保障法》第 26 条在我国创设了意定监护制度，2017 年《中华人民共和国民法总则》（以下简称《民法总则》）对监护制度大幅修改、扩充、完善，② 在第 33 条③规定了意定监护制度，将范围扩展到具有完全民事行为能力的全体成年人。这是老化社会的现实需求，也是贯彻人权保障理念的体现，④ 从此我国成年监护有了法定监护和意定监护"两条腿"。然而，我国意定监护制度还存在很多问题，仅有一个立法条文的规范缺乏操作性，意定监护人权责不清，意定监护运行缺乏配套的监督制度，公证、登记、赔偿机制也还都不完善，这些内容亟待立法加以补全。⑤ 核心家庭化⑥使得中国传统的"家庭监护"向"社会监护"转换，更加详细的意定监护立法是我国的必由之路，反思日本意定监护制度的困境，能帮助我国立法更加符合实践需求。

（一） 我国立法上应强调意定监护的"监护"属性

监护，是指监护人对未成年人和需要保护的成年人的人身、财产和其他合法权益依法实行的监督和保护。⑦ 日本立法明确了意定监护合同属于委托合同，但是没有处理好意定监护合同与委托合同的关系，也没有处理好意定监护与法定监护的关系。意定监护虽然优先于法定监护，但是其范围

---

① 〔日〕グローバルノート：《世界の高齢化率（高齢者人口比率）国際比較》，https://www.globalnote.jp/post-3770.html，最后访问时间：2019 年 5 月 9 日。

② 孟强：《〈民法总则〉中的成年监护制度》，《中国人民大学学报》2017 年第 4 期。

③ 《民法总则》第 33 条："具有完全民事行为能力的成年人，可以与近亲属、其他愿意担任监护人的个人或者组织事先协商，以书面形式确定自己的监护人。协商确定的监护人在该成年人丧失或者部分丧失民事行为能力时，履行监护职责。"

④ 李霞：《意定监护制度论纲》，《法学》2011 年第 4 期。

⑤ 我国正在积极推进意定监护建设，如在意定监护公证上，司法部于 2017 年 12 月首次发布了"老年人意定监护协议公证"指导性案例。

⑥ 改革开放初期每户平均人数为 4.4 人，而根据国家卫生计生委家庭发展司和中国人口与发展研究中心统计，2014 年每户平均人数已经减少为 2.74 人。参见国家卫生计生委家庭发展司、中国人口与发展研究中心《中国家庭户规模和结构状况调查报告》，载李培林、陈光金、张翼：《2016 年中国社会形势分析与预测》，社会科学文献出版社，2015，第 156~157 页。

⑦ 徐国栋：《民法总论》，厦门大学出版社，2018，第 113 页。

窄于法定监护，且意定监护合同和委托合同发生冲突时也没有解决办法。虽然日本将意定监护合同认定为委托合同，但是我国没有必要亦步亦趋，将意定监护人的权限范围限缩为委托代理权。"监护"应注重保护被监护人，维持被监护人生活的正常化。① 代理权之发生并非基于委托合同，而是基于本人之授权行为，② 事实上，《民法总则》也并未明文认定意定监护合同是委托合同，而只是说可以"以书面形式确定自己的监护人"，监护人要"承担监护责任"。我国立法更强调意定监护和法定监护的对应性，意定监护权利的边界应与法定监护是相同的，意定监护更应关注主体对监护人的自主选择。即意定监护合同虽然在法理上与授予代理权的委托合同接近，但这是针对其权利来源是本人授权，更应该强调其特殊性，承认其"监护"属性。同时，应当注意到法定监护与意定监护的区别，法定监护强调对被监护人的保护，而意定监护强调尊重被监护人的意思自治，我国若进一步详细立法，应借鉴日本经验，明文规定意定监护的优先性，强调在"监护"范围内，意定监护的授权范围由被监护人通过意思自治自主决定。

（二） 我国立法应明文禁止转移型意定监护合同

日本现行意定监护合同划分为即效型、将来型和转移型，这样的划分相对周延。我国立法"以丧失或部分丧失行为能力"作为意定监护开始的标准，而即效型意定监护合同以意思能力作为合同成立生效的判断标准，允许意定监护委托人在部分丧失行为能力的情况下，只要还具备相应的意思能力，即可以订立即效型意定监护合同，《民法总则》虽然将成年监护的对象由精神病人扩展至所有成年人，但仍然维持行为能力标准，那么，在一般情况下不会出现即效型意定监护合同，可能存在的意定监护合同类型是将来型和转移型。虽然这二者在日本的开始标准为事理辨识能力低下，但是即便在我国语境下，标准转变为行为能力，也不会影响到合同的缔结或生效。在这样的情况下，日本转移型意定监护的问题同样可能在我国发生，这应当引起重视，转移型意定监护合同虽然从性质上能使意定监护制

---

① 叶欣：《成年监护制度的理念探析》，《江汉论坛》2008 年第 1 期。
② 梁慧星：《民法总论》，法律出版社，2014，第 226 页。

度的运用便捷而平缓，但除非消耗大量人力物力"盯梢"，其监督十分困难。不受监督的意定监护合同可能成为整个意定监护制度失败的根源。一切事物中包含的矛盾方面的相互依赖和相互斗争，决定一切事物的生命，推动一切事物的发展。①设想在我国没有更加详细的意定监护立法的情况下，转移型意定监护为主的现实，将严重暴露我国意定监护立法的不足，确保意定监护合同公示性制度的缺乏导致有关部门根本没办法监督转移型意定监护合同的成立、生效乃至进展阶段，意定监护监督制度的缺乏将导致无行为能力的被监护人被严重侵害。若我国制定了更加详细的意定监护规范，如意定监护登记制度、意定监护监督制度等，也应当在其中明文禁止转移型意定监护合同，因为即便确保了转移型意定监护合同的公示性，有关部门能够认知到转移型意定监护合同的存在了，转移型意定监护合同应当由委托合同转移到意定监护合同的期间仍然难以把握，若强行把握，则成本过高。

（三）我国应强化对意定监护的配套支持

日本意定监护制度从公证、登记，到申请选任意定监护监督人、意定监护正式开始等，虽然构建了完善的体系，但缺乏相应的配套机制，由此造成意定监护制度的潜在利用者望而却步。复杂的意定监护公证程序导致本人若不请专家辅助，几乎没有办法进行意定监护公证，申请选任意定监护监督人，开始意定监护的程序，需要意定监护受托人准备大量材料，花费大量时间与金钱，意定监护开始后高昂的意定监护人费用以及意定监护监督人费用导致一般人难以长期维持意定监护的运行。日本意定监护注重制度的客观信赖性，却也由此导致制度过于繁复。我国在推广意定监护制度的过程中，应注重群众对意定监护的接受性，这就要求降低意定监护的利用门槛，同时提升意定监护的专业程度，为此，需要国家提供人、财、物的支持。即意定监护应被认为是群众对监护制度的自主选择，群众所要负担的应仅是意定监护的费用，而确保意定监护的公示性、开展意定监护监督等内容，应被认为是国家的责任，由专门机构辅助其开展，不应被认

---

① 毛泽东：《毛泽东选集（第一卷）》，人民出版社，1951，第305页。

为是私人需要承担的成本。日本缔结意定监护合同需要经过公证流程，先公证而后登记，其意义主要是被动审核意定监护合同主体的适格性、意定监护合同内容的适当性，以及确保意定监护合同的公示性。那么，只要能达到这些要求，即便不经过公证，亦应认可意定监护合同的有效性。日本意定监护的双重监督构造着重降低公共成本，节省公共资源，反而提高了被监护人的成本。相对于司法机关的被动性，行政主体的公权力是一种积极权力，可以依据法律主动实施，以保障被监护人的权利得以实现。① 扁平化本来即制度实现的一种方式，若意定监护监督人本身即具有行政属性，那么法院再行监督的必要性就比较弱了，若只保留公共的意定监护监督人，则其选任程序也将比较简单。《民法总则》并未明确规定监护监督制度，仅在第 36 条撤销监护人监护资格的规定中，包含了这样的效果，但仍然缺乏有效的监督措施和能切实有效地行使监督权的人。② 第 36 条规定的主体为"其他依法具有监护资格的人，居民委员会、村民委员会、学校、医疗机构、妇女联合会、残疾人联合会、未成年人保护组织、依法设立的老年人组织、民政部门等"，这样规定的范围过于宽泛，容易造成监督缺位，③ 应选择一个机构作为责任机构，具体负责开展监督职能。在我国，民政部门作为社会事务管理机构，应承担起意定监护审查、登记、监督职能，这样较为合理、有效。在意定监护运行阶段，民政部门可以将意定监护监督的责任依托于社区、街道等基层行政组织，应强调意定监护的公共服务属性，将意定监护打造为人人可以使用，切实为人民服务的制度。

五　结语

我国意定监护制度处在萌芽阶段，而日本意定监护制度已走过整整 20 年的历程，作为先驱，其将意思能力作为缔结意定监护合同的基准、要求

---

① 满洪杰：《〈民法总则（草案）〉成年监护制度的问题与不足》，《北京航空航天大学学报》（社会科学版）2017 年第 1 期。
② 杨立新：《我国〈民法总则〉成年监护制度改革之得失》，《贵州省党校学报》2017 年第 3 期。
③ 王斐钒：《成年监护制度的探究——以民法总则为背景》，《厦门广播电视大学学报》2019 年第 1 期。

意定监护合同具有公示性、强调意定监护优先于法定监护、注重意定监护过程受到监督等做法，正确地指出了发展意定监护制度所应遵循的原则，值得我国借鉴。

但是，"拿来主义"不可取，还要看到其不足，分析立法，考察实践，"取其精华，去其糟粕"，真正让意定监护制度"以我为主，为我所用"。考察一国制度的情况，不能仅看到其内在的完备程度，也要看到该制度与制度体系的联系，更要看到制度与其所处社会、时代的对应情况。日本意定监护陷入使用率低，无法发挥实效，乃至于可能危及被监护人权益保护的困境，即根源于实践操作和制度设计的问题：烦琐的公证流程和高昂的运行成本反映了日本意定监护实践缺乏配套支持；日本成年监护体系中意定监护人权限过窄，凸显出日本在立法时没有考虑清楚意定监护的定位；日本意定监护合同与委托合同的冲突即由于日本在立法时没有协调好一般法与特别法的关系；转移型意定监护的监督难题则暴露了日本在立法时没有考虑到实践中的可行性。

"制度须不断生长，又定须在现实环境现实要求下生长。"① 日本意定监护制度的问题具有一定普遍性，值得我国反思：在厘定意定监护与委托合同、成年监护体系的关系时，应注重意定监护的"监护"属性，以避免意定监护人权限过窄，被监护人无所依靠；在确定意定监护合同基本形态的时候，应明文禁止转移型意定监护合同，将意定监护可能带来的风险降至最低；在推行意定监护制度的时候，应强化对意定监护的配套支持，以促进基层行政组织有效监督意定监护的运行。

---

① 钱穆：《中国历代政治得失》，三联书店，2012，第55页。

被收养人成年后是否可以解除收养关系？[*]

——德国联邦最高法院 2014 年 3 月 12 日裁定之评析

王葆莳[**]

【内容摘要】我国《民法典（草案）》规定，养父母子女可以协议解除收养关系。德国联邦最高法院在判例中指出，针对未成年人设立的收养关系，即使收养人存在极其严重的过错行为，在被收养人成年后也不能废止收养。子女成年后，收养人和被收养子女之间的身份关系即不可变动。因德国采取完全收养效力原则，收养关系原则上不能解除，只有出现意思表示瑕疵或为保护被收养子女的最佳利益，才可以废止收养关系。完全收养原则的目的是消除被收养子女和亲生子女的区别，使收养家庭产生和原生家庭同样的家庭内部联系，故应当严格限制解除收养关系的条件。

【关 键 词】收养　完全收养原则　收养关系解除

2019 年 12 月 28 日公布的《中华人民共和国民法典（草案）》第 1115

---

* 本文系司法部法治建设与法学理论研究部级科研项目"意思自治在身份法领域适用问题研究"（16SFB2035）的阶段性成果。
** 王葆莳，湖南师范大学法学院副教授。

条第 1 句规定："养父母与成年养子女关系恶化、无法共同生活的，可以协议解除收养关系。"据此，被收养人成年后，可以和养父母解除收养身份关系，如同解除合同一般。但德国联邦最高法院 2014 年 3 月 12 日的一项裁定①作出了截然相反的判定：针对未成年人设立的收养关系，即使收养人存在极其严重的过错行为，在被收养人成年后也不能再行废止收养。本文在简要介绍案情后，重点阐释德国联邦最高法院的裁判理由，以此为基础反思我国民法典草案相关规定。

一　案件事实

被收养人作为申请人，请求法院废止收养关系。申请人系非婚生子女，母亲带着她于 1992 年和被申请人结婚。被申请人在 1994 年收养了申请人。申请人的母亲和被申请人结婚后，共同生育 4 个子女。从 1997 年开始，被申请人开始不断性侵申请人，直到在 2008 年被捕并被判处 9 年半有期徒刑。之后申请人一直接受心理治疗，有时还会被临时安置在精神病院，18 岁时曾意图自杀。2009 年 11 月，成年后的申请人提出解除收养关系的申请。被申请人也同意了该解除申请。但区法院驳回该申请。申请人向卡尔斯鲁尔高等地方法院提起二审上诉（抗告），但未获得法院支持。

上诉法院认为：德国《民法典》第 1763 条②虽然规定法院可基于儿童最大利益依职权废止收养，但该条款针对的是未成年人收养，且只能适用于被收养人成年之前。法院也不能基于《民法典》第 1771 条第 1 句③废止收养，该条

---

① BGH, Beschluss vom 12. März 2014 – XII ZB 504/12 – OLG Karlsruhe. NJW2014, 1663；BGHZ 200, 310.
② 德国《民法典》第 1763 条关于依职权废止的规定：
（1）在被收养子女未成年期间，家庭法院可以依职权废止收养关系，但以由于重大原因，这样做对于被收养子女最佳利益是必要为前提。
（2）该子女被一对夫妻收养的，该子女与配偶一方之间现有的收养关系也可以予以废止。
（3）仅在有下列情形之一时，收养关系始得予以废止：a）配偶另一方在第 2 款的情形下或亲生父母一方准备承担该子女的照顾和教育，且由该方进行父母照顾不会与该子女最佳利益相抵触；b）收养关系的废止将使该子女有可能被重新收养。
③ 德国《民法典》第 1771 条关于收养关系的废止的规定：
有重大原因的，家庭法院可以根据收养人和被收养人的申请，废止对成年人成立的收养关系。除此以外，收养关系只能准用第 1760 条第 1 款至第 5 款的规定而予以废止。待收养人的申请代替子女的允许。

款从其文义来看仅适用于成年人收养。由于不存在法律漏洞（Regelungslücke），故不能类推适用该条规定，即使存在严重的实质不公正（krassen materiellen Unrech）。因为立法者曾多次修改收养法，但均未涉及该条文，说明其并非法律漏洞。虽然法律现状导致申请人无法废止收养，但并不存在违宪之虞。申请人不服，继续向联邦最高法院提出第三审上诉（法律抗告），但仍被驳回。①

二　德国联邦最高法院的裁判观点

（一）　申请人不能援用德国《民法典》第1759条结合第1760条和第1763条②请求废止收养关系

联邦最高法院认可上诉法院的前述观点，认为本案中并不存在《民法典》第1760条规定的"收养成立时的严重瑕疵"，故不能依据该条解除收养关系。

---

①　德国的家事案件程序不同于一般民事案件。区法院为家事案件一审法院（德国《法院组织法》第23a条第1款第2项），高等地方法院为二审法院，审理针对区法院裁判的抗告（《法院组织法》第119l条第1项和《家事事件和非讼事件程序法》第58条以下），联邦最高法院为家事案件三审法院，管辖对高等地方法院之裁判提起的法律抗告（《法官组织法》第133条和《家事事件和非讼事件程序法》第70条）。

②　德国《民法典》第1759条关于收养关系的废止的规定：
收养关系只能在第1760条、第1763条的情形下予以废止。
第1760条关于因欠缺表示而废止的规定：
（1）收养关系未经收养人申请、未经被收养子女允许或未经父母一方的必要允许而成立的，它可以由家庭法院根据申请予以废止。
（2）仅在有下列情形时，该项申请或允许才不生效力：a）表意人在表示时处于丧失知觉或暂时的精神错乱状态下的，但以申请人无行为能力，或无行为能力或未满14岁的子女已自行给予允许为前提；b）表意人不知道事情关系到收养，或虽已知道事情关系到收养但不愿意提出收养申请或不愿意允许收养，或表意人就待收养子女的身份发生错误，或待收养子女就收养人的身份发生错误的；c）表意人因受关于重要事情的恶意欺诈而作出表示的；d）表意人因受非法胁迫而作出表示的；e）表意人已在第1747条第2款第1句所规定的期间届满前给予允许的。
（3）表意人在无行为能力、丧失知觉、精神错乱状态、由胁迫所招致的急迫情势消失后，或在发现错误后，或在第1747条第2款第1句所规定的期间届满后补为申请或同意，或以其他方式明确表示收养关系应予维持的，收养关系的废止即被排除。第1746条第1款第2句、第3句和第1750条第3款第1句、第2句的规定必须予以准用。
（4）另外，在收养人或子女的财产状况受到欺诈，或欺诈系在申请权人或允许权人不知道的情况下，由既无申请权，亦无允许权，亦无收养中介权能者实施的，不得因关于重要事情的恶意欺诈而废止收养关系。
（5）在收养宣告时，父母一方被不正确地认为长期不能作出表示或其居所长期不明的，如父母方补为同意或以其他方式明确表示收养关系应予维持，则收养关系的废止即被排除。第1750条第3款第1句、第2句的规定必须予以准用。

第 1793 条第 1 款规定的基于儿童利益的依职权废止收养，也必须是在"被收养子女未成年期间"。判定未成年的时间节点是在法院判决前的最后一次事实调查程序，本案中申请人提起申请时已经成年，故不能适用。本案涉及的是未成年人收养，也不能适用《民法典》第 1771 条第 1 句规定的根据当事人申请废止"对成年人设立的收养关系"。此外，本案中并无必要对《民法典》第 1771 条第 1 句进行合宪性解释（verfassungskonforme Auslegung）。在条文表述清晰的情况下，并无解释之必要，这也符合判例和学说中的一致意见。①

（二）现行法不允许当事人废止收养的规定没有违反宪法，也无必要根据《基本法》第100条第1款提请联邦宪法法院审理②

本案中，申请人（法律抗告人）认为区法院的判决违反《基本法》第 3 条（平等权）。但根据联邦宪法法院判例中的一贯意见，《基本法》第 3 条第 1 款的平等原则要求立法者对"本质相等者相等处理"和"本质不等者不等处理"。③ 这并不是禁止立法者作任何形式的区分。平等原则主要是禁止对一部分规范相对人（Normadressaten）作出和其他规范相对人不同的处理，且两个群体并无任何足以导致不等对待的区别。④

根据德国现行法律，在被收养人成年之前，法官可以基于未成年子女的利益依职权废止收养（民法典）第 1763 条第 1 款），但在其成年后不能再废止收养。此种区分处理的合理性在于：被收养人未成年时，为保护未成年人利益，应当允许废止收养，以便让其重新回归亲生父母家庭或被其他人收养。从体系角度来看，《民法典》第 1742 条⑤规定的禁止"连环收养

---

① OLGHamm，NJW 1981，2762，2763；OLG Karlsruhe，FamRZ 1996，434，435；Palandt/Götz，BGB 73. Aufl.，Art. 1771，Rn. 2；Staudinger/Frank，BGB（2007），Art. 1771，Rn. 5.

② 德国《基本法》第100条：（1）法院如认为某一法律违宪，而该法律之效力应停止，与其审判有关者应停止审判程序。如系违反邦宪法，应请有权受理宪法争议之邦法院审判之；如系违反本基本法，应请联邦宪法法院审判之。各邦法律违反本基本法或各邦法律抵触联邦法律时，亦同。（2）诉讼进行中如关于国际法规则是否构成联邦法律一部分及其是否对个人产生直接权利义务发生疑义时，法院应请联邦宪法法院审判之。（3）某一邦宪法法院解释本基本法时，如欲违背联邦宪法法院或他邦宪法法院原有之判决，该宪法法院应请联邦宪法法院审判之。

③ BVerfG，FamRZ 2010，2050，Rn. 44.

④ BVerfG，FamRZ1999，99；NJW 1992，2213.

⑤ 《民法典》第 1742 条（只能共同收养之子女）：收养关系有效存在期间，被收养人在收养人生前，只能由收养人的配偶收养。

（Ketten adoption）"和《民法典》第 1763 条第 1 款形成呼应，即未成年人之前的收养被废止前，不能被重新收养，以避免出现连环收养。可见，《民法典》第 1763 条第 1 款体现了对未成年子女的特殊保护，这种立法考量不能扩展到已经成年的被收养人。成年人不再需要照顾和抚养，故融入新家庭对其并无与未成年人同等的重要意义。相应的，连环收养禁止也不适用于成年收养，故成年子女虽然不能根据第 1763 条第 1 款废止之前成立的未成年收养关系，但可以被重新收养，包括被亲生父母反收养（Rückadoption），从而恢复和亲生父母在法律上的父母子女关系。

根据《民法典》第 1771 条第 1 句，当事人可以基于重大原因而合意废止收养。立法者将该规定的适用范围限于"弱效（schwachen Wirkungen）"的成年收养，并不违反基本法规定的平等原则。因为未成年人收养属于完全收养（Volladoption），即完全消除了被收养人和原生家庭之间的法律关系（《民法典》第 1755 条）；而成年收养仅具有"弱效力"（《民法典》第 1770 条第 2 款①），即在不消除原有亲属关系的基础上，在收养人和被收养人之间另行成立法律上的亲属关系。两种收养的法律效果不同，其废止理由也应有所不同。立法者必须考虑到，若未成年收养在数年或者几十年后仍可以废止，子女和（之前）亲属的法律关系也很难恢复。基于同样的考虑，《民法典》第 1772 条第 2 款第 1 句②也禁止根据第 1771 条第 1 句废止具有"强效"（starken Wirkungen）的成年收养。

---

① 《民法典》第 1770 条关于收养的效果的规定：
（1）成年人的收养的效果不及于收养人的血亲。收养人的配偶或同性生活伴侣不与被收养人互为姻亲，被收养人的配偶或同性生活伴侣不与被收养人互为姻亲。
（2）被收养人及其晚辈直系血亲与他们的血亲基于血统关系而产生的权利义务，不受收养的影响。
（3）收养人对被收养人及其晚辈直系血亲所承担的扶养义务，优先于被收养人的血亲。
② 《民法典》第 1772 条 具有未成年人的收养的效果的收养：
（1）家庭法院可以在宣告成年人被收养时，根据收养人和待收养人的申请而规定：有以下情形之一时，收养的效果依关于未成年人或有血统关系的未成年人的收养的规定予以确定：
a）待收养人的未成年之弟或未成年之妹已被收养人收养或被同时收养的；
b）待收养人已作为未成年人由收养人家庭扶养的；
c）收养人收养其配偶之子女的；
d）待收养人在收养的申请被递交给家庭法院时尚未成年的。
待收养人的父母的压倒性利益与之相抵触的，此种规定不得被作出。
（2）在第 1 款的情形下，收养关系只能准用第 1760 条第 1 款至第 5 款的规定而予以废止。待收养人的申请代替子女的允许。

（三） 子女成年后，收养人和被收养子女之间的身份关系即不可变动，该规定不违反儿童的一般人格权（德国《基本法》第2条第1款结合第1条）

立法者之所以不允许被收养子女在成年后废止收养，是为了追求（收养）家庭的合法性（legitimen）以及《基本法》第 6 条第 1 款①规定的制度保障（Institutsgarantie），尽量减少家庭解散的情形，从而尽可能消除亲生子女和被收养子女在法律地位上的区别，这本身符合宪法的意旨。

即使收养出现了严重问题，如本案中的情形，立法者在法律结构上的选择仍具有宪法上的正当性。因为立法者必须考虑到，如果废止完全收养，则已经消除的被收养人和原生家庭的亲属关系重新恢复，由此引起的扶养法和继承法后果会损害第三人受宪法保护的利益。联邦宪法法院在其判例中指出，国家机关在选择通过何种措施保护人格权时，享有广泛的评估、衡量和设计的自由裁量权（Gestaltungsspielraum），必须综合权衡各种相互冲突的基本权利。

立法者在其自由裁量范围内决定，即使根据收养成立的家庭关系对于已成年的被收养人构成沉重负担，也不得废止该收养关系；同时允许被收养子女通过自由安排事实上的家庭关系来缓和此种负担，例如变更姓名、抵制收养在扶养法（《民法典》第 1611 条）和继承法（《民法典》第 2333 条和第 2339 条）上的效果；这也是亲生子女在类似情况下可以采取的措施。立法者认为，即使一方当事人有严重的不当行为，原则上也不能废止完全收养。这一规定可能并非强制性，在立法政策上也可能有值得检讨之处，但其并未脱离宪法所规定的自由裁量范围。

三　案件评析

（一） 德国法中的收养效力和解除条件

德国法在收养效力上采纳了完全收养。该原则完全适用于对未成年子

---

① 《基本法》第 6 条第 1 款：婚姻与家庭应受国家之特别保护。

女（minderjährigenKindes）的收养。被收养人是成年人的，该原则受到一定限制，即成年人收养的效力不及于收养人的血亲（德国《民法典》第 1770条第 1 款），但在特定条件下可以获得完全收养的效力（第 1772 条）。

根据完全收养原则，收养一旦成立，被收养人取得收养人的子女的法律地位（第 1754 条第 2 款）。被收养人获得父母照顾（第 1754 条第 3 款）；所有的父母子女关系效果也随之产生。子女及其直系卑亲属和收养人及其血亲之间产生完整的血统关系（如法定继承权，第 1601 条下规定的扶养请求权）。被收养子女原则上具有和收养人的亲生子女同等顺位的扶养请求权。相应地，子女及其直系卑亲属和现有血亲的血统关系消灭（第 1755 条第 1 款第 1 句）。

德国法认为，收养关系创设的拟制父母子女关系，必须建立在牢固的法律基础上才能健康发展，故原则上收养关系一旦成立就不能撤销，无论是收养程序有瑕疵，还是收养人和子女之间的关系出现裂痕，都不能作为解除收养关系的正当理由。只有在两种情况下，收养才能通过法院的裁判废止，并且只对未来发生效力：（1）欠缺收养必须的意思表示或意思表示无效（第 1760 ~ 1762 条）；（2）由于重大原因，废止收养是为被收养子女最佳利益所必要的，并且子女不会因此而无家可归（第 1763 条）。

1. 基于意思表示瑕疵的废止

废止收养必须经当事人申请，只有那些收养必须经过他们同意才能成立的人可以提出此种申请（第 1762 条第 1 款第 1 句）。同时还必须存在第 1760 条第 1 款规定的废止原因。因解除收养关系一般会对未成年人产生负面影响（被再次抛弃），即危害儿童最佳利益，故收养人必须有压倒性的、超过子女最佳利益要求的正当理由，才能解除收养关系（第 1761 条第 2 款）。

2. 基于子女利益的废止

根据法律的规定，法院可以基于对未成年子女利益的考虑而依职权废止未成年子女的收养关系（第 1763 条）。这一法院权限并没有代替家庭法院根据一般条款（特别是第 1666 条）对收养的监督，而是作为其补充。废止的条件（Voraussetzung）包括：（1）由于重大原因，这样做是为被收养子女的最佳利益且为必要的（第 1763 条第 1 款）；（2）废止收养关系可能使子女重新被收养的（第 1763 条第 3 款 b 项）。若子女被夫妻共同收养，也可以只废止子女和夫妻一方的收养关系（第 1763 条第 2 款）。此种废止必须出于子女最佳利益，并且配偶另一方或被收养子女的亲生父母一方已经准备承担对子女的照料和教育，并且这样做不会和子女的最佳利益相抵触（第 1763 条第 3 款 a 项）。

（二） 对我国相关规定的检讨

根据我国《民法典（草案）》的相关规定，只有未成年人可以被收养（第 1093 条）。未成年人收养采取完全收养原则：自收养关系成立之日起，养子女和养父母及其近亲属产生和亲生子女相同的权利义务关系，其与生父母及其他近亲属间的权利义务关系消除（第 1111 条）。但收养人不履行抚养义务，有虐待、遗弃等侵害未成年养子女合法权益行为的，送养人有权要求解除养父母与养子女间的收养关系（第 1114 条第 2 款）；养父母与成年养子女关系恶化、无法共同生活的，可以协议解除收养关系（第 1115 条，该规定沿袭了《收养法》第 27 条）。据此，如果适用《民法典（草案）》的规定，上述案件中的申请人和被申请人可以协商一致解除收养关系，不能达成协议的，还可以请求法院判令解除。这一规定是否违反 “完全收养效力” 原则呢？

德国立法者在 1976 年 7 月 2 日《收养法政府草案》的官方立法理由[①]中指出，收养子女并非仅为了让子女获得生活照料和教育，而是要让被收养子女 “永久性的（auf dauer），包括在成年之后，归属于新的家庭”；此种家庭联系和家庭归属感对于成年人来说也具有重要意义；就正常的父母子女关系而言，“子女成年” 对家庭归属没有任何影响。基于上述原因，草案中规定，被收养人成年后，“不得通过合意或其他便利方式（keine vertragliche oder sonsterleichterte Möglichkeit）废止收养”。[②] 虽然有德国学者认为，[③] 被收养的未成年人在成年后，至少可以在 “严重实质不合理（krassen Fällen materiellen Unrechts）” 的情形下，例外地准用《民法典》第 1771 条第 1 句的规定废止该收养关

① BGBl. I, S. 1749.
② BT-Drucks 7/3061, S. 27.
③ Bosch, FamRZ 1984, 829, 842；1986, 1149.

系。但德国立法机关在收养法的历次重大修改时均未修订相关规定。与这种价值判断相一致的是,收养未成年人的养父母也不能基于严重理由废止收养,包括被收养人"针对父母严重犯罪"的极端情况。①

如果严格贯彻完全收养原则,立法应当有意识地消除被收养子女和亲生子女的区别,让收养家庭产生和原生家庭同样的家庭内部联系,以利于被收养人融入新的家庭。从一般法律原则来看,每个家庭都是持续存在的法律关系,不能因为出现某种重要理由而提前终止,即便亲生子女和父母关系恶化,其在成年后亦不能断绝父母子女关系。若允许收养关系中的当事人可以合意解除,无异于为双方留下随时可以撤退的后路,体现出对亲生子女和养子女的区别对待。此种区别对待的合理性和正当性,颇值得怀疑。在上案中,如果依照我国《民法典(草案)》允许双方解除收养关系,似乎是一个"更合理的"结果,但在大多数正常收养关系中,由于被收养人成年后(不再需要抚养)即有可能根据"关系恶化"这种主观性极强的理由解除收养关系,收养人难免心存芥蒂。特别是《民法典(草案)》放松了对收养人的限制,只有一名子女的夫妻也可以收养未成年人,这一规定会促使收养人对亲生子女和收养子女"区别对待"。立法上的好意,最终可能会演变为儿童融入新家庭的阻碍,妨碍儿童最佳利益。

据此,原则上应规定未成年收养关系不可解除,除非收养关系成立时存在意思表示瑕疵或者出于对儿童最佳利益的考虑。在被收养人成年后,便不存在"儿童最佳利益"考量,即使出现了极端情况,也不能解除之前成立的收养关系。同时,如同德国联邦最高法院在前述判例中所指出的,若养父母与成年养子女确实因关系恶化而无法共同生活,被收养人并非完全没有救济,其可和亲生子女一样,通过安排事实上的家庭关系来缓和此种紧张关系,例如变更住所和姓名,通过遗嘱减少收养人的继承份额,对侵害行为请求民事赔偿等。

---

① BT-Drucks 7/3061, S. 26.

澳大利亚北部地区 《2016 年成年人监护法》[*]

陈 苇 郭庆敏^{**}

目 录

---

* 英文名称：*GUARDIANSHIP OF ADULTS ACT* 2016（NT），于 2017 年 4 月 12 日生效，载澳大利亚北部地区官方网址：https://legislation. nt. gov. au/Search/ ~ /link. aspx？_id = 28991C-B8854B47E4850EFA2411A23F4A&amp；_z = z，最后访问时间：2019 年 5 月 21 日。在此必须说明：该法颁布之初于 2016 年 7 月 28 日生效，经澳大利亚北部地区《2017 年制定法修正法》修正后，于 2017 年 4 月 12 日生效，也即现行的《2016 年成年人监护法》。该法设立了公共监护人；规定了较全面的监护原则；在需要监护人及时处理被监护人的个人事项或者财务事项时，允许法院作出临时监护令；允许为符合条件的年满 17 周岁且未满 18 周岁的未成年人作出监护令等，这些规定是澳大利亚北部地区实施成年人监护的法律依据。

** 陈苇，女，西南政法大学民商法学院教授、博士生导师；郭庆敏，西南政法大学民商法学院博士研究生。

第一章　预先说明事项

第 1 条　简称

本法可以被称为《2016 年成年人监护法》。

第 2 条　开始实施

本法自行政长官通过政府公报通知确定的日期起开始实施。

第 3 条　定义

本法中：

预先个人计划，参见《2013 年预先个人计划法》第 8 条①的规定。

成年人的代理人，是指下列任何主体：

（a）该成年人的监护人；

（b）该成年人的预先个人计划的决定者；

（c）该成年人是持久代理权授权人的被授权人；

（d）任何有合法职权为该成年人的个人事项或者财务事项作出决定的其他人。

预先个人计划的决定者，是指《2013 年预先个人计划法》第 3 条②中定义的决定者。

监护人的职权，是指监护人的权利或者职责。

成年人的最大利益，是指根据本法第 4 条第（3）款确定的该成年人的最大利益。

关于医疗保健行动的合意决定，是指同意或者拒绝接受医疗保健行动的决定。

第三章中的相关法，参见本法第 53 条的规定。

决定能力，参见本法第 5 条第（1）款的规定。

持久代理权，是指《1980 年代理权法》第 5 条③定义的一种持久性权利。

职权的行使，是指行使权力或履行职责，包括决定是否这样做。

成年人的财务事项是指与该成年人的财产或者金融事务有关的事项。

有关财务事项的定义的例子

---

① 《2013 年预先个人计划法》第 8 条规定，有行为能力制定计划的成年人，可以制定预先个人计划，就该成年人未来的医疗保健行动作出同意决定（预先同意决定）；列出该成年人的意见、愿望和信念，他人为该成年人作决定的，将其作为该成年人希望作决定的人采取行动的依据（预先照护声明）；在成年人丧失决定能力时，可指定一人或者多人为该成年人作出决定（决定者）。

② 决定者是指成年人在《2013 年预先个人计划法》第 8 条第 1 款 c 项中提到的预先个人计划中指定的人。*Advance Personal Planning Act 2013*, s. 3.

③ 持久性权利是指由本法第 13 条所指的法律文件产生的权利。*Powers of Attorney Act 1980*, s. 5.

1. 货币的收支。

2. 银行业务。

3. 财产（包括不动产）所有权。

4. 财产的投资和管理。

5. 从事贸易或者商业活动。

6. 该成年人的人身保险或者财产保险。

7. 与金融事项有关的法律事项，但是本法第24 条第（e）款规定的除外。

监护人是指：

（a）根据监护令被指定为成年人的监护人的人；或者

（b）根据本法第44 条或者本法第45 条的规定，成为成年人的监护人的公共监护人。

监护令是指下列命令之一：

（a）根据本法第11 条的规定作出的命令；

（b）根据本法第20 条的规定作出的临时监护令；

（c）登记令。

监护原则，参见本法第4 条的规定。

医疗保健是指任何种类的医疗保健，包括：

（a）《全国健康从业人员管理法》第5 条定义的任何属于医疗服务的内容；[①]和

（b）《1979 年移植和解剖法》第二章规定的清除人体内的组织。

成年人的医疗保健行动是指为该成年人启动、继续、拒绝或者撤回医疗保健。

医疗保健提供者是指提供医疗保健的人。

决定能力受损，参见本法第5 条第（3）款的规定。

[①] 根据《全国健康从业人员管理法》第5 条的规定，这些医疗服务的内容包括：（a）登记的健康从业人员提供的服务；（b）医院服务；（c）精神健康服务；（d）药物服务；（e）救护车服务；（f）社区卫生服务；（g）健康教育服务；（h）实施本条第（a）至（g）项规定的任何服务所需的福利服务；（i）营养师、按摩师、理疗家、社会工作者、言语病理学家、听力学家或者听力测量师提供的服务；（j）病理学服务。*Health Practitioner Regulation National Law（ACT），s. 5.*

成年人的利害关系人，是指下列任何主体：

（a）该成年人的亲属；

（b）该成年人的监护人；

（c）公共监护人；

（d）公共受托人；

（e）该成年人的代理人；

（f）主要负责为该成年人提供扶养或者照护的人；

（g）对保护该成年人的最大利益真正足够关心的其他任何人。

第三章中的州际令，参见本法第53条的规定。

成年人的个人事项，是指与该成年人的个人事务（包括医疗保健）或者生活方式有关的事项。

有关个人事项的定义的例子

1. 住宿。

2. 医疗保健。

3. 对该成年人的照护服务的提供。

4. 就业。

5. 教育和培训。

6. 日常生活事宜，如饮食和日常活动。

7. 与其他人的关系，包括谁可以或者不可以拜访该成年人的决定。

8. 与个人事项有关的法律事项，但是本法第24条第（e）款规定的除外。

第五章中的诉讼，参见本法第76条的规定。

公共监护人是指本法第60条规定的公共监护人。

第五章中的公布，参见本法第76条的规定。

有理由相信，参见本法第6条的规定。

第三章中的登记令，参见本法第53条的规定。

登记官，参见《2014年北部地区民事与行政法院法》第3条的规定。①

_____

① 《2014年北部地区民事与行政法院法》第3条规定，登记官是指根据本法第143条指定的登记官。该法第143条规定，部长可以书面指定，在本地区被承认或者有资格被承认为法律从业者的公共部门的雇员为法院的登记官。

成年人的亲属，参见本法第 7 条的规定。

被代理的成年人，是指监护令对其有效的成年人。

限制性医疗保健，参见本法第 8 条的规定。

法院，是指民事与行政法院。

第五章中的《法院法》，参见第 76 条的规定。

第 3 条的说明

《解释法》包含可能与本法相关的定义和其他规定。

第 4 条　监护原则

（1）根据本法行使与成年人有关的职权的人或者法院（决定者）必须按照本条（监护原则）的要求行使该职权。

（2）决定者必须以其有理由相信的，符合成年人的最大利益的方式行使其职权。

（3）在确定成年人的最大利益时，决定者必须：

（a）在切实可行的范围内，设法获得该成年人目前的意愿；并且

（b）考虑所有相关的考虑因素；并且

（c）权衡相关的考虑因素，并且每个决定者有理由相信，对这些考虑因素的重视程度在该情形中是适当的。

（4）在确定在该情形中何为适当时，决定者必须确保以下列方式行使其职权：

（a）在切实可行的情况下，对该成年人的决定和行动自由限制最小；并且

（b）在切实可行的情况下，为该成年人提供尽可能多的支持，使该成年人作出自己的决定。

（5）就本条第（3）款第（b）项而言，相关的考虑因素包括但是不限于下列各项：

（a）该成年人以前的意愿和目前的意愿；

（b）该成年人的利害关系人所表达的任何意愿；

（c）在切实可行的最大范围内维持该成年人的决定和行动自由；

（d）该成年人在切实可行的范围内保持独立的能力；

（e）保护该成年人免受伤害、忽视、虐待和剥削；

（f） 向该成年人提供适当的照护，包括医疗保健；

（g） 促进该成年人的快乐、幸福和福利；

（h） 发挥该成年人在身体、社交、情感和智力方面的最大潜能；

（i） 该成年人在普通社区生活并参加社区活动的能力；

（j） 维护该成年人受到尊重的权利；

（k） 该成年人维持其喜欢的生活环境和生活方式的能力；

（l） 该成年人的支持网络的创建和维护；

（m） 保护该成年人的财产和金融资源免遭损失、损坏或者滥用；

（n） 保护该成年人对其信息的保密性权利。

（6） 符合下列条件的，本条第（2）款并不阻止决定者以可能对另一人有益的方式行使本法规定的职权：

（a） 对其他人的利益是该成年人：

（i） 在该成年人具有该事项的决定能力时提供；或者

（ii） 可以合理地被预期提供；并且

（b） 向另一人提供的利益：

（i） 在有关情况下是合理的；并且

（ii） 不会对该成年人的最大利益产生重大不利影响。

有关本条第（6）款的例子

1. 监护人从该成人的财产中拿出该成年人的子女的教育费用，这可能是适当的，即使这不是直接为成年人的利益，也意味着这笔费用无法支付给成年人作为其所需费用。

2. 法院同意该成年人捐献骨髓以治疗该成年人的患有白血病的子女，这可能是适当的，即使这样做可能会给该成年人带来一些风险。

（7） 尽管有本条第（2）款的规定，该成年人已作出预先照护声明的（《2013年预先个人计划法》第3条的定义）①，为了使该声明生效，决定者必须根据本法行使职权，即使这样做不符合成年人的最大利益，除非：

（a） 有行为能力这样做的成年人表明其不希望该声明生效；或者

---

① 预先照护声明是指《2013年预先个人计划法》第8条第1款b项中提到的预先个人计划中列出的声明。See *Advance Personal Planning Act 2013*，s. 3.

（b）存在《2013 年预先个人计划法》第 23 条第（2）款（a）至（e）项规定的情形。①

第 5 条　决定能力和决定能力受损的含义

（1）成年人有行为能力做下列事项的，该成年人具有决定能力：

（a）了解并保留有关该成年人个人事项和财务事项的信息；并且

（b）考虑这些信息，以便就这些事项作出合理且明智的决定；并且

（c）以某种方式传达这些决定。

（2）推定成年人具有决定能力，除非有相反的情况出现。

（3）成年人的决定能力有障碍的，该成年人的决定能力受损。

（4）即使存在下列情形，成年人的决定能力也可能受损：

（a）决定能力受损具有偶发性，有时该成年人的决定能力没有受损；或者

（b）该成年人对某些个人事项或者财务事项的决定能力没有受损；或者

（c）决定能力受损的程度会不时发生变化或者因情况而定。

（5）成年人决定能力受损的原因并不重要。

（6）成年人仅有下列情况的，该成年人的决定能力没有受损：

（a）有残疾、疾病或者其他病理状况（身体上或者精神上）；或者

（b）有非常规行为或者其他形式的个人表达；或者

（c）选择其他人不同意的生活环境或者生活方式；或者

（d）作出其他人不同意的决定；或者

（e）不按特定标准说英语或者根本不说英语；或者

（f）没有特定的文化或者教育水平；或者

（g）从事特定的文化或者宗教活动；或者

（h）表达或者不表达特定的宗教、政治或者道德观点；或者

（i）有特定的性取向、性别认同，或者表达特定的性偏好；或者

（j）正在服用或者曾经服用酒精或者药物，正在依赖或者曾经依赖酒精

---

① 《2013 年预先个人计划法》第 23 条第 2 款规定，决定者有理由相信以下一项或者多项适用的，可以免于作出替代判断：（a）进行替代判断不可行；（b）进行替代判断是违法的；（c）进行替代判断会给另一人带来沉重的负担，且负担太过繁重，以至于有理由超出成年人的意愿；（d）在使预先照护声明生效的情况下，成年人打算将该声明适用于这种情况没有合理的可能性；（e）进行替代判断是不合理的，以至于有理由超出成年人的意愿。*Advance Personal Planning Act 2013*, s. 23（2）.

或者药物（但是可以考虑酒精或者药物的影响）；或者

（k） 正在从事或者曾经从事非法或者不道德的行为。

第 6 条　有理由相信的含义

（1） 某人在当时有理由相信某事物，并且客观地判断该理由是合理的，则该人在某一特定时间内有理由相信该事物。

（2） 相信的理由不受后来被发现该理由虚假或者不存在的影响。

（3） 医疗保健提供者对医疗保健行为的相信是没有理由的，除非该医疗保健行为符合医疗保健专业人员普遍接受的良好专业实践标准。

第 7 条　亲属的含义

（1） 下列主体均为成年人的亲属：

（a） 配偶、事实伴侣；

（b） 子女；

（c） 继子女；

（d） 父母；

（e） 养父母；

（f） 兄弟姐妹；

（g） 祖父母、外祖父母；

（h） 伯叔姑舅姨；

（i） 侄子女；

（j） 根据习惯法或者传统（包括澳大利亚土著人的习惯法或者传统），与该成年人有亲属关系的人。

（2） 就本条第（1） 款（f） 项而言，成年人的兄弟姐妹包括：

（a） 同父异母或者同母异父的兄弟姐妹；和

（b） 由该成年人的父母一方或者双方共同收养的人。

第 8 条　限制性医疗保健的含义

（1） 下列各项均为限制性医疗保健：

（a） 对成年人进行绝育，除非该绝育是主要用于治疗该成年人的疾病或者伤害的医疗保健行为的结果；

（b） 中止成年人怀孕，除非中止怀孕是主要用于治疗该成年人的疾病或者伤害的保健行为的结果；

（c）从成年人体内取出非再生组织（如《1979 年移植和解剖法》第 4 条①所定义）移植给另一个人；

（d）为医学研究目的提供的医疗保健；

（e）条例规定的限制性医疗保健。

（2）就本条第（1）款（a）项而言，成年人的绝育是指旨在或者可能合理地使该成年人不育的任何方法。

（3）就本条第（1）款（a）项和（b）项而言，采取行动的主要原因是治疗疾病、伤害或者其他器官性障碍，否则可能对该成年人的健康造成严重的或者不可逆转的损害的，应首先实施医疗保健行为治疗该成年人的疾病或者伤害。

（4）就本条第（1）款（d）项而言，为医学研究目的提供的医疗保健不包括下列内容：

（a）对成年人进行非侵入性检查；

（b）观察成年人的活动；

（c）从成年人处搜集信息或者搜集有关成年人的信息；

（d）条例规定的非用于医学研究目的的医疗保健。

第 9 条　《刑法典》的适用

《刑法典》第 IIAA 章适用于违反本法的犯罪。

第 9 条的说明

《刑法典》第 IIAA 章规定了刑事责任的一般原则，确立了一般防卫，并解决举证责任问题，同时还对犯罪时常用的某些概念进行定义或者阐述。

第二章　监护

第一节　申请

第 10 条　监护令的申请

下列主体可以向法院申请成年人的监护令：

---

① 非再生组织是指除再生组织以外的组织。再生组织是指组织在受伤或者被切除后，通过自然生长或者修复过程，在活人体内被替换的组织。*Transplantation and Anatomy Act 1979*, s. 4.

（a）该成年人；或者

（b）该成年人的利害关系人。

第二节　监护人的指定

第 11 条　法院作出监护令的情况

（1）符合下列条件的，法院可以作出为成年人指定监护人的命令：

（a）该成年人的决定能力受损；并且

（b）决定能力受损导致该成年人无法对部分或者全部个人事项或者财务事项行使决定权；并且

（c）该成年人需要监护人处理上述部分或者全部事项。

（2）在确定成年人是否需要监护人时，法院必须考虑下列因素：

（a）成年人决定能力受损的性质和程度，包括：

（i）决定能力是连续性受损还是偶然性受损；和

（ii）决定能力是否可能是永久性受损；如果不是，受损可能的持续时间；和

（iii）该成年人决定能力受损的事项；

（b）该成年人是否已经有了有权代理其行使决定能力受损的事项的代理人；

（c）该成年人的利害关系人表达的任何意愿；

（d）保留现有的家庭关系以及对该成年人重要的其他关系的必要性；

（e）是否可以以比指定监护人更小地限制成年人的决定和行动自由的方式，充分地满足成年人的需要。

（3）法院必须在其认为适当的条件下作出监护令。

第 12 条　预先为未成年人指定

（1）法院有理由相信，年满 17 周岁但是未满 18 周岁的人（未成年人）在年满 18 周岁时，符合本法第 11 条第（1）款规定的条件的，法院可以为其作出监护令。

（2）但是，在未成年人年满 18 周岁前，该监护令不发生效力。

（3）本法适用于监护令和监护令的申请，如同本法对成年人的提及包括对该未成年人的提及。①

---

① 这里的未成年人是指本条第 1 款中的年满 17 周岁未满 18 周岁的未成年人。

第 13 条　被指定者

（1）法院可以指定下列任何主体作为监护人：

（a）根据本法第 15 条的规定有资格被指定的人；

（b）公共监护人；

（c）公共受托人。

（2）只有在没有符合本法第 15 条规定的有资格被指定为监护人的人时，法院才可以指定公共监护人。

（3）法院只可以在下列情况下指定公共受托人：

（a）没有符合本法第 15 条规定的有资格被指定为监护人的人；并且

（b）根据该命令，公共受托人的职权仅限于财务事项；并且

（c）公共受托人同意该指定。

（4）本条并不妨碍公共监护人或者公共受托人根据本法第 14 条的规定被指定为成年人的两个或者两个以上的监护人之一。

第 14 条　监护人的数量

（1）法院可以为成年人指定一个监护人、两个监护人或者两个以上的监护人。

（2）法院为成年人指定两个或者两个以上的监护人的，可以共同指定、分别指定或者连带指定。

（3）两个或者两个以上的监护人应当被共同指定，除非法院另有规定。

第 15 条　被指定为监护人的资格

（1）符合下列条件的，个人有资格根据本法第 13 条的规定被指定为成年人的监护人：

（a）个人：

（i）年满 18 周岁；并且

（ii）同意该指定；并且

（b）法院确信该人适合担任该成年人的监护人。

（2）在确定个人是否适合担任该成年人的监护人时，法院必须考虑下列因素：

（a）该人是否可能遵守本法的规定；

（b）个人适当地行使监护人的职权的能力；

（c） 该成年人的意愿；

（d） 为该成年人保留任何现有的支持网络的必要性；

（e） 该人与下列主体的友好关系：

（i） 该成年人；和

（ii） 建议指定为该成年人的监护人的任何其他人；和

（iii） 该成年人的任何其他代理人；

（f） 该人对该成年人及该成年人的其他利害关系人的可用性和易接近性；

（g） 该人现在或者以前是否与该成年人有职业关系，该关系的性质，以及该关系中的个人是否适合担任该成年人的监护人；

（h） 该人的利益可能与该成年人的利益相冲突的程度；

（i） 该人在本地区①或者其他地方担任监护人或者担任类似职务的历史和经验；

（j） 建议该人有权处理财务事项的，该人的破产历史（如果有）；

（k） 该人在本地区或者其他地方的犯罪历史（如果有）；

（l） 法院认为有关的任何其他事项。

有关本条第（2）款（g）项的例子

与成年人的职业关系可以包括该成年人的医生或者财务顾问，或者该成年人所住的养老院的管理人。

第 16 条　职权范围

（1） 法院必须在监护令中具体说明监护人有权处理的成年人的个人事项或者财务事项，或者个人事项和财务事项。

（2） 指定两个或者两个以上的监护人的，法院可以具体说明不同监护人有权处理的不同事项。

第 17 条　限制、要求和指导

（1） 法院认为适当的，可以在监护令中作出下列一项或者多项规定：

（a） 对监护人的职权施加限制；

（b） 对监护人行使其职权施加须遵守的要求；

---

① 此处以及后文中提到的"本地区"是指澳大利亚北部地区。

（c）向监护人提供行使监护人职权的指导。

（2）指定两个或者两个以上监护人的，法院可以根据本条第（1）项的规定就不同的监护人作出不同的规定。

第 18 条　成年人有预先个人计划或者持久代理权时的命令

（1）作为监护令申请主体的成年人有预先个人计划，或者是持久代理权的授权人的，适用本条的规定。

（2）法院在确定下列事项时，必须考虑预先个人计划或者持久代理权：

（a）该成年人是否需要监护人；和

（b）是否作出监护令；和

（c）需作出监护令的，该监护令的内容。

（3）法院不得作出监护令，授予监护人对有关代理人有权处理的事项的职权。

本条第（3）款的说明

有关代理人有权处理某一事项，并且法院认为该权利应该被授予给监护人的，可以修改预先个人计划或者持久代理权以限制其他代理人的权利。参见《预先个人计划法》第 61 条或者《代理权法》第 15 条。

（4）在本条中：

有关代理人是指：

（a）成年人有预先个人计划的，该计划指定的预先个人计划的决定者；或者

（b）成年人是持久代理权的授权人的，该权利的被授权人。

第 19 条　重新评估和期限届满

（1）在监护令中，法院：

（a）必须为本法第 36 条的规定指定重新评估日期；并且

（b）可以指定本法第 40 条第（b）款（i）项规定的终止日期。

（2）但是，监护令在被作出后 1 年内到期的，不需要指定重新评估日期。

第 20 条　法院可以作出临时监护令的情况

（1）已经为成年人提出监护令申请并且该申请尚未被确定的，适用本条的规定。

（2）法院有理由相信该成年人符合下列条件的，可以作出临时监护令，为监护令申请未被确定的该成年人指定监护人：

（a）决定能力受损；并且

（b）迫切需要监护人处理本法第 11 条第（1）款（b）项规定的部分或者全部事项。

（3）法院可以指定下列任何主体作为该成年人的监护人：

（a）公共监护人；

（b）公共受托人（如果公共受托人同意该指定）；

（c）根据当时可获得的信息，根据本法第 15 条第（1）款的规定有资格被指定为监护人的出庭的人。

（4）法院必须在其认为适当的条件下作出临时监护令。

（5）临时监护令在被作出时生效，并在下列任一事项首次发生之前一直有效：

（a）该命令到期；

（b）法院撤销该命令；

（c）法院确定了监护令的申请。

（6）法院可以在其认为适当的情况下变更或者撤销临时监护令。

（7）临时监护令在被作出后 90 日到期。该命令可以由法院续期一次，但是续期后期限不得超过 90 日。

（8）临时监护令不适用于本法第 19 条、第 36 条至第 40 条的规定。

第三节　监护人的职权

第 21 条　监护人的职权

（1）成年人的监护人必须：

（a）在需要时根据监护令就监护人有权处理的个人事项或者财务事项作出决定；并且

（b）在这些事项上担任该成年人的支持者。

（2）为达此目的，监护人有权以该成年人的名义做该成年人具有完全法律行为能力时可以合法做的任何事情。

（3）但是，监护人的职权受本法和监护令的约束。

第 22 条　监护人职权的行使

（1）根据本法行使职权时，监护人必须：

（a）遵守监护原则；并且

（b）遵守：

（i）监护令；和

（ii）法院的任何其他命令；和

（iii）本法的规定；并且

（c）与被代理的成年人的任何其他代理人合作，使他们都能正确行使其职权；并且

（d）忠实、谨慎、勤勉并有技巧地行使职权。

（2）被共同指定的两个或者两个以上的监护人必须一致地行使其职权。

第 22 条的说明

共同监护人无法达成一致决定的，他们可以根据本法第 33 条第（2）款（b）项向法院寻求命令。

第 23 条　关于医疗保健行动的同意决定

（1）监护人根据监护令的规定享有权利的事项包括医疗保健行动的，根据《2013 年预先个人计划法》第 41 条、第 42 条的规定，监护人可以为其代表的成年人作出有关这些医疗保健行动的同意决定。

本条第（1）款的说明

根据《2013 年预先个人计划法》第 39A 条的规定，监护人有权就医疗保健行动作出同意决定这一事实，是该成年人的医疗保健行动决定能力已经受损的初步证据。

（2）但是，监护人不能为其代理的成年人的限制性医疗保健行动作出同意决定。

第 23 条的说明

《2013 年预先个人计划法》第 4 章规定了对包括被代理的成年人在内的决定能力受损的成年人作出医疗保健行动的同意。根据具体情况，可以由下列主体作出同意决定：

（a）由该成年人自行作出预先同意决定（参见《2013 年预先个人计

划法》第 41 条）；或者

（b）由监护人或者根据《2013 年预先个人计划法》指定的决定者（参见《2013 年预先个人计划法》第 42 条）；或者

（c）法院（参见《2013 年预先个人规划法》第 44 条）；或者

（d）由根据其他法律有权这样做的人（参见《2013 年预先个人计划法》第 44A 条）。

需要采取医疗保健行动，并且没有预先同意决定，也没有有权作出同意决定的任何监护人或者决定者的，监护人可以根据《2013 年预先个人计划法》向法院申请同意决定。

第 24 条　除外事项

不得授权监护人为其代理的成年人做下列任何事项：

（a）行使该成年人在联邦、地区或者地方政府的选举或者公民投票中的投票权；

（b）作出或者实施关于下列事项的决定：

（i）该成年人的任何子女的照护和福利；或者

（ii）该成年人的子女的收养；

（c）作出有关该成年人的下列决定：

（i）结婚或者离婚；或者

（ii）订立或者终止事实伴侣关系或者性关系；

（d）为该成年人制作、变更或者撤销：

（i）遗嘱；

（ii）授权书；

（iii）预先个人计划，或者在另一司法管辖区具有类似效力的任何事项（以任何名义）；

（e）行使成年人在刑事调查或者刑事诉讼中作为被告人的权利，包括根据《1998 年精神健康与相关服务法》第十章规定的评估和诉讼。

第 25 条　监护人行使职权的效力

监护人在行使监护人职权时作出或者不作出某行为，具有由其代理的有完全行为能力的成年人完成或者作出该行为时的效力。

第四节　具体的权利和职责

第 26 条　文件和信息权

（1）监护人在行事监护人权利时对文件和信息（包括其代理的成年人自己的文件和信息），具有被代理的成年人有完全法律行为能力时对该文件和信息同样的权利。

（2）监护人请求保管或者控制有关文件或者信息的人（信息持有人）提供该文件或者信息的，信息持有人必须向监护人提供该文件或者信息，但是信息持有人有不这样做的合理理由的除外。

（3）信息持有人不遵照监护人的请求的，法院可以命令信息持有人将文件或者信息提供给监护人。

（4）信息持有人根据本条的规定善意地提供文件或者信息的，其不会承担民事或者刑事责任，也不会违反任何职业行为准则。

第 27 条　可以向监护人提供的信息和事物

（1）符合下列条件的，适用本条的规定：

（a）本地区的法律（其他法律）要求某人向被代理的成年人提供信息或者事物；并且

（b）该信息或者事物涉及监护人有职权处理的事项。

（2）被要求提供信息或者事物的人可以将信息或者事物提供给监护人，而不是交给被代理的成年人。

（3）根据本条的规定善意地向监护人提供信息或者事物的人：

（a）被视为已遵守其他法律的规定，将信息或者事物提供给被代理成年人；并且

（b）不会因为将信息或者事物提供给监护人而承担民事或者刑事责任，也不会因此违反任何职业行为准则。

（4）其他法律要求亲自送达被代理的成年人的文件，不适用本条的规定。

第 28 条　记录的保存和报告要求

（1）监护人必须：

（a）合理地保存有关行使监护人职权的记录；并且

（b）遵守条例规定的任何记录保存和报告要求。

（2）在不限制条例可以规定的内容的情况下，条例可以规定下列任何事项：

（a）记录的保存；

（b）年度报告或者其他报告的编制；

（c）记录和报告的审计或者核查；

（d）记录和报告的形式；

（e）必须或者可以获得记录或者报告的副本的人，或者必须或者可以使用记录或者报告的人。

第 29 条　如信托财产一样管理财产

（1）有权处理财务事项的监护人：

（a）必须如被代理的成年人的财产是该监护人为该被代理的成年人信托的财产一样，处理该被代理的成年人的财产；并且

（b）在处理该财产时，根据本地区的法律规定，受适用于处理信托财产的受托人的职责、义务和限制的约束。

本条第（1）款的说明

本款不构成信托或者不导致财产归属于监护人。

（2）但是，符合下列条件的，监护人可以在不符合本条第（1）款规定的情况下处理财产：

（a）本法规定允许这样做；或者

（b）在下列命令中法院授权这样做：

（i）监护令；或者

（ii）根据本法第 33 条第（2）款（c）项作出的命令。

（3）共同所有权开始于下列时间的，本条第（1）款并不阻止被代理的成年人与监护人继续共同拥有财产（无论是限定共有人还是混合共有人）①：

（a）监护人被指定之前；或者

（b）监护人被指定之后，但是在被代理的成年人具有该事项的决定能力之时。

---

① 混合共有人：数人基于不同的权利共同占有同一地产，因为彼此并不明确各自的份额，故采取共同混合占有的方式。薛波主编《元照英美法词典》，北京大学出版社，2014，第1333 页。

（4）尽管有本条第（1）款（b）项的规定，《1969 年受托人法》第24A 条并不适用于根据本条规定的如信托财产一样处理的财产。

第 30 条　赠与

（1）符合下列条件的，有权处理财产事项的监护人可以从该被代理的成年人的财产中作出赠与：

（a）该赠与是被代理的成年人：

（i）在该被代理的成年人具有决定能力时作出的；或者

（ii）可以合理预期作出的；并且

（b）赠与的价值在这种情况下是合理的。

（2）但是，法院可以在监护令或者在根据本法第 33 条第（2）款（c）项作出的命令中：

（a）限制监护人作出赠与的权利；或者

（b）授权监护人作出本条不允许作出的赠与。

（3）即使有本条第（1）款的规定，监护人不得从被代理的成年人的财产中作出对该监护人的赠与，但是根据本条第（2）款（b）项获得特别授权的除外。

第 31 条　被扶养人的扶养费

（1）符合下列条件的，有权处理财务事项的监护人可以从被代理的成年人的财产中为被代理的成年人的被扶养人提供供养：

（a）该供养是被代理的成年人：

（i）在被代理的成年人具有决定能力时作出的；或者

（ii）可以合理预期作出的；并且

（b）该供养的价值在这种情况下是合理的。

（2）但是，法院可以在监护令或者在根据本法第 33 条第（2）款（c）项作出的命令中：

（a）限制监护人供养被扶养人的权利；或者

（b）授权监护人以本条第（1）款不允许的方式为被扶养人提供供养。

第 32 条　财产管理计划

（1）符合下列条件的，适用本条的规定：

（a）除公共监护人或者公共受托人外，监护人有权处理财务事项；并且

（b）监护令或者根据本法第 33 条第（2）款（c）项作出的命令要求监护人遵守本条的规定。

（2）监护人必须：

（a）按照条例规定的任何要求编制财产管理计划；并且

（b）在合理可行的范围内，按照该计划管理被代理的成年人的财产。

（3）在不限制条例可以规定的事项的情况下，条例可以规定下列任何事项：

（a）财产管理计划的形式，可以采用法院或者指定人员认可的形式；

（b）财产管理计划处理的事项；

（c）法院或者指定人员批准财产管理计划的要求；

（d）必须或者可以获得财产管理计划副本的人。

第五节　行使职权的命令

第 33 条　对监护人作出的命令

（1）法院可以就监护人行使监护人的权利作出命令。

（2）在不限制本条第（1）款规定的情况下，法院可以作出下列命令：

（a）监护人可以或者必须如何行使监护人的职权，或者监护人不得行使监护人的职权的情形，使之符合本法第 22 条第（1）款的规定；

（b）两个或者两个以上共同指定的监护人，未能按照本法第 22 条第（2）款的规定达成一致决定的，促进解决他们的分歧；

（c）监护人根据本法第 29 条第（2）款（b）（ii）项、第 30 条第（2）款、第 31 条第（2）款或者第 32 条第（1）款（b）项的规定，处理被代理的成年人的财产；

（d）根据本法第 47 条第（2）款、第 48 条第（2）款或者第 49 第（3）款的规定，批准该监护人的补偿或者报酬；

（e）被代理的成年人有两个或者两个以上代理人的，促进对代理人之间的决定权进行合理可行的划分。

（3）法院可以就一般情况或者特定情况下监护人职权的行使作出命令。

（4）根据本条，申请命令可以由下列主体提出：

（a）监护人；或者

（b）被代理的成年人；或者

（c）被代理的成年人的利害关系人。

第 34 条　对前监护人作出的命令

（1）某人（前监护人）不再是成年人的监护人的，适用本条的规定。

（2）法院可以作出其认为适当的命令，并规定：

（a）成年人仍生存的，将决定权从前监护人处有序地转交给该成年人或者其他该成年人的代理人（视情况而定）；或者

（b）该成年人已经死亡的，将该成年人的遗产有序地转交给该遗产的遗嘱执行人或者遗产管理人。

第六节　被代理的成年人遵从监护人的决定的命令

第 35 条　被代理的成年人对监护人的决定的遵从

（1）法院可以作出命令，授权监护人或者其他指定人员采取特定措施，确保被代理的成年人在监护人的职权行使方面，遵从监护人的决定。

（2）法院作出命令后，必须在切实可行的范围内尽快重新评估根据本条第（1）款作出的命令，但是应当在该命令作出后 42 日内完成。

（3）完成重新评估后，法院必须作出下列行动之一：

（a）确认该命令；

（b）变更该命令；

（c）撤销该命令，并作出另一命令替换被撤销的命令；

（d）撤销该命令。

（4）只有符合在考虑被代理的成年人的最大利益的情况下，根据命令授权采取特定措施是保护该成年人免受伤害、忽视、虐待或者剥削的唯一且适当的方式，法院才可以根据本条第（1）款的规定作出命令，或者根据本条第（3）款的规定确认、变更或者替换该命令。

（5）采取措施的该监护人或者其他人相信符合下列条件的，根据本条规定的命令授权的监护人或者其他人，对于根据该命令采取措施产生的非法拘禁或者恐吓（威胁），或者任何其他行为、责任、索赔或者要求不承担责任：

（a）在考虑被代理的成年人的最大利益的情况下，没有其他适当的方

法可以保护该成年人免受伤害、忽视、虐待或者剥削；并且

（b）在该情况下采取该措施是合理的。

（6）根据本条规定，申请命令可以由下列主体提出：

（a）监护人；或者

（b）被代理的成年人的利害关系人。

第6A节　被视为《土地业权法》的法律文件的特定命令

第35A条　被视为《土地业权法》的法律文件的特定命令

监护令授权监护人处理财务事项的，该命令被视为《2000年土地业权法》的法律文件。

第七节　监护令的重新评估和变更

第36条　监护令的重新评估

（1）法院必须在命令指定的重新评估日期或者在该日期后在切实可行的范围内尽快重新评估监护令。

（2）被代理的成年人或者该成年人的利害关系人可以随时向法院申请重新评估监护令。

第37条　重新评估考虑的事项

（1）在重新评估监护令时，法院必须考虑下列事项：

（a）考虑本法第11条规定的标准后，该命令继续有效是否适当；

（b）考虑本法第13条至第15条的规定后，是否应该对该命令指定的人作出任何变更；

（c）是否应该对该命令的任何其他内容作出任何变更。

（2）就本条第（1）款（b）项而言，在确定某人是否仍然符合本法第15条第（1）款（b）项的规定时，法院必须考虑该人作为监护人行使职权的方式，包括自作出该监护令或者重新评估该监护令后，该人是否遵守本法第22条第（1）款的规定。

第38条　重新评估的结果

（1）完成监护令的重新评估后，法院必须作出下列行动之一：

（a）确认该命令；

（b）变更该命令；

（c）撤销该命令，并作出另一命令以替换被撤销的命令；

（d）撤销该命令。

（2）即使有本法第 40 条第（b）款（i）项的规定，监护令在重新评估时有效期限届满的，该监护令继续有效，其效力持续至法院完成重新评估并根据本条第（1）款的规定作出命令时。

第 39 条　监护令的变更或者撤销

（1）经他人申请，法院可以在其认为适当的情况下，更改监护令。或者法院可以在其认为适当的情况下，自行更改监护令。

（2）法院只可以在根据本法第 36 条至第 38 条的规定进行重新评估后，才能撤销监护令。

第八节　命令和指定的持续时间

第 40 条　监护令的持续时间

监护令：

（a）在遵守本法第 12 条的规定的条件下，在被作出时生效；并且

（b）在下列任一事项首次发生之前一直有效：

（i）指定的日期到期的，该命令到期；

（ii）法院撤销该命令；

（iii）被代理的成年人死亡。

本法第 40 条的说明

根据本法第 12 条的规定为未成年人作出的监护令，该监护令在其年满 18 周岁之前不发生效力。

第 41 条　被指定的监护人终止监护的情形

（1）发生下列任何一种情况的，某人不再是监护人：

（a）该人死亡；

（b）该人以向法院发出书面通知的方式辞职；

（c）该指定有期限，该期限届满；

（d）指定该人的监护令：

（i）不再有效；或者

（ii）发生变更，以终止对该人的指定；

（e）根据本法第 94 条的规定终止对该人的指定。

（2）法院根据本条第（1）款（b）项收到某人的辞职通知的，必须将该通知的副本送交公共监护人。

第 42 条　通知要求

（1）被代理的成年人死亡的，监护人必须在知道后，在切实可行的范围内尽快通知下列主体：

（a）法院；

（b）公共监护人。

（2）监护人死亡的，被代理的成年人的任何其他监护人必须在知道后，在切实可行的范围内尽快通知下列主体：

（a）法院；

（b）公共监护人。

（3）发出有关通知的监护人是公共监护人的，不适用本条第（1）款（b）项和第（2）款（b）项的规定。

第 43 条　指定的共同监护人终止监护事项的效力

（1）符合下列情形的，适用本条的规定：

（a）两人或者两人以上被共同指定为有权处理某事项的成年人的监护人；并且

（b）根据本法第 41 条第（1）款（a）项、（b）项或者（e）项的规定，其中一人不再是监护人。

（2）被共同指定的监护人是两人的，未终止监护事项的人成为有权处理该事项的唯一监护人。

（3）被共同指定的监护人是三人的，未终止监护事项的人继续被共同指定为有权处理该事物的监护人。

（4）监护令被视为已经作出了相应的变更。

第 44 条　指定的唯一监护人终止监护事项的效力

（1）符合下列情形的，适用本条的规定：

（a）根据本法第 41 条第（1）款（a）项、（b）项或者（e）项的规定，有权处理某事项的成年人的监护人不再是监护人；并且

（b）没有其他有权处理该事项的监护人。

（2）公共监护人成为该成年人的有权处理该事项的监护人。

（3）监护令被视为已经作出了相应的变更。

第 45 条　监护人临时不能处理监护事项

（1）符合下列条件的，公共监护人成为成年人的监护人：

（a）某人作为该成年人的有权处理某事项的监护人不能处理该事项；并且

（b）没有其他监护人有权处理该事项。

（2）公共监护人担任监护人，直到该人能够再次处理该事项。

（3）监护令被视为已经作出了相应的变更。

（4）监护人必须在下列时间通知公共监护人：

（a）在不能采取行动之前，或者在不能采取行动之后在切实可行的范围内尽快；并且

（b）在能够再次采取行动之后在切实可行的范围内尽快。

（5）本条中：

监护人不能处理监护事项，是指由于疾病、缺席或者其他任何原因无法合理地行使监护人的职权。

第 46 条　登记官对监护令的更新

（1）某人不再是监护人但是监护令仍然有效的，适用本条的规定。

（2）登记官可以更新该命令以反映：

（a）该人不再是监护人的事实；和

（b）本法第 43 条或者第 44 条（如适用）的效力。

（3）下列主体可以申请更新命令：

（a）前监护人；或者

（b）被代理的成年人；或者

（c）该被代理的成年人的利害关系人。

第九节　补偿和报酬

第 47 条　费用补偿

（1）经法院批准，监护人有权向被代理的成年人请求补偿因行使监护

权而产生的合理费用。

（2）法院可以在监护令中或者在根据本法第33条第（2）款（d）项作出的命令中批准费用的补偿。

（3）法院可以批准特定费用、指定金额的费用、一般费用或者法院认为适当的其他费用。

第47条的说明

本条仅适用于监护人以监护人的身份产生的费用。提供其他服务产生的费用的补偿，参见本法第49条的规定。

第48条　职业监护人的报酬

（1）经法院批准，职业监护人有权从被代理的成年人处获得合理的报酬。

（2）法院可以在监护令中或者在根据本法第33条第（2）款（d）项作出的命令中批准报酬。

（3）本条规定不影响公共受托人根据其他法律获得报酬或者佣金的任何权利。

（4）本条中：

职业监护人是指下列主体之一：

（a）公共受托人；

（b）公共监护人；

（c）以监护人身份提供服务的个人或者从事包括提供监护人服务业务的个人。

第48条的说明

本条仅适用于职业监护人以监护人身份提供服务的报酬。有关提供其他服务的报酬，参见本法第49条的规定。

第49条　被代理的成年人的监护人提供的其他服务的补偿和报酬

（1）作为监护人行使职权的人也向被代理的该成年人提供了其他服务的，适用本条的规定。

（2）未经法院批准，该人无权从被代理的成年人处获得下列任何：

（a）提供其他服务所产生的费用补偿；

（b）提供其他服务的报酬。

（3）法院可以在监护令中或者在根据本法第 33 条第（2）款（d）项作出的命令中批准费用补偿或者报酬。

（4）不符合下列条件的，法院不得批准：

（a）监护人提供其他服务在该情况下是合理的；并且

（b）支付的金额是合理的。

（5）本条中：

向被代理的成年人提供其他服务，包括作为该被代理的成年人的照护者。

第十节　有关监护人的其他事项

第 50 条　不知道职权范围的监护人

（1）根据监护令的规定，监护人有权在某些情况下而非在其他情况下为被代理的成年人行使职权的，适用本条的规定。

有关本条第（1）款的例子

被代理的成年人的决定能力受损属于偶发性疾病的，监护人有权在被代理的成年人生病但是未康复时行使职权。

（2）符合下列条件的：

（a）监护人善意地为该成年人行使职权，并有理由相信存在使监护人有权这样做的情况；并且

（b）这些情况并不存在；

监护人在行使职权时所做的任何事项均有效，且该监护人承担的责任程度与该情况存在时承担的责任程度相同。

（3）符合下列条件的：

（a）存在该监护人有权为该成年人行使职权的情况；并且

（b）该监护人不知道，并且无法合理地预见到存在这些情况；

该监护人不因未行使该职权承担责任。

第 51 条　对监护人财务事项的保护

有权处理财务事项的监护人，对在监护人的职权范围内善意地以被代理的成年人的名义，达成的有关财务事项的合同，或者已经完成或者未做的有关财务事项的其他行为，不承担民事责任。

第 52 条　在作出监护令时法院不知道预先个人计划或者持久代理权

（1）法院作出监护令时符合下列条件的，适用本条的规定：

（a）被代理的成年人有预先个人计划或者是持久代理权的授权人；并且

（b）法院不知道该预先个人计划或者持久代理权。

（2）在作出监护令时，法院没有适用本法第 18 条第（2）款或者第（3）款的规定的：

（a）不影响该命令的有效性；并且

（b）不影响监护人在根据命令行使职权时所作的任何事项的有效性或者责任。

（3）但是，监护人处理该事项时知道该事项是相关代理人有权处理的，不适用本条第（2）款（b）项的规定。

（4）在知道本条第（1）款规定的有关监护令的情况后，监护人或者公共监护人必须在切实可行的范围内尽快向法院申请本法第 36 条规定的监护令的重新评估，但是其他人已经向法院申请了的除外。

（5）本条中：

相关代理人是指：

（a）被代理的成年人有预先个人计划的，该计划指定的预先个人计划的决定者；或者

（b）被代理的成年人是持久代理权的授权人的，该权利的被授权人。

第三章　州际令

第一节　预先说明事项

第 53 条　定义

本章中：

相关法是指被条例规定为相关法的另一司法管辖区的法律。

州际令是指：

（a）根据相关法作出的命令；并且

（b）被条例规定为州际令的一种命令。

登记令是指根据本法第 54 条的规定登记的州际令。

第二节　州际令的登记

第 54 条　法院可以登记州际令

（1）法院可以登记州际令。

（2）经下列主体申请，法院可以登记州际令：

（a）与该命令有关的该成年人；或者

（b）该成年人的利害关系人。

（3）在登记州际令时，法院可以做下列任意一项或者两项事项：

（a）变更该命令；

（b）根据本法第 33 条或者第 39 条的规定作出命令。

（4）州际令的变更可以包括在本地区指定某人作为该成年人的辅助监护人。

第 55 条　登记的持续时间

州际令：

（a）根据本法第 54 条的规定登记后成为登记令；并且

（b）在下列事项首次发生时不再是登记令：

（i）在登记令被作出的司法管辖区内不再有效；

（ii）根据本法第 40 条的规定在本地区不再有效。

第 56 条　登记令的效力

（1）登记令在本地区的效力如同该登记令是根据本法作出的监护令的效力。

（2）但是，登记令指定的人（不论称其为何）不能在本地区做其在作出该命令的司法管辖区不能做的任何事情。

（3）条例可以对某人根据登记令行使职权进行限制或者附加条件。

第 57 条　登记令在本法中的适用

（1）登记令适用本法的规定，如同登记令是根据本法作出的监护令。

（2）就本法第 36 条第（1）款而言，登记令的重新评估日期为其登记日后 1 年的日期。

（3）尽管有本条第（1）款的规定：

（a）根据本法的规定作出的监护令的变更，只有在本地区内适用才有效；并且

（b）根据本法的规定作出的登记令的撤销，只有在撤销该命令的登记

时才有效。

第 58 条　其他司法管辖区的法院或者其他机构的通知

登记官必须将下列任何事项通知作出州际令的法院、法官、委员会或者其他机构：

（a）根据本法第 54 条的规定登记该命令；

（b）在本地区内适用的该命令的任何变更；

（c）该命令在本地区失效。

第三节　管理事项

第 59 条　部长作出的安排

部长可以与另一司法管辖区负责管理相关法的部长协商实施本章的规定或者实施相关法的同等条款。

第四章　公共监护人

第一节　设立和职责

第 60 条　公共监护人

应当设立公共监护人。

第 61 条　职责

（1）公共监护人具有下列职责：

（a）被监护令指定时或者根据本法第 44 条或者第 45 条的规定行事时，担任成年人的监护人；

（b）获取并向法院提供与根据本法向法院提出的申请或者将要向法院提出的申请有关的信息；

（c）促进决定能力受损的成年人以及该成年人的监护人、家人和照护者获得支持服务；

（d）为下列主体提供意见和支持：

（i）提出监护令申请或者建议提出监护令申请的人；或者

（ii）监护人；

（e）监督监护人的行为，并调查有关监护人行为的投诉；

（f） 鼓励支持服务提供者监督和审查这些服务的提供；

（g） 通过促进对相关问题的理解和认识，支持决定能力受损的成年人；

（h） 提供或者鼓励提供对相关问题的教育；

（i） 对相关问题进行研究或者鼓励进行研究；

（j） 确保遵守本法的规定并起诉违反本法的行为；

（k） 就相关问题向部长提出建议；

（l） 履行本法或者任何其他法律赋予公共监护人的任何其他职责。

（2） 本条中：

相关问题是指与决定能力受损的成年人有关的问题，包括与下列任何事项有关的问题：

（a） 决定能力受损的成年人的权益；

（b） 公共监护人和公共受托人对决定能力受损的成年人的职责；

（c） 监护人的职责；

（d） 家庭和社区在支持决定能力受损的成年人方面的职责；

（e） 支持服务；

（f） 与决定能力受损的成年人有关的法律。

支持服务是指针对下列主体的服务、设施或者计划：

（a） 决定能力受损的成年人；

（b） 监护人；

（c） 决定能力受损的成年人的家人和照护者。

第 62 条　监护原则的遵守

公共监护人必须按照监护原则行事。

第 63 条　独立性条款

（1） 公共监护人不受有关其履行职责之方式的指导的约束。

（2） 但是，公共监护人是成年人的监护人的，公共监护人就该身份受到与任何其他监护人相同程度的法院的监督和指导。

第二节　公共监护人的权利

第 64 条　一般权利

公共监护人享有履行其职责需要的权利。

第 65 条　信息搜集权

（1）公共监护人有理由相信，某人（信息持有人）拥有有关该公共监护人根据本法履行职责或者行使权利的文件或者信息的，适用本条的规定。

（2）公共监护人可以以书面通知的方式要求信息持有人做下列一项或者两项事项：

（a）将文件（或者文件副本）或者信息提供给公共监护人；

（b）回答公共监护人提出的问题。

（3）信息持有人违反该通知的，该信息持有人违法。

最高处罚：100 个罚款单位。

（4）违反本条第（3）款的规定属于严格责任罪行。①

（5）被告人有合理理由，是对本条第（3）款的罪行提起诉讼的抗辩。

（6）根据本条规定善意地提供文件或者信息的信息持有人，并不因此行为承担民事或者刑事责任，也不违反任何职业行为准则。

第 66 条　获取健康评估

（1）公共监护人有理由相信，与成年人健康有关的事项与根据本法履行公共监护人的职责，或者行使公共监护人的权利有关的，适用本条的规定。

（2）公共监护人可以书面通知要求该成年人从下列主体处获取并向公共监护人提供有关该事项的报告：

（a）该公共监护人选择的医疗保健提供者；或者

（b）该成年人选择的适当的医疗保健提供者。

（3）公共监护人认为在该情况下这样做是合理的，其可以支付该成年人获得报告产生的合理费用。

第 67 条　健康评估令

（1）符合下列条件的，经公共监护人申请，法院可以作出健康评估令：

（a）与成年人的健康有关的事项，与根据本法履行公共监护人的职责或者行使公共监护人的权利有关；并且

---

① 严格责任（strict liability：）指一种比没有尽到合理注意义务而承担一般责任更加严格的责任标准，但又非绝对责任。参见薛波主编《元照英美法词典》，北京大学出版社，2014，第 1297 页。

（b） 下列（两项中的）任何一项：

（i） 根据本法第 66 条的规定提出的要求未得到遵守；或者

（ii） 有合理理由怀疑：

（A） 该成年人无行为能力同意接受适当的医疗保健提供者的检查；并且

（B） 没有其他人有权作出同意。

（2） 健康评估令是有关下列事项的命令：

（a） 要求该成年人接受该命令指定的医疗保健提供者的检查；并且

（b） 授权医疗保健提供者检查该成年人（无论该成年人是否同意）；并且

（c） 要求医疗保健提供者编制并向公共监护人提供有关本条第（1）款（a）项规定的事项的报告。

（3） 法院可以在健康评估令中加入其认为必要的任何辅助命令：

（a） 使医疗保健提供者能够检查该成年人，并编制报告；并且

（b） 规定支付医疗保健提供者检查该成年人和编织报告的合理费用。

（4） 公共监护人必须在其收到报告后，在切实可行的范围内尽快将报告的副本送交该成年人。

第三节　指定条款

第 68 条　公共监护人的指定

（1） 行政长官可以通过政府公报通知，指定某人为公共监护人。

（2） 行政长官只能根据部长的推荐这样做。

（3） 必须在该人符合下列条件的基础上进行推荐：

（a） 具有与公共监护人的职责有关的资格或者经验；并且

（b） 致力于促进决定能力受损的人的利益并提倡监护原则。

第 69 条　指定的期限

公共监护人在指定中的任期为 5 年或者更短的时间，并有资格再次获得指定。

第 70 条　指定的条件

（1） 公共监护人根据行政长官确定的条件（包括报酬、费用和津贴）

担任职务。

（2）部长可以根据部长确定的条件同意公共监护人请假。

第 71 条　辞职

公共监护人可以通过向行政长官发出书面通知的方式辞职。

第四节　行政事项

第 72 条　委托

公共监护人可以以书面形式将本法规定的公共监护人的任何职责或者权利委托给某人。

第 73 条　公共监护人的工作人员和设施

（1）行政长官必须向公共监护人提供工作人员和设施，使得公共监护人能够正确履行公共监护人的职责。

（2）根据本条第（1）款的规定向公共监护人提供的工作人员，只需受下列主体的指导：

（a）公共监护人；或者

（b）另一个此类工作人员。

第 74 条　年度报告

（1）公共监护人必须编制并向部长提供公共监护人在每个财政年度履行职责的报告。

（2）报告必须在财政年度结束后的 10 月 31 日之前提交给部长。

（3）报告必须包括下列内容：

（a）该年内公共监护人担任监护人的人数，以及该数字与去年相比的任何变动；

（b）向公共监护人提供的工作人员和设施的详情，以及他们在履行公共监护人职责方面是否适当；

（c）公共监护人认为适当的任何其他事项；

（d）部长要求列入报告的任何事项；

（e）条例要求列入报告的任何事项。

（4）报告不得包括被代理的成年人的姓名或者任何可识别的信息，或者其他根据本法成为法院诉讼主体的人的姓名或者任何可识别的信息。

（5）部长必须在收到报告后的 6 个工作日内向立法议会提交报告副本。

第 75 条　免于承担责任

（1）某人在行使公共监护人的权利或者履行公共监护人的职责时，对善意地作出或者不作出的行为，不承担民事或者刑事责任。

（2）本条第（1）款不影响本地区除本条第（1）款外，对作出或者不作出的行为具有的任何法律责任。

（3）本条中：

行使权利，包括对声称的权利的行使。

履行职责，包括对声称的职责的履行。

第五章　民事和行政法院

第一节　预先说明事项

第 76 条　定义

本章中：

诉讼是指在法院进行的有关本法规定的事项的诉讼。

公布包括广播和传播。

《法院法》是指《2014 年北部地区民事与行政法院法》。

第二节　法院的管辖权

第 77 条　法院的管辖权

（1）法院有权处理本法规定的事项。

（2）管辖权属于法院的初审管辖权。

第 78 条　法院根据监护原则行事

法院根据本法的规定对某事项行使管辖权时，必须根据监护原则行事。

第三节　关于诉讼的一般事项

第 79 条　如何提起诉讼

（1）提起诉讼必须根据《法院法》的规定提出申请。

（2）本法第（1）款不适用于法院根据本法第 36 条第（1）款的规定要

求重新评估监护令的诉讼。

（3）下列主体可以提出申请，但是本法其他条款另有规定的除外：

（a）与诉讼有关的该成年人；或者

（b）该成年人的利害关系人。

第 80 条　非公开诉讼

（1）尽管有《法院法》第 60 条的规定，诉讼不对公众公开。

（2）禁止公布与诉讼有关的成年人的确定或者查明成年人身份的诉讼信息。

本条第（2）款的说明

某人未经本条第（3）款规定的授权，公布本条第（2）款规定的信息的，构成违反本法第 90 条规定的犯罪。

（3）但是，信息公布符合下列条件的，法院可以作出命令，授权公布本条第（2）款另有禁止的信息：

（a）符合监护原则；并且

（b）符合公共利益。

（4）该命令的申请可以由法院认为在诉讼中有适当利益的任何人提出。

第 81 条　当事人

（1）除《法院法》第 127 条规定的人外，在诉讼中，下列主体均为当事人：

（a）与诉讼有关的该成年人；

（b）该成年人的任何监护人或者被提议的监护人；

（c）公共监护人。

（2）但是，符合下列条件的，公共监护人不是特定诉讼的当事人：

（a）公共监护人并非与该诉讼有关的成年人的申请人、监护人或者被提议的监护人；并且

（b）公共监护人以书面形式通知法院，其不愿意成为该诉讼的当事人。

（3）本条第（2）款并不阻止法院命令公共监护人作为当事人加入《法院法》第 128 条规定的诉讼。

第 81 条的说明

根据《法院法》第 127 条第（1）款（a）项的规定，申请人是诉讼

的当事人。根据《法院法》第 128 条的规定，法院认为任何其他人适合作为当事人的，法院可以将该人作为当事人。

第 82 条 代理人

在不限制《法院法》第 130 条的规定的情况下，公共监护人可以授权本法第 73 条规定的公共监护人的工作人员的代表或者成员，以公共监护人的名义参加公共监护人作为一方当事人的诉讼。

第 83 条 公共监护人确保信息的提供

法院可以作出命令，要求公共监护人进行调查，或者采取其他一切合理措施，确保向法院提交命令指明的与任何诉讼有关的任何信息。

第 84 条 以口头形式告知理由

（1）尽管有《法院法》第 105 条第（2）款的规定，法院可以将任何诉讼决定的理由和任何有关争议事实的裁决（理由），以口头形式告知诉讼当事人。

（2）诉讼的一方可以向法院申请书面理由，法院必须在提出申请后 28 日内给出书面理由。

（3）根据本条第（2）款的规定提出申请的诉讼当事人，必须在口头理由作出后的 28 日内提出申请。

（4）《法院法》第 105 条第（4）款适用于本条第（2）款规定的期限。

第 85 条 不收取费用

不得就诉讼收取申请费或者其他费用。

第六章 实施

第一节 犯罪

第 86 条 虚假地表示为监护人

（1）符合下列条件的，某人构成犯罪：

（a）该人故意以文字或者行为表示该人或者其他人：

（i）是监护人；或者

（ii）是对某一特定事项享有职权的监护人；并且

（b）该表示是虚假的，且该人知道该情况。

最高处罚：200 个罚款单位或者 2 年监禁。

（2）符合下列条件的，某人构成犯罪：

（a）该人故意以文字或者行为表示该人或者其他人：

（i）是监护人；或者

（ii）是对某一特定事项享有职权的监护人；并且

（b）该表示是虚假的，且该人知道该情况；并且

（c）该人为了该人或者其他人获得利益而作出该表示。

最高处罚：7 年监禁。

第 87 条　监护人不恰当地行使职权

（1）符合下列条件的，监护人构成犯罪：

（a）监护人在行使监护人的职权时故意从事某行为；并且

（b）该行为导致违反本法第 22 条的规定，且监护人是不顾后果的。

最高处罚：5 年监禁。

（2）符合下列条件的，监护人构成犯罪：

（a）监护人在行使监护人的职权时故意从事某行为；并且

（b）该行为导致违反本法第 22 条的规定，且监护人是不顾后果的；并且

（c）监护人从事该行为，意图为监护人或者其他人取得利益。

最高处罚：7 年监禁。

第 88 条　诱导监护人不恰当地行使职权

（1）满足下列条件的，某人构成犯罪：

（a）该人故意从事某行为；并且

（b）该行为诱使监护人违反本法第 22 条的规定，且该人意图导致该结果。

最高处罚：监禁 5 年。

（2）符合下列条件的，某人构成犯罪：

（a）该人故意从事某行为；并且

（b）该行为诱使监护人违反本法第 22 条的规定，且该人意图导致该结果；并且

（c）该人从事该行为，意图为该人或者另一人获得利益。

最高处罚：7 年监禁。

第 89 条　误导性信息

（1）满足下列条件的，某人构成犯罪：

（a）该人故意向另一人提供信息；并且

（b）另一人是公职人员；并且

（c）该信息具有误导性，且该人知道该情况；并且

（d）该公职人员以公职人员身份行事，且该人知道该情况。

最高处罚：400 个罚款单位或者 2 年监禁。

（2）符合下列条件的，某人构成犯罪：

（a）该人故意向另一人提供文件；并且

（b）另一人是公职人员；并且

（c）该文件含有误导性信息，且该人知道该情况；并且

（d）该公职人员以公职人员身份行事，且该人知道该情况。

最高处罚：400 个罚款单位或者 2 年监禁。

（3）严格责任适用于本条第（1）款（b）项和第（2）款（b）项的规定。

（4）在提供该文件时该人符合下列条件的，不适用本条第（2）款的规定：

（a）该文件在误导性方面引起公职人员的注意；并且

（b）在该人能够合理地这样做的范围内，向该公职人员提供补救该文件误导性方面所需的信息。

（5）本条中：

公职人员以公职人员身份行事，是指该公职人员根据本法行使职权或者行使与本法的管理有关的职权。

误导性信息是指在特定材料中具有误导性的信息或者由于遗漏特定材料而产生的误导性信息。

公职人员是指：

（a）公共监护人、公共监护人的代理人或者本法第 73 条规定的公共监护人的工作人员；或者

（b）公共受托人、公共受托人的代理人或者公共受托人的工作人员。

第 90 条　未经授权公布法院的诉讼

（1）符合下列条件的，某人构成犯罪：

（a）该人故意从事某行为；并且

（b）该行为导致该成年人的确定的诉讼信息的公布，或者导致查明该成年人的身份的诉讼信息的公布，而且该人是不顾后果的。

最高处罚：200 个罚款单位或者 2 年监禁。

（2）该公布根据本法第 80 条第（3）款的规定获得授权的，不适用本条第（1）款的规定。

（3）本条中：

诉讼是指在法院进行的有关本法规定的事项的诉讼。

公布包括广播和传播。

第 91 条　未经授权披露保密信息

（1）符合下列条件的，某人构成犯罪：

（a）该人在履行与本法规定的管理有关的职责过程中获得信息；并且

（b）该人故意从事某行为；并且

（c）该行为导致披露信息，且该人是不顾后果的。

最高处罚：200 个罚款单位或者 2 年监禁。

（2）严格责任适用于本条第（1）款（a）项的规定。

（3）符合下列条件的，不适用本法第（1）款的规定：

（a）该人在下列情况下披露有关信息：

（i）为本法的管理；或者

（ii）经与该信息有关的人同意；或者

（iii）因实施本法引起的法律诉讼；或者

（b）该信息以其他方式向公众公开。

本条第（3）款的说明

除了本条第（3）款规定的情况外，披露保密信息根据法律规定证明是合理的或者可以原谅的，披露保密信息的人不会对该行为负刑事责任（参见《刑法典》第 43BE 条）。

第 92 条　前监护人转移权利或者财产

（1）不再是成年人的监护人的人（前监护人）必须采取一切合理措施：

（a）该成年人生存的，将决定权从前监护人处有序地转移给该成年人或者另一位该成年人的代理人（视情况而定）；或者

（b）该成年人死亡的，将该成年人的遗产有序地转移给遗嘱执行人或者遗产管理人。

（2）符合下列条件的，某人构成犯罪：

（a）该人故意从事某行为；并且

（b）该行为导致违反本条第（1）款（a）项或者（b）项的规定，且该人是不顾后果的。

最高处罚：200 个罚款单位或者 2 年监禁。

第 93 条　替代性判决

（1）在某人被指控违反下表提到的条文规定的罪行（被起诉的罪行）的诉讼中，事实审理者符合下列条件的，适用本条的规定：

（a）毫无疑问地认为，该人没有犯被起诉的罪行；但是

（b）毫无疑问地认为，该人犯了表中所列的，作为被起诉的罪行的替代性罪行的罪行。

（2）事实审理者可能会查明该人未犯被起诉的罪行，而是犯了替代性罪行。

表 1　替代性判决

被起诉罪行	替代性罪行
第 86 条第（2）款	第 86 条第（1）款
第 87 条第（2）款	第 87 条第（1）款
第 88 条第（2）款	第 88 条第（1）款

第二节　判决有罪的后果

第 94 条　终止任命为监护人与取消监护资格

（1）法院查明某人犯有违反本法的罪行的，除法院对该人施加的任何处罚外，法院还可以作出下列任何一项或者两项命令：

（a）该人是监护人的，终止对该人的指定；

（b）在法院指定的期间内取消该人作为监护人的资格。

（2）根据本条第（1）款（b）项被取消资格的人，在被取消资格期

间，不得被指定为监护人或者行使作为监护人的职权。

第 95 条　损失赔偿的支付

（1）某人（罪犯）被裁定犯本法第 86 条、第 87 条或者第 88 条规定的罪行的，适用本条的规定。

（2）法院查明犯罪者在实施犯罪时的行为对被代理的成年人造成损失的，法院可以命令犯罪者支付该损失的赔偿金：

（a）给被代理的成年人；或者

（b）被代理的成年人已经死亡，作为该成年人的遗产。

（3）根据本条规定的事项的举证标准是概然性权衡（Balance of Probability）。

（4）本条规定不影响罪犯就构成犯罪的行为可能承担的民事责任，但是在之后的民事诉讼中评估损害赔偿时，必须考虑根据本条的规定支付的任何赔偿金。

（5）本条中：

就本法第 86 条所规定的罪行而言，被代理的成年人包括罪犯作为监护人所代理的人。

第三节　法律诉讼

第 96 条　起诉的主体

违反本法规定的犯罪的诉讼只能由下列主体提起：

（a）公共监护人；或者

（b）经部长授权的人。

第 97 条　起诉的时间

除了公诉罪外，违反本法规定的犯罪的诉讼，必须在公共监护人首次知道犯罪之日起 2 年内提起。

第七章　其他事项

第 98 条　条例

行政长官可以根据本法制定条例。

第八章 废止和过渡性事项

第一节 废止

第 99 条 法律的废止

废止《1988 年成年人监护法》（1988 年第 45 号法令）。

第二节 《2016 年成年人监护法》的过渡性事项

第 100 条 定义

本节中：

开始实施是指本法第 99 条开始实施。

法院是指地方法院。

"已废止的法律"是指本法第 99 条废除的《1988 年成年人监护法》。

第 101 条 现有监护令的继续

（1）开始实施后，现有监护令成为本法规定的监护令。

（2）就本法第 21 条而言，采取该命令，授予监护人：

（a）根据已废止的法律该人有权处理个人事务的权利；并且

（b）根据现有管理令，监护人也是该成年人的财产管理人的，该人根据已废止的法律处理财务事项的权利。

（3）就本法第 36 条第（1）款而言，在开始实施后，该命令的重新评估日期是：

（a）审查日期在命令中被指定的，该审查日期；或者

（b）审查日期没有在命令中被指定的，开始实施后 3 年内。

（4）本条中：

现有监护令是指根据已废止的法律第 15 条的规定作出的命令，指定某人作为监护人，并在开始实施之前有效。

现有管理令是指根据已废止的法律第 16 条第（1）款（a）项的规定作出的命令，指定某人作为成年人的财产管理人，并在开始实施之前有效。

第 102 条 未决监护令的申请

（1）在开始实施前符合下列条件的，适用本条的规定：

（a）根据已废止的法律第 8 条的规定提出申请，要求订立监护令；并且

（b）法院对该申请未作出最终决定。

（2）法院必须根据已废止的法律处理和确定该申请，如同本法尚未开始实施。

（3）法院作出监护令确定该申请的：

（a）就本法第 36 条而言，法院必须在命令中指明重新评估的日期（在作出命令后不得超过 3 年）；并且

（b）该命令适用本法第 101 条［本法第 101 条第（3）款除外］的规定，如同该命令是该条规定的现有监护令。

第 103 条　待审

（1）在开始实施前符合下列条件的，适用本条的规定：

（a）下列（两项中的）任何一项：

（i）根据已废止的法律第 23 条的规定提出申请，要求审查监护令；或者

（ii）法院自行审查监护令；并且

（b）法院未对该审查作出最终决定。

（2）法院必须根据已废除的法律完成审查并作出其认为适当的任何命令，如同该法尚未开始实施。

（3）法院根据已废止的法律作出新的监护令的，该命令适用本法第 101 条的规定，如同该条规定的现有监护令。

（4）法院的任何其他命令均具有效力，如同其他命令是法院根据本法作出的命令。

第 104 条　其他申请

（1）在开始实施前符合下列条件的，适用本条的规定：

（a）根据已废止的法律提出申请，变更或者撤销监护令或者根据已废止的法律第 16 条的规定作出的命令；并且

（b）法院未对该申请作出最终决定。

（2）法院必须根据已废止的法律处理和决定该申请，如同本法尚未开始实施。

（3）法院的任何命令均具有效力，如同该命令是法院根据本法作出的。

第三节 《2016 年预先个人计划修正案》的过渡事项

第 104A 条 定义

本节中：

开始实施是指《2016 年预先个人计划修订法》开始实施。

法院是指地方法院。

已废止的法律是指《2016 年预先个人计划修订法》第 28 条废止的《老年体弱者财产法》。

第 104B 条 现有保护令的继续

（1）开始实施后：

（a）现有保护令成为本法规定的监护令；并且

（b）现有受保护的人成为本法规定的被代理的成年人；并且

（c）现有管理人成为本法规定的监护人。

（2）就本法第 21 条而言，采取该命令授予根据本条第（1）款（c）项的规定成为监护人的人，处理现有管理人根据已废止的法律有权处理某事项的权利。

（3）就本法第 36 条第（1）款而言，该命令的重新评估日期为开始实施后 1 年内。

（4）本法中：

现有管理人是指在现有保护令中被指定为管理人的人。

现有受保护的人是指现有的保护令对其遗产有效的人。

现有保护令是指根据已废止的法律第 11 条规定的命令，在开始实施前有效。

第 104C 条 待决保护令的申请

（1）在开始实施前符合下列条件的，适用本法的规定：

（a）根据已废止的法律第 7 条的规定申请保护令；并且

（b）法院未对该申请作出最终决定。

（2）法院必须处理并确定该申请，如同已废止的法律未被废止。

（3）法院作出保护令的，该命令适用本法第 104B 条的规定，如同开始实施是在该命令作出后的第二天。

第 104D 条　　其他申请

（1）开始实施前，符合下列条件的，适用本条规定：

（a）在下列情形下提出申请：

（i）根据已废止的法律第 7 条的规定提出申请，以变更或者撤销保护令；或者

（ii）根据已废除的法律第 29 条或者第 29A 条的规定提出申请；并且

（b）法院对该申请未作出最终决定。

（2）法院必须处理并确定该申请，如同已废止的法律未被废除。

（3）法院根据本条作出的任何命令，其效力如同法院根据本法作出的命令的效力。

2020年卷　总第16卷

家事法研究

RESEARCHES ON FAMILY LAW

特别纪念

鸿儒硕学　法学春秋[*]

——巫昌祯教授学术人生

夏吟兰[**]

2020 年 3 月 25 日下午 3 点 30 分，我的恩师巫昌祯教授驾鹤西去。最初听到消息，脑子一片空白不敢相信，跟家人联络后方才确定，悲痛万分。不曾想，春节前去巫老师家拜访竟是永诀。2020 年 1 月 23 日，是猪年除夕的前一天，我如往年一样登门看望巫老师，表达学生对恩师知遇之恩的感谢与新春祝福之意。巫老师届时已经因骨折躺在床上一年多了，十分清瘦。老师卧床期间我时常前去看望，聆听老师教诲。老师一直十分关心民法典婚姻家庭编的编纂情况，每每询问编纂进展，多次强调，“妇女权益保护要落到实处，比如离婚损害赔偿要设立兜底规定，家务劳动补偿要去掉限制性条款”。近几个月来，虽然老师时而清醒，时而昏睡，但她若清醒，总是能认出我来，露出慈祥的微笑。我向老人家汇报民法典婚姻家庭编进展情况，告诉她，这些条款已经得到修改完善，《婚姻家庭编（草案）》征求意见稿已经在全国人大官网第四次公布征求意见，今年 3 月全国人大开会就要讨论通过了（由于疫情原因，全国人大会议推迟至 5 月 22 日）。巫老师听

* 参见夏吟兰、郑广淼、郝佳《求真务实，创新发展——巫昌祯教授的法学学术生涯》，《呵护与守望——庆祝巫昌祯教授八十华诞暨从教五十五周年文集》，中国妇女出版社，2008，第 7 ~ 19 页。本文部分内容参考引用了该文。

** 夏吟兰，中国政法大学教授、博士生导师。

到后很是欣慰，眼睛也明亮有神起来。每次去看巫老师，我总想多陪老师一会儿，但老师总说，"我挺好的，你很忙，去忙你的事儿吧"，总怕耽误我的时间。原来想着，过完春节再去看老师，但庚子年后新冠肺炎肆虐中华大地乃至世界各国，为抗击疫情，全国人民宅在家中防控疫情扩散，再次见到老师，竟是天人永隔！可叹的是，老师竟然没能看到她终身为之努力奋斗的《中华人民共和国民法典》正式颁布的盛况。

41 年前，我有幸考上当时的北京政法学院。上大二时，巫昌祯老师组织了课外的婚姻法学习小组，招收对婚姻法感兴趣的学生。当时，尽管巫老师不是我们班婚姻法的主讲老师，但我听说巫老师上课深入浅出，生动有趣，便报名参加了这个学习小组，巫老师温文尔雅，循循善诱的大家风范，博学慎思、求真务实的学者精神，很快就让我成了"铁粉"，从此与老师结下终身师生缘。本科毕业论文我选了婚姻法方向，巫老师是我撰写论文的指导老师，又一再督促我考研究生。说实话，79 级本科生在当时很吃香，我亦准备毕业后工作嫁人。巫老师找我谈话，告诉我眼光要放长远，知识会改变命运，多读书一定不会吃亏的。我听从恩师指点，认真备考，有幸成为巫老师的开门弟子。读硕 3 年里，老师不仅言传身教，还带着我参加了刚刚成立的中国法学会婚姻法学研究会的活动，以及在重庆举办的全国法律专业婚姻法师资培训班。我得以结识当时婚姻法学界的泰山北斗——杨怀英先生、杨大文先生、刘素萍先生、李志敏先生、王德意先生等，得到他们的耳提面命，亲自指点；也与师资班同学结下深厚友谊，这批师资班同学后来都成为婚姻家庭法学研究会的中坚力量。可见巫老师等老一辈学者为婚姻家庭法学学科以及婚姻家庭法学研究会的发展高瞻远瞩，深谋远虑。

1986 年我研究生毕业，遵从师意留校任教，从此成为巫老师麾下一员，帐下女将。2001 年 7 月，老师赠送她的专著《我与婚姻法》予我，并在专著的扉页上亲笔题词："我心爱的学生、亲密的战友，小夏同志，请指正。"老师的慈爱谦逊、虚怀若谷，无私信赖、殷殷期望，逐一跃然纸上。这本书我视若珍宝，时常翻看，以永记恩师教诲。

巫老师学富五车，虚怀若谷；学术思想，高山仰止；作为学生，难以企及。在恩师驾鹤西去之际，不揣冒昧，根据她老人家发表出版的论文、专著、教材，对恩师学术思想进行回顾梳理，以此深切缅怀新中国婚姻家庭法学研究奠基人之一、中国法学会婚姻家庭法学研究会创始会长巫昌祯教授。

一　马克思主义的婚姻家庭法学理论是中国婚姻家庭法学研究的理论宝库[①]

巫昌祯教授于 20 世纪 50 年代初毕业于中国人民大学，当时学校教学全部以苏联模式进行，一批苏联专家直接给学生授课。得益于此，巫老师在大学期间接受了比较系统的马克思主义基本理论和法学专业知识教育，对马克思主义婚姻家庭法学理论有着全面认识与深刻思考。

自 20 世纪 80 年代以来，她主编高等院校规划教材《婚姻与继承法学》、普通高等教育"十一五"规划教材《婚姻家庭法学》、全国司法院校法学教材《中国婚姻法》、教育部人才培养模式改革和开放教育试点法学教材《婚姻法学》等多部深受全国各大专院校师生喜爱与使用的教材。在教材中巫老师始终将马克思主义婚姻家庭法理论与中国婚姻家庭实践相结合。她认为，在社会主义初级阶段，进一步学习、研究和运用马克思主义婚姻家庭法理论，具有重要的现实意义。其一，马克思主义婚姻家庭法理论，是马克思主义理论宝库中的一颗璀璨的明珠，其中许多著名的论断，对于改革旧的婚姻家庭制度，建立新的社会主义婚姻家庭制度，从而进一步完善婚姻法的建设，有着极为重要的作用。其二，马克思主义婚姻家庭理论是强大的具有生命力的思想武器，我们要运用这个武器来辨明是非、澄清认识，驳斥来自国内外的种种谬论，坚持马克思主义，捍卫马克思主义，使马克思主义婚姻家庭法理论得以巩固和发展。

巫老师将马克思主义婚姻家庭法理论概括为四个方面。

其一，揭示出婚姻家庭的本质及其发展规律。学习、研究马克思主义关于婚姻家庭法学的理论，首先要学习、研究马克思主义关于婚姻家庭本

[①] 本部分的内容参考和引用自巫昌祯《马克思主义婚姻家庭法理论》，王仲芳主编《有中国特色马克思主义法学》，群众出版社，1998，第六章。

质的论述。因为这是婚姻家庭立法的理论基础。按照马克思主义的观点，婚姻家庭不是自始就有、永恒不变的，它是社会发展到一定阶段的产物，是社会关系的特定形式。马克思、恩格斯论证了婚姻家庭的起源及其发展规律，提出"群婚是与蒙昧时代相适应的，对偶婚是跟野蛮时代相适应的，以通奸和卖淫为补充的一夫一妻制是与文明时代相适应的"① 著名论断。马克思、恩格斯进一步论证了婚姻家庭是社会关系的特定形式，与其他社会关系不同，婚姻家庭具有自然属性与社会属性。马克思指出"性关系固然是婚姻的自然属性，但不具有本质意义，否则法就是动物法了"，② 通奸、姘居乃至于卖淫都可以称为婚姻了。婚姻家庭的自然属性是婚姻成立的必要条件，而社会属性则是决定婚姻家庭本质的重要因素。

其二，论证了爱情是社会主义婚姻的基础。马克思、恩格斯认为，爱情是男女两性之间一种"相互倾慕"的高尚而真挚的感情。在奴隶制、封建制社会里，爱情和婚姻是割裂的；在资本主义社会，虽然出现了现代之爱，但它不可能不受私有制的影响，所以还不能完全成为婚姻的基础。只有到了社会主义社会，以爱情为婚姻基础的时代才会真正到来。"结婚的充分自由，只有在消灭了资本主义生产和它所造成的财产关系，从而把今日对选择配偶还有巨大影响的一切派生的经济考虑消除以后，才能普遍实现。到那时候，除了相互的爱慕以外，就再也没有别的动机了。"③ 因此，社会主义制度下的婚姻应当是以爱情为基础的。真正实现以爱情为基础的婚姻，首要的是要消灭影响爱情因素的物质关系及其造成的财产关系的巨大影响。

其三，确立了婚姻自由、一夫一妻、男女平等、计划生育等婚姻家庭立法的基本原则。婚姻自由是现代婚姻制度最重要的原则。马克思主义明确指出，婚姻自由不是从来就有的，它是一个历史的范畴，有其产生、发展的过程。人们在缔结和解除婚姻关系时有无自由归根结底取决于一定的社会制度。恩格斯对于资本主义的婚姻自由有过非常精辟的论述："在婚姻

---

① 恩格斯：《家庭、私有制和国家的起源》，《马克思恩格斯选集》第 4 卷，人民出版社，1972，第 79 页。
② 马克思：《法的历史学派的哲学宣言》，《马克思恩格斯全集》第 1 卷，人民出版社，1956，第 106 页。
③ 恩格斯：《家庭、私有制和国家的起源》，《马克思恩格斯选集》第 4 卷，人民出版社，1972，第 78 页。

关系上，即使是最进步的法律，只要当事人在形式上证明是自愿，也就十分满足了。至于法律幕后的现实生活是怎样的，这种自愿是怎样造成的，关于这些，法律和法学家都可以置之不问。"① 马克思主义认为，结婚自由与离婚自由缺一不可。马克思指出：死亡婚姻的存在，"仅仅是一种外表和骗局"②，婚姻已经死亡，就意味着婚姻内部的崩溃。而法院判决离婚，不过是对婚姻内部崩溃的记录而已。马克思主义关于婚姻自由的论述，十分精辟，对于我国婚姻法律的建设的确起到了十分重要的作用。我国婚姻法所规定的婚姻自由原则以及结婚、离婚的条件和程序，充分体现了马克思主义所主张的保障婚姻自由的基本精神。社会主义的婚姻自由具有以下特点：第一，社会主义婚姻自由是以生产资料公有制为基础的；第二，社会主义婚姻自由不是目的，而是保障以爱情为基础的婚姻关系的手段；第三，社会主义婚姻自由是相对的，而不是绝对的，它既受法律的保障，又受法律的制约；第四，社会主义的婚姻自由，不是形式上的自由，而是实质上的自由。马克思主义关于婚姻自由的理论，是我们进一步贯彻婚姻自由的指导原则。要实现真正的婚姻自由，必须继续和封建主义思想、资产阶级腐朽思想作斗争。划清婚姻领域里社会主义和封建主义、资本主义的界限。只有划清这些界限，才能沿着正确的方向，使婚姻自由原则在马克思主义理论的基础上，进一步得到贯彻。

一夫一妻制是现代各国婚姻家庭法中的一项重要原则。马克思、恩格斯不仅论述了一夫一妻制度的起源和私有制社会一夫一妻制的实质；而且指明了社会主义社会一夫一妻制发展的方向。恩格斯在考察了古代民族婚姻状况之后，指出："一夫一妻制是不以自然条件为基础，而以经济条件为基础，即以私有制对原始的自然长成的公有制的胜利为基础的第一个家庭形式。"③ 一夫一妻在历史上的出现"绝不是个人性爱的结果"，"绝不是作为男女之间的和好而出现的，更不是作为这种和好的最高形式而出现的。

---

① 恩格斯：《家庭、私有制和国家的起源》，《马克思恩格斯选集》第4卷，人民出版社，1972，第69页。

② 马克思：《论离婚法草案》，《马克思恩格斯全集》第1卷，人民出版社，1956，第184页。

③ 恩格斯：《家庭、私有制和国家的起源》，《马克思恩格斯选集》第4卷，人民出版社，1972，第60页。

恰恰相反。它是作为女性被男性奴役，作为整个史前时代所未有的两性冲突的宣告而出现的"①。所以，从母系氏族到父系氏族、男女两性社会地位的变化和男尊女卑制度的形成，也是一夫一妻制产生的社会基础。一夫一妻制是我国婚姻法的基本原则。正如恩格斯所指出的："既然性爱按其本性来说就是排他的……那么，以性爱为基础的婚姻，按其本性来说就是个体婚姻。"② 实行一夫一妻制符合婚姻的本质，符合社会主义道德。但是，现实生活中违反一夫一妻制的违法犯罪行为屡禁不止，不仅影响家庭的稳定，而且影响社会治安。为此，应该在马克思主义理论指导下，一方面，深化思想教育，弘扬社会主义的道德风尚；另一方面，要严格执法，和破坏一夫一妻制的违法犯罪行为作斗争。

　　马克思主义妇女观是我国婚姻法男女平等基本原则的理论基础。马克思主义妇女观不仅深刻揭示了私有制社会男女不平等的种种表现，而且明确指出了社会主义制度是实行男女平等的必由之路。恩格斯深刻地指出："在历史上出现的最初的阶级对立，是同个体婚制下的夫妻间的对抗的发展同时发生的，而最初的阶级压迫是同男性对女性的奴役同时发生的。"③ 因此，"妇女的解放，只有在妇女可以大量地、社会规模地参加生产，而家务劳动只占她们极少的工夫的时候，才有可能。而这只有依靠现代大工业才能办到"。④ 列宁进一步指出："资产阶级民主在口头上答应给平等自由。事实上，任何一个资产阶级共和国，即使是先进的资产阶级共和国，对于占人类半数的妇女，也没有给予在法律上同男子完全平等的地位以及摆脱男子的监护和压迫的自由。"⑤ 毛泽东早在 1929 年就提出："妇女占人口的半数，劳动妇女在经济上的地位和她们特别受压迫的状况，不但证明妇女对

---

① 恩格斯：《家庭、私有制和国家的起源》，《马克思恩格斯选集》第 4 卷，人民出版社，1972，第 60 ~ 61 页。

② 恩格斯：《家庭、私有制和国家的起源》，《马克思恩格斯选集》第 4 卷，人民出版社，1972，第 78 页。

③ 恩格斯：《家庭、私有制和国家的起源》，《马克思恩格斯选集》第 4 卷，人民出版社，1972，第 61 页。

④ 恩格斯：《家庭、私有制和国家的起源》，《马克思恩格斯选集》第 4 卷，人民出版社，1972，第 158 页。

⑤ 列宁：《苏维埃政权和妇女地位》，《列宁全集》第 30 卷，人民出版社，1957，第 100 页。

革命迫切的要求，而且是决定革命胜败的一个力量。"① 到了 1964 年又提出了 "时代不同了，男女都一样"② 的名言。综上所述，马克思主义关于两性关系的基本观点，可以归纳为：生产资料私有制是男女不平等的根源，要实现男女平等，只有消灭私有制，实行社会主义制度才有可能。实行男女平等，保护妇女、儿童和老人的合法权益，是我国宪法所确立的重要原则。这充分体现了我们党和国家关怀妇女、爱护儿童、尊重老人的精神。我国婚姻法不仅将男女平等作为基本原则，而且还明确规定了男女双方在婚姻的缔结、解除方面权利平等，夫妻双方在家庭生活中地位平等，不同性别的家庭成员在家庭中地位平等。尽管在我国，男女两性在法律上已处于平等地位，妇女、儿童和老人也受到国家的特殊保护，但在现实生活中，性别歧视，漠视妇女、儿童和老人合法权益的事件仍时有发生。因此，我们应当重温马克思主义妇女观，完善社会主义婚姻家庭关系，进一步贯彻婚姻法等相关法律的规定，真正实现性别平等。

其四，论证了物质资料的生产与人类再生产之间的关系。马克思、恩格斯对人口问题作了深刻的剖析和论述，提出著名的 "两种生产" 的观点。恩格斯指出："根据唯物主义观点，历史中的决定因素，归根结底是直接生活的生产和再生产。但是，生产本身又有两种。一方面是生活资料即食物、衣服、住房以及为此所必需的工具的生产；另一方面是人类自身的生产，即种的繁衍。一定历史时代和一定地区内的人们生活于其下的社会制度，受着两种生产的制约：一方面受劳动的发展阶段的制约，另一方面受家庭的发展阶段的制约。"③ 人类自身的生产具有社会性、周期长的特点，同时，这种生产是以家庭为范围进行的，和家庭的职能有着密切的关系。马克思主义认为，"两种生产" 都是社会存在和发展的条件。从人类社会产生起，"两种生产" 就同时并存，缺一不可。只有把人类自身的生产同物质资料生产一起纳入社会生产范畴，才是完整意义上的社会生产，才能构成社会生

---

① 《红军第四军第九次党的代表大会决议》，《毛泽东、周恩来、刘少奇、朱德论妇女解放》，人民出版社，1988，第 30 页。
② 《毛主席、刘主席畅游十三陵水库》，《毛泽东、周恩来、刘少奇、朱德论妇女解放》，人民出版社，1988，第 117~118 页。
③ 恩格斯：《家庭、私有制和国家的起源》，《马克思恩格斯选集》第 4 卷，人民出版社，1972，第 2 页。

产的总运动。在马克思看来，"事实上，每一种特殊的、历史的生产方式都有其特殊的、历史的起作用的人口规律。抽象的人口规律只存在于历史上还没有受过人干涉的动植物界"。① 人口规律必然是社会规律，人口的发展也就必然受社会生产方式的制约。但同时，人口的规模也必然影响生产力、影响生产关系，影响社会的生产、分配、交换、消费等经济活动和其他社会活动。总之，一方面，承认社会生产方式决定人口的发展；另一方面，又承认人口会反过来影响社会的发展，这正是马克思主义唯物辩证法的具体体现。马克思主义的辩证唯物主义和历史唯物主义的人口观是研究和解决中国人口问题的指导思想和理论基础。几十年来，我们把人类自身的生产纳入了法治的轨道，制定了计划生育的政策和法律，并作为基本原则贯穿在婚姻法当中。实行计划生育，实际上是一场"人口革命"。必然会遇到这样或那样的难题。我们应该立足中国国情，在马克思主义人口理论的指导下，努力加强计划生育的法律调整，争取全国性的计划生育法早日问世。

马克思主义关于婚姻家庭法的理论是极为丰富的。一百多年前，马克思、恩格斯不可能对社会主义中国的婚姻家庭法律作出具体的设想，但是他们为我国的婚姻立法提供了极为宝贵的指导原则和立法的理论依据。我国婚姻法的五项基本原则就是在马克思主义理论指导下确立起来的。正如马克思、恩格斯所指出的，他们的整个世界观"不是教义，而是方法。它所提供的不是现成的教条，而是进一步研究的出发点和供这种研究使用的方法"②。当前，新技术革命波及全球，出现了新的令人瞩目的变化，这就给我们提供了一系列的新的研究课题。同时，围绕婚姻家庭问题，国内外学术界也出现了不同声音。面对如此复杂的局面，我们的任务就是要坚持马克思主义所指明的正确方向，总结一百多年来的历史经验，紧紧从中国实际出发，以研究求发展，在探索中前进。

在对马克思主义婚姻家庭法理论进行充分研究的基础上，结合中国国

---

① 巫昌祯：《马克思主义婚姻家庭法理论》，载巫昌祯《我与婚姻法》，法律出版社，2001，第 119~120 页。
② 恩格斯：《致威纳尔·桑巴特》，《马克思恩格斯全集》第 39 卷，人民出版社，1975，第 406 页。

情，巫老师将社会主义初级阶段婚姻家庭的基本特征概括为"五个并存"①：一是自由婚和包办婚、买卖婚、半自由婚同时并存；二是平等互爱的新型家庭和家长专制的封建家庭同时并存；三是社会主义婚姻道德和封建主义、资本主义婚姻道德同时并存；四是马克思主义的婚恋观念和非马克思主义的婚恋观念同时并存；五是妇女的平等地位和歧视妇女的旧传统同时并存。她对马克思主义婚姻家庭观系统精辟的概括和对中国现实国情冷静理性的分析，为正确认识和适用马克思主义婚姻家庭法理论，为我国婚姻家庭法及相关领域法学研究的发展提供了科学、有力的理论素材，推动了我国婚姻家庭法学的独立发展。

二 理性独到、经世济用的学术思想

六十余年的潜心研究、案牍辛劳、六十余年天南海北田间地头的实地调研、奔走呼号，巫老师不仅形成了自己理性独到的学术观点和学术风格，也为学术界贡献了大量高品位、有价值的学术成果、著述、教材，更为重要的是，她的许多学术观点和见解为我国立法所吸收借鉴，直接影响和推动了我国婚姻家庭立法的发展和进步。②

（一） 多次提出修改法律名称，建立和完善我国的亲属制度

巫老师多次提出应当修改《婚姻法》的名称。法律的名称应当根据调整对象的范围来确定。目前婚姻法的名称与调整对象不符，婚姻法第 1 条规定"本法是关于婚姻家庭关系的基本准则"，其调整范围显然是婚姻家庭关系，所以改名为婚姻家庭法更为科学、更为合理。

长期以来我国婚姻法中的亲属制度一直处于相对薄弱环节。巫老师多次提出应当建立和完善我国的亲属制度。亲属关系是最普遍的最亲密的社会关系，是婚姻家庭关系的基础。亲属的概念、种类、亲系、亲等及法律效力，应当属于婚姻法调整的范围。增设亲属制度是完善婚姻法的一个重

---

① 巫昌祯：《对初级阶段婚姻家庭的思考》，《说不完的话题》，中国妇女出版社，1988，第 2 页。

② 因本文篇幅所限，仅搜集整理了巫老师立法理论研究中已成功推动立法改革的部分。

要方面。我国应当借鉴外国立法例,结合我国具体情况,依据男女平等原则,以及婚姻关系、血缘关系的联系对此作出明确规定①。

巫老师的观点此次被《民法典·婚姻家庭编》所采纳。《婚姻法》改为《婚姻家庭编》,并明确规定了亲属的范围。

(二) 明确提出应规定配偶权,倡导夫妻忠实义务入法

巫老师明确提出应当在立法中规定配偶权。配偶权是指在合法的婚姻关系存续期间,夫妻相互间所享有的表明配偶身份及其相关权利的总称。男女一旦结合,就互为配偶。配偶是一种身份,配偶权就是身份权。只有具有这种身份的人,才享有《婚姻法》所规定的夫妻间的权利。配偶权的内容包括人身权利和财产权利。人身权利如同居权、相互忠实权、离婚权、家事代理权等,财产权利如对共同财产的所有权、互相扶养权和互相继承权等。设立配偶权的目的在于保护正当的婚姻关系,使宪法的"婚姻家庭……受国家保护"得到落实,从而更好地保护公民的婚姻家庭方面的权利。如果配偶一方有所违反,则构成对配偶另一方的侵害,这种侵权行为的加害人应承担相应的法律责任。

《婚姻法》应当明确规定夫妻忠实义务。我国实行婚姻自由原则,男女结婚,就意味着要以互爱为前提。爱是权利,也是一种责任,婚姻双方都要对对方负责,珍惜爱情、忠于爱情、保持爱情的专一性,这是人们的共同愿望。我国实行一夫一妻制原则,这是男女结合的最文明的形式,而夫妻间的互相忠实也是一夫一妻制的要求。按照这一原则,任何公开的、隐蔽的违反一夫一妻的行为,都是为法律所不容的。在国际上,许多国家都有夫妻相互忠实义务的规定,如法国、意大利、瑞士、日本、德国等国家。按照这些国家的规定,一方违反了忠实义务,另一方有权请求排除妨碍或提出离婚,或要求赔偿损失(包括第三者在内)。总的来说,规定夫妻间有互相忠实的义务,目的在于提高婚姻质量,弘扬婚姻美德,从而促进家庭文明。②

---

① 巫昌祯:《展望与探索》,载巫昌祯《我与婚姻法》,法律出版社,2001,第60~61页。
② 巫昌祯:《1980年婚姻法的修改与完善》,载巫昌祯《我与婚姻法》,法律出版社,2001,第16~19页。

2001 年《婚姻法（修正案）》采纳了巫老师的观点，首次将"夫妻应当互相忠实，互相尊重"纳入法律之中。

（三） 推动夫妻财产制度的发展与完善

1995 年，巫老师在《完善夫妻关系的立法构想》一文中明确提出，1980 年《婚姻法》的法定财产制与约定财产制并举的夫妻财产制度既符合当时的社会、政治、经济状况，又具有一定的前瞻性、指导性，但过于抽象，因此，有必要在修改《婚姻法》时对夫妻共同财产的范围、夫妻特有财产、夫妻约定财产等作出明确、具体的规定，进一步完善我国的夫妻财产制度。

首先，应当明确夫妻共同财产的范围。一是在婚姻关系存续期间，夫妻一方继承或受赠所得的财产不应属于夫妻共同财产。尽管大多数适用共同财产制的国家，无论大陆法系、英美法系还是苏联等社会主义国家均规定夫妻一方继承或受赠的财产为其个人财产。但根据我国国情，对于夫妻在婚姻关系存续期间一方继承或受赠的财产，原则上还应视为夫妻共同财产，但被继承人和赠与人有相应的明确意思表示的应当除外。因为一方通过继承或受赠所得的财产权，应考虑原财产所有权人的意志及合理要求，这是财产所有人处分自己财产的权利，这种权利是受到宪法、民法通则、继承法保护的，婚姻法对此应作出相应的规定，以使财产所有权人的利益在婚姻家庭中得到保护。二是在夫妻婚姻关系存续期间，一方或双方取得的知识产权不应一律视为夫妻共同财产。早在 1980 年《婚姻法》颁布之后，对于婚后夫妻一方或双方的智力成果（如书稿、字画、发明）以及带有经济价值的纪念品（如夫妻一方获得的金质奖章、银质奖杯）的性质如何确定，就有过很多的讨论，当时主要有两种观点。一种观点认为，这些智力成果可能带来利益，纪念品也可转化为财产，从广义上讲，应属于夫妻共同财产。理由是：第一，这些智力成果或纪念品的获得是在婚姻关系存续期间；第二，这些智力成果或纪念品的获得离不开另一方的支持和帮助，也就是说另一方对此作出了贡献；第三，这些智力成果、纪念品可能带来财产利益。另一种观点则认为在婚姻关系存续期间，如果这些智力成果或纪念品的财产利益已经实现，即得到稿费、奖金等，可以按共同财产分割，这符合《婚姻法》规定的原则。如果没有实现，这些智力成果或纪念品是夫妻一方的个人创作，是一种精神财富，而且具有人身性质，所以不能作为共同财产分割。① 巫老师认为：知识产权是以独占实施智力成果为核心内容的专有性权利，具有排他性和绝对性的特点。同时，它又具有人身权和财产权的双重属性。离婚时，对配偶一方未取得经济利益的知识产权不能分割，这时的知识产权只是与配偶的身份不可分离的人身权利，作为一种无形财产，无法也不能分割。但是，在婚姻关系存续期间权利人一旦实现了知识产权的财产权利，获得经济利益，其配偶作为财产共有人，就享有一半权利，离婚时就有权分割。因此，知识产权不应一律视为夫妻共同财产，只有在婚姻关系存续期间，实现财产权利的，才可将经济利益作为夫妻共同财产予以分割。

其次，在修改婚姻法时，有必要设立夫妻特有财产制度，对夫妻个人财产的范围作出明确规定，以适应夫妻财产关系的多元化、复杂化。下列财产应当属于夫妻个人特有财产：一是婚前个人所有财产及取得的财产权利；二是供一方个人使用的价值不高的衣物及其他生活用品；三是从事职业所需的专用财产，价值较高的除外；四是一方具有人身性质的补助金、医疗费、保健费、人身保险费、伤残补偿费、人身伤害赔偿费等；五是一方因受奖励所得的奖品、纪念品。对难以认定是夫妻共同财产还是一方特有财产，双方有争议的，由主张权利的一方负举证责任。当事人举不出有力证据，人民法院又无法查实的，按夫妻共同财产处理。设立夫妻特有财产制度，有利于划清夫妻共同财产与夫妻特有财产的界限，减少纠纷，保护公民个人的合法财产权。

最后，要进一步完善夫妻约定财产制。我国 1980 年《婚姻法》对 1950 年《婚姻法》的重大发展之一，是在实行法定的共同财产制的同时，允许当事人另行约定，丰富了我国夫妻财产制的形式。这一规定既保持了法的稳定性和连续性，又体现了我国妇女法律地位的进一步提高与人民物质和文化水平的提高。"实行改革开放以后，随着经济的发展，个人财产日益丰

---

① 巫昌祯："第十一章 婚姻家庭法学"，张友渔主编《中国法学四十年》，上海人民出版社，1989，第 418 页。

富，加上涉港、澳、台地区和国外的婚姻增多等复杂情况，把约定财产制作为对共同财产制的一种补充是十分必要的，从近几年的情况看，夫妻对财产的约定有所增加，而且呈现发展的趋势。实践证明，约定财产制不仅不妨碍夫妻间的团结和睦，而且正是夫妻双方对于家庭财产有平等的所有权的一种具体体现。"① 但是，我国婚姻法对"约定"的规定过于简单，应立足于本国实际情况，借鉴国外的立法经验，充实、完善现有规定，使之尽快制度化、规范化。对约定应采取一允许、二限制的原则，即从法律上允许当事人订立处分其财产的协议，但应在约定的内容、方式等方面加以必要的限制和明确的规定，以指导当事人正确行使权利，减少讼争。②

2001 年《婚姻法（修正案）》对夫妻共同财产的范围作出了明确规定，其中，规定知识产权的收益属于夫妻共同财产，遗嘱和赠与合同中确定只归夫或妻一方的财产属于个人财产。并且进一步完善了约定财产制度的具体规定。这些规定的修改完善，与巫老师具有前瞻性的理论研究以及大力的倡导推动密切相关。

（四）探讨婚姻的基础，推动"感情确已破裂"作为诉讼离婚的法定标准③

社会主义婚姻以什么为基础，这是婚姻法学的重要理论问题。巫老师对此曾做过系统的梳理与深入的研究。

对于婚姻的基础问题，早在 20 世纪 50 年代已有涉及，但因当时对婚姻赋予了浓厚的政治色彩，讨论未能持续开展。70 年代末讨论逐渐深入，大致可以归纳为三种观点：一是单一基础论，又称爱情基础论，认为爱情是社会主义婚姻的基础；二是并列基础论，又称混合基础论，认为爱情、物质是社会主义婚姻的基础；三是立体基础论，又称分层基础论，认为爱情是社会主义婚姻的基础，而物质又是爱情的基础，也就是说，婚姻基础是有层次的。巫老师认为，这三种观点虽然争论不已，但仍存在某些共同点，

---

① 巫昌祯："第十一章　婚姻家庭法学"，张有渔主编《中国法学四十年》，上海人民出版社，1989，第 418 页。

② 巫昌祯：《完善夫妻关系的立法构想》，巫昌祯等主编《走向 21 世纪的中国婚姻家庭》，吉林大学出版社，1995，第 105～121 页。

③ 巫昌祯："第十一章　婚姻家庭法学"，张有渔主编《中国法学四十年》，上海人民出版社，1989，第 410～427 页。

即都强调以马克思主义为指导，从中国实际出发，都承认爱情在婚姻中的价值与地位，以及现阶段的经济、政治等因素对婚姻的影响，争论的焦点在于，能不能单纯地以爱情作为社会主义婚姻的基础。巫老师提出：研究、探讨这个问题，要运用马克思主义的基本原理，正确认识和概括我国现阶段的各种婚姻关系的实质，通过理论与实际、历史与现实、宏观与微观等不同角度的分析，来求同存异、取长补短，从而明确社会主义初级阶段婚姻发展与完善的方向和目标。总的来说，既要看到我国已进入社会主义社会，人们的婚姻、家庭已基本摆脱了旧的私有制的影响，爱情已成为婚姻的主要基础，又要认清我们的社会主义还处于初级阶段，爱情本身还不可能不受现阶段的经济、政治、文化等因素的制约。

中华人民共和国成立以来，有关离婚问题的争论广泛、激烈，其中离婚的法定条件是争论的中心议题。关于离婚法定条件的讨论早在 20 世纪 50 年代即已开始。当时有三种观点，一为理由论，二为感情论（或感情破裂论），三为理由感情结合论，其中理由论最为盛行，这与"左"的思想有关。到了 80 年代感情论替代了理由论，并推动将"感情确已破裂，调解无效"作为 1980 年《婚姻法》准予离婚的法定条件。这时，理由论的影响虽然有所削弱，但人们对这个问题的争论并未停止，反而成为婚姻法学界的一个热门话题。后来，这个问题的争论又扩大到其他有关学科，如伦理学、社会学等。当时对这个问题大致有以下两种观点。一是感情破裂理论。主张离不离婚应以夫妻感情是否破裂为条件，即使一方理由不正当，如夫妻感情确已破裂，也应准予离婚。根据有三：第一，从夫妻感情的现状出发决定离与不离，符合婚姻的本质和马克思主义的婚姻观；第二，离与不离的判决只能用作决定夫妻关系存在或消灭的手段，不能用作惩罚错误思想或行为的手段；第三，坚持以感情破裂为条件，是我国审判实践经验的总结。二是感情义务结合论。主张离与不离应以感情、义务两个方面的情况为依据。根据有二：第一，爱情不是社会主义初级阶段婚姻的唯一基础，因而有无爱情不能成为离与不离的唯一条件；第二，在社会主义初级阶段人民的婚姻自由还是一种相对的不充分和不完善的自由，处理两性之间的离异关系，不能把爱情看成唯一条件，而要把爱情和双方的义务、社会的责任结合起来考虑。巫老师在 90 年代末提出：应当将现行《婚姻法》的

"夫妻感情确已破裂"改为"夫妻关系确已破裂"并辅之以列举性事由，解决现行《婚姻法》离婚标准难以掌握、司法实践中判案结果宽严不一的问题。①

1980 年《婚姻法》首次明确将夫妻感情确已破裂作为诉讼离婚的法定标准。2001 年《婚姻法（修正案）》则在此基础上进一步规定了确认夫妻感情破裂的列举性事由。巫老师的研究成果推动和倡导了离婚法定标准的确立和发展。

（五）　率先提出建立离婚损害赔偿制度

早在 20 世纪 80 年代末，巫老师就提出"在因一方过错而导致的离婚案件中，应该追究过错一方的法律责任"。结婚是一种法律行为，男女双方履行了法律手续后，就形成了一种特定的权利义务关系，双方既享有各自的权利，又负有对对方的义务，这种权利义务关系是由法律明确规定的，对于不履行义务有过错的一方，应当追究其法律责任。家庭成员基于自己的人格和身份关系享有和相互享有一定的人身利益，夫妻一方殴打、遗弃、虐待他方或不法限制他方人身自由等使他方身心健康受损或生活陷入困境的，夫妻一方因与他人通奸或关系暧昧致使配偶间专属的人身利益得不到实现，甚至导致婚姻解体的，都应当承担相应的民事责任。追究离婚案件中有过错方的民事责任，是以行为人有过错为前提的，在此前提之下，追究过错方责任时，应当施加惩罚性措施。对于造成婚姻一方当事人严重精神损害，以非财产责任形式不足以补偿受害人的人身利益的损失时，应当追究加害人的财产责任，使受害人的人身利益得以恢复。"惩罚有过错方"的原则对于分清是非、伸张正义、树立良好的社会风气有积极意义②。

二十年后，巫老师的这一在当时颇具争议的观点终于为立法所吸收，"离婚损害赔偿"被明确规定在 2001 年《婚姻法（修正案）》中，标志着我国的离婚损害赔偿制度的初步建立，使我国离婚救济制度得到了进一步的完善。

---

① 巫昌祯教授曾在 20 世纪 90 年代末"婚姻法修改大家谈"的讨论中提出这一观点。
② 巫昌祯、夏吟兰：《离婚新探》，《中国法学》1989 年第 2 期，第 44～53 页。

（六） 推动完善亲子关系立法

巫老师认为我国的亲子关系立法的内容过于原则，立法空白较多，亟待补充和完善。

应当建立亲权制度。亲权制度指父母对未成年子女的身体和财产上的监督、管理、抚养、培育和保护的权利义务制度。亲权是基于父母子女之身份关系而产生的权利义务，而且此种权利义务是专门为保护未成年子女而设立的。亲权是亲属法（婚姻家庭法）中不可或缺的部分，目前我国婚姻法虽然有关于父母抚养教育子女的原则规定及父母管教和保护未成年子女的权利和义务的规定，但极为抽象，所以应当建立以维护未成年人利益为主旨原则的亲权制度。

应当建立婚生子女推定制度和非婚生子女的认领制度。在我国婚姻家庭法学理论上有婚生子女、非婚生子女的概念，但在法律上，没有婚生子女推定制度和非婚生子女认领制度，这就使得执法机关在处理这类纠纷时没有法律依据。有的丈夫怀疑孩子非自己亲生，有的非婚生子女的生父不能确定，等等。这些纠纷往往使孩子受到伤害。为了维护一夫一妻制原则，为了更好地保护子女和当事人双方的合法权益，增进夫妻双方的信任感和责任感，促进家庭巩固和社会稳定，应当建立婚生子女的推定制度和非婚生子女的认领制度。[①]

《民法典·婚姻家庭编》在家庭关系一章中将夫妻关系与亲子关系各自独立成节，增设了请求确认或者否认亲子关系的规则。巫老师完善亲子关系立法的研究与推动虽未完全实现，但已经有所进步。

三 求真务实，创新发展的治学观

巫老师从 20 世纪 50 年代中期就已经确立了"求真务实、创新发展"的治学观。无论是在教学过程中，还是在法学研究过程中，巫老师一直强调理论必须与实践相结合，要在实践中发现问题、解决问题。正是这种严

---

① 巫昌祯：《展望与探索》，载巫昌祯《我与婚姻法》，法律出版社，2001，第62页。

谨务实的治学态度，使得巫老师的学术研究一直走在我国婚姻家庭法学界的前列。

（一）注重实务研究，理论指导实践

谈及巫老师对调查研究和生活实践的重视，不能不提及巫老师早年的两次重要调研活动。

1955 年，25 岁的巫昌祯参加了当时由彭真同志负责的民法典起草活动，成为起草小组年轻的一员。其间分赴广东、上海、武汉等地参加了三次立法调研，虽然由于历史的原因，这次立法活动不幸夭折，但对巫老师而言，这无疑是一次绝佳的接触实践的机会，通过立法调研，她掌握了大量的实际案例和第一手资料，为以后的教学和科研积累了丰富的素材和经验。

1958 年，最高人民法院组织开展全国范围内的"建立人民法庭"的调研活动，巫老师参与其中，深入东北三省进行实地调研。此次活动对巫老师的影响是终身的，巫老师重视客观实际情况、重视调查研究、理论联系实际的科研与教学风格自此形成——"在实践中，我掌握了大量丰富的实际材料。从那时起，我就养成了理论联系实际的作风，在以后几十年的教学工作中，始终坚持和发扬了这种作风，从而形成我讲课的风格"。

巫老师始终坚信：没有实践的理论是空洞的理论，没有理论指导的实践是盲目的实践。她认为，婚姻法所调整的内容是婚姻家庭关系，是真真切切的与每个人都要发生关系的最基本的社会关系。因此，无论是教学还是科研，都不能脱离客观实际。只有从客观的实际情况出发，才能发现问题，并有针对性地解决问题。那种仅仅是阅读各种文献资料，甚至闭门造车的做法在婚姻法研究过程中，虽不能说要不得，但起码不能占主流。同样，仅仅了解实际情况也是远远不够的，必须要把实践中遇到的情况和事实进行理论化和体系化。在研究过程中，要遵循宏观与微观相结合、静态与动态相结合的原则，这样才能更好地服务于实践，解决生活实际中遇到的新问题和新情况。

除此之外，巫老师还认为，只有进行了调查研究，熟悉了社会上的情况，我们所立的法、所治的学才有针对性，才具有目的性。这就是通常所说的"从群众中来，到群众中去"。也只有这样才能避免法律与生活实际脱节的现象发生，也才能最终实现我们学法、知法、立法、执法的目的。

（二） 关注民生，求真务实

纵观巫老师的学术观点，关注民生、求真务实是其基本特点。巫老师认为，婚姻家庭关系有其固有的自然属性与社会属性，这个社会属性是和道德、习俗、经济情况有关的。在制定婚姻法以及其他与婚姻家庭有关的法律时，必须要考虑到婚姻家庭的自然属性与社会属性。法律的内容，除了要剔除一些不合理的封建内容外，不应过分地为了表示学术权威或者彰显学术观点而标新立异，更不能因此与生活实践脱离。"法律实践"与"生活实践"的脱离，不仅不利于法学的发展，也不利于对普通民众利益的维护。

这种脱离实践、急功近利的现象和风气长期存在于法学研究领域。对此，巫老师也是倍感担忧，她曾多次对当下"复古"文风的盛行提出批评。她认为论文，尤其是法学论文应当言之有物，学术论文的真正价值在于反映真实现象、解决现实问题；学者的真正水平在于其发现问题、分析问题和解决问题的能力。华丽的辞藻、拗口的句段并非作者学术水平的标志，更非论文价值的标志。

巫老师这种求真务实的治学态度，在修订 1980 年《婚姻法》的时候，得到了充分的彰显。当时，对于我国男女法定婚龄的意见有三种：第一种意见认为男女 18 周岁就可以结婚；第二种意见认为应当规定男女都是 25 周岁，以彰显中国特色；第三种意见是巫教授所主张的意见，她认为考虑到我国人口数量的因素，婚龄太低不好控制人口数量，婚龄太高一是与实际的生活情况不符，二是与国外的立法差异太大。所以，婚龄规定为男 22 周岁、女 20 周岁是较为合适的。这个意见最终为我国婚姻法所采纳。巫老师在回忆这段立法经历时，认为虽然法律可以调整一部分生活关系，但是生活毕竟不是一块可以随便搓揉的泥团，必须要考虑到生活的特殊性，也要考虑到普通民众的接受程度。为了控制人口数量，实现我国特定的经济社会目的，可以适当地提高婚龄，但必须要符合实际情况，而不能过分激进。温和稳健的法律更容易被人接受，长远来看也更容易被贯彻实施，立法的目的也更易实现。

（三）　学术研究的生命力在于创新

巫老师在 90 岁高龄之际仍然保持着相当好的阅读习惯，学术理念和学术思维始终站在时代发展的前沿。对于年轻学者如何在学术上创新，巫老师提出至少应包含以下五个方面。

一是新的发现。对于如何发现新的问题，巫老师认为，所有的学者必须要学会关注生活、关注实践。不关注生活、不关注实践，就不能发现新问题。同样只有经过生活检验的问题，才是真问题。否则，即使阐明再多的道理，也只是空架子，对日常生活起不到任何的指导作用。

二是新的解释。新的解释是用前人没有使用的方法或视角去阐释或说明问题。例如，有的学者用经济分析的方法来分析家庭和婚姻。这就是用新的方法来解释已有的问题。就属于新的解释的一种。但对于新的解释，我们还是要本着实事求是的态度，不能为了标新立异硬造一套看似比较"玄"的东西。这样的花架子在学术上是要不得的，而且也是不能长久的。

三是新的主张或新的观点。新的主张和新的观点主要是属于理论上的创新。对于新的主张和新的观点，巫老师的观点是"大胆主张、小心论证"。对于言之成理、逻辑一致的新观点和新主张应当给予关注和支持，不能因为新的观点与众不同就一棍子打死，也不能因为新的观点与主流观点不一致就"畏首畏尾"，不敢创新，这都是学术创新上的大忌。

四是新的论据。新的论据是指在论述已有的观点或者新观点时使用了前人没有发现、没有使用过的观点、方法或者是新的材料。通过新的论据，在前人已经做过研究的基础上，进行超过前人研究程度与研究水准的学术创新。

五是新的对策。研究法学最终的目的是通过立法调整社会生活，通过法学研究提出新的应对社会情况的对策，不失为一种创新。这种创新在我国法制建设还相对落后的情况下，是很有实际意义的，是应当给予鼓励和支持的。

巫老师鼓励青年学者，随着改革开放的深化，婚姻家庭法学将面临新的局面，摆在我们面前的研究任务是艰巨的、繁重的，要继续探索婚姻家庭领域的新情况新问题，拓宽研究领域，促进跨学科交流，加强完善婚姻家庭制度的理论研究。展望未来，前景无限宽广。

贡献社会、服务人民是巫昌祯教授学术生涯的真实写照，正如她自己所说："我把一半的时间和心血给了学生和书，另一半给了社会和妇女。我是一名服务员，服务的对象是学生、妇女和社会。我的社会兼职有 30 多项，从不追求名利。我是在党的哺育下成长起来的，有坚定的信仰，时代赋予我一种责任。'人生的价值在于奉献，生命不息，奉献不止'，就是我的人生格言。"

悼念不闻亲教诲，缅怀仍忆旧音容。巫老师一生执着于她钟爱的法学事业、公益事业，为其痴迷，为其奉献。芬芳天下的桃李即为明证！车载斗量、汗牛充栋的研究成果和著述即为明证！共和国婚姻家庭立法、妇女立法的每一个前进的脚印即为明证！

永远的学生：夏吟兰

2020 年 4 月于北京寓所

咨政建言

对《民法典·婚姻家庭编（草案）》的修改建议

夏吟兰[*]

2018 年 9 月 5 日，全国人大常委会通过"中国人大网"公布民法典各分编草案，向社会公开征求意见。中国政法大学教授、中国法学会婚姻家庭法学研究会会长对《民法典·婚姻家庭编（草案）》（以下简称《草案》）提出修改建议。

民法典之《婚姻家庭编》在总体上应当注重身份法属性，体现维系血缘亲情、维护家庭伦理价值、鼓励亲属间相互扶持帮助等人文价值，促进社会和谐发展，实现婚姻家庭关系的实质正义。应当改变宜粗不宜细的立法传统，注重《婚姻家庭编》的内容完善、形式完备、体系自洽，使其尽可能与民法典其他分编保持立法体系、立法技术、立法水平、立法效果的一致。

一 修改立法体例，增设监护一章

尽管与现行《婚姻法》相比，《草案》删除了"救助措施与法律责任"和"附则"两章，将《收养法》的部分内容作为"收养"一章置于最后，

---

[*] 夏吟兰，中国政法大学教授、博士生导师。

在立法体例上有所发展，但《草案》的篇章结构和条文顺序与《婚姻法》大体相同，我们认为《草案》的立法体例安排与婚姻家庭编的名称不尽一致，逻辑结构仍有欠缺。

《草案》延续了现行《婚姻法》"重婚姻关系，轻家庭关系"的特点，仍然将父母子女关系和其他近亲属关系放在家庭关系一节，这一立法体例未能突出父母子女关系的重要性，未能体现子女最大利益原则，未能强化法律对父母子女关系的调整作用，未能反映司法实践对立法的需求，未能展示新时代立法技术的进步。

建议《民法典·婚姻家庭编》从现在的五章修改为七章：第一章：一般规定；第二章：结婚制度；第三章：夫妻关系；第四章：离婚制度；第五章：父母子女及其他近亲属关系；第六章：收养；第七章：监护。

建议将"监护"纳入婚姻家庭编，作为第七章专门规定监护制度。尽管《民法总则》对监护制度作出了明确规定，但监护制度内容繁杂，作为具有统领性的《民法总则》不可能铺陈开来详尽规定。《民法总则》的监护规定没有体现民法典编纂的整体视角和当今监护立法理念的发展趋势，更没能对监护领域存在的一些现实问题作出回应，例如欠缺父母的委托监护；欠缺监护人的拒绝与辞任制度；欠缺系统的监护监督制度；欠缺监护终止时的财产清算制度；欠缺对意定监护制度的具体规定；等等。因此有必要在《民法总则》关于监护的原则性规定之外，在婚姻家庭编"收养"章后增加"监护"章，分"未成年人监护"和"成年人监护"两节作出更加具体、细化的规定。完善监护制度，加强对被监护人的保护，是我国养老育幼的现实国情的需要，是21世纪我国全面推进依法治国，科学编纂民法典，实现制度创新，完善民事立法的需要。

建议将父母照护从未成年子女监护中分离出来，规定在"父母及其他近亲属关系"一节中，而在其后的"监护"章中只规定不在父母照护下的"未成年人监护"，作为父母责任的补充与延伸，以强调父母照护与一般监护的区别以及其责任的重要性。

二 增加夫妻人身权内容，完善夫妻债务规定

建议明确规定"夫妻应当互相忠实，共同生活，有互相扶养的义务"。

首先，《草案》第 821 条中的"夫妻应当互相忠实"是倡导性规定，不能直接作为人民法院的裁判依据，有必要在夫妻人身关系中将其具体化。其次，夫妻在一起共同生活的重要性大大高于"扶养"，婚姻共同生活是男女结婚追求的共同目标。强调夫妻应共同生活有利于促进家庭和睦，也有利于引导人们履行婚姻责任，共同抚养子女，防范过度自私自利的行为。此外，"因感情不和分居满二年"是人民法院准予离婚的一种法定情形，但分居的前提是夫妻双方具有共同生活的法定义务，唯其如此，双方无正当理由不共同生活才构成分居。

增设夫妻之间的知情权。知情权是夫妻关系中的重要内容，知情权事关婚姻或家庭重大利益的信息或决定，关系着夫妻任何一方的重大切身利益。在婚姻关系存续期间，夫妻应当享有知悉、了解涉及本人、婚姻利益及家庭利益的各种信息的权利，它是公民知情权在婚姻关系中的具体表现。夫妻知情权是夫妻之间相互忠实、相互尊重的延伸。督促夫妻相互关心、照顾，防止夫妻一方向另一方隐匿重大事务或事项。夫妻间知情权基于夫妻这一特殊身份关系而产生。婚内配偶间知情权基于夫妻忠实义务而产生。在可能涉及配偶利益的情况下，知情权不得滥用。在所承认的配偶间知情权范围中，知情权亦有所限制，受行使权利的条件是否具备、法律的限制等方面的制约。

建议增设婚姻住所商定权。首先，婚姻住所是夫妻履行法定义务、行使配偶权利的特定场所，也事关诉讼、继承、遗弃等行为的认定，在农村还事关土地利益的分配，非常重要。为维持家庭生活安定，促进男女平等，有必要明确规定婚姻住所商定权。其次，我国社会保障水平较低，为保护婚姻中弱势方（通常是已婚妇女）的权利，对婚姻住所的处分应作特别限制。最后，民法典物权编中有关居住权的规定没有考虑到婚姻家庭领域的特殊问题，没有规定法定居住权，应当在婚姻家庭编中对家庭居住权加以规定，才能使二者相互衔接。

建议增加有关夫妻共同债务和个人债务范围的规定，完善夫妻债务规定。目前社会上的夫妻债务纠纷主要原因在于法律对何为"夫妻共同债务"和"个人债务"缺乏明确界定，导致社会认知上的混乱。为维护社会的稳定，定分止争，建议在《草案》第 840 条之后增加两个条文，分别明确夫妻共同债务和个人债务的范围，平衡配偶、债权人及法定债务的履行等多种利益考虑。

建议增加有关非婚同居关系的规定，回应社会现实需求。从 1950 年《婚姻法》实施以来，我国婚姻法从未将非婚同居关系作为调整对象，对非婚同居关系的处理主要通过最高人民法院制定的司法解释予以规制。一方面，改革开放以来，特别是近十年以来，非婚同居者数量增加，涉及面广，并有不断扩大的态势，非婚同居成为一种可供选择的生活模式。另一方面，非婚同居是一种事实状态，因非婚同居产生的人身与财产纠纷同样需要法律规制。将非婚同居关系纳入婚姻法律规制范围，并非对同居关系的鼓励，而是意图通过法律指引，保护同居期间双方的子女以及无过错一方的合法权益。

三　增设亲子关系确认制度，完善父母对子女的责任体系

建议增加亲子关系确认制度。《草案》第 850 条规定了亲子关系异议的纠纷解决，但是既没有规定亲子关系的推定，也没有规定亲子关系否认的除斥期间，并且在承认与否认之时，未把对未成年子女利益本身的保护作为判断标准。建议对亲子关系的确认制度作出明确规定，具体包括亲子关系的推定、亲子关系的否认和子女的认领三个条文。以实现未成年子女利益最大化和家庭血缘关系的安定性。

建议完善父母对子女的责任体系，既要明确规定父母对未成年子女的权利和义务，也要明确规定不履行父母义务应当承担的法律后果。对未成年子女的照护规定应包括父母照护的含义和原则，父母对未成年子女人身的照护，父母对未成年子女财产的照护，父母对未成年子女事务的法定代理以及父母照护权利的剥夺与恢复，建议分别各以一个条文加以规定，全面完整地保护未成年子女的利益。

对民法典婚姻家庭编编名与体例的修改建议

薛宁兰*

继 2017 年《民法总则》出台以来，立法机关对民法分则各编编纂紧锣密鼓地展开。2018 年 9 月 5 日，全国人大常委会通过"中国人大网"公布民法分则各编草案，公开征求社会各界意见。婚姻家庭编草案（以下简称草案）针对我国婚姻家庭领域的实际情况，注意吸纳学术研究成果和司法实务经验，内容与此前草案相比有较大改观，许多条文规定值得肯定。然而，目前草案从编名到体例与制定一部"体例科学、结构严谨、规范合理、内容协调一致"的民法典还有距离，建议立法机关对本编名称和体例作进一步修改完善。

一 编名由"婚姻家庭编"改为"亲属编"

中华人民共和国成立以来，立法机关先后颁行两部婚姻法：1950 年《婚姻法》和 1980 年《婚姻法》。这两部法律名为"婚姻法"，实际调整的社会关系范围并不限于夫妻关系，还包括其他家庭成员关系、未共同生活的非婚生父母子女关系以及祖孙关系，其内涵大大溢出婚姻法本身，趋向

---

* 薛宁兰，中国社会科学院法学研究所研究员、博士生导师。

于亲属法。可见，我国长期将这部规范夫妻关系、父母子女关系（以下简称亲子关系）及其他近亲属关系的法律冠以"婚姻法"之名是不准确的。表面上看，立法机关对"编名"的选择似乎无关宏旨。实际上，编名决定着这部法律的基本框架和调整范围，是立法技术是否规范科学，法律（或法典）是否具有生命力的体现。在我国民法法典化和体系化之际，应当从根本上解决调整亲属关系的法律长期"名不副实"的问题。虽然，立法机关在选择本编名称时，未继续称"婚姻编"，而是改称"婚姻家庭编"，在立法的科学性上有所推进，但这样的改动并不彻底。建议将本编名称改为"亲属编"。具体有如下理由。

1. 采用"亲属编"这一名称可以实现法律名称与调整范围的协调一致

所谓"婚姻法"，就是调整夫妻关系的法律规范，由结婚法、夫妻关系法和离婚法三部分组成。所谓"婚姻家庭法"，是以夫妻关系和其他家庭成员关系为调整对象，调整范围包括夫妻关系，还包括亲子关系以及其他家庭成员关系。但在"婚姻家庭法"的概念中排除了不是家庭成员的其他近亲属关系，例如，我国收养法有关收养条件与法律效力的规定，便超出通常意义的婚姻家庭关系范畴。再如，为保护父母没有婚姻关系的未成年子女的切身利益，亲子关系法中的子女认领制度，调整的也是非家庭成员之间的亲子关系。可见，即便将本编名称改为"婚姻家庭编"，也无法做到"顾名思义"，编名与本编调整的社会关系范围仍然不相一致。

"亲属法"以一定范围的亲属关系为调整对象，既包括夫妻关系、亲子关系，也包括其他近亲属关系，例如，结婚制度中的禁止结婚的血亲关系既包括同居一家的近亲属关系，也包括非家庭成员的其他近亲属关系；亲属扶养制度中的祖孙关系和兄弟姐妹关系、监护制度中的非家庭成员的监护人与被监护人关系，则是其他近亲属关系。可见，亲属法调整的社会关系范围比婚姻法、婚姻家庭法宽泛许多，能够涵盖夫妻关系、亲子关系、其他近亲属关系。我国民法典采用"亲属编"之名，可做到名称与调整范围的吻合一致。

2. 选择"亲属编"这一名称有利于实现本编内部制度的逻辑自洽

亲属制度的通则性规定是亲属法的必要组成部分，它起着统帅全局，明确这一法律制度体系调整范围和基本范畴的作用。目前，学界和立法机关都认识到确立亲属通则性规定的必要性和紧迫性。草案第一章"一般规定"专条（第822条）规定亲属和近亲属，然而，将之置于"婚姻家庭编"中规定，实在是在小概念之下界定大概念。这显然不妥，会造成基本概念体系混乱，有碍法典内部概念的体系化和逻辑性。而在"亲属编"中对亲属的范围、亲等计算、亲属关系的终止等作出原则性规定，则与本编名称相呼应，体现了亲属法体系内在的逻辑性。这样既可使本编名称与调整范围相一致，也便于民众学习和掌握基本法律概念，更能够促使法官正确理解和适用法律，公正司法。

3. 采用"亲属编"这一名称有着大陆法系诸多民法典的先例

在大陆法系国家及地区的民法典立法中，大多将调整亲属关系的法律规范在分则中独立成编，并称"亲属编"。远到欧洲大陆的德国、瑞士等国，近如亚洲地区的日本、韩国等国，甚或中国台湾地区、中国澳门地区，莫不遵循这一立法惯例。亲属编的内容也因此包括亲属通则、夫妻关系、亲子关系及其他近亲属关系、监护制度等。这一立法现象表明，将民法分则中调整自然人基于结婚、生育等法律事实所形成的身份关系的法律规范统称为"亲属编"，是大陆法系各国及地区的普遍共识和通行做法。

二　拆分第三章"家庭关系"，加强法律对夫妻关系、亲子关系等的调整力度

在体例设计上，草案删除现行《婚姻法》中的"救助措施与法律责任""附则"两章，删除现行《收养法》中的"基本原则""法律责任""附则"三章，遵循《婚姻法》章节安排和条文顺序，将《收养法》的相关内容作为最后一章，形成"一般规定""结婚""家庭关系""离婚""收养"五章的体例框架。这一体例安排有所不妥，建议拆分第三章"家庭关系"，将夫妻关系、亲子关系及其他近亲属关系分别单独成章，以加强对夫妻人身权利义务、夫妻财产制、亲子关系确认制度、父母对未成年子女的照护、子女在家庭中的权利义务等相关具体制度的体系化建构。具体有如下理由。

1. 分章调整夫妻关系、父母子女关系及其他近亲属关系，是国家重视家庭、重视家庭建设的要求和体现

婚姻家庭法律制度与国家发展、社会进步、个人幸福密切相关。民法

是权利之法。它对亲属关系调整的重点在于细化夫妻之间、父母子女之间、其他近亲属之间基于身份所产生的法定权利义务。草案将夫妻关系、亲子关系、其他近亲属关系一并置于第三章家庭关系之中，以有限的条文调整这些日益复杂多样的亲属关系，必然会限制相关具体制度的完整建构。虽然，草案第三章将夫妻关系、父母子女关系及其他近亲属关系分两节规定，但这一安排仍不到位，尚有若干制度难以在现有框架下，或得以完善，或予以补白。例如，草案对夫妻人身权利义务、夫妻财产制、父母子女的权利与义务、亲属扶养制度等的规定是碎片化的，对于夫妻债务制度、人工生育子女法律地位等社会各界呼声很高的立法议题，未予以回应。将这三类亲属关系整合为一章难免会弱化法律调整的重心，无法在"节"的篇幅下，对日益重要的夫妻财产制、夫妻债务制度、亲子关系确认制度等作出体系化安排。这与立法机关确立的构建"体例科学、结构严谨、规范合理、内容协调一致"的民法典编纂目标是不一致的。

2. 分章调整夫妻关系、亲子关系和其他近亲属关系，有利于消除对民法典"重财产关系，轻人身关系"的误解

长期以来，我国婚姻家庭立法坚持"宜粗不宜细"的立法原则，条文规定比较简洁粗疏，存在若干制度缺憾。借此次民法典编纂的东风，完善我国亲属法制，是历史赋予的使命。草案章节安排基本遵循现行《婚姻法》《收养法》，致使本编的条文数量明显少于分则其他各编。目前，婚姻家庭编条文的数量（80条）远远不及物权编（253条）与合同编（519条）。在婚姻家庭编草案内部，各章条文数量也存在比例不协调现象，最为突出的便是第三章"家庭关系"。该章作为民法对亲属关系调整的核心部分，涉及的亲属关系种类多，条文数量严重不够（仅20条），尚不及第五章"收养"（26条）。在内容上，第三章第一节"夫妻关系"对夫妻人身权的规定前后重复（第835条与民法总则第26条、该编第二节第844条重复）、尚有缺漏（未规定夫妻共同生活权、婚姻住所商定权、平等生育权等基本权利义务）。该章第二节"父母子女关系"，未确立亲子关系的推定、否认及子女认领这一基础性制度，便贸然增设第850条，规定"对亲子关系有异议的，父、母或者成年子女可以向人民法院提起诉讼，请求确认或者否认亲子关系"。在婚姻家庭编尚无确认亲子关系基本规则的前提下，何谈对此类纠纷的司法解决？如果不在该条之前细化规定亲子关系确认的标准，将会使法官在处理此类纠纷时无所依据。

因此，拆分第三章"家庭关系"，加强对夫妻关系、亲子关系等的法律调整力度，是当务之急。夫妻关系、亲子关系、其他近亲属关系是性质不同的亲属关系，法律对它们调整的侧重点有所不同。在一章之中分节规定，难以针对这些亲属关系的特性作出体系化的制度安排，势必会降低它们在民法典中的重要地位。而分章规定夫妻关系、亲子关系等近亲属关系，可为进一步细化现有制度（夫妻人身权制度、夫妻财产制、父母子女间的权利义务），填补制度空白（夫妻债务制度、亲子关系确认制度等），提供充裕的立法空间。这些需要完善和建立的制度，是多年来司法实务的焦点，有着强烈的社会需求。

3. 分章规范，有利于消除现行《婚姻法》"重婚姻关系，轻家庭关系"的顽疾

婚姻家庭编草案共计五章，除第一章、第三章外，其余三章（结婚、离婚、收养）都是对引起亲属关系形成或终止的法律事实——法律行为的规范，而对于自然人的"出生"这一导致亲子关系产生的重要法律事实，草案并未专门规定。其中一个重要原因是囿于我国婚姻立法长期形成的"重婚姻关系，轻家庭关系"的传统。面向新时代的中国民法典应注重家庭法制建设，补齐短板，确立儿童本位的亲子关系立法原则，增加规定出生或受孕是推定自然血亲亲子身份关系的法律事实，并以此为基础构建亲子关系的推定、否认、子女认领这一新制度。与此同时，立法要积极应对生物科学技术发展对婚姻家庭法制提出的新要求，对因此涉及的亲子身份确认、出生登记、子女知情权保障等作出回应。例如，关于采取人工辅助生殖技术出生子女的法律地位，现行《婚姻法》未有规定，仅司法解释和部门规章有所涉及。近期首例代孕所生子女监护权纠纷案的终审判决对人工生育子女亲子身份的认定采取类推确认的方法，将之认定为继父母子女关系，实在不妥。如果在我国民法典中增加规定"采取人工辅助生殖技术出生的子女，是同意采取该方式生育子女的夫妻双方的亲生子女"，将为平等而全面地保护这些子女及其父母的人身权益，提供民事基本法的依据。

　　总之，确立科学合理的婚姻家庭编编名与体例，事关民法典分则立法的科学性与时代性，事关我国亲属法制的进一步完善，更是以完善的家庭法制建设促进国家经济社会发展，切实保障全体国民婚姻家庭和谐稳定的重要举措。

民法典婚姻家庭编应当对同居关系做适度调整

马忆南[*]

一

"同居关系"的概念是在 2001 年最高人民法院《关于适用〈中华人民共和国婚姻法〉若干问题的解释（一）》中出现的。该司法解释对非婚同居关系采用中立的态度，认为符合结婚实质要件的不违反一夫一妻制的男女同居关系不具有非法性，是同居关系。而此前 1989 年《最高人民法院关于人民法院审理未办结婚登记而以夫妻名义同居生活案件的若干意见》，将不受法律评价或承认的事实婚姻之外的同居关系都列入非法同居。

事实婚姻是法律婚姻的对称。它是不符合婚姻成立的形式要件的，以夫妻关系相对待的两性结合。许多国家都有事实婚姻和法律婚姻并存的现象，对事实婚姻有采取不承认主义的，有采取承认主义的，也有采取相对承认主义的，即符合某些法定条件的事实婚姻始具有婚姻的效力。我国最

* 马忆南，北京大学法学院教授。

高人民法院曾在《关于贯彻执行民事政策法律的意见》（1979 年 2 月 2 日）中指出："事实婚姻是指没有配偶的男女，未进行结婚登记，以夫妻关系同居生活，群众也认为是夫妻的。"按此解释，事实婚姻的主体仅限于原无配偶的男女，双方以夫妻关系同居生活并有一定的公示性，与不以夫妻名义的非婚同居有着严格的区别。

中华人民共和国成立以后，在相当长的时期内，司法实践并没有一概否认事实婚姻的效力，而是分情况，区别对待，有条件地承认事实婚姻的，最后才从有条件承认转为不承认。第一个阶段：自中华人民共和国成立初期至 1989 年 11 月 21 日。在此期间，司法实践是承认符合结婚法定条件的事实婚姻的。第二个阶段：1989 年 11 月 21 日至 1994 年 2 月 1 日。在此期间，司法实践仍然有条件地承认事实婚姻，但是条件比过去严格，对有关发生时间的规定，体现了过去从宽、后来从严的精神。第三个阶段：1994 年 2 月 1 日以后。民政部《婚姻登记管理条例》于 1994 年 2 月 1 日起施行，自该日起，未办理结婚登记即以夫妻名义同居生活的，仅为非婚同居关系，不具有婚姻的法律效力。

我国《婚姻法》经 2001 年修正后，增设了有关无效婚姻的规定，但并没有将未办结婚登记列为婚姻无效的原因，而是作出应当补办结婚登记的规定。《婚姻法》第 8 条规定，办理结婚登记，取得结婚证，即确立夫妻关系。如果不办理结婚登记，未取得结婚证，当然不能确立夫妻关系。男女双方根据《婚姻法》第 8 条规定补办结婚登记的，婚姻关系的效力从双方均符合《婚姻法》所规定的结婚的实质要件时起算。关于事实婚姻和补办结婚登记的问题，最高人民法院在 2001 年 12 月 25 日《关于适用〈中华人民共和国婚姻法〉若干问题的解释（一）》中指出，未按《婚姻法》第 8 条规定办理结婚登记而以夫妻名义同居生活的男女，起诉到人民法院要求离婚的，应当区别对待：（1）在 1994 年 2 月 1 日民政部《婚姻登记管理条例》公布实施以前，男女双方已经符合结婚实质要件的，按事实婚姻处理。（2）在 1994 年 2 月 1 日民政部《婚姻登记管理条例》公布实施以后，男女双方符合结婚实质要件的，人民法院应当告知其在案件受理前补办结婚登记；未补办结婚登记的，按解除同居关系处理。此时出现了不再做道德评价的"同居关系"概念（不是"非法同居"）。

二

我国现行法并没有对"同居关系"或"非婚同居"的概念进行界定。从司法实务和外国立法例来看,违反一夫一妻制和其他强制性法律规范的婚外同居(非法同居),不属于"非婚同居",法律不予保护。

许多外国制定法中有关非婚同居的定义都是抽象概括的,这些抽象的立法定义揭示了非婚同居关系的实质:以"稳定持续的共同生活为特征的结合",并强调"以组织共同生活"为目的的(结合行为)。认定非婚同居的关键在于,双方当事人在感情、经济和性等方面形成了相互依赖的生活共同体。

非婚同居的实质是两人在不违反法律禁止性规定的前提下,在感情、经济和性等方面形成了相互依赖的生活共同体,但没有选择婚姻的方式。非婚同居有以下特征:(1)自愿、持续、公开地共同生活;(2)双方均无配偶;(3)缺乏结婚的形式要件;(4)无同居障碍。

非婚同居关系在许多国家已经成为与婚姻并行,甚至逐渐取代婚姻成为亲密伴侣关系的主要形式,这种自由选择的生活方式在民众中占的比例越来越高。非婚同居肯定是冲击传统婚姻方式的,但它的优点也是婚姻所不具备的,它的普及发展是历史的必然,是民众的理性选择。

一些国家开始改变其传统的做法,对同居关系进行法律上的调整。英国、美国、丹麦、挪威、瑞典等国的法律对同居关系的调整已由限制、禁止转向维护和保护,从单一地调整非婚生子女的法律地位到全面地调整这一社会关系。外国法对非婚同居的法律规制有不同模式:等同于婚姻模式的登记制、等同于婚姻模式的不登记制、区别于婚姻模式的登记制、区别于婚姻模式的不登记制。非婚同居伴侣可以通过登记或不登记获得与婚姻配偶几乎等同或不等同的权利义务,为非婚同居伴侣创设了诸如"生活伴侣""民事结合"等法律认可的身份,标志着非婚的生活方式得到法律的承认并能够因此承受若干法定权利义务。

三

同居关系作为一种社会现象在当今中国社会非常普遍，有年轻人初婚前同居（试婚），有中年离婚者或丧偶者在婚姻结束之后非婚同居，还有"搭伴养老"式的老年男女不办结婚登记而生活在一起以便相互照料，由于受到来自社会与子女等多方面的压力，他们很难选择再婚。在非婚同居人群中有大量农村外出务工的年轻人，他们在婚恋态度和生活方式等方面脱离了父母和其他长辈的控制，对自己的恋爱、性生活有更多的自主权，可以更自由地选择同居。相比于城市居民，有过流动经历的农民工新居民可能需要更长的时间积累进入婚姻的经济基础，他们更有可能选择同居这一非正式的家庭形式作为进入婚姻的过渡。

虽然同居已然普及，但目前我国法律层面并未对其作出明确具体的调整，导致大量因同居而产生的身份关系、亲子关系和财产纠纷的处理无法可依。比如，非婚同居中的女性遭受暴力和虐待的问题；非婚同居的一方因为生活困难而无人扶养帮助的问题；女性在非婚同居过程中的家务劳动贡献无法得到法律评价的问题；同居关系不稳定、易出现以性服务为对价的同居协议；等等。

我国没有一套专门调整非婚同居的法律规范。目前司法实践中解决非婚同居的财产分割和子女抚养纠纷的主要依据是 1989 年《最高人民法院关于人民法院审理未办结婚登记而以夫妻名义同居生活案件的若干意见》，但它只是针对未办结婚登记而以夫妻名义同居生活案件，具有明显的滞后性和局限性。

就目前的结婚离婚情况、非婚同居人群状况，以及社会发展和观念转变情况来看，非婚同居在我国迅速蔓延和盛行已有不可抵挡之势。对非婚同居进行法律调整，不仅仅是对个人自由无限膨胀的制约，同时也是对非婚同居的自由以及有关权益的有力保障。既然非婚同居体现了人们自主生活的价值追求，体现了当事人理智的选择，那么法律就应该为公民提供可选择的权利，为社会不同层面的需要提供不同层面的救济。法律不应为了倡导一种家庭模式或一种价值取向，而忽略另一种事实存在。从法律的理性或是意志上讲，法律都应该充满信心地去调整和规范一类业已普遍存在的人的行为。

我国 2016 年 3 月 1 日实施的《反家庭暴力法》第 37 条规定："家庭成员以外共同生活的人之间实施的暴力行为，参照本法规定执行。"其实已经将同居关系纳入调整的范围。

笔者认为同居立法要坚持四项原则：（1）区别于婚姻关系；（2）价值中立；（3）同居协议优先；（4）儿童利益最大化。非婚同居的立法模式可以有三种选择：第一种，通过立法解释、司法解释扩大"婚姻家庭法"的可适用范围，或允许同居关系参照适用；第二种，颁布单行法；第三种，吸收纳入《民法典·婚姻家庭编》。

认同同居关系是婚姻关系的替代或补充形式，同样构成家庭关系。这已经是我国很多民众的共识和实践，在系统规范同居关系的条件尚不成熟时，可利用《民法典·婚姻家庭编》的编纂机会先行规定同居财产关系，以解决日益增多的同居财产纠纷。

为此，建议规定：（1）双方未经结婚登记自愿共同生活的，其财产关系有约定的，依照约定；没有约定的，适用按份共有的规定；（2）同居关系的一方在同居期间发生重大疾病或者因伤残等导致生活困难的，另一方应适当救济；在同居关系解除时，生活困难一方享有对另一方的一定的经济帮助请求权；合理肯定家事劳动的价值，规范债务承担。

对《民法典·继承编（草案）》的修改建议

夏吟兰　李丹龙[*]

2018 年 9 月 5 日，全国人大常委会通过"中国人大网"公布民法典各分编草案，向社会公开征求意见。中国政法大学人权智库的夏吟兰教授等对《民法典·继承编（草案）》（以下简称《继承编（草案）》）需要补充和完善之处提出以下修改建议。

一　进一步明确立法定位

建议进一步明确继承法的立法定位。《民法典·继承编》是《民法典》之《继承编》，而非《继承法》，这就要求继承编之立法理念、立法逻辑、立法技术、立法水平应与民法典其他编相协调。目前，民法典各分编草案共计 1034 条，分编为物权编（253 条）、合同编（519 条）、人格权编（45条）、婚姻家庭编（80 条）、继承编（45 条）、侵权责任编（92 条）。其中《继承编（草案）》仅有 45 条，从条文数量看，民法典各分编未做到详略得当；从规制内容看，民法典各分编规定整体"重财产而轻身份"。整体而

　＊　夏吟兰，中国政法大学教授、博士生导师；李丹龙，中国政法大学民商法博士生。

言，《继承编（草案）》与民法典其他编不够协调。

《民法典·继承编》要体现身份法特征，彰显维系血缘亲情、鼓励亲属间相互帮扶、增强家庭功能等重要作用。基于此，《继承编（草案）》在完善制度建构时应当充分考虑继承编特有的伦理价值。《民法典·继承编》是规制继承关系的基本法，应具有一定的科学性、体系性、逻辑性、前瞻性和实践性。《继承编（草案）》修改应注重制度构建的完整性，如在增加了遗产管理人制度后，还需对遗产管理人的辞职和解任等作出规定，使继承编立法更具科学性，司法实践更具可操作性。

二　适当扩大法定继承人范围，将儿媳女婿作为酌分请求权人

建议适当扩大和调整《继承编（草案）》中法定继承人的范围和顺序。法定继承人范围的扩大有利于保护公民的私人财产所有权，有利于实现遗产养老育幼的功能；尽量避免被继承人死后遗产无人继承、收归国有的情况。但考虑到中国的国情及继承习惯，该范围不宜过大，以避免引发过多的继承纠纷。建议增加第三顺序法定继承人：叔姑伯舅姨或堂（表）兄弟姐妹、侄子（女）和外甥子（女）。

建议将尽了主要赡养义务的丧偶儿媳、女婿作为酌分请求权人。尽了主要赡养义务的丧偶儿媳、女婿作为第一顺位法定继承人是我国继承法的重要特色，具有价值导向作用。但有三个问题需要考虑：一是无论丧偶与否，儿媳与公婆、女婿与岳父母，均无法律上的赡养义务，将基于道义的赡养人纳入法定继承人的范畴，破坏了法律的体系化；二是此规定不符合亲系继承及按支继承的继承习惯和法理基础；三是丧偶儿媳与公婆、丧偶女婿与岳父母之间的继承权利是单向的，不符合公平原则和权利义务相一致原则。因此，将他们作为酌分请求权人而非第一顺序法定继承人更符合法律与实践需要。

三　增设特留份制度

建议增设特留份制度。无论是将《继承编（草案）》规定的必留份制度

修改为特留份制度，还是增加特留份制度的规定，特留份制度都应当在《继承编》中予以规定。

设立特留份制度的必要性主要体现在以下四个方面。第一，特留份制度适当限制遗嘱自由——达成遗嘱人与社会、家庭及需要扶养的亲属间的利益平衡。第二，承认亲属间相互扶持、相互支撑的伦理价值。特留份制度为配偶、子女及父母保留必要的份额，确认了近亲属在遗产积累过程中的贡献。第三，体现养老育幼、相互继承的亲属基本伦理。将遗产部分留给近亲属，不仅有利于保障家庭成员的基本生活，也有利于通过财产的传承慰藉生者的情感，是最淳朴自然的家庭伦理道德，是为社会所认可的最基本的社会秩序。第四，维系家庭关系。继承是亲属间相互扶养权利义务的延伸，无论社会保障制度多完备，近亲属间的相互扶养、相互继承仍是表达亲情、爱情，维系家庭关系、维护家庭发展不可替代的重要方式。正是基于扶养权利义务关系人的亲密性，不宜将特留份权利人范围规定过大，应限于第一、二顺位继承人。

四　完善遗产管理人制度

建议完善遗产管理人制度。《继承编（草案）》为确保遗产得到妥善管理、顺利分割，更好地维护继承人、债权人利益，避免和减少纠纷，于第924条至第928条规定了遗产管理人的产生方式、职责和权利等内容，对于遗产管理人之规定是立法之进步，但仍有完善空间。

第一，《继承法（草案）》中对遗产管理人选任之规定存在两点问题，一是对"及时"规定不明，法律规定应作明确的描述，避免因概念界定不清导致司法适用困难；二是遗产管理人原则上应由法定继承人担任，减少继承成本，符合社会现实。第二，遗产管理人的职责规定过于简单，遗产管理人法律地位规定不明，遗产清单的制作缺少可操作性，立法应尽可能详细地列举遗产管理人职责、明确其法律地位、增强其履行职责的可操作性。第三，规定遗产管理人的辞职与解任。遗产管理人可以通过推选与指定产生，应尊重被推选或被指定的遗产管理人的意愿，以及当遗产管理人侵害继承人权利时为继承人提供救济。

五 增设继承扶养协议制度

建议增设继承扶养协议制度。随着经济不断发展，公民所拥有的财产数量不断增多，人们开始重视对身后的财产作出符合自己意思的安排。《继承编（草案）》设立遗嘱、遗赠以及遗赠扶养协议三种法律制度，缺乏一种被继承人可与法定继承人协商继承事宜并于继承开始前发生法律效力的制度设计，继承扶养协议正能填补此空白。

第一，现实生活中大量存在被继承人与法定继承人商定，由其中一个或几个继承人负责赡养照料被继承人，遗产由实际履行赡养义务的继承人取得的协议，由于司法不承认此种协议的效力，致使未履行赡养义务的继承人仍被支持取得财产，有悖于公民真实意愿的表达，容易造成错误的价值导向。第二，准许被继承人与法定继承人之间约定如何履行权利义务，并非承认法定赡养义务可以通过约定免除，只是被继承人在继承扶养协议的有效期间内放弃了请求法定继承人承担赡养义务的权利，该继承人的赡养义务处于一种消极状态。第三，随着人口老龄化的加剧，赡养老人的问题突出，增加继承扶养协议制度，既可拓宽赡养老人的制度渠道，又可实现亲子关系的意思自治与责任担当，对完善继承立法具有重要意义。

2020年卷 总第16卷

家事法研究
RESEARCHES ON FAMILY LAW

年会综述

中国法学会婚姻家庭法学研究会 2019 年年会理论观点综述

吴才毓[*]

2019 年 10 月 26～27 日，中国法学会婚姻家庭法学研究会 2019 年年会暨民法典婚姻家庭编、继承编立法完善研讨会在福州举行。本次会议由中国法学会婚姻家庭法学研究会主办、福建警察学院承办。来自立法机关、高等院校、科研机构及法律实务部门的 220 余位理论及实务工作者参加会议。年会共收到交流论文 84 篇，会议围绕四个专题进行研讨："身份权与特定群体的婚姻家庭权利""婚姻家庭编立法重点难点""遗嘱自由及其限制、遗产管理人制度""继承编立法重点难点"。根据本次年会交流论文和小组发言讨论，将研讨主要问题和学术观点作如下综述。

一　身份权与特定群体的婚姻家庭权利

（一）儿童权益保护

儿童利益最大化原则是处理家庭法中亲子关系的重要原则之一。伴随

　吴才毓，中国人民公安大学法学与犯罪学学院讲师，法学博士。

离婚现象，侵犯儿童受教育权、未能充分保障儿童财产权益的现象并不鲜见。有学者提出，《民法总则》将监护和亲权混同，我国应设立亲权制度，这更有利于保护未成年子女的利益。亲权与监护是两种不同的制度，两者存在重大区别。在亲权行使上，以子女最佳利益原则为指导，实行以单独亲权为主、共同亲权为辅的立法原则。

对未成年人的财产监护，有学者提出，《民法总则》设立的监护体系多元，但重人身监护，轻财产监护，财产监护职责并不清晰。我国应建立以未成年子女为本位的监护理念，明确财产监护的职责范围，鼓励监护人积极履行财产监护职责，适当给予财产监护报酬。禁止监护人自行受让未成年子女的财产，设立未成年子女财产目录，实行重大财产强制报告制度，细化财产监护中撤销监护权的规定，以人民法院作为唯一的监护权力机构，完善财产监护监督制度。

针对未成年人的人身监护，有学者提出，虽然现行《婚姻法》第 21 条和第 23 条分别规定了父母对未成年子女"抚养教育""保护和教育"的内容，但并没有父母教育权行使方式、范围和限度等规范设计。在父母教育未成年子女的过程中出现的滥用教育权、暴力教育、惩罚过当、怠于履行教育义务等不当行为，使父母教育权行使陷于两难境地，不利于未成年子女权益的实现和保护。破解父母教育权行使困局的核心在于如何解决父母教育的现实性与立法缺失、模糊的矛盾。"子女本位"下的父母教育应强调以子女权益为本的父母责任，是父母对未成年子女开展家庭教育的义务。以我国民法典编纂为契机，婚姻家庭编应单设条款规定父母教育权及其行使规则，以以子女权益为本、因材施教和惩罚适度为原则，从而科学规范和引导父母的家庭教育行为。

针对国家亲权的机制，在家庭监护缺位的情形下，有学者提出，家庭对儿童负有首要责任，国家仅在家庭监护出现"缺乏性""违法性"等情形时，才能介入承担终极责任，国家监护需要遵循儿童最大利益原则、资源有效利用原则、比例原则等。监护人出现患严重疾病、经济困难等情形时，国家应采取支持性监护措施，提供必要的协助和支持。针对监护人丧失监护能力而导致监护人缺位的，国家应采取替代性监护措施。当监护人怠于监护、侵害儿童权益时，应采取惩罚性手段，中止或剥夺监护人的监护资格，可暂时将监护人与儿童隔离进行紧急安置或其他必要安置。

（二） 成年监护制度

有学者认为，成年监护以对监护人的"不信任"为逻辑起点，旨在保障本人意思自治，实质剥夺了公民的部分自由和权利，因此必须以司法干预为基本原则，要求法院积极介入，在监护启动前审查本人行为能力状况，在监护启动时负责选任成年监护人，在监护启动后监督监护人履职。司法干预原则主要包括监护启动的司法唯一原则、监护评价的司法终决原则以及监护过程的司法监督原则等子原则，我国成年监护违反了司法干预原则，导致成年监护在诉讼程序外"体外循环"，法院在行为能力判断上缺位，监护启动后缺乏监督使成年监护的适用几乎是"终身制"。缺少司法干预原则将使整个成年监护制度沦为具文，《民法总则》仍然不符合司法干预原则，在婚姻家庭编中确立司法干预原则不仅符合与我国民法典同样采取潘德克顿体系的德、日、韩等国民法典的立法惯例，也是完善《民法总则》甚至分编相关内容的难得机会。应在婚姻家庭编中确立司法唯一原则，成年监护人由法院垄断选任权，并通过体系解释方法达到实质性废除法定成年监护顺序、收回"两委"和民政部门监护指定权的目的；确立司法监督原则，规定成年监护效力期限，设立监护监督人并修改《人格权编（二审稿）》第789条的规定。此外，还要在《民事诉讼法》或单行的《家事审判法》等程序法中贯彻"先有诉讼，后有监护"，对涉及本人行为能力的案件实行诉讼能力拟制，同时确立司法终决原则，在成年监护诉讼中，对本人行为能力的判断应由法官综合鉴定意见等证据并面见本人后作出。

有学者认为，协助决定是成年监护范式转型的新思路、新方向。我国协助决定的建构缺乏"正式拘束、非正式拘束与制度实施"的制度变迁土壤，实践中常常陷入困境。但适逢民法典分编编纂的关键时期，对于其中不足，既可结合我国实务经验，也可借鉴域外先进立法经验来改良，如区分儿童、成年监护的核心理念，重视人身权益保护，树立"自治式"部分监护理念，将"家庭本位"文化融入协助决定建设，协议内容采用格式条款并进行公证，完善相应配套措施，最终实现成年监护范式转型的本土化路径探索，以保障心智残疾人的权益。

有学者认为，日本意定监护有较为完善的体系，但在实践中陷入使用率极低，无法发挥实际效用，乃至可能危及被监护人利益的困境。究其原因，在运行中，烦琐的公证流程使得意定监护公证基本上只有在专家辅助下才能完成，高昂的运行成本使意定监护难以普及；在立法上，成年监护体系中的意定监护人的权限过窄，日本意定监护合同与委托合同存在冲突，转移型意定监护合同也存在监督难题。基于对日本意定监护困境的反思，我国在意定监护具体立法的过程中，应注重意定监护的监护属性，明文禁止转移型意定监护合同，且应对意定监护提供配套支持。

有学者认为，可以参照日本的职业后见人制度，在我国建立职业监护人制度。建立职业监护人资格认定机制，规定获得职业监护人资格证的必要条件是通过职业监护人资格考试，并且需要有一年的实习经历。建议借鉴日本"社会福祉士事务所"的架构，在我国建立职业监护人事务所，在性质上该事务所应被归类为社会公益机构，由民政部门对该所的注册与登记进行管理。明确职业监护人的种类与职能，关于职业监护人的种类，建议包括专职监护人、兼职监护人和志愿者监护人；关于职业监护人的职能，建议包括人身事务、财产事务及诉讼事务。建立职业监护人监督机制，包括监护监督人的监督与国家和社会的监督。

（三）搭伴养老现象的应对机制

近年，丧偶或者单身的老年人为解决养老问题，出现搭伴养老的现象，并以再婚或非婚同居为主要实现途径。有学者认为，我国法律对老年人再婚缺乏有针对性的保障规定，对非婚同居关系的法律规制相对滞后，这对于保障和维护当事人权益极为不利。建议以编纂民法典为契机，完善我国夫妻财产制度，制定《中华人民共和国老年人同居关系法》。通过对婚姻和同居两种制度的立法设计，对选择婚姻或者同居的当事人予以不同程度的法律保护，并进一步优化老年法律服务，落实保障措施，满足老年人群体的老龄化服务需求。

有学者建议，将老年人非婚同居制度化，应当采用同居不登记制的事实模式对"搭伴养老"进行认定。在婚姻家庭编中增设老年人非婚同居制度或单行制定同居关系法并以专章规定，将"搭伴养老"纳入法律调整的轨道。

（四） 家庭暴力的认定规则

有学者认为，法院遏制家庭暴力的前提是完善对"家庭暴力"情节的认定。司法实践中对"家庭暴力"的认定过于保守，即使认定了"家庭暴力"情节也无法对施暴人产生实体法上不利的法律后果，过低的违法成本无法有力防治家暴行为，为此应调整涉家暴离婚案件的证据认证规则、根据受害人不同的诉讼请求适用不同的证明标准，以更加有效地认定家暴情节，同时明确施暴人应承担的不利法律后果，以实现法律保护受害人的立法初衷。

另有学者认为，《反家庭暴力法》首次提出了家庭暴力认定的"现实危险"，但是侵权责任要求以损害结果为构成要件，与危险状态背道而驰。受虐妇女综合症概念的引入，通过暴力循环和习得性无助理论完好地解释了家庭暴力受害人可以预知暴力行为发生并无法逃脱的现状，为现实危险的问题提供了解决途径。在民法典保护人格权的背景下，结合经验法则和品格证据在民事领域的运用，暴力历史成为判断现实危险的核心依据。发挥专家辅助人的证明作用、扩大暴力历史的证据来源和收集主体、确立相应的证明标准是认定现实危险的具体方式。

就婚姻家庭法和反家庭暴力法如何衔接、人身安全保护令是否可以适用于离婚后的暴力、反家庭暴力法中告诫书存在"出具难"的现象等问题，有学者作出回应，离婚后暴力不是立法问题，而是执法问题。告诫已经明确定性为行政指导，而非行政处罚，当事人不能对告诫提起行政诉讼、行政复议，公安民警处理家庭暴力出具告诫书没有任何不利于自己的后果。

（五） 新型权利

有学者认为，学界热议的"江苏无锡冷冻胚胎案"的争议焦点，实际上是体外胚胎本身的法律定性以及体外胚胎本身所承载的延续后代的权利，可以称为"基因遗传权"。"传宗接代"观念经过当代法律的适当"创造性转化"后，在宪法上表现为未列举权利"家庭权"下的"家庭延续权"，在民法上则表现为民事主体依法享有的、为维护自身独立人格所必备的通过生育或借助医学辅助技术手段使其基因得以遗传的"基因遗传权"。

二　婚姻家庭编立法重点难点

（一）　法定婚龄的调整方案

中华人民共和国成立后，我国法定婚龄的发展经历了几个重要阶段，两次提高了法定婚龄，并延续传统婚龄习俗中的双重法定婚龄标准，把性别和身份作为对婚姻行为能力进行区分的基础。有学者认为，这种双重标准缺乏对男女法定婚龄差别对待的合理性与正当性，不利于两性平等获得各项婚姻权利，不符合性别平等的价值观，应把性别平等作为界定法定结婚年龄的重要依据。另有学者认为，对于法定婚龄，从外国法婚姻变通制度来看，罗马法、1804 年《法国民法典》（男未满 18 岁、女未满 16 岁）、《意大利民法典》（未成年人不得结婚）、罗马尼亚 1954 年《家庭法典》等均有但书及变通规定。

在讨论中有观点认为，我国法定婚龄应当统一规定为同龄，体现男女平等。法定婚龄的确定应当考虑人口素质因素，结婚配偶是否能够承担起养育后代的责任。法定婚龄的确定对人口发展具有重大影响，应当考虑到降低婚龄与教育程度、生理、现状、农村、城市等因素是否相适应。

（二）　结婚疾病

有学者提出，我国现行的自愿婚检及婚姻登记条例违反了婚姻法中的结婚禁止条件，也让母婴保健法的相关条款无法实施。应当创设法定疾病的结婚特许制度、结婚特别禁止制度、鉴定制度、恢复婚前医学强制检查制度等。

亦有学者提出，《婚姻法》第 7 条第 2 款规定患有医学上认为不应当结婚的疾病者不得结婚。该规定在婚姻家庭编草案中被取消，代之以患有医学上认为不应当结婚的疾病者可以结婚，但在婚前要把此等疾病告知对方，否则对方可在 1 年内请求宣告婚姻无效的规定。该条文机制变化缺乏充分的理论论证。《婚姻法》第 7 条第 2 款具有的阻断遗传病传播的意图已经过时，但其保障公共卫生的意图、坚持结婚当事人的结婚意思表示能力的意图仍然有效，未来的婚姻家庭编应保留禁止一些疾病的患者结婚的规定。为了落实这样的规定，应在全国恢复强制婚检制度。

有学者回应认为，应当探讨婚姻法阻止艾滋病等疾病传染的可能性，是否可以结婚但禁止生育，抑或通过禁止结婚、婚姻无效、可撤销婚姻、离婚法定事由等方式解决。

（三） 结婚登记瑕疵

有学者认为，《婚姻家庭编（草案）》第 828 条第 4 项规定"以伪造、变造、冒用证件等方式骗取结婚登记的婚姻是无效婚姻"，存在表述方式突兀、含义不明确等问题。以该特定方式骗取结婚登记的行为实质上是违反了婚姻的成立要件，规定其为无效婚姻不符合法理也不利于保护被该行为侵害的民事主体的利益，结婚登记瑕疵对婚姻关系的影响，应从该程序违法行为是否违反了婚姻的成立要件或生效要件进行判断。涉及婚姻成立与效力的实体问题的结婚登记瑕疵纠纷应通过民事诉讼解决。

（四） 夫妻财产制

有学者持观点认为，现行约定夫妻财产制因内容不明确导致适用中存在较大争议，有必要借助民法典制订契机予以完善。民法典下约定夫妻财产制应坚持任意模式，但需在立法技术上加以完善，既要明确可供选择的夫妻财产制的具体内容，也要增设关于特别财产约定的条款。约定夫妻财产制应采公证形式，以体现身份财产行为的审慎性，并区分于夫妻之间的一般财产约定行为。

（五） 夫妻债务

关于夫妻债务问题，有学者提出，草案中夫妻债务问题可供选择的方案包括：在《婚姻法》司法解释二第 24 条基础上进行修缮；参照《婚姻法》第 41 条的规定方式；进入草案二审稿中的司法解释模式。然而，夫妻债务问题的核心难题在于证明责任，学者认为，将证明责任赋予债权人或债务人配偶一方失之于机械僵化。可以从风险预防角度出发，由债权人在借贷时要求债务人配偶签字。

有学者认为，十余年来，围绕夫妻一方因购买生产资料、从事工商业经营或投资活动而产生的债务是否构成夫妻同债务的问题，法学界、司法审判实践的认识历经多次变化，至今未达成广泛共识。实践中，涉及夫妻共同债务的案件标的额超出了日常家事代理范围。在 2018 年《最高人民法院关于审理涉及夫妻债务纠纷案件适用法律有关问题的解释》下发前后，将夫妻一方生产经营负债认定为夫妻共同债务的案件所占比例和判决说理均有明显区别，而此前，法院对于夫妻债务纠纷案件，在事实认定时，较少对是否用于共同生活、共同生产经营进行区分。从法律规则的价值取向、基于公平和保护弱者权益等考虑，统一要求配偶一方为另一方的生产经营债务承担无限连带清偿责任，这无疑将配偶一方终身与另一方捆绑在一起，明显不合理。男女平等，夫妻各方均有独立从商的能力、资格。在现代社会，商业风险有合理边界，若要商业合作伙伴承担共同责任，须事先协商一致，遇到资不抵债，经营实体的生产经营风险将由社会兜底承受。共享利益、共担责任的推定是将夫妻团体类比经营实体，其结果必然忽视了夫妻团体具有的情感与伦理本质。应当将夫妻一方生产经营所负债确定为当事人个人债务，仅在法律特别规定的情形下才构成夫妻共同债务。

在讨论环节中，有实务人士倾向于完善目前二审稿的夫妻债务规制模式。夫妻债务中直接适用夫妻家事代理权的情况限定于就医等紧急情况。证明责任由债权人、债务人共同承担。在合同债务中实行共债共签方案，在侵权之债中设定特别清偿程序。另有实务界人士提出，共债共签的后果是开放婚姻查询系统，以确认交易方的婚姻状况。就此，有学者作出回应，认为共债共签后应当考虑如何保障债权人的权益。

（六） 关于婚前财产能否转化的问题

有实务界人士认为，配偶特别是女方承担生儿育女等多项家庭重要任务，如果婚前财产无法转化，则于离婚时处于净身出户的困境，不利于发挥家庭的保障职能，可以考虑设置婚前财产转化为夫妻共同财产的时间节点。有学者不同意婚前财产转化，婚姻持续到一定期间，感情基础可能消失，离婚时却获得对方婚前财产的一半，于理不合。

（七） 婚姻家庭编的民法典体系问题

有学者认为，民法典时代，婚姻法的地位明升暗降。所有陌生人之间的交往规则如何在婚姻家庭法中体现差别，在婚姻家庭编之外，用合同、侵权责任、人格权规范婚姻中产生的行为，应当审慎视之。身份权特别是配偶权仍然应当置于婚姻家庭编作出规定，而并非在人格权编中规定身份权利参照适用人格权保护。身份权中，通过亲子关系取得的亲属权与通过结婚法律行为取得的配偶权不能完全等同。草案中应当根据身份权的类型作出差异化规定，规定不同的救济模式。

三 遗嘱自由及其限制、遗产管理人制度

（一） 必继份制度

有学者认为，我国民法典继承编应当构建必继份制度，适当限制遗嘱自由。现行继承法仅仅保护继承人中缺乏劳动能力又无生活来源的双缺乏人，条件过于苛刻，并且，没有明确"必要的遗产份额"的比例。在比较法中，给予被继承人的配偶、子女和共同生活的人的"特留份"也称为"保留份"、"必继份"、宅园特留份、"寡妇产"、"鳏夫产"、家庭特留份等，英美法系国家由实行绝对遗嘱自由原则，转为实行有限制的遗嘱自由原则，设立了特留份制度。这些限制性法律条款令被继承人的近亲属至少能够获得应继份的二分之一或三分之一。基于此，第一，在法典文本中，应当明确使用必继份的概念，该概念可以取代"必要的遗产份额"的说法，更加简练精确。第二，为了维护家庭成员的利益，应当明确规定配偶、直系晚辈血亲、父母（继承开始时无晚辈血亲）是必继份权利人，对于以上权利人，不应当附加无劳动能力、无生活来源、生活困难的条件。第三，明确规定必继份是法定继承份额的二分之一。

有学者在讨论中提出，设计必继份有悖于遗嘱自由原则，在不违反社会公序良俗的情况下，一定要有充足理由限制遗嘱自由，探寻二分之一比例的法律依据。有学者认为，遗嘱自由天然存在限制，没有限制就没有自

由，对法定赋权的度量依据要从这部法律的基本原则中找立法精神、立法初衷，从宪法的原则、继承法和婚姻法的原则中找寻，比如探讨遗嘱自由是否妨碍养老育幼原则的实现。核心问题在于双缺乏人条款修改完善的路径，专家建议稿采取的是必继份和特留份共存互补的方案，这两者救济路径不同、适用主体也不同。有学者提出，为保障遗产分割时生存配偶对家庭住房的居住权，建议补充特殊遗产的分割方法。生存配偶对原供其使用的遗产中的生活住房享有先取权或终生居住权。

（二） 遗嘱意思瑕疵体系设计

有学者认为，我国虽然建构了一个无效一元制的相对独立的遗嘱意思瑕疵体系，但还不够完备，仅对欺诈、胁迫有所规定。基于遗嘱意思表示无相对人单方亲为的特点，应在确定和真实两个方面完善遗嘱意思瑕疵体系。模糊表示、错误表示、矛盾表示等，使得相应意思表示难以理解，这些难解表示如不能得到合理补正，应认定为缺乏意思的瑕疵。如果这种难解表示瑕疵累积到一定程度，则可推定遗嘱人在订立遗嘱时不具有即时遗嘱能力，整个遗嘱无效。遗嘱意思不真实的瑕疵包括虚假表示（遗嘱人欺诈），遗嘱人被欺诈或被胁迫、被乘人之危等。遗嘱行为中的虚假表示通常难以为他人所知，因而通常不影响其效力。能够构成虚假表示的遗嘱行为，主要指遗嘱人欺诈。既包括通谋虚假行为，也包括隐藏虚假行为。遗嘱行为作为单方行为，无法适用乘人之危等致显失公平的可撤销规则，只能适用乘人之危致意思表示不真实的规则。乘人之危可以作为一个独立类型。但是，立法上采取更具概括性的情势滥用规则要更好。荷兰民法典中的"情势滥用"值得借鉴，既可以包括乘人之危，还可以包括主观意义上的显失公平，英美法系的不当影响、经济胁迫均可考虑纳入体系。基于此，《继承编（草案）》第 922 条第 2 款应修改为：遗嘱必须表示遗嘱人确定且真实的意思，缺乏意思、虚假表示、受欺诈或者胁迫、乘人之危等情势滥用的遗嘱无效。

经过讨论，有学者总结认为，该议题的核心在于民法典草案遗嘱效力补正的两处争论：遗嘱的撤回发生的时间和效力；遗嘱的撤销发生的时间和效力。

（三） 遗产管理人制度

对于遗产管理人权责的立法，有学者提出，遗产管理人的职责不仅是整理保全遗产，而且应当包括管理清算遗产。应当在条文表达中补全继承开始后至遗产分割完毕前的遗产管理人各项职责，同时应当在区分遗产管理人是否为继承人、遗产管理人履职是否为有偿的基础上，对不同类型遗产管理人的损害赔偿责任作出不同规定。继承人担任遗产管理人的，还应对违反遗产清算顺序而使债权人、受遗赠人受到的损失承担赔偿责任。

香港遗产承办人制度、澳门待分割财产管理人制度对应民法典草案中的遗产管理人制度，有学者从比较研究的角度，认为该制度应当重点关注以下四点：第一，遗产管理人的人选确定问题，应当确定顺位；第二，应作人数限定，规定管理人的最大人数，以减少管理人之间意见的不统一；第三，对遗产管理人是否可以变更、代理或撤销未作明确规定；第四，草案中的预防和救济制度不足，应当规定继承人或债权人更换管理人的救济途径以及多位管理人对遗产处分的合意。

就此，有学者提出，遗产管理人制度于草案中规定得简化，而遗产管理人面对的问题趋于复杂，例如，对于股权等兼具财产与人身属性的复杂权利，特别是在涉及有限公司的场合，如何进行股权遗嘱继承方为妥善？限拍的车牌有无财产性利益？就此，有学者认为，核心问题是如何规制遗产的范围，民法典专家建议稿中进行了类型化界定，而草案中，被继承人遗留的财产属于遗产，没有对用益物权、担保物权、成员权、网络虚拟财产等作出列举式规定。

四 继承编立法重点难点

（一） 遗产归扣

继承立法关系千家万户，基于对我国民众的财产继承观念和遗产处理习惯的实证调研，针对遗产归扣，有学者建议在我国民法典继承编中增设遗产归扣制度，遗产归扣的主体设置为：在法定继承遗产分割时，被继承人的子女在被继承人生前接受特种财产赠与的，为归扣义务人，其他参加共同继承的人为归扣权利人。遗产归扣的标的是归扣义务人在被继承人生前所受的特种赠与财产，包括：因结婚、分家、生产经营所受赠与财产或免除的债务；大学本科以上的教育费用；成年以后的职业教育或培训费用；储蓄性人寿保险金。被继承人可以订立遗嘱或者通过公证的文书，明确表示免除该归扣义务。如果被继承人生前赠与的特种赠与财产因意外事件灭失，归扣义务人无过错的，该财产不计入归扣财产。遗产分割时，归扣义务人应当将其所受被继承人生前特种赠与财产的原物或其价值合并计算于遗产总额之中，然后计算各共同继承人的应继份。生前特种赠与财产的价值，依赠与时的价值计算。

（二） 确立遗产分割时间的自由与限制

对于遗产分割时间的自由与限制，有学者提出立法建议如下：继承开始后，继承人得随时请求分割遗产，但法律另有规定的除外。继承人提出分割遗产的请求，凡具有以下情形的不得分割遗产。（1）被继承人以遗嘱指定在一定期间内不得分割遗产的，但遗嘱禁止分割遗产的期限不得超过 5年。（2）继承人中有尚未出生的胎儿的，遗产分割的时间应当延缓至胎儿出生以后。（3）遗产债务尚未清偿的，遗产分割的时间应当延缓至遗产债务清偿完毕以后。但有不能清偿该债务的合理理由的除外。（4）继承人身份关系尚未确立的，遗产分割的时间应当延缓至继承人身份关系确定以后。（5）继承人共同协商暂缓分割遗产的。如果即时进行遗产分割将严重损害遗产的价值和功能，共同继承人之间协商不成的，经共同继承人之一申请，人民法院可判决暂缓分割、作价分割或维持共有。

（三） 遗嘱信托制度的构建

有学者提出，有必要在民法典中构建遗嘱信托制度，提出三点建议：第一，在物权编中应当规定，遗嘱受托人可以基于自身对遗产享有的所有权，到不动产登记中心申请过户登记，方式方法与继承人相同；第二，在税收制度中明确在遗产信托过程中的税由受托人或是受益人承担；第三，明确遗嘱受托人是否有提起诉讼的权利。有学者回应提出，享有所有权者，

图书在版编目（CIP）数据

家事法研究. 2020 年卷 : 总第 16 卷 / 夏吟兰，龙翼
飞主编. -- 北京 : 社会科学文献出版社，2020.9
ISBN 978 - 7 - 5201 - 6847 - 2

Ⅰ.①家… Ⅱ.①夏… ②龙… Ⅲ.①婚姻法 - 研究
- 世界 - 丛刊②家庭 - 法律关系 - 研究 - 中国 - 丛刊
Ⅳ.①D913. 904 - 55

中国版本图书馆 CIP 数据核字（2020）第 116003 号

家事法研究 2020 年卷（总第 16 卷）

主　　编／夏吟兰　龙翼飞
执行主编／薛宁兰

出 版 人／谢寿光
组稿编辑／刘骁军
责任编辑／易　卉

出　　版／社会科学文献出版社·集刊分社（010）59367161
　　　　　地址：北京市北三环中路甲 29 号院华龙大厦　邮编：100029
　　　　　网址：www. ssap. com. cn
发　　行／市场营销中心（010）59367081　59367083
印　　装／三河市尚艺印装有限公司

规　　格／开 本：787mm × 1092mm　1/16
　　　　　印 张：25.5　字 数：393 千字
版　　次／2020 年 9 月第 1 版　2020 年 9 月第 1 次印刷
书　　号／ISBN 978 - 7 - 5201 - 6847 - 2
定　　价／138.00 元

本书如有印装质量问题，请与读者服务中心（010 - 59367028）联系